Daniel Simons
Christopher Chabris

LASS
DICH
NICHT
TÄUSCHEN

Daniel Simons
Christopher Chabris

LASS DICH NICHT TÄUSCHEN

Warum wir uns immer wieder hinters Licht führen lassen
und was wir dagegen tun können

Bibliografische Information der Deutschen Nationalbibliothek
Die Deutsche Nationalbibliothek verzeichnet diese Publikation in der Deutschen Nationalbibliografie. Detaillierte bibliografische Daten sind im Internet über http://d-nb.de abrufbar.

Für Fragen und Anregungen: info@m-vg.de

1. Auflage 2023
© 2023 by mvg Verlag, ein Imprint der Münchner Verlagsgruppe GmbH
Türkenstraße 89
80799 München
Tel.: 089 651285-0
Fax: 089 652096

Die amerikanische Originalausgabe erschien 2023 bei Basic Books, ein Imprint der Hachette Book Group, New York/USA, unter dem Titel *Nobody's Fool – Why We Get Taken In and What We Can Do about It*.
© 2023 by Daniel Simons and Christopher Chabris.

Wichtige Hinweise
Ausschließlich zum Zweck der besseren Lesbarkeit wurde auf eine genderspezifische Schreibweise sowie eine Mehrfachbezeichnung verzichtet. Alle personenbezogenen Bezeichnungen sind somit geschlechtsneutral zu verstehen.

Übersetzung: Elisabeth Liebl
Redaktion: Rainer Weber
Umschlaggestaltung: Karina Braun
Umschlagabbildung: Shutterstock.com/PepinoVerde
Abbildungen S. 34/35: Uglegorets/Shutterstock.com
Satz: abavo GmbH, Buchloe
Druck: CPI books GmbH, Leck
Printed in the EU

ISBN Print 978-3-7474-0552-9
ISBN E-Book (PDF) 978-3-96121-930-8
ISBN E-Book (EPUB, Mobi) 978-3-96121-931-5

Wir produzieren
nachhaltig
www.m-vg.de

Weitere Informationen zum Verlag finden Sie unter

www.mvg-verlag.de

Beachten Sie auch unsere weiteren Verlage unter www.m-vg.de.

Inhalt

EINFÜHRUNG

»Manchmal lassen wir uns eben alle zum Narren halten.« So erklärte James Mattis, ehemaliger Verteidigungsminister und General des U.S. Marine Corps, warum er für Elizabeth Holmes und das von ihr gegründete Unternehmen Theranos gebürgt hatte. Als einer der Aufsichtsräte des Unternehmens hatte er Holmes gegenüber Journalisten und anderen Menschen ein glänzendes Leumundszeugnis ausgestellt.[1]

Theranos behauptete, neue, revolutionäre Bluttests entwickelt zu haben. Ein winziger Tropfen Blut vom Finger würde ausreichen, um Dutzende, ja, Hunderte von Werten zu ermitteln, für die man gewöhnlich große Mengen Blut aus dem Arm entnehmen müsse. Nachdem man Mattis erklärt hatte, dass dies auch auf dem Schlachtfeld funktionieren würde, gab er seinen Untergebenen in Afghanistan Anweisung, die neue Technik zu testen. Doch es wurden nie Tests durchgeführt. Als Theranos begann, seine Dienste auf breiter Basis anzubieten, wurden statt der angeblich eigenen schicken neuen Bluttest-Geräte sperrige Apparaturen benutzt, die von anderen Unternehmen stammten. Schließlich brach das Unternehmen zusammen und Elizabeth Holmes wurde vor Gericht gestellt und zu mehr als elf Jahren Gefängnis verurteilt, weil sie Investoren getäuscht hatte.[2]

Zuzugeben, dass man an der Nase herumgeführt wurde, ist nie leicht. Wobei Mattis völlig recht hat: Das kann den Besten passieren. Aber mit dieser Erkenntnis ist es noch nicht getan. Die Welt ist nämlich voll von Leuten, die uns über den Tisch ziehen wollen: angefangen bei den Schneeballsystemen der Wall Street hin zu den E-Mail-Betrügern aus Nigeria. Von Tricksern beim Schach, die irgendwo einen Computer versteckt haben, bis hin zu den Gaunern beim Bridge, die ein geheimes Zeichensystem verwenden. Vom angeblich übersinnlich begabten Medium, das sein leichtgläubiges Publikum ausnimmt, bis hin zu betrügerischen Wissenschaftlern, die ihre Kollegen mit glaubwürdig scheinenden Ergebnissen täuschen. Von Kunstfälschern bis hin zu unehrlichen Marketingspezialisten. Fallen lauern überall. Und all diese erfolgreichen Betrugsmaschen haben eines gemeinsam: Sie schlagen Profit aus der Arbeitsweise unseres Gehirns.

Wie sagten doch Hans und Franz aus der *Saturday Night Live*-Show: »Hört uns jetzt erst mal zu und glaubt uns dann später.« Das Paradoxe an diesem Satz ist, dass wir normalerweise eben nicht erst ein bisschen damit warten, bis wir etwas glauben. Der Mensch arbeitet stets mit einer Ehrlichkeitsvermutung (»truth bias«): Wir gehen davon aus, dass das, was wir sehen und hören, stimmt, bis man uns das Gegenteil belegt. Wir hören jetzt und glauben sofort. Das Gehörte aber überprüfen wir nur gelegentlich.

Die Ehrlichkeitsvermutung ist keine Fehlfunktion. Die meisten Menschen sagen meistens die Wahrheit (oder zumindest lügen sie nicht vorsätzlich), sodass die Ehrlichkeitsvermutung sowohl als logisch als auch als rational gelten darf. Würden wir nicht von der Grundannahme ausgehen, dass Menschen im Allgemeinen die Wahrheit sagen, wären wir unfähig, in Gemeinschaften zusammenzuleben, unsere Handlungen zu koordinieren oder selbst nur miteinander zu reden. Aber die Ehrlichkeitsvermutung spielt auch bei jedem Betrug eine zentrale Rolle. Sie ist die Grundvoraussetzung, damit Täuschungsmanöver funktionieren können, und wenn sie unsere ansonsten rationale Entscheidungsfindung beeinflusst, nennen wir sie »Leichtgläubigkeit«, »Naivität« oder »Blauäugigkeit«.[3]

Beim »Präsidenten-Trick«, bekannt geworden in den Nullerjahren durch den französisch-israelischen Betrüger Gilbert Chikli, erhält ein Manager der mittleren Verwaltungsebene einen Anruf. Am Apparat angeblich der CEO des Unternehmens, der dem Manager eine Geschichte erzählt, damit der Firmengelder an eine plausible Adresse transferiert – natürlich landet das Geld direkt auf den Konten der Betrüger. Der ganze Trick beruht auf der Bereitwilligkeit des Managers, dem Anrufer zu glauben. Wenn Sie nicht überzeugt sind, dass Sie Ihren Oberboss am Telefon haben, funktioniert auch der Trick nicht. Aber die Ehrlichkeitsvermutung macht es möglich, dass ein gewiefter Betrüger Sie aufs Kreuz legt, noch bevor Sie überhaupt auf die Idee kommen, seine Story zu überprüfen.[4]

Das stellt uns vor ein folgenschweres Dilemma: Einerseits müssen wir anderen glauben, aber wenn wir ihnen zu sehr vertrauen, bringen wir uns in Schwierigkeiten – vor allem heutzutage. Unsere Aufmerksamkeit wird ständig in Anspruch genommen und gleichzeitig steigt die Zahl der Falschinformationen, mit denen man uns bewusst zu täuschen versucht. Wenn wir also grundsätzlich an das Gute im Menschen glauben wollen, wird es für uns gefährlich. Was also können wir tun, wollen wir nicht zum Zyniker werden, der allen und jedem zutiefst misstraut? Glücklicherweise gibt es da so einige Möglichkeiten.

Es ist verführerisch zu glauben, dass *wir* nie auf eine simple Betrugsmasche hereinfallen würden, von der wir in der Zeitung lesen – oder anzunehmen, dass so etwas nur weniger intelligenten, weniger gebildeten oder eben leichtgläubigeren Menschen passieren kann. Tatsache ist, dass jeder auf solche Tricks hereinfallen kann,

selbst die Besten und Klügsten unter uns. In diesem Buch werden
wir Ihnen die Methoden vorstellen, wie Betrüger unsere Ehrlichkeitsvermutung ausnutzen – unsere Neigung, allzu viel einfach zu
akzeptieren und viel zu wenig nachzuprüfen. Und wir stellen Ihnen
Techniken vor, wie Sie sich vor solchen Betrugsversuchen schützen
können. Doch wollen wir Ihnen hier weder ein Handbuch der Betrügereien noch eine Abhandlung über die Geschichte, Ökonomie
und Soziologie der Täuschung vorlegen. Ebenso wenig interessieren
uns Motive oder emotionale Untiefen, weder seitens der Betrüger
noch seitens ihrer Opfer. Wir erläutern vielmehr die kognitive Psychologie der Betrogenen – jene Denk- und Argumentationsmuster,
die uns alle für Betrügereien anfällig machen.[5]

Wir haben dieses Buch aus mehreren Gründen geschrieben. Wir
sind Kognitionswissenschaftler, die untersuchen, worauf Menschen ihre Aufmerksamkeit richten, woran sie sich erinnern, was
sie vergessen und wie sie Entscheidungen treffen. In unserem ersten
Buch – *Der unsichtbare Gorilla* – haben wir beschrieben, welche
Folgen unsere fehlerhaften Ideen über die Arbeit unseres Gehirns
haben. Wir sind beide Professoren, haben also auch Erfahrungen
mit Studenten, die bei Seminararbeiten und in Prüfungen betrügen.
Als Forscher haben wir uns mit Betrug und betrügerischen Praktiken in der akademischen Gemeinde auseinandergesetzt, sogar mit
solchen, die auf das Konto von Freunden und Kollegen gingen. Weil
wir Menschen sind, wurden wir selbst mehrfach hereingelegt. Aber
weil wir auch Psychologen sind, haben wir darüber nachgedacht,
wieso das passieren konnte.[6]

Je mehr wir uns mit diesem Thema beschäftigt haben, desto
klarer wurde uns: Das Phänomen der Täuschung ist mittlerweile
enorm verbreitet. Betrugsdelikte nehmen zu, sowohl was die er-
gaunerten Summen angeht als auch im Hinblick auf die Anzahl

der Opfer. Aber das Problem beschränkt sich nicht auf eindeutig kriminelle Handlungen. Auch Unternehmen machen betrügerische Techniken vermehrt zur gängigen Geschäftspraxis und verwischen so die Grenze zwischen seriösen und rechtswidrigen wirtschaftlichen Strategien. In den Nullerjahren ließen sich viele Hedgefonds und normale Investmentfonds auf Insiderhandel ein. Dabei kamen Verschlüsselungssysteme bzw. -techniken zum Einsatz, die es den Beteiligten ermöglichten, ihre Täterschaft glaubhaft abzustreiten, weil die Herkunft dieser Insiderinformationen entsprechend verschleiert wurde. Viele Onlinehändler polieren ihr Produkt und ihr Geschäft mit falschen Ratings auf Amazon, Yelp und anderen Websites auf. Manche Unternehmen mit Millionen- oder Milliardenumsätzen tun nichts anderes, als Instrumente für die unterschiedlichsten Betrugsmanöver zu verkaufen – von Bots bzw. Betrugssoftware für Onlinespiele über gefälschte Seminararbeiten hin zu den Prüfungsantworten für den Universitätsabschluss. Und Politiker weltweit überbieten sich mit Fake News und Verschwörungstheorien. Bestenfalls ist ihnen egal, ob ihre Behauptungen der Wahrheit entsprechen oder nicht.[7]

Für dieses Buch haben wir Hunderte von Betrugsfällen aus allen Lebensbereichen untersucht, um mithilfe der kognitiven Psychologie immer wiederkehrende Merkmale und Muster herauszuarbeiten. Dabei haben wir uns auch Methoden überlegt, wie sich unsere Leser besser vor Betrügereien schützen können. Ein wichtiger erster Schritt, der der Ehrlichkeitsvermutung widerspricht und im Mittelpunkt dieses Buches steht, ist eigentlich ganz einfach: *Geben Sie weniger Vertrauensvorschuss, überprüfen Sie mehr.* Die Herausforderung dabei ist: Woher weiß ich, wann ich besser nachhake, und wie stelle ich das am besten an? Hier ein schönes Beispiel, wie das funktioniert.

Absolut Fake

»Es sind ja nicht die Tweets, die dich in Schwierigkeiten bringen, sondern die Retweets [...] Du siehst etwas, das gut aussieht, und dann forschst du nicht weiter nach.« In der Welt der sozialen Medien, wo Fake News und politische Desinformation sich wucherartig fortpflanzen, sind dies weise Worte (und höchst ironische, wenn man weiß, von wem sie kommen).[8] Politische Desinformation hat keine Chance, wenn niemand sie an Freunde weitergibt, welche sie ihrerseits weiterleiten und so weiter – daher ist es so wichtig, dass wir diesen Prozess erst mal unterbrechen, wo immer wir ihm begegnen.

Als Donald Trump 2017 sein Präsidentenamt antrat, war eine seiner ersten Amtshandlungen, einen Nachfolger für Antonin Scalia, Richter am Supreme Court, zu ernennen. Seine Wahl fiel auf Neil Gorsuch aus Colorado, Richter am Bundesberufungsgericht und seit Langem einer der Lieblinge in den Juristenzirkeln der Republikaner. Ein paar Tage später veröffentlichte einer unserer Freunde auf Facebook eine Nachricht, die einer Bombe gleichkam: »Eilmeldung: Alle 8 Richter des Supreme Court lehnen Trumps Entscheidung für den Supreme Court einhellig ab.« In dem Post hieß es, dass die acht amtierenden Richter »sich einig sind, dass die Ernennung von Neil Gorsuch durch Präsident Trump falsch ist« und dass »Chief Justice John Roberts für den Supreme Court einen Brief verfasst hat, worin steht, man finde es problematisch, wenn Gorsuchs ›Ansatz‹ plötzlich ›geltendes Recht‹ werden sollte.«[9]

Als wir den Post lasen, waren wir zutiefst schockiert. Ein einzelner Richter, der einen Nominierten öffentlich kritisiert, wäre schon ein absolutes Novum, und in dem Beitrag hieß es, dass alle acht Richter am Supreme Court dies taten. Die Person, die diesen Beitrag gepostet hatte, war nach unserem Dafürhalten intelligent und wohlmeinend. Wir hatten keinen Grund, an ihrem Urteil zu zweifeln. Doch bevor wir auf »Like« oder »Share« klickten, wollten wir das Ganze überprüfen.

Der Post über Neil Gorsuch, der ursprünglich von BipartisanReport.com stammte, ist ein typisches Beispiel für das, was man heute Fake News nennt. In Wirklichkeit hatten Roberts und die anderen Richter sich nach dessen Nominierung keineswegs öffentlich über Gorsuch geäußert. Wie viele solcher Geschichten war auch diese nicht völlig aus der Luft gegriffen. Sie enthielt Passagen aus einer jüngeren Stellungnahme des Supreme Court, der eine Entscheidung eines untergeordneten Gerichts aufhob und dabei Gorsuchs neun Jahre alte Urteilsbegründung zitierte. Der Supreme Court hebt des Öfteren Urteile untergeordneter Instanzen auf. Damit ist keine Kritik an den Richtern verbunden, die diese Urteile gefällt hatten. Eine solche Revision beruht tatsächlich oft auf einer anderen Rechtsauffassung oder -interpretation. Im schlimmsten Fall handelt es sich um die Korrektur eines Fehlurteils.

Wir wussten, dass der Supreme Court nichts von dem getan hätte, was in dem Post angeführt wurde. Trotzdem merkten wir, wie wir die dort gemachten Behauptungen einen Moment lang erst ernst nahmen (»Wow!«), bevor wir Zweifel äußerten (»Kann das stimmen?«). Erst dann prüften wir, ob unsere Schlussfolgerungen (»Nie im Leben!«) auch tatsächlich stimmten.

In diesem Fall fiel die Überprüfung leicht. Bei einer Behauptung von dieser Tragweite posten Factcheck.org und Snopes.com normalerweise ihre Recherchen. (Was sie auch taten.) Wenn die Behauptung wahr wäre, würden die großen Nachrichtenagenturen beider politischen Lager (*New York Times, Wall Street Journal*) darüber berichten. (Was sie nicht taten.) Jeder Anwalt, welchem politischen Spektrum er auch angehören mochte, hätte uns sagen können, dass der Supreme Court niemals so vorgehen würde, wie es in dem Artikel über Gorsuch behauptet wurde.

Eine gewichtige Lehrmeinung behauptet, die Ehrlichkeitsvermutung existiere nur deshalb, weil die Evolution unserem Geist eine Marotte eingepflanzt hätte: Wir halten zunächst einmal alle eingehenden Informationen für wahr. Es erfordert einen aufwendigen weiteren Schritt, um das »Wahr«-Schildchen gegen ein »Falsch«-Schildchen auszutauschen. Hätten wir den Facebook-Post gelesen, während wir abgelenkt waren oder keine Zeit zum Überprüfen gehabt hätten, dann hätten wir vermutlich diesen zweiten Schritt ebenfalls nicht getan und wären weiterhin mit einer falschen Überzeugung durchs Leben gegangen, vielleicht sogar lange genug, um sie jemand anderem einzureden.[10]

Mit der Ungewissheit leben

Außerhalb des Rechtssystems verlangen wir von unseren Mitmenschen nur selten eine Erklärung, die Wahrheit zu sagen und nichts als die Wahrheit – das wäre auch tatsächlich reichlich unsozial. Aber wenn wir uns selbst fragen, ob eine bestimmte Information zweifelsfrei wahr ist oder ob wir uns mit einem Urteil darüber zurückhalten sollten, bis wir sie überprüfen können, bewahrt uns das davor, uns von einer Unwahrheit in die Irre führen zu lassen. Die bewusste Entscheidung für die Ungewissheit bremst die Ehrlichkeitsvermutung von vornherein aus.

Wissenschaftliche Untersuchungen zur Ehrlichkeitsvermutung nehmen häufig die Form eines Lügendetektorspiels an. Die Probanden sehen sich Videos an, in denen Schauspieler Geschichten erzählen, die entweder wahr sind oder falsch. Dann sollen sie angeben, welche Geschichten sie glauben und welche nicht. Ein klassisches Experiment dazu wurde von den Kognitionspsychologen Chris Street und Daniel Richardson durchgeführt. Die Probanden bekamen 18 Videos von verschiedenen Leuten gezeigt, die Geschichten von ihren Reisen erzählten. Die Hälfte davon war wahr, die andere waren Lügen. Die Resultate zeigten die Ehrlichkeitsvermutung am Werk. Die Teilnehmer schätzten 65 Prozent der Storys als wahr ein, was mehr ist als die realen 50 Prozent. Hatten sie aber eine dritte Option – nämlich zu sagen, dass sie sich nicht sicher sind –, wurden nur 46 Prozent der Geschichten als wahr eingeschätzt.[11]

Ungewissheit bewusst zuzulassen fühlt sich häufig unangenehm an und fällt uns deshalb nicht leicht. Trotzdem sollten wir diese Gewohnheit pflegen, wann immer wir können. Wir müssen ja nicht prinzipiell allem und jedem misstrauen, aber wir sollten uns angewöhnen, erst einmal tief durchzuatmen, uns auf die Ungewissheit einzulassen und uns zu fragen: *»Ist das jetzt wirklich wahr?«*

Um der Verbreitung von Unwahrheiten Einhalt zu gebieten, reicht es manchmal schon, wenn man die Menschen erinnert, dass das, was sie online gelesen oder gepostet haben, nicht unbedingt wahr sein muss. Der Psychologe Gordon Pennycook und seine Kollegen verschickten Nachrichten an 5000 Twitter-Accounts, die kürzlich Links zu Storys auf zwei hochgradig unsachlichen »Nachrichten«-Seiten gepostet hatten. Die Nachricht bestand aus einer einzelnen Schlagzeile und der Frage an die Empfänger, ob diese wohl richtig sei. Man lenkte also die Aufmerksamkeit der Empfänger auf die Möglichkeit, dass Online-Nachrichten unwahr sein können. Einen Tag nachdem sie diesen Tweet erhalten hatten, retweeteten die Empfänger weniger Geschichten von Nachrichtenkanälen, die Faktenchecker-Websites als unseriös einschätzten, als sie das an den Tagen davor getan hatten.[12]

Mit der Ungewissheit zu leben kann viele Formen annehmen. So schrieb die Rockband Van Halen während ihrer Touren in den 1980ern eine merkwürdige Klausel in ihre Verträge: Alle Konzertveranstalter hatten dafür zu sorgen, dass am Veranstaltungsort eine große Schüssel M&Ms bereit stand – in allen Farben, außer braun. Der Leadsänger David Lee Roth kontrollierte vor jedem Auftritt backstage, ob auch wirklich keine braunen M&Ms herumstanden. Die Logik dahinter war: Konnten die Veranstalter nicht einmal eine so simple Aufgabe lösen, wie sollten sie dann erst die komplexen Vorgänge rund um die Show managen wie das korrekte Verlegen der Kabel, die Beleuchtung, das Bühnenbild und die Pyrotechnik. Wenn die Organisatoren beim M&M-Test durchfielen, kontrollierte die Band das ganze Drumherum des Auftritts genauer. In Roths Worten: »Dann haben wir die gesamte Produktion Schritt für Schritt durchgecheckt. Denn so etwas führt später garantiert zu dem einen oder anderen technischen Fehler.«

Die Klausel der Band ist das, was Wissenschaftler eine Positivkontrolle nennen, ein kleines Experiment, das grundsätzlich Klarheit geben soll, ob etwas so funktioniert, wie es sollte. Der M&M-Test zeigte, ob die lokale Bühnencrew gewissenhaft genug war und auch auf Details achtete. Hundertprozentig zuverlässig war die Methode trotzdem nicht: Die Crew hatte vielleicht wirklich jedes braune M&M aussortiert und machte trotzdem anderweitig Fehler. Aber die Bandmitglieder konnten nicht jede Kleinigkeit selbst überprüfen. Dieser Test war immer noch besser, als blind den Zusicherungen und Beteuerungen der Veranstalter zu glauben. Solche simplen Kontrollen sind nicht perfekt, aber blinder Glaube ist die deutlich schlechtere Alternative. Dieses Buch wird Ihnen zeigen, wie Sie ähnliche Kontrollmechanismen in Ihr Leben einbauen, die Sie daran erinnern, mehr zu kontrollieren, um einen möglichen Betrug eher zu entdecken.

Stichprobenartig die Arbeit von anderen zu kontrollieren, bevor man annimmt, dass schon alles seine Richtigkeit haben wird, ist eine Vorsichtsmaßnahme wie die, vor dem Überqueren einer Straße nach rechts und links zu gucken. Oder zu fragen: »Ist das wirklich wahr?« Mit diesem Schritt entgehen wir unserer eingebauten Ehrlichkeitsvermutung. Wenn wir im Hinterkopf behalten, wie oft sich etwas, das wir für wahr hielten, als falsch herausstellte, können wir lernen, mit der Ungewissheit zu leben. Es gibt keine Möglichkeit, uns grundsätzlich gegen Täuschungen zu immunisieren. Doch wie bei jeder neuen Fähigkeit, die wir trainieren, sorgt auch hier die Übung dafür, dass wir ein Täuschungsradar entwickeln, das uns vor Gefahren warnt.

Was macht uns leichtgläubig?

Ungewissheit zu akzeptieren, verringert unser Leichtgläubigkeitsrisiko. Aber so, wie man mit Benzin ein Feuer erst so richtig anheizen kann, gibt es auch bei diesem Problem Faktoren, die der Ehrlichkeitsvermutung in die Hände spielen. Hier sind vor allem die Eigenschaften des »Boten« zu nennen – bzw. die Art und Weise, wie wir diese Person wahrnehmen. Diese Faktoren sind es, die eine Nachricht zu überzeugend wirken lassen.

Wenn eine Quelle sich als objektiv und ausgewogen präsentiert (wie Bipartisan.Report.com, die als Erste die Gorsuch-Story brachten und sich fälschlich als zur »politischen Mitte« gehörig darstellen), dann neigen wir eher zur Fehlwahrnehmung. Alles, was scheinbar von einer Autorität kommt, wird eher geglaubt – zumindest, wenn der Empfänger die Quelle respektiert. Das ist ein Grund, warum eine der beliebtesten Callcenter-Betrugsmaschen funktioniert: den Opfern wird weisgemacht, dass sie der Steuerbehörde (beispielsweise dem U.S. Internal Revenue Service), der Einwanderungsbehörde oder einer anderen Behörde Geld schulden. Werde die Summe nicht umgehend telefonisch überwiesen, müsse der Schuldner umgehend mit der Zustellung und Ausführung eines Haftbefehls durch die Strafverfolgungsbehörden rechnen.[13]

Die Quelle kann den Effekt der Ehrlichkeitsvermutung weiter verstärken, wenn der Geschichtenerzähler unser Mitgefühl weckt. Daher arbeiten Leute, die uns hereinlegen wollen, so intensiv daran, sich und ihre Geschichten auf unsere Sympathien, Wünsche und Identitäten auszurichten. Benjamin Wilkomirski, Autor eines Memoirs, spann sich eine fantastische Geschichte zusammen, der zufolge er als Kind Auschwitz überlebt hatte. Der *Guardian* urteilte damals, seine Lebensgeschichte sei »eine der großen Arbeiten über den Holocaust«. Später kam man dahinter, dass Wilkomirski während des 2. Weltkriegs in der Schweiz gelebt hatte – und er war noch nicht mal Jude. Die 23-jährige Australierin Belle Gibson initiierte ein Programm zur »natürlichen Heilung« von Krebs, weil sie angeblich ihren Gehirntumor besiegt hatte. Sie hatte nie Krebs gehabt und ihn auch nicht durch gesunde Ernährung besiegt, doch viele Menschen glaubten ihr, sodass sie gut eine Million US-Dollar aus dem Verkauf ihrer Smartphone-App und ihres Buches einnahm. Selbst Menschen, die unser stärkstes Mitgefühl erwecken, können also Lügner sein.[14]

Besonders vorsichtig sollten wir sein, wenn solche Geschichten ohne Stottern und Stammeln vorgetragen werden, denn die Selbstsicherheit von Betrügern verstärkt unsere Neigung, ihre Story ungeprüft zu akzeptieren. Bernie Madoff hat mit seiner Anlagebetrugsmasche Investoren mehr als 65 Milliarden US-Dollar abgeluchst. Während der 15 Jahre, die das Schneeballsystem lief, wurde er mehrfach von Behörden und Journalisten befragt, die Hinweise auf sein dubioses Gebaren erhalten hatten. Eine Untersuchung, die nach seinem Tod eingeleitet wurde, ergab, dass Madoff den Inspektoren der US-Börsenaufsicht (SEC) seinen angeblichen Erfolg als Investor damit verklickerte, dass »er auf dem Börsenparkett ›den Markt fühlen‹ könne. Er wisse genau, wann er kaufen bzw. verkaufen müsse. Und Madoff kaufte und verkaufte angeblich immer zum richtigen Preis, Tag um Tag, Jahr um Jahr. Unerklärlicherweise akzeptierte die SEC diese Aussagen und stellte die Untersuchung ein«. Die SEC akzeptierte Madoffs unsinnige Erklärung, weil er sie so ungeheuer selbstsicher vortrug. Als der Finanzjournalist Michael Ocrant Madoff über den wachsenden Argwohn im Hinblick auf seine Geschäfte befragte, fand er diesen erstaunlich mitteilsam. Später erinnerte er sich: »Da war nicht der Hauch eines Schuld- oder Schamgefühls oder gar der Reue.« Etwa ein Jahr, bevor das Schneeballsystem zusammenbrach, erklärte Madoff bei einer öffentlichen Zusammenkunft der Anleger: »Die Regularien heutzutage sind so streng, dass es tatsächlich unmöglich ist, die Regeln zu übertreten. Ebenso unmöglich ist es, dass eine mögliche Übertretung unentdeckt bleibt, zumindest nicht auf Dauer.« Wenn alle anderen Faktoren gleich bleiben, dann steigt die Glaubwürdigkeit der Quelle mit ihrem Selbstvertrauen. Paradoxerweise ist es so: Je überzeugender der Sprecher auftritt, desto korrekter und augenfälliger fühlen sich seine Argumente an. Aber gerade dann sollten wir Nachforschungen anstellen.[15]

Täuschung im Alltag

Nicht unähnlich der ausgeklügelten M&M-Manipulation bei den Van-Halen-Shows sind die Betrugsfälle, die in Filmen wie *Ocean's Eleven* und in Serien wie *Haus des Geldes* dargestellt werden, für

gewöhnlich Tricks, die sich ein kriminelles Superhirn ausdenkt:
Manöver, durchgeführt an geheimen Orten, nach einem ausgeklügelten Plan, bei dem auch die letzte Kleinigkeit stimmt. Stimmen
muss. In Wirklichkeit aber sind komplexe, ausgefeilte und auf lange Frist angelegte Betrügereien wie Madoffs Hedgefonds die Ausnahme. Die meisten Täuschungen, die uns begegnen, sind simpel
gestrickt. Sie haben mehr zu tun mit falschen Schlagzeilen als mit
komplexen Betrugsmaschen. Sie nutzen die Gunst der Stunde und
laufen direkt vor unseren Augen ab.

Der US-Skandal der gekauften Zulassungen an renommierte
Universitäten wurde bekannt unter dem Codenamen, unter dem
die FBI-Ermittlung lief: »Operation Varsity Blues«. Ein Berater
namens Rick Singer versprach jahrelang reichen und berühmten
Eltern, er würde ihren Kindern einen Platz an einer prestigeträchti-
gen Universität verschaffen, die sie im Normalfall wohl abgelehnt
hätte. Er schmierte Sporttrainer und Direktoren, damit diese die
Aufnahme der Kinder seiner Klienten befürworteten. Und er fabrizierte Referenzen, wobei er sogar so weit ging, seine Klienten mit
Photoshop in Fake-Fotos zu integrieren – beim Rudern oder beim
Lacrosse-Spiel. Er engagierte Strohmänner, die die nötigen Prüfungen für die Bewerber schrieben. Diese relativ simplen Betrügerei-
en – ohne versteckte Kamera, ohne Inszenierung, ohne tote Brief-
kästen oder Computerhacks – liefen jahrelang unentdeckt. Und zu
den Opfern gehörten nicht nur die Universitäten, sondern auch all
die wirklich begabten Studierenden, denen Singers Kundschaft den
wohlverdienten Platz wegnahm.[16]

Viele Alltagstäuschungen erfordern kein bisschen »Verschwö-
rungserzählungen«. Einer der gerissensten wissenschaftlichen Fälscher aller Zeiten ist der niederländische Sozialpsychologe Diederik
Stapel. Er bastelte im Alleingang ganze Datenreihen, die er an seine

ahnungslosen Studenten und Mitarbeiter weitergab. Diese »entdeckten« dann Sachverhalte, die die Hypothesen belegten, welche Stapel und seine Mitarbeiter gemeinsam entwickelt hatten. Stapel gestand später, dass er allein das Fälschen der Daten besorgt hatte, wie eine offizielle Untersuchung bestätigte. Wo mehr auf dem Spiel steht – wie in klinischen Versuchen für potenziell lebensrettende Medikamente für Krebs, Covid-19 und andere Krankheiten –, finden solche wissenschaftlichen Fälschungen vielleicht sogar Eingang in die medizinische Literatur, auf die sich Ärzte und andere Menschen stützen, um gesundheitliche Entscheidungen zu treffen.[17]

Unethische Schriftsteller und Journalisten bedienen sich meist eines Betrugsmanövers, das vergleichsweise zu den simpelsten gehört. Nachdem sie eine Idee für eine gute Geschichte hatten – was im Journalismus ein normaler erster Schritt ist –, versäumen sie es, Informationen zu sammeln, Quellen ausfindig zu machen, Interviews zu führen und die Fakten zu prüfen. Sie schreiben die Story einfach so, als hätten sie all das erledigt. Für einen geübten Schreibenden sind Fake-Geschichten leichter zu Papier zu bringen und häufig überzeugender als wahre. Schließlich kann der Autor seinen Figuren bei fiktionalen Texten Charakterzüge passgenau auf den Leib schneidern, die Handlung ganz nach Wunsch dirigieren und alle Ungereimtheiten weglassen, damit die Geschichte eleganter und einprägsamer wird, als eine echte es je sein kann.[18]

Und selbst wenn sie eine echte Story bringen, brechen unethische Vertreter der schreibenden Zunft manchmal die Ecken und Kanten, um ihr mehr Glanz zu verleihen. Der bekannte Wissenschaftsautor Jonah Lehrer änderte die Fakten historischer Ereignisse und erfand Zitate selbst. So hatte der große Zauberkünstler Teller über die Kämpfe zu Beginn seiner Laufbahn gesagt: »Ich hatte stets angenommen, dass ich mein Leben damit zubringen werde, in schicken kleinen Etablissements aufzutreten.« Lehrer blies Tellers Sorgen zu einer existenziellen Krise auf und gab sie in seinem Buch *Imagine* falsch wieder: »Ich hatte den Traum, ein Zauberkünstler zu werden schon fast aufgegeben … Ich war bereit, nach Hause zurückzukehren und dort Lateinlehrer an der Highschool zu werden.« Als Lehrer die Geschichte des Sozialpsychologen Leon Festinger erzählte, der in den 1950ern eine Gruppe von Weltuntergangsfanatikern unterwanderte, die zu einem bestimmten Datum die Landung von Aliens auf der Erde erwarteten, schrieb er: »Als die Uhr 0.01 anzeigte und immer noch keine Aliens in Sicht waren, fingen die Fanatiker an, sich zu wundern. Einige weinten. Die Aliens hatten sie im Stich gelassen.« Was Festinger tatsächlich beobachtet hatte, war etwas ganz anderes – und viel Überraschenderes: »Man hätte irgendeine erkennbare Reaktion erwartet. Die Mitternacht war vorüber und nichts war geschehen … Aber an den Reaktionen der Menschen im Raum war nichts abzulesen. Sie redeten nicht, kein Laut ertönte. Die Menschen saßen mit ausdrucksloser Miene steif und stumm da.« Was Festinger als Zeichen möglicher Verwirrung und Ungewissheit schilderte, wurde bei Lehrer zu körperlich wahrnehmbarem Stress.«[19]

Diese Art von Betrug hat weniger dramatische Folgen, als wenn man Ihnen die Taschen oder das Bankkonto leert. Aber wenn diese kleinen Verfälschungen zum täglichen Brot werden – wenn Millionen Menschen falsche Zitate, verzerrte Geschichten oder erfundene wissenschaftliche Resultate aufsaugen –, dann nimmt unser Vertrauen ins Nicht-Fiktionale ab. Und das wiederum wirkt sich negativ auf unsere Fähigkeit aus, zu rationalen Schlussfolgerungen zu gelangen.[20]

Selbst Betrugsformate, die uns Geld kosten, sind manchmal erstaunlich banal. FTX war eine populäre Tradingplattform für

Kryptowährungen wie Bitcoin etc. Sie wurde von bekannten Risikokapitalgebern unterstützt und von Prominenten beworben. Es gab sogar Werbeanzeigen beim Super Bowl, dem größten Sportevent der USA. In den Kundenverträgen stand: »Der Zugriff auf Ihre Vermögenswerte liegt einzig und allein bei Ihnen.« Aber als FTX im November 2022 Insolvenz beantragte, entdeckte man, dass das Unternehmen das Vermögen seiner Kunden auf eine Schwesterfirma namens Alameda Research übertragen hatte. Dort wurde das Geld verwendet, um eigene Trading- und Investmentaktivitäten zu finanzieren. FTX versprach also etwas und tat das genaue Gegenteil.[21]

Beispiele wie diese zeigen, dass es eben nicht offen auf der Hand liegt, wann wir innehalten und was wir prüfen sollten. Wir können nicht aller Welt misstrauen und gleichzeitig in der Gesellschaft zurechtkommen. Und wir können nicht jedes einzelne Detail selbst überprüfen. Die Herausforderung liegt darin, zwischen beiden Polen ein Gleichgewicht zu finden. Wir müssen anderen Menschen genug glauben und vertrauen, um unser Leben führen zu können. Gleichzeitig sollten wir unseren Sinn dafür schärfen, wann wir Gefahr laufen, Betrügern auf den Leim zu gehen – und herausfinden, wann es sich lohnt, ein wenig nachzubohren.

Gewohnheiten und Köder

Eine Täuschung funktioniert, wenn sie sich anfühlt wie die Wahrheit. In diesem Buch werden wir zeigen, dass alle erfolgreichen Betrügereien sich Merkmale des menschlichen Denkens zunutze machen, die uns gewöhnlich gute Dienste leisten. Dabei spinnen die Betrüger ihre Märchen keineswegs mit Blick auf die Kognitionspsychologie. Aber ihre Tricks und Drehbücher sind eben deshalb so wirksam, weil sie unsere Schwächen ausbeuten. Wenn wir diese Tendenzen verstehen, können wir unsere Fähigkeit entwickeln, Betrugsmanöver zu erkennen und ihnen aus dem Weg zu gehen.

Dazu werden wir uns zuerst vier wichtige kognitive *Gewohnheiten* ansehen, die wir alle haben – entscheidende Aspekte unseres Denkens, die uns meist dienlich sind, die aber von Betrügern gegen uns verwendet werden können. Dazu gehört beispielsweise, uns auf Informationen zu *konzentrieren*, die uns wichtig sind. Das sind häufig Informationen, die wir direkt vor der Nase haben. Was uns irrelevant erscheint oder abzulenken droht, blenden wir aus. Mit zunehmender Erfahrung entwickeln wir Erwartungen, welche Ereignisse eintreten oder wie eintreffende Informationen aussehen. Aufgrund dieser Erwartungen treffen wir *Vorhersagen*, die meistens richtig sind. Unsere Denkfähigkeit hängt ab von den Grundannahmen, die wir über die Funktionsweise unseres Verstandes haben. Sind diese Grundannahmen stark genug, werden daraus *unerschütterliche Überzeugungen*, die wir nur selten infrage stellen, ja, deren Wirken wir noch nicht einmal bemerken. Besitzen wir genügend Übung im Erledigen unserer Aufgaben, steigt unsere *Effizienz*. Das heißt, wir entwickeln Routinen, Faustregeln und Schnellverfahren, die uns bei der Entscheidungsfindung viel Zeit und Mühe sparen. Wir werden im Detail zeigen, wie jede dieser Gewohnheiten Betrugsmanövern einen fruchtbaren Boden bereitet.

Die restlichen Kapitel beschäftigen sich mit vier Ködern: Jenen Merkmalen von Informationen, denen wir im täglichen Leben begegnen und die wir ansprechend finden, obwohl sie uns einschränken. Wie ein spannender Trailer für einen Film, eine gute Präsentation, ein musikalischer Ohrwurm, erwecken diese Köder unser Interesse und beeinflussen uns so, dass wir die dahinter steckenden Behauptungen ungeprüft als wahr »schlucken«. Köder sind per se weder gut noch schlecht. Die meisten Dinge, die unsere Aufmerksamkeit fesseln, verdienen das auch zu einem gewissen Grad. Aber wenn wir über den Tisch gezogen werden, sind garantiert einige Köder mit im Spiel, die uns aufs Glatteis führen. Verträgt sich eine Information, die man uns vorsetzt, mit dem, was wir bereits wissen und worauf wir vertrauen, betrachten wir diese *Vertrautheit* als Beleg für deren Wahrheit. Wir nehmen eine hohe *Kohärenz* oder »Stimmigkeit« als Beleg für die Realität von Daten und Aussagen. Eine enorme *Präzision* bei Vorhersagen oder wissenschaftlichen Beweisen verwechseln wir mit Genauigkeit und Wahrhaftigkeit der dahinterstehenden Ideen. Und wir sind fasziniert von Geschichten über *Wirkmächtigkeit*, bei denen kleine Ursachen große Effekte hervorrufen, vor allem, wenn man ihnen die Macht zuschreibt, unser Leben zu verändern oder die Gesellschaft als Ganzes.

Diese Gewohnheiten und Köder erlauben anderen, uns aufs Glatteis zu führen (bzw. ermöglichen uns die Selbsttäuschung). Die meisten Betrugsmanöver, vor allem wenn sie langfristig angelegt und komplex sind, setzen auf mehrere Gewohnheiten und Köder. Und auf einen gewissen Grad an Selbsttäuschung bei den Opfern. Viele Betrüger haben nur deshalb Erfolg, weil diejenigen unter uns, die mit größter Wahrscheinlichkeit auf die Masche hereinfallen, sich den Betrügern selbst als lohnende Opfer präsentieren, was ihnen die Arbeit erleichtert. (Mehr dazu im Schlusswort.)

Wir werden in jedem Kapitel Geschichten von Verbrechern, Abzockern und Schwindlern erzählen – einige davon berühmt, andere eher unbekannt und ein paar, die aus eigener Erfahrung stammen. Aber sie alle zeigen, wie sehr Täuschungsmanöver auf unsere kognitiven Gewohnheiten setzen und uns zur Vertrauensseligkeit verleiten, statt vorher erst einmal einen prüfenden Blick darauf zu werfen. Einige dieser Geschichten sind durchaus witzig, andere

herzzerreißend. Bei manchen dieser Manöver gibt es eigentlich keine Opfer, während andere uns allen schaden. Manche lassen sich
als Ironie des Schicksals deuten: wenn bei einer Studie über Ehrlichkeit betrogen wird; wenn Wahrsager ihren eigenen Untergang
nicht kommen sehen; oder wenn ein Amerikaner, ohne es zu merken, Helfershelfer bei der bekannten Nigeria-Masche (»Nigerian
prince«) wird.[22]

Wir werden dabei immer wieder klassische und aktuelle Studien zur Kognitionspsychologie und zu den Sozialwissenschaften
ins Feld führen, die erklären, warum jeder Mensch hin und wieder
auf einen Betrug hereinfällt. Wir beschreiben die wissenschaftliche
Seite unserer kognitiven Gewohnheiten, machen deutlich, warum
sie uns gewöhnlich gute Dienste leisten und bringen Beispiele, wie
man sie zu unserem Nachteil einsetzen kann. Und in jedem Kapitel
finden Sie darüber hinaus Grundsätze, die zusammenfassen, was
wir Ihnen empfehlen, damit Sie erkennen, wann Sie wachsamer sein
und besser nachprüfen sollten. Wir zeigen Ihnen Fragen auf, die Ihnen helfen sollen, Täuschung auf die Spur zu kommen. Wir hoffen,
dass Sie – wenn Sie alles über kognitive Gewohnheiten wissen und
viele Beispiele für deren betrügerische Manipulation kennen – allmählich immer weniger als gegeben hinnehmen, immer mehr prüfen und am Ende eben nicht über den Tisch gezogen werden.

Teil I
Gewohnheiten

1
FOKUSSIERUNG:
ÜBERLEGEN SIE, WAS FEHLT

Wir treffen Entscheidungen gewöhnlich, indem wir uns auf die Informationen stützen, die wir vor der Nase haben. Irrelevante oder ablenkende Informationen berücksichtigen wir nicht. Diese Art zu fokussieren hat zur Folge, dass wir die Bedeutung oder Existenz von Informationen, die wir nicht im Fokus haben, unterschätzen. Mit einem Instrument namens »Möglichkeitsraster« können wir herausfinden, ob Informationen, die wir außer Acht lassen, uns in die Irre führen.

John Edward gehört im parapsychologischen Bereich zu den berühmtesten Medien, die heutzutage praktizieren. Auf dem Höhepunkt seiner Popularität, Mitte der Nullerjahre, moderierte er sogar eine eigene Fernsehshow auf dem Sender We TV: *John Edward Cross Country*. Sie begann stets mit einer Warnung von John Edward: »Medialität ist keine Trauerarbeit. Sie kann sehr therapeutisch, heilsam und hilfreich sein. Wenn Sie den Prozess richtig verstehen, schenkt Ihnen das neue Kraft. Wenn Sie aber versuchen, damit Ihre Trauer abzustellen, dann sind Sie hier falsch. Ich möchte das unmissverständlich klarstellen.«[23]

Edward ist ein stämmiger Typ mit glatt gekämmtem Haar. In der Sendung trägt er einen schwarzen Lederblazer und Jeans. Nach seinen einleitenden Worten betritt er eine Bühne und lässt über Mikrofon sein Charisma wirken.

»Ich bin bereit … Da ist die Energie eines jungen Mannes in diesem Bereich«, sagt er, während er rechts auf der Bühne steht und auf die Menschen vor ihm hinunterblickt. »Man signalisiert mir, dass es sich um einen Sohn, Neffen oder Enkel handelt. Und sie steht in Verbindung zu Krebs.« Die Kamera zeigt Edwards von hinten und sein Publikum vor ihm. »Macht das für jemanden Sinn? Wo ist Robert, Robby, Rob? Wo ist das R?«

Eine Frau in der mittleren Reihe mit dunklem Haar und einem grauen Pulli hebt die Hand. Sie ist mit einigen ihrer Verwandten ins Studio gekommen. Edward bittet, dass man ihr ein Mikro gibt.

»Robert?«, fragt er.

»Mein Vater«, sagt sie.

»Verschieden?«

»Ja.«

»Okay. Krebs?«

»Nein.«

»Wo war da was mit Knochen?«

»Bei zwei Personen. Mein Großvater«, sagt sie. Und dann deutet sie auf einen Mann neben sich: »Und seine Mutter.«

»Jemand hatte etwas, das seine Knochen angriff«, sagt Edward sehr bestimmt. Er wendet sich nun direkt an die Frau und deutet mit dem Mikro auf sie.

»Seine Mutter«, antwortet die Dame. »Knochenkrebs«, sagt der Mann, ohne Mikro. Nun bekommt auch er eines.

»Sie hatte Knochenkrebs?«, fragt Edward.

»Ja«, antwortet die Frau.

Nachdem nun klar ist, dass die Mutter des Mannes an Knochenkrebs gestorben ist, offenbart Edward, dass er den Kontakt hergestellt hat: »Sie vermittelt mir den Eindruck, dass sie an oder rund um einen großen Feiertag gestorben ist oder an einem Tag, der gefeiert wird, aber landesweit.«

»Ähm, mein Vater«, stottert die Frau mit einem leichten Bostoner Akzent.

»Ich sehe die amerikanische Fahne. Und das heißt, dass wir entweder über den 4. Juli, den Veteran's Day ...«

»11. September«, unterbricht sie.

»Er starb an *dem* 11. September?«

»Ja. Er war Feuerwehrmann.«

»Ihr Vater ist Robert. Das hatten wir ja schon.«

»Ja.«

»Und Sie sind das jüngste Kind in der Familie.«

»Ich bin die Älteste.«

»Okay. Er gibt mir das Gefühl, dass Sie die Kleine waren. So kommt das rüber.« Die Frau nickte. Sie sieht aus, als würde sie gleich zu weinen anfangen.

»Er vermittelt mir auch den Eindruck ... ist seine Mutter noch hier?«

»Ja.«

»Er sagt mir, ich solle seiner Mutter danken. Wir müssen sicherstellen, dass seine Mutter weiß, dass er sich gemeldet hat. Sie braucht eine innige Umarmung. Eine starke Umarmung.« Nun wischt sich die Frau die Tränen weg, die ihr über die Wangen rollen.

»Okay.«

»Ich sage ja immer, dass es für eine Mutter keinen größeren Verlust gibt als den ihrer Kinder. Bitte halten Sie dieses Gefühl präsent, okay?«

Heftiges Nicken im Publikum. Die Frau hat immer noch ein Taschentuch in der Hand.

Das ist tolles Fernsehen. So toll, dass John Edward es zu einem Imperium ausgebaut hat: Bücher, Sendungen auf verschiedenen Netzwerken, eine Show in Las Vegas, eine regelmäßige Tour durch das ganze Land und viele private Konsultationen mit Berühmtheiten. Selbst Kim Kardashian war hingerissen, als Edward in seinem vollen Terminkalender für sie ein paar Minuten Zeit erübrigte. Mithilfe des Mediums konnte sie Kontakt zu ihrem verstorbenen Vater aufnehmen. Ein paar Tage später trennte sie sich von ihrem zweiten Gatten (nach 72 Tagen Ehe). Doch Edwards enorme Bekanntheit hat ihn auch einiges gekostet: Man macht sich öffentlich über ihn lustig. Die bekannte Zeichentrickserie *South Park* widmete ihm eine ganze Episode mit dem Titel »Der größte Depp des Universums«, in der seine angeblichen Fähigkeiten durch den Kakao gezogen werden. Wir gehen davon aus, dass die meisten unserer Leser uns da zustimmen: John Edward kann nicht wirklich mit toten Menschen kommunizieren, aber Millionen Menschen glauben nun mal an Hellseher.[24]

Der Austausch, den wir oben mit etwa 500 Wörtern wiedergegeben haben, dauerte im Fernsehen nicht länger als zwei Minuten. Wenn Sie diese Konversation so lesen, dann haben Sie Zeit, um sie kritisch zu begutachten: alles, was gesagt wurde, und was nicht. So finden Sie auch alternative Erklärungen für Edwards vorgebliche Fähigkeiten. Wenn Sie Medien mit einiger Skepsis begegnen, gehen Ihre Gedanken vermutlich ohnehin schon in diese Richtung. Doch wenn Sie im wirklichen Leben auf einen derart charismatischen Selbstdarsteller treffen und die Hoffnung Sie empfänglich macht, ist Widerstand schon deutlich schwieriger. Wir beginnen mit diesem eher »einfachen« Beispiel, um Ihre Fähigkeit zu schärfen, diese Art von Täuschung zu demaskieren. Aber sehen wir uns Edwards Auftritt doch mal genauer an.

Erstens wollen die meisten Menschen in Edwards Publikum an seine Fähigkeiten glauben, weil er ihnen die Hoffnung schenkt, mit einem verstorbenen lieben Menschen in Kontakt treten zu können. Diese Erwartungen, zusammen mit Edwards Geschick, eine emotionale Bindung zu bestimmten Menschen im Publikum aufzubauen, erschweren es seinen Zuschauern, die logischste Erklärung für Edwards Tun zu finden. Zweitens sammelt Edwards vermutlich wie die meisten Medien im Voraus Informationen über die Gäste im Studio. Oder er platziert ein paar Strohmänner unter ihnen. Durch sie stellt er sicher, dass er bei jedem Auftritt einige »Treffer« landet. Drittens ist Edward ein Meister des Cold Reading, jener Techniken, die Zauberer benutzen, die Gedanken ihrer Zuschauer zu lesen. Dazu gehört vor allem ein Trommelfeuer an Aussagen, das seinen Zuschauern keine Zeit zum Überlegen lässt. Seine Worte wirken entschieden und präzise, weil er falsche Aussagen eiligst überspielt und unter den Teppich kehrt. Sein Publikum hat gar keine Zeit, über seine Fehler nachzudenken. Die Leute erinnern sich nur an jene Informationen und Beispiele, die seine angeblichen Fähigkeiten bestätigen.[25]

Des Weiteren streut er in seine Cold Readings möglichst vage Beschreibungen ein, die sich auf vielerlei Art interpretieren lassen. Die Interpretation, für die sein Gegenüber sich entscheidet, lässt er so erscheinen, als hätte er das Ganze von Anfang an so gemeint. Er sagt: »Sie ist an oder rund um einen großen Feiertag gestorben oder an einem Tag, der gefeiert wird, aber landesweit.« Die Antwort »11. September« behandelt er dann, als passte sie zu seiner Aussage, auch wenn es sich dabei weder um einen Fest- noch um einen offiziellen Feiertag handelt. Aber für die Person, die den Tag nennt, fühlt es sich stimmig an. Außerdem fällt unter die Beschreibung »rund um einen großen Feiertag« oder »einem Tag, der landesweit gefeiert wird« fast der gesamte Kalender. Ganz egal, wann die betreffende Person gestorben ist, irgendwie gibt es immer einen Feiertag, der zeitlich in der Nähe liegt. Aber in diesem Moment denken die Menschen eben nur an den Tag, an dem ihr Angehöriger gestorben ist, und nicht daran, wie leicht Edward dieses Datum mit anderen wichtigen Erfahrungen hätte verknüpfen können.

Man kann nun mal leicht über den Tisch gezogen werden, wenn die eigene Aufmerksamkeit zu eng fokussiert ist. CEOs, die viel Zeit darauf verwenden, ihr Unternehmen in den sozialen Medien positiv darzustellen, lenken die Aufmerksamkeit wenig versierter Investoren ab von Informationsquellen, die ihre Aussagen widerlegen könnten. In unseren Vorträgen und Seminaren demonstrieren wir dies anhand eines von dem Zauberkünstler Harry Hardin erfundenen Kartentricks: des »Princess Card Trick«. Wir behaupten, dabei ginge es um Gedankenlesen oder die Fähigkeit, Körpersprache zu lesen. Aber das ist ein Märchen.

Zuerst zeigen wir auf dem Bildschirm sechs Karten:

Dann kehren wir den Zuschauern den Rücken zu und bitten einen Freiwilligen, mit einem Laserpointer auf eine der Karten zu zeigen. Dann löschen wir den Bildschirm und bitten das Publikum, sich zu merken, welche Karte ausgewählt wurde. Sie können gleich mitmachen. Suchen Sie sich eine Karte aus und konzentrieren Sie sich darauf. Wir drehen uns wieder mit dem Gesicht zu den Zuschauern und machen eine Riesenshow daraus, wie wir unser Versuchskaninchen anstarren. Dann sagen wir: »Nun werden wir Ihre Karte aus dem Stapel entfernen.« Wir blenden das nächste Bild ein und die Karte des Betreffenden ist aus dem Stapel verschwunden.

Beeindruckend, nicht wahr? Nicht so beeindruckend, wenn wir Ihnen verraten, dass wir die falsche Karte gar nicht hätten entfernen können. Wir wissen nämlich nicht, welche Karte Sie sich ausgesucht haben.[26]

Der Trick beruht auf dem gleichen Mangel an Vorstellungskraft, den auch Edward ausnutzt. Wenn das Publikum sich nur auf die gewählte Karte konzentriert, ist quasi garantiert, dass die Leute die übrigen Karten nicht beachten. Da die nicht gewählten Karten durchs Raster fallen, merken die Zuschauer nicht, dass wir *alle* Karten ausgetauscht haben, nicht nur die ausgewählte. Sie sehen nur den Beleg dafür, dass die entscheidende Karte verschwunden ist. Aber sie sehen nicht die Dinge, die fehlen.

Edward hat Erfolg mit seiner Darbietung, weil seine Zuhörer sich auf den Vater des Freiwilligen konzentrieren: Robert, ein Feuerwehrmann, der am 11. September 2001 starb. Sie merken nicht, dass Edward bei seinem Auftritt jederzeit auf einen anderen Tag, einen anderen Vornamen oder eine andere Beziehung hätte herausgreifen können – so wie wir uns jederzeit auf eine beliebige andere Karte hätten einstellen können.

Edward nutzt aus, dass wir Schwierigkeiten haben, uns Alternativen vorzustellen. Und er verlässt sich darauf, dass einige seiner Ratespiele schon per Zufall ins Schwarze treffen werden. Wenn jemand »was mit Knochen« hat, wie hoch ist die Wahrscheinlichkeit, dass es Krebs ist? Vermutlich hoch – oder gibt es andere tödliche Knochenerkrankungen? Aber wenn er »Krebs« sagt, hört sich das nach tieferer Einsicht an. Und wie hoch ist die Wahrscheinlichkeit, dass jemand unter den Zuschauern einen toten Verwandten mit den Namen »Robert, Robby, Rob« hat? »Wo ist das R?« Die meisten Zuschauer haben wohl einen nahen Angehörigen verloren. Der Zweck dieser Sendung ist es ja, mit den Toten zu kommunizieren. Das nennt man Selbstselektion. Robert ist ein verbreiteter Name, der viele Varianten kennt, aber Edward hätte mit jedem »R«-Namen arbeiten können (aber auch mit Bob, Bobby und anderen Abkürzungen). Edward haut seine Informationen so schnell raus, dass das Publikum nicht merkt, wie viele mögliche Antworten funktioniert hätten. Stattdessen wird die Aufmerksamkeit ganz auf den einen Namen gelenkt, den jemand tatsächlich nennt. Wenn man sich selbst Hunderte von Möglichkeiten gibt, um richtig zu liegen, wirkt die ganze Charade natürlich wie eine übernatürliche Eingebung.

Menschen sind üblicherweise schlecht darin, die Wahrscheinlichkeit von scheinbar seltenen Ereignissen einzuschätzen. Stellen Sie sich vor, Sie sitzen in einem Meeting und stellen fest, dass Sie am selben Tag geboren sind wie eine Ihrer Kolleginnen. Was für ein Zufall! Nicht wirklich. Wenn 23 Menschen im Raum sitzen, dann besteht eine über 50-prozentige Chance, dass zwei der Anwesenden den gleichen Geburtstag haben. Gut, der Geburtstag eines Menschen fällt notgedrungen auf einen von 365 Tagen. Aber bei 23 Leuten gibt es 253 Möglichkeiten, zwei Personen zusammen zu gruppieren (23 × 22 ./. 2). Angesichts dieser Zahlen ist es schon weniger erstaunlich, dass tatsächlich zwei davon zusammenpassen. Steigt die Anzahl der Menschen im Raum, dann steigt auch die Wahrscheinlichkeit eines gemeinsamen Geburtstags auf 95 Prozent. Aber wie bei Edwards Zuschauern und dem Namen, der mit »R« beginnt, konzentrieren wir uns, wenn wir einen gemeinsamen Geburtstag feststellen, allein darauf und denken normalerweise nicht mehr an all die möglichen Gruppierungen, die eben kein Paar ergeben.

Wenn Edward unter Vorspiegelung falscher Tatsachen den Menschen einredet, dass ihre Angehörigen sie lieben, dann ist das harmlos. Doch die Aussagen von Medien und Gedankenlesern können heimtückisch und schädlich sein – daher bezeichnen Kritiker Medien auch als »Trauervampire«. Anfang 2013 entkamen drei Frauen aus der Gefangenschaft in einem verfallenen Haus in Cleveland, wo sie fast ein Jahrzehnt lang gefangen gehalten wurden. Louwana Miller, die Mutter einer der Frauen, trat 2004 zusammen mit dem berühmten Medium Sylvia Browne in *The Montel Williams Show* auf, kurz nachdem ihre Tochter verschwunden war. Browne sagte Miller, dass ihre Tochter Amanda tot sei. Sie sehe Amanda »in Wasser«. Das Medium erzählte der am Boden zerstörten Mutter, sie würde ihre Tochter »im Himmel wiedersehen, auf der anderen Seite«. Miller starb zwei Jahre später im Glauben, dass ihre Tochter tot wäre.[27]

Medien wie Browne und Edward streichen stets ihre Erfolge heraus. Ihre Aussetzer werden verschwiegen. Und wenn sie eigene Fehler ansprechen, dann steckt garantiert etwas dahinter. Der Psychologe Matt Tompkins, seinerseits professioneller Zauberkünstler und Experte in der Geschichte des magischen Gedankenlesens, sagte uns, dass manche Medien bewusst auf irrtümliche Aussagen in ihren Auftritten aufmerksam machen. Indem sie den Fehler zugeben und sich darüber aufregen, unterstreichen sie ihre angebliche Ehrlichkeit und die sonstige Genauigkeit ihrer Vorhersagen. Die Zuschauer erinnern sich an diese fehlerhafte Angabe – »Ich fasse es nicht, dass mir das entgehen konnte!« – und vergessen die vielen unterschlagenen Fehler.

Wie die Fokussierung uns in die Irre führt

Menschen, die zu einer Veranstaltung von John Edward gehen, sind meist Gläubige, keine Skeptiker oder Leute, die von vornherein alles als Humbug betrachten. Aber jeder von uns kann so leichtgläubig sein wie ein Fan des Mediums, wenn wir uns in einem Umfeld bewegen, das nicht automatisch zur Skepsis geneigt macht. Denn wir alle tendieren dazu, mehr zu glauben, als wir sollten, wenn wir uns nur auf die Informationen verlassen, die uns schon zur Verfügung stehen.

Wir kennen die Formulierung »willentlich Zweifel und Nichtglauben aussetzen« vielleicht aus dem Literaturunterricht. Gemeint ist damit, dass wir Zweifel oder kritisches Denken beiseiteschieben und eine spekulative Prämisse akzeptieren, die wir normalerweise ablehnen würden. Alles zu dem Zweck, um ein fiktionales Werk zu verstehen und ungetrübt zu genießen. Wenn das Narrativ stimmt und gekonnt inszeniert ist, fragen wir uns nicht, wieso ein Hacker mit einem MacBook den Computer eines Alien-Raumschiffs kapern kann oder wie es möglich ist, dass die Veränderung der DNS eines einzigen Tieres zur Ausrottung der ganzen Art führt. Sehen wir uns hingegen einen Dokumentarfilm an, stellen wir unsere Skepsis nicht von vornherein ab, weil wir dafür keine Notwendigkeit sehen. Wir erwarten, dass Dokumentarfilme dokumentieren, nicht fabulieren. Das Gleiche gilt für den Alltag. Wir übergehen unsere Zweifel nicht, einfach weil es keinen Zweifel gibt, den wir abstellen könnten. Unsere Voreinstellung besteht darin zu glauben – wir akzeptieren, was man uns erzählt, wir stellen es nicht sofort infrage und wir überprüfen es nur ganz selten. Im Alltag sollten wir aber mit der Gewissheit unserer Überzeugungen pausieren, nicht mit unserem Unglauben.

Viele Geschäfte, ja, ganze Industriezweige nutzen diese Neigung aus, in manchen Fällen vielleicht nicht absichtlich. Sie produzieren »Demos«, Produktvorführungen, die unter exakt kontrollierten Bedingungen entstanden sind und ihre Produkte und Technologien als leistungsfähiger darstellen, als sie es tatsächlich sind. Wenn diese Demos wirken – was sie fast immer tun –, dann signalisieren sie dem Betrachter Glaubwürdigkeit. Wer zweifelt schon etwas an, das er mit eigenen Augen gesehen hat? Unsere Ehrlichkeitsvermutung lässt uns darauf vertrauen, dass das, was wir zu sehen bekommen, der Realität zumindest nahekommt und wir nicht getäuscht werden.

So veröffentlicht zum Beispiel die Firma Boston Dynamics (die einst Google gehörte) regelmäßig Videos von ihren humanoiden Robotern, die unglaubliche Leistungen vollbringen: Sie bewegen sich anscheinend völlig sicher durch einen Parcours. Aber natürlich sagt uns das Video nicht, wie der Roboter sich auf einem völlig unbekannten Parcours mit neuen und ganz anderen Hindernissen verhalten würde. Vielleicht hätte er auch diese Herausforderung gemeistert, aber wenn man uns ein überzeugendes Demo seiner Fähigkeiten vorführt, nehmen wir automatisch an, dass er diese auch unter anderen Bedingungen zeigen würde. Tatsächlich aber kann das Demo uns das nicht zeigen.[28]

Computersysteme zu entwickeln, die in einer exakt auf sie zugeschnittenen Umgebung ein nahezu intelligentes Verhalten an

den Tag legen, und die Behauptung oder implizite Andeutung, sie
würden dies auch unter allen möglichen anderen Bedingungen tun,
ist eine Praxis, die es seit mindestens 50 Jahren gibt. Manchmal
täuschen die Entwickler gar nicht bewusst – sie sind nur übermäßig optimistisch, was die noch ausstehende Weiterentwicklung
ihrer Technik für andere Anwendungen angeht. Jahrzehntelang
sind Computervisionäre und Roboterspezialisten von der Annahme ausgegangen: Wenn ein Roboter eine Szene mit regelmäßigen
geometrischen Formen (wie Würfeln, Pyramiden, Zylindern etc.)
verstehen kann, dann wäre damit die eigentliche Arbeit getan und
es wäre nur ein kleiner Schritt, diese Fähigkeit auf natürliche Szena-
rien auszudehnen. Aber die KI-Systeme (Künstliche Intelligenz) ver-
sagen beim Sprung von der optimierten »Mikrowelt« in die reale
Welt regelmäßig. Ebenso wie Arzneimittel im Laborexperiment mit
Tieren funktionieren können, aber im Versuch am Menschen sich
letztlich als wirkungslos oder schädlich erweisen. Es genügt mitunter schon, dass die Farbe eines einzigen Pixels in einem digitalen
Bild verändert wird, und das Objekterkennungssystem bezeichnet
ein Schiff als Auto oder ein Wildtier als Flugzeug. Die Demo-Dea-
ler verweigern sich meist der Einsicht, dass eine stabile, verlässliche
Performance angesichts der Komplexität der wirklichen Welt einen
Ansatz erfordern kann, der sich von dem, der in den kontrollierten
Bedingungen des Demos so gut funktionierte, massiv unterschei-
det.[29]

Betrüger schlagen Profit aus unserer Neigung, das, was wir im
Rahmen einer kurzen und vorkonfigurierten Erfahrung erlebt
haben, als repräsentativ für eine komplexere Wirklichkeit zu betrachten. Theranos zum Beispiel baute in seine Mini-Maschinen
zur Blutanalyse einen Demo-Modus für Investorengespräche ein,
den man das »Null Protokoll« nannte. Man nahm von einem der

Ehrengäste eine winzige Blutprobe, füllte diese in ein Reagenzglas und steckte es in die Maschine. Dann tappte der Theranos-Vorführer einige Male auf den Bildschirm, als würde er Befehle in die Apparatur eingeben. Doch die Kiste stieß nur eine Reihe von Tönen aus, ohne irgendwelche Analysen auszuführen. Die Blutprobe wurde nun schnell in ein traditionelles Labor gebracht, während die Zielobjekte – die Investoren – zum Essen eingeladen oder durch das Unternehmen geführt wurden. (Natürlich nicht dorthin, wo ihr Blut tatsächlich analysiert wurde.) Die ganze Prozedur wurde vorab unzählige Male einstudiert. Wie Zauberkünstler manipulierten die Theranos-Manager die Aufmerksamkeit ihrer Zuhörer so, dass diese Zeugen von etwas gewesen zu sein glaubten, was in Wirklichkeit nie passiert war.

Selbst der altgediente Autobauer Volkswagen bediente sich dieser Technik. Er programmierte seine Autos so, dass sie während eines Testlaufs einen minimalen Schadstoffausstoß zeigten und so den festgelegten Grenzwerten entsprachen. Diese betrügerische Täuschung brachte dem Unternehmen 40 Milliarden US-Dollar an Strafzahlungen ein.[30]

Wo ist Wald in der Rechnung?

Anders als beim Medienkonsum oder bei Unternehmenspräsentationen muss man uns nicht manipulieren, damit wir unsere Aufmerksamkeit auf das Falsche lenken – wir konzentrieren uns ganz von selbst auf das, was wir vor der Nase haben, statt uns zu fragen, was in diesem Bild fehlt. Wenn Sie viel in den sozialen Medien unterwegs sind, dann sind Sie vielleicht schon mal auf die schematische Zeichnung eines Flugzeugs gestoßen, das mit einem Haufen kleinen Punkten bedeckt ist. Präsentiert man uns dieses Bild mitunter auch nur in der Absicht, uns zu sagen: »Wenn du dieses Bild kennst, bist du so smart wie ich«, macht es doch, bestimmungsgemäß eingesetzt, einen grundlegenden Denkfehler sichtbar. Sobald Sie die Geschichte dahinter kennen, haben Sie einmal mehr gelernt, sich nicht hinters Licht führen zu lassen.[31]

Der 14. Oktober 1943 war ein Tag, an dem die Alliierten vergleichsweise erfolgreiche Luftangriffe gegen deutsche Fabriken flogen. Die US-Luftwaffe bombardierte Kugellagerfabriken in Schweinfurt, um die Kriegsanstrengungen der Nazis zu behindern. Der Luftangriff vom »Black Thursday« erfüllte seinen strategischen Zweck, doch unter großen Verlusten. Von 291 B-17-Bombern, die von Großbritannien aus gestartet waren, wurden 77 ganz zerstört. Völlig unbeschädigt blieben nur ganze 33 Maschinen. Mehr als 600 der 2900 beteiligten Soldaten wurden getötet oder gefangen genommen.

Die B-17 war der am häufigsten eingesetzte Bomber der US-Streitkräfte in Europa. Er konnte mehr Sprengstoff laden und abwerfen als jedes andere Flugzeug, aber die Verluste waren verheerend. Eine Analyse der Beschädigungen der Maschinen, die zurückkehrten, sollten den Alliierten Rückschlüsse liefern, die die Überlebenschancen der restlichen Flieger erhöhten. Das ganze Flugzeug besser zu panzern war unmöglich. Das zusätzliche Gewicht würde die Reichweite der Maschinen ebenso reduzieren wie ihre Zuladung an Kampfmitteln. Aber vielleicht ließen sich ja Teile des Flugzeuges besser panzern? Waren die Schäden an den Maschinen zufällig, dann ließe sich wohl kaum etwas machen. Zeigte sich aber, dass durchgehend bei sämtlichen Maschinen bestimmte Teile stärker betroffen wären als andere, dann könnte man diese neuralgischen Zonen besser schützen. Was bessere Überlebenschancen für die Flugzeuge und ein früheres Kriegsende bedeuten würde.

Bei der Lösung dieses Problems half den Streitkräften ein gewisser Abraham Wald, ein rumänischstämmiger Statistiker und Mitarbeiter der Statistical Research Group an der Columbia University. Walds Arbeit ist heute noch einflussreich. Einige der statistischen Techniken, die er entwickelte, finden in der Psychologie, der Wirtschaftswissenschaft und in anderen Disziplinen Anwendung. Damals entwickelte Wald Methoden zur »Überlebensanalyse« und führte eine systematische Studie der Schäden an den B-17-Bombern durch. Wären die Schäden rein zufällig verteilt, dann müsste die Wahrscheinlichkeit, dass es einen bestimmten Teil trifft, mit dessen Fläche steigen. Größere Teile sollten also öfter getroffen werden als kleinere. Das Muster aber, das Wald entdeckte, gab den Streitkräften neue Hoffnung: Einige Teile des Flugzeugs wurden sehr viel öfter getroffen, als man es bei einer zufälligen Verteilung erwarten würde.

Nun stellen Sie sich vor, Sie wären für die Sicherheit einer B-17 verantwortlich. Welche Schlüsse würden Sie aus Walds Ergebnissen ziehen? Die naheliegendste Möglichkeit wäre es wohl, jene Oberflächen zu panzern, die häufig beschädigt werden – indem man sie beispielsweise mit Stahlplatten verstärkt.

Wenn das Ihre Idee war, dann Gratulation! Sie haben soeben eine möglicherweise katastrophale Entscheidung getroffen, mit der Sie aber nicht allein dastehen. Warum? Denken Sie doch nur mal an die Belege, die fehlen. Walds Analyse beruhte ja einzig auf den Flugzeugen, die zurückkehrten. Die Partien, die bei diesen Maschinen beschädigt waren, waren also gerade jene, die *eher nicht kritisch* für das Überleben des Flugzeugs waren. Was fehlte, waren Daten zu den Flugzeugen, die *nicht* mehr zurückkehrten. Spielten die unbeschädigten Bereiche keine Rolle, dann müssten die zurückkehrenden Flugzeuge auch dort Schäden aufweisen. Wären diese Bereiche für das Überleben des Flugzeugs jedoch von Bedeutung, dann würden Flugzeuge, bei denen diese Partien beschädigt werden, nicht zurückkehren.

Wald verstand dies natürlich. Seine B-17-Analyse legte das Fundament für ein Konzept, das wir als »Überlebenden-Verzerrung« (»survivorship bias«) kennen. Wir widmen den Fällen, die noch da sind, mehr Aufmerksamkeit und vernachlässigen jene, die dies eben nicht sind. Diese Wahrnehmungsverzerrung führt zu einem systematischen Missverstehen von Erfolg bzw. Scheitern, auf das wir häufig in Büchern über wirtschaftlichen Erfolg stoßen, das aber auch auf andere wichtige Entscheidungen Einfluss hat. Jetzt sollten Sie in der Lage sein, den Fehler in der Aussage des Podcasters Dave Rubin über Impfungen gegen das Coronavirus zu entdecken: »Ich kenne viele Menschen, die es bedauern, dass sie sich haben impfen lassen. Aber ich kenne niemanden, der es bedauert, dass er sich die Impfung nicht geben ließ.«[32]

Rufen Sie sich das Bild vom kugelzerfetzten Flugzeug ins Gedächtnis, wann immer Sie jemandem zuhören, der nur von der Information ausgeht, *die ihm zur Verfügung steht*. Es sollte Sie daran erinnern, was diese Leute an Informationen nicht haben. Denn das, was uns zur Verfügung steht, ist keineswegs repräsentativ für das, was eben nicht da ist.

Würden Hush Puppies immer noch als süß gelten, wenn jeder sie tragen würde?

Wir alle möchten gerne erfolgreich sein. Wir ahmen die Gewohnheiten und Strategien erfolgreicher Menschen nach, was intuitiv eine gute Idee zu sein scheint. Doch wenn wir uns ausschließlich auf Erfolg konzentrieren, erkennen wir vielleicht nicht, was für diesen Erfolg tatsächlich verantwortlich war. Eine klassische Technik beim Verfassen von Büchern über wirtschaftlichen Erfolg ist es, in einer Datenbank nach Unternehmen zu suchen, die über längere Zeit erfolgreich waren und dann herauszuarbeiten, was diesen Firmen gemeinsam ist. Tatsächlich bauen viele Management-Hochschulen ihren Unterricht auf solchen Fallstudien von erfolgreichen Unternehmen, Führungsgestalten und Entscheidern auf. Aber das ist so ähnlich, als würde man nur die Flugzeuge studieren, die vom Einsatz zurückkehren.

Ein besonders bekannter Fall ist die Geschichte, mit der Malcolm Gladwell seinen Bestseller *The Tipping Point* beginnt. Gladwell berichtet, dass Hush Puppies, die bekannte Komfortschuhmarke, bis 1994 eher so dahindümpelte. Dann wurden die Schuhe plötzlich in der einflussreichen Subkultur Manhattans schick. Die jährlichen Verkäufe stiegen von 1993 bis 1995 von etwa 30 000 auf 430 000 Paar. Mit dieser Story sollte illustriert werden, dass Unternehmen auf bekannte »Influencer« setzen sollten, um ihre Marke zu bewerben. Es scheint einleuchtend, dass einige Konsumenten mehr Einfluss haben als andere. Aber folgt daraus tatsächlich, dass es für ein erfolgreiches Marketing genügt, Ihr Produkt einigen wenigen Konsumenten vorzustellen, die es dann für Sie einem breiten Publikum präsentieren?[33]

Die Hush-Puppies-Geschichte jedenfalls ist kein überzeugender Beleg, dass die Hipster, die sie gekauft haben, für die explodierenden Verkaufszahlen verantwortlich waren, oder dass »Influencer« auf der Gehaltsliste zu haben eine Strategie für Sieger ist. Um herauszufinden, warum ein Produkt erfolgreich ist, muss man alle zugrunde liegenden Faktoren kennen und sollte sich nicht mit einer zufällig passenden Erklärungsmöglichkeit zufriedengeben.

Vielleicht sind Unternehmen mit besseren Produkten, höheren Verkaufszahlen und Gewinnen einfach eher bereit, neue Marketingideen auszuprobieren. (Aus diesem Grund geben all die spektakulären Anekdoten darüber, wie Google seine Mitarbeiter verwöhnt, wie Amazon seine Meetings gestaltet, wie die finnischen Lehrer ihre Stunden planen und die U.S. Navy SEALs vorgehen, eben keinen Aufschluss darüber, was nötig ist, um zu den Spitzenakteuren zu gehören.) Wenn Sie nachweisen wollen, dass Hipster-Marketing erfolgreich ist, müssten Sie das wirtschaftswissenschaftliche Äquivalent zu den klinischen Versuchen in der Medizin aufbauen: Sie müssten eine Reihe vergleichbarer Unternehmen ansprechen und sie nach dem Zufallsprinzip zwei Gruppen zuteilen: einer, die auf Hipster-Marketing setzt, und einer, die das nicht tut. Dann müssten Sie den Erfolg in beiden Gruppen miteinander vergleichen. Natürlich wird da kaum ein Unternehmen mitmachen, aber die Tatsache, dass diese Art von evidenzbasierten Belegen schwer zu bekommen ist, ist ja keine Aufforderung, sich selbst einzureden, dass Sie solche besitzen.

Wir können Unternehmen und Produktplatzierungen so betrachten wie Investoren und ihre Investmentauswahl – manche haben Erfolg, andere nicht. Tatsächlich schreiben wir die Eintagsfliegen unter den Erfolgsstorys eher schierem Dusel zu, aber selbst bleibender Erfolg ist nicht nur das Ergebnis besonderer Fähigkeiten.

Nehmen wir mal an, dass jedes Investment eine 50-prozentige Chance hat, ein Erfolg zu werden (also zum Beispiel die durchschnittliche Performance seiner Anlageklasse zu übertreffen). Wenn wir uns 1024 Menschen herauspicken, die einfach nur blind raten, dann würde die Hälfte (512) beim ersten Mal schon richtig liegen. Die Hälfte dieser Menschen (256) würde wiederum beim zweiten Mal die richtige Wahl treffen. Beim dritten Mal wäre es wieder die Hälfte, und nach dem zehnten Mal hätte schließlich nur noch eine Person bei jeder Entscheidung richtiggelegen – reines Glück also. Wenn wir nur diesen einen »Tipper« kennen und von den anderen 1023, die auch an dem Experiment beteiligt waren, nichts wüssten, würden wir glauben, einen brillanten Investor entdeckt zu haben. Eines möchten wir aber noch klarstellen: Wir sagen nicht, dass Investoren wie Peter Lynch, Ray Dalio und Jim Simons ihren Erfolg reinem Glück verdanken. Wir sollten uns nur merken: Wenn wir Erfolgsstorys hören, dann ist die Wahrscheinlichkeit hoch, dass man uns nur Geschichten von Leuten wie den eben genannten erzählt.[34]

Um die wahren Ursachen von Erfolg aufzudecken, braucht es mehr als ein cleveres Narrativ. Wir müssen an die Flugzeuge denken, die nicht mehr zurückkamen, an die Karten, die nicht ausgewählt wurden, und an all die Blindschüsse, die ein Medium ebenfalls abgegeben hat. Wir müssen uns auf jene Dinge konzentrieren, die wir normalerweise nicht ins Kalkül nehmen, zum Beispiel auf die Schuhe, die sich nicht verkauft haben, und auf die Unternehmen, die keinen Erfolg hatten.

Aussteigen – und reich werden?

Das Problem ist natürlich, dass es in unserer Natur liegt, von einer guten Geschichte in den Bann geschlagen – und überzeugt – zu werden. Geschichten über Marketinggenies und Investmentfreaks lassen sich gut verkaufen. Und wenn wir eine gute Geschichte hören, fragen wir nicht danach, was vielleicht unter den Tisch gekehrt wurde. George Lifchits, Duncan Watts und ein Team von Forschern aus den Bereichen Psychologie, Soziologie und Computerwissenschaften zeigten dies sehr überzeugend in einer Studie aus dem Jahr 2021. Sie stützten sich dabei auf das beliebte Narrativ, wonach Start-up-Unternehmen, die sich zu »Einhörnern« entwickeln, also

Unternehmen im Privatbesitz, die mehr als 1 Milliarde US-Dollar wert sind, überdurchschnittlich häufig von Studienabbrechern gegründet werden.[35]

Bill Gates, Steve Jobs und Mark Zuckerberg sind bekannte Beispiele, aber sie sind nun mal die Ausnahme, nicht die Regel. Chris, sein Mitarbeiter Jonathan Wai und Kollegen fanden heraus, dass im Jahr 2015 beinahe alle der 253-Einhorn-Gründer bzw. -CEOs einen Universitätsabschluss hatten, viele hatten sogar einen höheren akademischen Titel erworben. Zum Vergleich: Weniger als die Hälfte der Erwachsenen in den USA werden im Laufe ihres Lebens einen Abschluss an einem College oder einer Universität machen.[36]

Den Probanden der Lifchits-Studie erklärte man, man untersuche, wann ein Start-up den Einhorn-Status eher erreiche: wenn es von einem Studienabbrecher gegründet werde oder von einem Studierenden, der seinen Abschluss mache. Die Teilnehmer sollten wetten, wer mit größerer Wahrscheinlichkeit ein Einhorn-Unternehmen gründet: ein namenloser Abbrecher oder ein ebenso namenloser Graduierter. Bevor sie ihre Wahl trafen, zeigte man den Versuchsteilnehmern entweder eine Liste mit fünf realen Einhorn-Unternehmen, deren Gründer einen Uni-Abschluss hatten, oder eine Liste mit fünf ebenso realen Einhorn-Firmen, die von Studienabbrechern gegründet worden waren. Manchen Probanden legte man überhaupt keine solchen Beispiele vor. Zuletzt bat man sie auch noch um ihre Einschätzung, ob es sich bei den ausgewählten Beispielen vielleicht nur um eine bestimmte Art von Gründern handelte.

Von den Teilnehmern, denen man die Liste der erfolgreichen Abbrecher zeigte, wetteten 68 Prozent auf die Abbrecher. Von den Probanden, denen man eine Liste mit erfolgreichen Graduierten zeigte, wetteten nur 13 Prozent auf die Abbrecher. Die wenigen und anekdotisch ausgewählten Beispiele haben also beide Wetten massiv beeinflusst. Hätten die Probanden an all die Fälle gedacht, die man unerwähnt ließ, wäre ihre Entscheidung vermutlich anders ausgefallen. Bezeichnenderweise begründeten die Probanden ihre jeweilige Entscheidung fast durchgehend mit Argumenten, warum der ausgewählte Gründer mehr Erfolg haben würde. Und nicht damit, warum der nicht gewählte Kandidat eher scheitern würde. Beide Begründungen wären korrekt, aber es fällt uns einfach leichter, bei den positiven Beispielen Gründe für unsere Entscheidung zu finden.

In dieser Studie ging es nicht um Täuschungen im herkömmlichen Sinn. Die Forscher präsentierten wahre Anekdoten über wirkliche Gründer, aber diese Anekdoten waren eben für Unternehmensgründer nicht repräsentativ oder typisch.

Auf die gleiche Weise können Desinformationskampagnen erfolgreich sein, ohne dabei von expliziten Lügen oder Fake News Gebrauch machen zu müssen, solange sie ihre wahren Beispiele nur gezielt auswählen, wodurch sie auch durch die üblichen Raster des Faktenchecks fallen.[37]

Das »Möglichkeitsraster«

Mittlerweile ist klar, dass wir unsere Entscheidungen nur basierend auf den Flugzeugen treffen, die wir vor Augen haben, und jene nicht berücksichtigen, die nicht zurückgekommen sind. Um keine Irrtümer aufkommen zu lassen: Zu untersuchen, was man vor Augen hat, ist weder dumm noch irrational. Unsere Fähigkeit, uns zu fokussieren, kann äußerst effizient sein. Sie hilft uns, aussagekräftige Muster zu erkennen, Schlussfolgerungen zu ziehen und Probleme zu lösen, die wir nicht lösen könnten ohne die intensive Informationsverarbeitung, die unsere Aufmerksamkeit uns ermöglicht. Ohne uns zu fokussieren, könnten wir nicht einmal einem Fußballspiel folgen – wir würden nur ein Hin und Her von Körpern sehen und ein kleines, rundes Objekt, das zwischen ihnen herumrollt. Aber diese fokussierte Effizienz bringt uns nur dann etwas, wenn unsere Konzentration nicht nur einen Ausschnitt, sondern das ganze Problem erfasst – wenn zurückgekehrte Flugzeuge und verlorene Maschinen sich die Waage halten. Wenn wir uns beim Fußball nur auf die Seite konzentrieren, die jeweils im Ballbesitz ist, haben wir bald heraus, welche Angriffsstrategien die einzelnen Teams anwenden. Aber wir wissen nichts darüber, was ihre Verteidigung tut (oder nicht tut), um sie zu kontern.

Dieser Kehrseite der Fokussierung liegt eine der ältesten Maschen zugrunde, mit der uns Betrüger, Marktschreier und Geschäftemacher zu schlechten Entscheidungen verführen. Sie müssen uns kritische Informationen gar nicht verheimlichen – es genügt, sie einfach nicht zu erwähnen und darauf zu zählen, dass wir nicht auf die Idee kommen, nachzufragen.

Um dieser problematischen mentalen Gewohnheit zu begegnen, sollten wir einfach fragen: » *Was fehlt? Was entgeht mir?* « Vor einer wichtigen Entscheidung erinnert uns dies daran, dass wir möglicherweise nicht alle Informationen kennen, um Aussagen auf ihren Wahrheitsgehalt zu überprüfen. Dazu dient ein einfaches Instrument, das wir das » Möglichkeitsraster « nennen. Es hilft Ihnen festzustellen, welche Informationen Ihnen fehlen.

Stellen Sie sich einmal ein Gitternetz mit vier Feldern vor, zwei oben, zwei unten. Was übersinnliche Vorhersagen angeht, so steht die obere Reihe für Vorhersagen, die gemacht wurden, und die untere für solche, die *nicht* gemacht wurden. In der linken Spalte steht, was tatsächlich geschehen ist, in der rechten, was *nicht* passiert ist. In der oberen linken Ecke würden also die Fälle stehen, in denen ein Medium oder ein Wahrsager ein Ereignis korrekt vorhergesagt hat. Dieser Teil des Gitternetzes macht diese Leute berühmt – weil dort all ihre Erfolgsgeschichten stehen, aber keine ihrer Fehlleistungen.

In der oberen rechten Ecke stehen Ereignisse, die vorhergesagt wurden, aber nicht stattfanden: Sylvia Brown sagte vorher, dass ein vermisstes Kind tot im Wasser gefunden werde. Was nicht stimmte.

In der unteren linken Ecke stehen Vorhersagen, die Menschen mit behaupteten übersinnlichen Fähigkeiten hätten machen sollen, was sie aber nicht getan haben. Zum Beispiel, dass Sylvia Browne nicht vorhersagen konnte, dass das vermisste Mädchen lebendig wiederauftauchen würde (oder ihre eigene Verurteilung wegen Anlagebetrugs). Die Reflexion über diese Ecke ist schwierig, weil wir eben eher auf das achten, was Menschen tun, als auf das, was sie nicht tun. Ein von Richard Saunders geleitetes Team identifizierte über einen Zeitraum von 20 Jahren Hunderte von wichtigen Ereignissen, die von keinem der bekannten Medien vorhergesagt wurden: zum Beispiel die Explosion der Raumfähre Columbia 2003, den Tsunami von 2004, der mehr als 200 000 Menschen das Leben kostete, das Feuer, das die Kathedrale von Notre Dame in Paris zerstörte oder den Beginn der Covid-19-Pandemie.[38]

In der Ecke rechts unten finden wir Ereignisse, die kein Medium vorhersagte und die auch nicht eingetreten sind (zum Beispiel, dass unser letztes Buch den Pulitzerpreis gewinnt).

Wenn wir uns das ganze Gitternetz anschauen, dann sehen wir die Erfolgsgeschichten in der oberen linken Ecke im Kontext der restlichen drei Ecken. Und wir sind vermutlich weit weniger beeindruckt von der Handvoll Ereignisse, die dort stehen.

Wo es um Marketingerfolge geht, steht die obere Reihe des Gitternetzes für Fälle, in denen ein Unternehmen eine Strategie ausprobierte, die andere für all jene, in denen das nicht geschah. Die linke Spalte umfasst erfolgreiche Produkte, die rechte steht für solche, die durchgefallen sind. Wenn wir also die anschauliche Geschichte vom Hush-Puppies-Erfolg hören, dann präsentiert man uns nur die obere linke Ecke, bei der Influencer eine Marke groß machten. Dann sollten wir innehalten und uns die Fälle klarmachen, in denen das Hipster-Marketing nicht funktionierte: weil Unternehmen es gar nicht erst ausprobierten und trotzdem Erfolg hatten, oder weil sie es möglicherweise erfolglos versuchten. Wenn Sie gründlich untersuchen oder auch nur schätzen und sich vorstellen, wie viele Unternehmen die anderen Ecken ausfüllen, dann wird Ihnen schnell klar, ob Hipster-Marketing als Voraussetzung für den Erfolg gelten kann.

Die Frage nach der Information, die fehlt, ist gleichzusetzen mit dem Bild des kugeldurchlöcherten Flugzeugs. Es erinnert uns, dass wir vielleicht nur die Überlebenden vor Augen haben, und nicht die vielen, die alle mit dem gleichen Ziel losgeflogen sind. Sobald wir die anderen drei Möglichkeiten ins Spiel bringen und uns klarmachen, über welche Informationen wir nicht verfügen, fällt uns eher auf, dass wir es nicht mit Beweisen zu tun haben, sondern bloß mit zufälligen Ergebnissen.

Wir möchten Ihnen hier ein Beispiel vorstellen, wie das Möglichkeitsraster im Alltag funktioniert. Im Marketing konzentriert man sich üblicherweise auf Erfolgsgeschichten. Alle seriösen Finanzdienstleister weisen darauf hin, dass eine gute Performance in der Vergangenheit keine Garantie für die Zukunft ist. Trotzdem nennen sie natürlich die »guten« Zahlen, um neue Kunden anzulocken. Jahrelang sahen wir, die Autoren, in unseren Social-Media-Feeds eine Werbeanzeige: Das Bild zeigte einen weißen Mann in mittleren Jahren mit einem schlecht sitzenden, pinkfarbenen Hemd.

Darunter stand: »In fünf Jahren werden Sie vermutlich wünschen, dass Sie diese Aktien gekauft hätten!« Im Kleingedruckten hieß es dann: »Er empfahl 1997 Amazon und 2011 Tesla. Hier seine aktuelle Empfehlung für die besten Aktienwerte, die Sie heute kaufen können.« Selbst wenn man den üblichen Marketing-Unsinn weglässt (Sind seine Empfehlungen wirklich jedes Mal »aktuell«, wenn die Anzeige auf dem Bildschirm aufpoppt?), bekommt man den Eindruck, der Mann weiß, wovon er redet. Schließlich hat er zwei der erfolgreichsten Unternehmen überhaupt richtig vorhergesagt. Ist da nicht konsequenterweise anzunehmen, dass er das auch ein drittes Mal tun wird?[39]

Wenn wir ihn beim Wort nehmen und ehrlich zugeben, dass wir es bedauern, nicht vor Jahren in Amazon und Tesla investiert zu haben, dann können wir diese beiden Treffer von Mr. Pinkhemd in die linke obere Ecke platzieren: Aktien, deren gute Entwicklung er vorhergesagt hat, die dann auch eintrat. Was den Großteil von uns anbelangt, so sind wir eher in der linken unteren Ecke angesiedelt: Aktien, die sich gut entwickelt haben und die wir nicht gekauft haben. Doch wenn wir herausfinden wollen, ob wir Mr. Pinkhemd trauen sollen, was die künftige Aktienentwicklung angeht, sollten wir uns auf jeden Fall auch den Rest des Gitternetzes vor Augen führen.

Kein professioneller Investor oder Anlageberater kann davon zehren, wenn er alle 14 Jahre eine erfolgreiche Aktie empfiehlt. Er muss also auch andere empfohlen haben, aber wir wissen nicht, ob diese gut oder schlecht gelaufen sind. Möglicherweise hat er sich für Zynga, MySpace und Pets.com (»Weil Haustiere nicht fahren können!«) entschieden. Aktien wie diese gehören in die obere rechte Ecke: Aktien, die er empfohlen hat und die sich schlecht entwickelten. Dass wir die nicht gekauft haben, würden wir wohl

kaum bedauern! Wir wissen im Übrigen auch, dass er einige sehr
erfolgreiche Werte offensichtlich nicht empfahl: Google, Facebook
und Mastercard. Hätte er sie empfohlen, würde er das doch in der
Werbung erwähnen, so wie bei Amazon und Tesla. Eine Menge Unternehmen hatten seit den späten 1990ern enorme Wertsteigerun-
gen zu verzeichnen. Also müssen auch in der linken unteren Ecke
eine ganze Reihe von Firmen landen. Und in die untere rechte Ecke
kommt alles, was er nie empfohlen hat und was sich schlecht entwickelte.[40]

Dabei ist nicht wichtig, wie viele Beispiele in jeder Ecke stehen.
Nur über die möglichen Inhalte nachzudenken, sagt uns schon, dass
wir keinen Grund haben, Mr. Pinkhemd blind zu vertrauen, einem
Mann, der in 14 Jahren zwei erfolgreiche Unternehmen empfohlen
hat. Das Möglichkeitsraster ist eine Universalwaffe, die Ihnen hilft,
auch das in den Blick zu nehmen, was man Ihnen nicht zeigt. Sobald
Sie seine Logik verinnerlicht haben, werden Sie ständig neue An-
wendungsmöglichkeiten erkennen und sich fragen, wie Sie bisher
ohne durchs Leben gekommen sind. Hier ein paar Beispiele mehr:

- Oprah Winfreys Zeitschrift O feiert »starke Momente der
  Intuition«. Sie stellte uns zum Beispiel Ray Kroc vor, der
  sich auf sein Bauchgefühl verließ und sich gegen den Rat seiner Anwälte 2,7 Millionen US-Dollar (Wert von 1961) lieh,
  um seine Partner bei McDonald's auszuzahlen – bevor das
  Unternehmen zur weltweit größten Restaurantkette wurde.
  Keiner denkt an die vielen Menschen, die dem Rat ihrer Anwälte folgten und auch Erfolg hatten. Oder die das nicht taten und scheiterten.[41]
- Die Medien berichteten über Ahmad Kann Rahami, der
  2016 in New York City mehrere Bomben legte. Unter an-

derem wurde darauf hingewiesen, dass der Mann in den zwölf Jahren vor den Attentaten mehrfach zwischen den Vereinigten Staaten und Pakistan bzw. anderen islamischen Ländern hin- und herreiste. Niemand erwähnte die Millionen Menschen, die das ebenso taten, sich aber nicht als Terroristen herausstellten. Oder jene Terroristen (bzw. angebliche Terroristen), die nicht regelmäßig in islamische Länder reisten.[42]

- Wenn wir nach Menschen suchen, die kurz nach einer Impfung gegen Covid-19 verstarben, werden wir viele finden. Aber uns entgehen die Millionen, die eben nicht starben. Oder die Menschen, die am gleichen Tag starben, aber nicht geimpft wurden.

- Das »Gesetz der Anziehung«, auch »Manifestieren« genannt, besagt: Das, worüber du gedankliche Betrachtungen anstellst, wird geschehen. Wenn du an eine Freundin denkst, die dich anruft, dann ist das passiert, weil du an sie gedacht hast. Wenn du an Rechnungen denkst, wirst du Rechnungen erhalten. Aber wenn du an Geld denkst, wirst du Geld bekommen. Hast du ständig deine miesen Beziehungen im Kopf, dann wirst du nie eine gute Beziehung eingehen können. Stellst du dir aber deinen idealen Partner vor, dann ziehst du diese Person damit in dein Leben. Woran wir offensichtlich nicht denken, sind die unzähligen Male, in denen wir an jemanden gedacht haben, ohne dass diese Person sich dann bei uns gemeldet hat. Oder wenn jemand uns angerufen hat, an den wir schon seit Ewigkeiten nicht mehr gedacht haben. Und da sind dann noch all die Fälle, in denen wir nicht an jemanden gedacht haben und niemand uns angerufen hat – was fast unser ganzes Leben ausmacht.[43]

Menschen, die uns täuschen wollen, werden endlos über das schwadronieren, was in der linken oberen Ecke steht, während die anderen Ecken schlicht weggelassen werden. Und es ist durchaus vernünftig, seine Schlussfolgerungen auf die wenigen Fälle zu stützen, die sich links oben finden, solange es einen plausiblen ursächlichen Mechanismus gibt, der erklärt, dass diese Beispiele nicht durch Zufall da gelandet sind. Zählt jemand Beispiele auf von Menschen, die angeschossen wurden und dann starben, ist es logisch anzunehmen, dass die Kugeln sie getötet haben, denn wir wissen ja, dass Schusswaffen töten können. Aus diesem Grund tischen Betrüger ihren Opfern häufig »geheime«, komplexe oder nicht überprüfbare Kausalmechanismen auf. Sagt uns jemand den Grund, warum etwas funktioniert, selbst wenn dieser Grund erfunden ist, wird es noch schwieriger, all das in Betracht zu ziehen, was uns nicht gesagt wird.

Die Anhänger des Gesetzes der Anziehung führen dessen Wirksamkeit zurück auf die (für die meisten von uns) geheimnisvollen Kräfte der Quantenphysik. John Edward behauptet, er sei ein professionelles Medium, als würde die »Profession« der »Medialität« auf nachprüfbaren Prinzipien und Mechanismen beruhen. Wenn sich Marketingleute auf die Neurowissenschaften berufen (angeblich lieben Konsumenten ihr iPhone deswegen, weil ein Blick darauf »die Gehirnregionen für Liebe aktiviert«.), dann sprechen sie von Kausalmechanismen, die nicht gerade spezifisch für ihre Produkte sind.[44]

Die jüngsten und unerhörtesten Beispiele von Fokus-Hacking im Marketing stammen von Start-ups, deren Produkte mit KI arbeiten. 2018 veröffentlichte ein Unternehmen namens Nikola ein Video, das einen selbstfahrenden Lastwagen zeigte, der auf der Autobahn unterwegs war. Als 2016 ein Prototyp auf den Markt kam, meinte der CEO von Nikola, Trevor Milton: »Das Ding funktioniert voll und ganz, was unglaublich ist.« 2020 gestand das Unternehmen ein, dass ihr Prototyp keine Brennstoffzelle und keinen Motor besaß. Das Video wurde produziert, indem man den Lastwagen ein leichtes Gefälle hinunterrollen ließ und die Kamera so ausrichtete, dass die Straße eben erschien. Zu ihrer Verteidigung führten die Manager an, sie hätten im Video ja nur behauptet, dass der Wagen »in Bewegung« sei, nicht, dass er sich selbst fortbewege und steuere. Doch Sinn und Zweck des Demo-Videos war ja *nicht*, Investoren und Geschäftspartner davon zu überzeugen, dass Nikola einen Lastwagen bauen konnte, der die gleichen Selbstfahrfähigkeiten besaß wie ein Auto fürs Pinewood Derby, ein Rennen für antriebslose Miniaturautos aus Holz.[45]

Manchmal können wir uns, was die Inhalte der anderen Ecken im Netz der Möglichkeiten angeht, nicht allein auf unsere Vernunft verlassen. Allerdings kann es kann ganz schön unbequem sein, mehr Informationen zu beschaffen. Stellen Sie sich vor, Sie sind die einzige Person, die bei einer John-Edward-Show aufsteht und den Mann nach Vorhersagen fragt, die er gemacht hat und die nicht eintrafen, oder die behauptet, eine alternative Erklärung für das zu haben, was er zu tun vorgibt. Genau das passiert übrigens in der Episode von *South Park* und eben deshalb ist diese ja so lustig – denn das geschieht eben nicht allzu häufig, auch wenn es viel öfter geschehen sollte. Dieses Gefühl sozialen Unbehagens ist es, das die Menschen davon abhielt, die Theranos-Manager zu fragen: »Hat diese Maschine hier tatsächlich die Werte geliefert, die Sie uns da präsentieren?« Dass sie aus Höflichkeit nicht nachfragten, was sich hinter dem Vorhang abspielte, kostete Investoren und Geschäftspartner mehrere Milliarden US-Dollar. Hätten sie gefragt, hätten sie vermutlich keine wahre Antwort erhalten, aber fadenscheinige Auskünfte können ja an sich schon aufschlussreich sein. Es kann sich auszahlen, nach mehr Informationen zu suchen, auch wenn wir keine finden. Die Tatsache, dass nur schwer oder gar nicht an Fakten zu kommen ist, ist ja an sich schon eine Information.

Aber lassen wir mal die eher langweiligen Geschäftszweige der bekannten Entertainer mit angeblich übersinnlichen Fähigkeiten, der selbstrollenden Trucks und der betrügerischen Bio-Tech-Unternehmen hinter uns und wenden uns der aufregenden Industrie des Managementconsultings zu. Stellen Sie sich vor, eine mittelgroße Einzelhandelskette will einen Berater engagieren, der helfen soll, wichtige Mitarbeiter im Unternehmen zu halten. Der CEO schlägt vor, mit Larry Taylor zu reden, auf dessen Referenzliste gut ein Dutzend *Fortune*-500-Unternehmen stehen. Mittlerweile wissen wir, dass Larrys Liste nur die obere linke Ecke des Möglichkeitsrasters darstellt. Welche Informationen brauchen wir also, um mit Sicherheit auszuschließen, dass er der John Edward der Managementberater ist? Wir müssen seine Erfolgsquote kennen, nicht nur seine Erfolge. Wie viele der von ihm beratenen Kunden konnten auf seinen Rat hin die Mitarbeiterbindung steigern? Und über welches Zeitfenster? Wie sehen diese Zahlen bei vergleichbaren Unternehmen aus, die Taylor nicht engagiert haben? Wir sollten außerdem fragen, wie Taylor mit seinen Resultaten im Vergleich zu anderen Consultants dasteht.

Wenn wir solche Entscheidungen zu treffen haben, sollten wir tun, was immer im Rahmen von Vernunft und Anstand möglich ist, um die erforderlichen Informationen zu beschaffen, um Larry Taylors Performance richtig einzuschätzen. Im Verkaufsbereich ist es wie mit allen Formen der Überzeugungsarbeit: Man kontrolliert, welche Informationen verfügbar sind – und welche nicht. Wir sollten unsere Entscheidung immer auf die tragfähigsten Belege gründen, die wir bekommen können, nicht auf das, was man uns freiwillig enthüllt. Unserer Erfahrung nach werden Entscheidungen in Unternehmen allerdings mitunter so oberflächlich getroffen, dass es die Mühe schon wert ist, sich als Nervensäge zu betätigen und nach dem zu fragen, was fehlt, bzw. zu erklären, warum das wichtig ist.[46]

Wenn Fehlendes zum beweiskräftigen Hinweis wird

Die Ecke unten rechts in unserem Gitternetz kann uns eine Menge Einsichten schenken. Aber es ist mitunter schwierig zu entscheiden, was dort hineingehört. Wenn wir durch unser Handeln verhindern, dass etwas Schlimmes passiert, dann merken wir uns das nur selten. Zum Beispiel:

- Wir beschweren uns, wenn ein Medikament Nebenwirkungen zeigt oder unsere Symptome nicht lindert. Dabei denken wir nicht daran, dass wir ohne die Arznei vielleicht viel kränker wären.
- Die erfolgreiche Verhinderung einer Überschwemmung schafft es selten in die Schlagzeilen, ein fehlender Damm aber hat Nachrichtenwert.
- Wenn eine Brücke einstürzt, empören wir uns. Aber wir stellen uns nicht auf die Seite der Ingenieure, die die notwendigen Reparaturen schon seit Jahren gefordert haben. Wir verschwenden auch nicht einen Gedanken auf die Ingenieure, die dafür gesorgt haben, dass alle anderen Brücken sicher befahren werden konnten.
- Regierungen bewegen Berge, um auf eine aktuelle gesundheitliche Krise zu reagieren. Doch die Gesundheitsämter, die

solche Krisen verhindern sollen, sind chronisch unterfinanziert.[47]

Ein der effektivsten Methoden, das Gitternetz der Möglichkeiten einzusetzen, ist der »Lebenslauf des Scheiterns«. Wir können eben nicht nur unsere Erfolge aufzeichnen, die in der linken oberen Ecke landen und es letztlich immer in unseren Lebenslauf oder unsere Businesspräsentation schaffen. Wir können auch festhalten, was nicht funktioniert hat. Wir neigen dazu, unsere Fehler zu vergessen, weil sie selten in etwas resultieren, das Erinnerungswert hat: Jobs, die wir nicht bekommen haben; Markenwechsel, die nicht funktioniert haben; Marketingkampagnen, die keine erhöhten Verkaufszahlen nach sich zogen; erfolglose Anmachsprüche und so weiter. Eine solche fortlaufende Aufzeichnung des Scheiterns kann auch all jene Dinge festhalten, mit denen wir durchgekommen sind, obwohl das vielleicht falsch war; Zeiten, in denen wir Erfolg hätten haben sollen, auch wenn dieser sich absolut nicht einstellen wollte; ja, sogar Dinge, die wir hätten tun sollen, aber schließlich doch unterlassen haben. Dieser realistischere Lebenslauf erinnert uns an Handlungen und Ereignisse, die wir sonst vergessen oder ignorieren würden. Aber sie sind wichtig, wenn wir einschätzen wollen, was für den Erfolg wichtig ist und was nicht.[48]

Das ehrwürdige Venture-Capital-Unternehmen Bessemer Venture Partners nimmt den »Lebenslauf des Scheiterns« ernst. Es veröffentlicht ein »Anti-Portfolio«, in dem Unternehmen aufgeführt sind, in die man nicht investierte und die sich glänzend entwickelt haben – wie Apple, eBay und Airbnb. Bessemer existiert seit mehr als einem Jahrhundert. Diese Liste ist ein institutionalisiertes Merkblatt zu Entscheidungen, über die die derzeitigen Partner kein Wissen aus erster Hand besitzen (zum Beispiel, warum das Unternehmen in den 1960ern nicht in Intel investierte oder in den 1970ern nicht in FedEx). Es ist kein vollständiges Möglichkeitsraster, aber immerhin zeigt es, welche Investmentmöglichkeiten ungenutzt blieben – und eben nicht nur die Greatest Hits. Viele neuere Unternehmen folgen Bessemers Beispiel. Wir versuchen diesen Demutsansatz auch bei unseren eigenen Investments. Chris wird nie vergessen, dass er seinem Vater davon abriet, 1986 beim Börsengang von Microsoft zu investieren. (»Weil MS-DOS nervte und Windows 1.0 ein Witz war.« Er findet das immer noch, aber mittlerweile ist ihm klar, dass das keine gute Grundlage für eine Investmententscheidung war.) Und Dan weiß noch gut, wie er begeistert in eine Firma investierte, die die Umwelt säubern wollte: American Echo ging 2000 pleite.[49]

In diesem Kapitel haben wir uns mit den Vor- und Nachteilen der Fokussierung beschäftigt: wie wir uns täuschen lassen, wenn Menschen unsere Aufmerksamkeit manipulieren, aber auch, wie wir die Wahrheit übersehen, wenn wir nicht darauf achten, was fehlt. Unglücklicherweise reicht es nicht, nur am richtigen Ort nachzusehen, denn was wir da finden und wie wir es interpretieren, hängt ganz von unseren Erwartungen und Vorhersagen ab. Wenn das, was wir zu sehen bekommen, das ist, was wir ohnehin erwartet haben, dann sehen wir keinen Grund, weiter zu prüfen. Im nächsten Kapitel werden wir uns ansehen, wie schlechte Schauspieler uns täuschen, indem sie unsere Erwartungen vorkonfigurieren – und diese dann erfüllen.

2
VORHERSAGEN: RECHNEN SIE MIT ÜBERRASCHUNGEN

Damit wir uns auf die Welt einen Reim machen können, verlassen wir uns auf unsere Erfahrungen, die uns vorhersagen helfen, was als Nächstes passieren wird. Wenn wir falschliegen, revidieren wir unsere Erwartungen entsprechend. Aber wenn unsere Erfahrungen zu den Vorhersagen passen, stellen wir diese nicht infrage. Daher sind wir leichte Beute für Menschen, die sich Mühe geben, unsere Erwartungen zu erfüllen. Aber es gibt Strategien, wie wir erkennen, dass wir über unsere Erwartungen nicht mit der gebotenen Gründlichkeit nachdenken.

Ende September 2004 sprach der *60 Minutes*-Moderator Dan Rather für CBS News eine seltene öffentliche Entschuldigung aus: »Wir haben uns in unserem Urteil geirrt, was mir persönlich leid tut. Doch wir haben diesen Fehler in gutem Glauben gemacht, im Geiste der investigativjournalistischen Tradition von CBS News und ohne Ansehen der Person.«[50]

Der fragliche Beitrag war zwei Monate vor der Präsidentschaftswahl gesendet worden. Darin wurde gesagt, George W. Bush habe sich 1972 und 1973, als er in der Air National Guard diente, einer obligatorischen Fitnessprüfung entzogen, während man seinen Vorgesetzten gezwungen habe, Bush besser zu bewerten, als er es verdiente. Die Journalisten gingen schon lange Gerüchten nach, dass Bush seine Pflichten bei der Nationalgarde vernachlässigt hatte, aber bis dato war dafür kein unwiderlegbarer Beweis zu finden gewesen.

Ein pensionierter Soldat der Nationalgarde namens Bill Burkett hatte der CBS-Nachrichtenredakteurin Mary Mapes einige Memos zugespielt, die angeblich aus der Personalakte von Bushs Vorgesetztem, Lieutenant Colonel Jerry Killian stammten, der 1984 verstorben war. Diese Memos aus Bushs Dienstzeit dokumentierten scheinbar, welche Verfehlungen der damalige Nationalgardist Bush sich hatte zuschulden kommen lassen: Er hatte auf strafrechtlich relevante Weise Befehle nicht befolgt und immer wieder darum gebeten, angesetzte Übungen auslassen zu dürfen, angeblich aus Zeitmangel. (Bush arbeitete damals an seiner Kampagne für die Wahl zum Senat.) Es ging darin auch darum, Bushs ungenügende Leistungen zu beschönigen.

Einem Journalisten, der mit Bushs bekannter Vergangenheit in Sachen Drogen- und Alkoholmissbrauch in jener Zeit vertraut war, musste die Tatsache, dass Bush sich einem erforderlichen Fitnesstest entzog, nicht weiter überraschend erscheinen. Die Idee, dass er seine militärischen Pflichten vernachlässigte und aufgrund seiner politischen Beziehungen (sein Vater, der spätere US-Präsident George H. W. Bush, war damals Abgeordneter) tatsächlich damit durchkam, passte da schließlich auch genau ins Bild. Vielleicht versäumten es die CBS-Journalisten ja deshalb, Burketts Dokumente kritisch unter die Lupe zu nehmen – und das, obwohl Journalisten anderer Nachrichtensender Burkett für einen fanatischen Bush-

Gegner hielten, der schon des Öfteren zweifelhafte Anschuldigungen erhoben hatte.[51]

CBS gab in seinen Berichten an, die Memos seien »als echt verifiziert« worden, aber schon nach der ersten Sendung wurde deren Herkunft von konservativen Bloggern und Medienhäusern angezweifelt. Manche argumentierten, dass die Proportionalschrift in den Dokumenten der aktuellen Times Roman ähnle, die in Druckern der frühen 1970er noch nicht verfügbar war. Killians Sohn sagte Sean Hannity von Fox News, dass er die Authentizität der Dokumente anzweifle. Er gab an, sein Vater habe Bush »hochgeschätzt«. Als man um die Originaldokumente bat, behauptete Burkett, er habe sie verbrannt, nachdem er sie an CBS gefaxt habe.[52]

Am 20. September 2004 war die Gerüchteküche so hochgekocht, dass man sie nicht mehr ignorieren konnte. CBS gestand ein, dass man die Echtheit der Dokumente nicht hatte prüfen können. Also wurde ein unabhängiger Prüfungsausschuss gegründet, den der frühere Justizminister Dick Thornburgh leitete. Der Ausschuss sollte feststellen, was schiefgegangen war. Obwohl der Prüfungsausschuss nicht »mit absoluter Sicherheit« sagen konnte, dass die Dokumente gefälscht waren, hieß es im Abschlussbericht: CBS habe reagiert »mit dem kurzsichtigem Eifer, als erster Nachrichtenkanal die Meldung bringen zu können« und »nach der Sendung mit rigiden und engstirnigen Verteidigungstaktiken, obwohl es zahlreiche Hinweise gegeben hatte, dass etwas nicht stimmte«. Obwohl es in dem Bericht hieß, dass Dan Rather nichts mit der Sicherheitsüberprüfung zu tun gehabt hatte und er die Dokumente auch nicht hatte einsehen können, bevor das Ganze auf Sendung ging, trat er als Moderator bei CBS zurück und bekam nie wieder eine so prominente Rolle im Fernsehen. Die Produzenten Mary Mapes und Josh Howard wurden gefeuert.[53]

Was diesen Fall so außergewöhnlich macht, ist die Tatsache, dass seriöse Nachrichtenkanäle wie CBS normalerweise ein festes Prozedere haben, um Dokumente und Quellen zu verifizieren. Manchmal dauert der Faktencheck so lange, dass die Veröffentlichung investigativer Berichte mitunter um Monate verzögert wird, wie das zum Beispiel bei der Berichterstattung des *Wall Street Journal* über den Theranos-Betrug der Fall war. Der Journalist John Carreyrou war schon in der dritten Juliwoche 2015 zur Publikation bereit, aber die Zeitung wartete ganze zehn Wochen, bis zum 8. Oktober 2015, bis man den Bericht brachte. Und eine Woche vor der Veröffentlichung gab es ein Treffen mit den Anwälten von Theranos.[54]

Unsere Erwartungen an die Welt sind Vorhersagen und Intuitionen, die aus unseren Erfahrungen entstehen. So wie die Texterkennungsfunktion auf Ihrem Handy ein Modell üblicher Wortfolgen in der menschlichen Sprache verwendet, um zu erraten, was Sie als Nächstes schreiben werden, verlässt unser Verstand sich auf ein Modell der Welt, das auf unseren gesammelten Erfahrungen beruht, um herauszufinden, was in der nahen Zukunft vermutlich geschehen wird. Diese Vorhersagen sind so zentral bei unseren Versuchen, uns die Welt zu erklären, dass wir sie meist gar nicht bemerken. Selbst etwas so Einfaches wie die Wahrnehmung eines bewegten Objektes hängt von Vorhersagen ab. Unser Gehirn braucht Zeit, um die Lichtsignale zu verarbeiten, die auf unsere Augen treffen. Was wir als »jetzt« erleben, kommt in Wirklichkeit mit einer Verspätung von einigen Hundertstelsekunden an. Wenn wir vermeiden wollen, in ein Auto zu laufen, dann müssen wir nicht wissen, wo dieses vor Kurzem war, sondern wo es jetzt ist und in wenigen Sekunden sein wird. Aber diese visuelle Information träfe natürlich viel zu spät bei uns ein, also verwendet das Gehirn ebenfalls eine Art Autocomplete-Funktion, um vorherzusagen, wo das Auto in kürzester Zeit sein wird. Unsere umfassende Erfahrung mit sich bewegenden Objekten und unser Wissen, dass Gegenstände sich nicht einfach so materialisieren und dematerialisieren, trägt dazu bei, dass wir ein funktionierendes Vorhersagemodell entwickeln. Das Gleiche gilt für Vorhersagen über komplexere Verhaltensweisen, Entscheidungen und Handlungen, die sich über einen längeren Zeitraum erstrecken.

Wenn unsere Vorhersagen einer Bewegung falsch sind, können wir überfahren werden. Sind unsere Vorhersagen über die Welt verkehrt, werden wir zwar überrascht, aber wir stellen Erfahrungen, die zu unseren allgemeinen Vorhersagen passen, nicht infrage. So wie wir nicht allem und jedem mit Skepsis begegnen können, können wir nicht ständig für alles offen bleiben, wenn wir uns einen Reim auf die Welt machen wollen. Wir müssen Vorhersagen erstellen: Wir sind abhängig von den erfahrungsbasierten Erwartungen, die unsere Interpretationen prägen und uns normalerweise helfen, uns auf jene Informationen zu konzentrieren, die wichtig sind.

Manchmal aber führt die Zufriedenheit mit dem, was wir vorhergesagt haben, zu etwas, was man »Bestätigungsfehler« (»confirmation bias«) nennt. Das wiederum hilft Gaunern, ihr »Produkt« nicht nur auf unsere Wünsche zuzuschneiden, sondern auf unsere Erwartungen. Ein gewiefter Betrüger weiß, dass wahr ist, was Hannah Arendt einst sagte: »Lügen sind häufig plausibler und sprechen unseren Verstand eher an als die Realität, weil der Lügner den großen Vorteil hat, im Voraus zu wissen, was die Zuhörer hören wollen bzw. erwarten.«[55]

Um solche Fehler zu vermeiden, wie sie CBS mit dem Bericht über George W. Bush unterliefen, müssen wir uns eine paradoxe Frage stellen: »*Habe ich das vorhergesehen?*« Wenn die Antwort lautet: »Ja. Das entspricht exakt meinen Erwartungen«, dann ist das ein Zeichen, dass Sie eher mehr als weniger nachhaken sollten. Das funktioniert zum Beispiel, indem Sie so tun, als hätten Sie genau das Gegenteil erwartet. Hätten die CBS-Journalisten Burketts Material in der Erwartung geprüft, dass Bush sich seiner Verantwortung nicht entzogen hätte, dann hätten sie die Echtheit der Memos vielleicht angezweifelt. Angebliche Beweise und Argumente, die vorgefasste Meinungen bestätigen, verlieren unter dieser gründlichen Kontrolle häufig ihre Überzeugungskraft.

Doch sich auf etwas einzustellen, was man nicht wirklich glaubt, ist gar nicht so einfach. Eine alternative Strategie, die Militär und Geheimdienst und in jüngerer Zeit auch Wissenschaft und IT-Sicherheit verwenden, ist der Einsatz eines »Red Team« aus Kollegen, die Denkfehler in unserer Argumentation erkennen sollen. Bevor man Präsident Obama 2011 zu der militärischen Operation riet, bei der Osama Bin Laden getötet wurde, legte die CIA ihr Material vier unabhängigen Geheimdienst-Analysten vor, die nicht mit der jahrelangen Jagd auf den Al-Qaida-Boss befasst waren, um die Schlussfolgerung zu bestätigen, dass er auf einem bestimmten Grundstück in Abbottabad in Pakistan lebte. Die Analysten bewerteten die Plausibilität von drei alternativen Erklärungsmodellen, die davon ausgingen, dass Bin Laden *nicht* dort lebte. Sie suchten nach Belegen für diese Alternativen und gelangten zu dem Schluss, dass es immer noch eine 40- bis 60-prozentige Chance gab, dass er sich dort aufhielt. Die letztendliche Entscheidung stand unmittelbar bevor. Hätte das Red Team mehr Skepsis gezeigt, wäre die Operation wohl gestoppt worden.[56]

Wenn die Maske nicht passt, schützt sie nicht vor Ansteckung

Von den eigenen Erwartungen geblendet zu werden, passiert selbst den geübtesten Denkern. Tatsächlich gibt es Belege dafür, dass Menschen, die im Denken geschult sind, *eher* aufs Glatteis geführt werden, sobald sie ihre Überzeugungen verteidigen wollen.

Mitten im Aufstieg der Omikron-Variante Anfang 2022 veröffentlichte das *Wall Street Journal* eine Infografik. Diese zeigte, wie lange verschiedene Maskentypen vor einer Infektion mit SARS-CoV-2 schützen, dem Virus, das Covid-19 verursacht. Eine nicht infizierte Person, die keine Maske trägt, wäre 2½ Stunden geschützt, wenn sie mit einer Person spräche, die infiziert ist und eine schlecht sitzende N95-Maske (die der europäischen FFP2-Maske entspricht) trägt. Würden beide Gesprächspartner eine schlecht sitzende N95-Maske tragen, dürfte sich die nicht infizierte Person über einen Schutz von 25 Stunden freuen. Würde hingegen keiner der beiden eine Maske tragen, würde sich die nicht infizierte Person nach 15 Minuten anstecken.[57]

Epidemiologen und Infektiologen argumentierten immer wieder, dass Masken besserer Qualität die Verbreitung des über die Luft übertragenen Virus eindämmen können. Für Menschen, die diesem Rat folgten, lieferte die Grafik Argumente für ihre Vorsicht: Sie passte zu der Erwartung, dass N95-Masken, vor allem, wenn sie richtig getragen wurden, mehr Schutz boten als einfache OP-Masken oder gar keine Masken. Unter Maskenbefürwortern ging die Grafik schnell viral (sorry).

Dass teilchenfiltrierende Masken wie die N95 mehr Schutz gegen durch die Luft übertragene Viren bieten, wird kaum bezweifelt. Aber die Person, die die Infografik erstellt hat, hat schlicht den 15-Minuten-Filterwert der Masken hochgerechnet (und dann durch 60 geteilt), um eine wissenschaftlich nicht existente Einheit wie »Schutzwirkung in Stunden« zu erhalten. Und woher kamen die 15 Minuten? Darin schlägt sich vermutlich der Wert nieder, den die amerikanische Seuchenbekämpfungsbehörde CDC, der U.S. National Health Service und andere Forschungsgruppen bei der Verfolgung der Ansteckungsmuster für einen »engen Kontakt« ansetzen. Dieses Kriterium ist keine biologische Tatsache oder gar ein Gesetz der Virologie. Tatsächlich können sich Menschen auch in weniger als 15 Minuten anstecken, wenn sie mit einer infizierten Person Kontakt haben. 15 Minuten ist ein willkürlich gewählter, aber praktikabler Schwellenwert für die Kontaktnachverfolgung, denn Personen, die positiv auf Corona getestet wurden, können sich vermutlich erinnern, mit wem sie 15 Minuten oder länger zusammen waren. Und vermutlich können sie diese Personen auch beim Namen nennen. Dass sie sich an einen Verkäufer im Supermarkt erinnern oder an die Kollegen, die im Flur an ihnen vorbeigingen, ist hingegen eher unwahrscheinlich.[58]

Aber wir können den Schutz vor Ansteckung nicht auf Stunden umrechnen, indem wir die Filterwirkung mit dem Wert multiplizieren, der für die Kontaktnachverfolgung verwendet wird. Tatsächlich sind diese Zahlen Unsinn, und das lässt sich schon anhand unseres bereits abgespeicherten Wissens sagen. Denn zum Infektionsrisiko tragen noch andere Faktoren bei: ob wir uns draußen aufhalten oder in einem geschlossenen Raum, ob der Raum belüftet wird, ob die Menschen darin still dasitzen oder aus vollem Halse schreien, ob die infizierte Person das Maximum der Infektiosität erreicht hat und so weiter. Wir müssen auch wissen, wie viele Virenpartikel durch die Maske eindringen müssen, damit es zur Infektion kommt. Und das hängt vermutlich auch von individuellen

Unterschieden in der Immunantwort ab, ja, sogar davon, wie viele Nasenhaare eine Person hat.[59]

Würden Sie eine nicht auf guten Sitz getestete N95-Maske tragen und stünden einer lauthals brüllenden Person mit Stoffmaske gegenüber, dann hätten Sie vermutlich keine 3,3 Stunden Schutz. (Und selbst wenn, so würde die Schutzwirkung nicht von 100 Prozent in Stunde 3,29 auf 0 Prozent in Stunde 3,31 absinken.) Und doch haben eine Menge unserer durchaus quantitativ geschulten Kollegen diese Infografik auf Facebook und Twitter gepostet, um auf die Schutzwirkung qualitativ hochwertiger Masken hinzuweisen. Wir nehmen an, dass sie diese nicht kritisch überprüften, weil die Schlussfolgerungen, die durch diese Grafik untermauert wurden, zu dem passten, was sie selbst vorhersagen würden.

Grafiken wie diese ermutigen Menschen vielleicht, bessere Masken zu tragen, und Masken mit besserer Filterwirkung schützen tatsächlich mehr. Aber solche Grafiken können auch als Schuss nach hinten losgehen. Menschen, die sich gegen bessere Masken – oder überhaupt gegen alle Masken – wehren, könnten auf die unsinnigen Zahlen verweisen, um die Glaubwürdigkeit einer ansonsten gut belegten Position zu untergraben. Der tugendhafte Zweck, mehr Menschen vom Tragen qualitativ hochwertiger Masken zu überzeugen, um eine globale Pandemie auszubremsen, rechtfertigt nicht den Einsatz falscher Mittel, um diesen Zweck zu erreichen.[60]

Erwartungen und Argumente

Führungskräfte in der Wirtschaft rechtfertigen ihren Glauben an Zahlen häufig mit Plattitüden wie »Wir sind ein zahlengestütztes Unternehmen« oder »Zahlen lügen nicht«. Natürlich ist es besser, die Datenlage zu berücksichtigen, statt sie zu ignorieren, doch wir sollten nicht vergessen, dass unsere vorgefassten Meinungen unsere Interpretation beeinflussen. Dies haben Dan Kahan und seine Kollegen in einer Studie aus dem Jahr 2017 bewiesen. Zuerst ersannen sie Daten zu einem Problem, das wohl kaum leidenschaftliche Diskussionen entfachen würde – ob eine neue Hautcreme Ausschlag beseitigen könne. Sie zeigten einer repräsentativen Auswahl von 1111 erwachsenen US-Amerikanern ein zweidimensionales Diagramm, das die Besserung bzw. Nichtbesserung des Ausschlags in Beziehung setzte zur Anwendung bzw. Nichtanwendung der neuen Creme.[61]

Das klingt bekannt und passend zum Möglichkeitsraster, das wir schon kennengelernt haben: in der oberen Reihe die Personen, die die Creme benutzt haben; in der unteren die, die sie nicht verwendet haben. Eine Spalte für die Leute, deren Ausschlag sich gebessert hat; die andere zeigte die Zahl derer, bei denen sich nichts getan hat. Um herauszufinden, ob die Besserung mit der Creme deutlicher ausfiel als ohne, müssen wir also den Prozentsatz der Menschen, die nach Cremenutzung eine Besserung feststellten (obere Reihe), vergleichen mit dem Prozentsatz jener, die auch ohne Creme eine schönere Haut bekamen (untere Reihe).

Wie wir bereits geklärt haben, konzentrieren sich die Menschen häufig auf das, was in der linken oberen Ecke solch einer Grafik steht: also auf Menschen, deren Ausschlag sich nach Anwendung der Creme gebessert hat. Die übrigen Kästchen werden übersehen. Bei dieser Art von Forschungsarbeiten (und bei diesem speziellen Experiment) werden die Zahlen gewöhnlich so gewählt, dass Sie ein falsches Resultat erhalten, wenn Sie nur auf die linke obere Ecke achten. Daher ist es wenig überraschend, dass Kahans Team feststellte, dass viele Probanden genau das taten. Insgesamt aber ergab sich, dass Menschen, die besser mit Zahlen umgehen können (was durch einen eigenen Test im selben Experiment bestätigt wurde), die Daten besser interpretieren und korrekt schließen konnten, ob die Creme wirkte oder nicht. Sie ließen sich durch die linke obere Ecke nicht täuschen.

Der entscheidende Part der Studie behielt das Grundmuster bei, ersetzte die Frage nach der Creme aber durch ein politisch heikles Thema: den Anstieg bzw. Rückgang der Kriminalität in Abhängigkeit davon, ob eine Stadt das verdeckte Tragen von Handfeuerwaffen verbot oder nicht. Alle Teilnehmer sahen die gleichen Zahlen, doch für die einen zeigte die Ecke links oben Städte, in denen die Kriminalität mit dem Verbot abnahm, während die andere Gruppe Städte sah, in denen die Kriminalität mit diesem Verbot anstieg.

In den Vereinigten Staaten sind Menschen, die sich dem konservativen politischen Spektrum zurechnen, meist gegen Waffenkontrolle. Wer sich als politisch liberal betrachtet, tritt eher dafür ein. Die Studie war so angelegt, dass es zum Konflikt kommen musste zwischen einer Politik, die sich auf Daten stützte, und einer Politik, für welche die Teilnehmer vermutlich votieren würden. Da die Daten so konstruiert waren, dass es in der Hälfte der Fälle zu einer falschen Antwort kam, wenn man sich nur auf die Daten in der linken oberen Ecke verließ, konnten die Forscher sehr schön sehen, ob die Menschen eher kritisch oder weniger kritisch dachten, wenn die Zahlen im betreffenden Kästchen ihrer vorgefassten Meinung entsprachen bzw. dies nicht taten.

Beim politisch neutralen Hautcreme-Test interpretierten Menschen, die sich auf Zahlen und Logik verstanden, die Daten korrekt. Aber wo es um die Waffenkontrolle ging, interpretierten Liberale mit Zahlenverständnis die Daten besser als Konservative, wenn die korrekte Interpretation ergab, dass eine strengere Waffenreglementierung zu weniger Verbrechen führt. Konservative mit gutem Zahlenverständnis interpretierten die Daten dann besser als Liberale, wenn sie zeigten, dass Waffenkontrolle mehr Verbrechen nach sich zog. Jede Gruppe hinterfragte kritisch, wenn die Schlussfolgerung aus den Daten in der linken oberen Ecke ihren Erwartungen widersprach. Sie nahmen die Daten unkritisch hin, wenn die Schlussfolgerung zu ihren Erwartungen passte.[62]

Liberale unterziehen fragwürdige Beweise gegen den Klimawandel einer strengen Prüfung, nehmen es jedoch unkritisch hin, wenn die gleichen Zahlen eine steigende Einwanderung in ein positives Licht rücken – Konservative reagieren genau umgekehrt. Da wir dazu neigen, Schlussfolgerungen, die unseren Erwartungen entsprechen, den Vorzug zu geben, konzentrieren wir uns vielleicht nur auf die schwachen Belege und nicht auf die handfesten Gegenbeweise. Ein im Januar 2022 erschienener Kommentar in der *New York Post* behauptete, gestützt auf eine Analyse vom August 2021, dass auch die besten Studien keinen Beleg dafür lieferten, dass Masken gegen Atemwegsviren »wirken«. Doch alle diese Studien waren, bis auf eine, vor Ausbruch der Covid-19-Pandemie durchgeführt worden. Der Artikel erwähnte auch nicht die beste, je durchgeführte Maskenstudie: ein durchdachtes Experiment, das in 600 Dörfern in Bangladesch mit Hunderttausenden Einwohnern durchgeführt wurde. Diese Studie, die im Dezember 2021 im Fachblatt *Science* veröffentlicht wurde, hatte bereits einige Publicity erhalten, und zwar in den Wochen vor Veröffentlichung des Kommentars in der *New York Post*.[63]

Selbst unsere Fähigkeit, grundlegende logische Prinzipien anzuwenden, kann von unseren Erwartungen unterminiert werden. Wenn gilt: »Wenn ein Tier ein Hund ist, dann ist es ein Säugetier«, und wir feststellen, dass Spot ein Hund ist, dann können wir daraus schließen, dass Spot ein Säugetier ist. (Das logische Prinzip nennt sich *modus ponens*.) Diese logischen Schlussfolgerungen fallen uns leicht, wenn die Prämissen und die Schlussfolgerungen zu unserem Wissen und unseren Überzeugungen passen. Aber versuchen wir es doch mal mit: »Wenn ein Tier ein Hund ist, ist es ein Reptil.« Wenn wir nun erfahren, dass Spot ein Hund ist, dann wäre die logische Schlussfolgerung, dass Spot ein Reptil ist. Das funktioniert nicht, weil wir ja wissen, dass Hunde keine Reptilien sind.

Was aber passiert, wenn die Prämissen strittige Vorstellungen beinhalten, die unsere Überzeugungen berühren, und nicht nur taxonomische Fakten? Geht die nachstehende Folgerung logisch aus den Prämissen hervor?

- Alle Drogen, die gefährlich sind, sollten verboten werden.
- Marihuana ist eine gefährliche Droge.
- Daher sollte Marihuana verboten werden.

Jemand, der Marihuana für eine gefährliche Droge hält und davon ausgeht, dass diese verboten werden sollten, würde diese Schlussfolgerung vermutlich unterschreiben. Aber wenn jemand nun findet, dass Marihuana einen niedrigen Risikofaktor hat oder dass auch gefährliche Drogen legal sein sollten, dann würde er wohl kaum zustimmen.

Die Psychologin Anup Gampa und ihre Kollegen testeten, wie gut 924 Online-Freiwillige Logikprobleme lösen konnten, wenn die jeweilige Schlussfolgerung sich mit ihren vorher überprüften ideologischen Ansichten entweder deckte oder ihnen widersprach. Im Allgemeinen schlugen sich die Probanden recht wacker. Etwa 73 Prozent der Fragen wurden korrekt gelöst. Die erklärtermaßen Konservativen betrachteten »liberale« Schlussfolgerungen eher als falsch, wohingegen die Liberalen sich gegen die »konservativen«

sträubten. Beide Gruppen aber betrachteten unsinnige Schlussfolgerungen als stimmig, wenn sie zu ihren Überzeugungen passten.[64] Sehen wir uns folgendes Beispiel an:

- Alle Marxisten glauben, dass der freie Markt ungerecht ist.
- Einige Berater des Präsidenten gehen davon aus, dass der freie Markt ungerecht ist.
- Daher müssen einige Präsidentenberater Marxisten sein.

94 Prozent der Liberalen erkannten, dass diese Schlussfolgerung logisch unhaltbar ist. Aber nur 79 Prozent der Konservativen fiel dies auf, vermutlich weil die Schlussfolgerung ihren Ansichten über einige Berater der Obama-Regierung entsprach, die zu jener Zeit am Ruder war. Drehte man die Vorzeichen um, sodass die Voreingenommenheit die Konservativen in ihrer Haltung bestärkte, überflügelten diese die Liberalen. Das Gesamtresultat fiel für beide Gruppen gleich aus. Drei Studien – eine davon mit einer national repräsentativen Gruppe von 1109 Probanden – zeigten, dass ideologische Übereinstimmung die Chance, eine Schlussfolgerung als logisch zu betrachten, um wenigstens 15 Prozent erhöhte, manchmal sogar verdoppelte.

Die Neigung, Resultate gründlicher in Augenschein zu nehmen, wenn wir diese nicht vorhergesehen haben, und Schlussfolgerungen zu akzeptieren, die zu dem passen, was wir ohnehin schon glauben, ist für viele Irrtümer in Wissenschaft, Geschäftsleben und Alltag verantwortlich. Die Wirtschaftswissenschaftler Carmen Reinhart und Kenneth Rogoff mussten dies auf die harte Tour erfahren. Als die beiden historische Daten analysierten, um die Beziehung zwischen Staatsschulden und Wirtschaftswachstum zu untersuchen, unterlief ihnen ein Fehler: Sie wendeten die entsprechende Formel in ihrem Excel-Spreadsheet nicht bis zum Ende der Spalte an. Resultat: Sie schlossen fälschlich, dass die Wachstumsaussichten einer Volkswirtschaft stark in Mitleidenschaft gezogen werden, sobald die Staatsschuldenquote mehr als 90 Prozent des BIP erreicht. Das passte zu ihrer damals kontroversen strategischen Empfehlung, dass Regierungen nicht zu viel Geld ausgeben und keine Schulden aufnehmen sollten. Sie rieten also zur sogenannten Austerität. Da Rogoff der einstige Chefökonom des Internationalen Währungsfonds (IWF) war, hatte sein Rat einigen Einfluss. Das Buch, das er und Reinhart über Schuldenkrisen schrieben (*Dieses Mal ist alles anders*) wurde ein Bestseller und galt bald als Pflichtlektüre für Politiker.[65]

Hinter vielen wissenschaftlichen Irrtümern steht keine Absicht, wie auch nicht bei dem eben beschriebenen Fehler. Wissenschaftler überprüfen ihre Arbeit doppelt und dreifach, wenn die Resultate ihren Erwartungen widersprechen. Und wie alle anderen sind sie weniger vorsichtig, wenn die Ergebnisse zu den Erwartungen passen. Die Fehler, die schließlich publiziert werden, sind meist solche, die die Lieblingshypothesen der Forscher bestätigen. Es ist also wenig erstaunlich, dass Ökonomen, die mit Reinhart und Rogoff nicht übereinstimmten, die Fehler fanden. Hätten sich Reinhart und Rogoff vorab an die Skeptiker gewandt, hätten die unterschiedlichen Erwartungen vermutlich den Fehler, zumindest jedoch dessen Veröffentlichung, verhindert. Die Kritiker mit ins Boot zu holen – ein Prozess, den man in der Wissenschaft »kontradiktorische Zusammenarbeit« nennt – ist vielleicht nicht selbstverständlich, aber sie zahlt sich häufig aus.[66]

Wir sehen, was wir zu sehen erwarten

Im amerikanischen Football leitet der Center gewöhnlich das Spiel ein, indem er den Ball zwischen seinen Beinen hindurch zum Quarterback »snappt«, der dann erst einmal ein paar Schritte rückwärts macht, bevor er etwas anderes tut. Aber es gibt keine Regel, dass ein Spiel so anfangen muss. In einem Spiel von 2010 gab der Center eines Middle-School-Teams aus Texas den Ball über die Schulter an den Quarterback (Hike). Statt ein paar Schritte nach hinten zu machen, spazierte der Quarterback durch die Linien, weil die gegnerischen Linemen offensichtlich nicht merkten, dass das Spiel bereits begonnen hatte. Sobald klar war, was er vorhatte, fing der Quarterback an, durch die Verteidigungslinien zu sprinten und erzielte einen Touchdown.[67]

Tricks wie diese sind eine Form der Täuschung im Sport, die mit Erwartungen spielt. Die Spieler betrügen nicht etwa – sie brechen keine Regeln. Aber weil sie gegen althergebrachte Abläufe und Normen verstoßen, zeigen sie, wie stark unsere Erwartungen beeinflussen, wie wir das Tun anderer beurteilen.

Die Idee, dass unsere Erwartungen prägen, was wir sehen, war ein wichtiges Thema in unserem ersten Buch *Der unsichtbare Gorilla*. In einem ganz erstaunlichen Ausmaß nehmen wir wahr, was wir zu sehen erwarten. Und wir bemerken Ereignisse, Objekte oder Muster in unserem Leben nicht, wenn diese uns unerwartet treffen. Unser »Gorilla-Experiment« von 1998 zeigte, dass Menschen, die bei einem Basketballspiel Pässe zählen, eine Person im Gorillaanzug übersehen, die mitten durch die Szene läuft. Nachdem das Video zu diesem Experiment ins Internet gelangte, wussten die Leute, dass sie nach einem Gorilla Ausschau halten mussten, wenn man sie bat, Pässe zu zählen. Daher drehte Dan ein neues Video mit dem

Titel *The Monkey Business Illusion*. Vielleicht wollen Sie es sich auf
YouTube ansehen, bevor Sie weiterlesen.[68]

Wie beim ursprünglichen Gorilla-Video müssen die Zuschauer
auch hier zählen, wie viele Pässe die Spielerinnen in Weiß werfen.
Und wie beim früheren Video taucht plötzlich eine Person im Gorillakostüm auf, bleibt in der Mitte stehen, guckt genau in die Kamera, trommelt sich auf die Brust und geht nach der anderen Seite ab.
Und wie beim Ursprungsvideo sahen die Menschen, die den Gorilla
nicht erwarteten, ihn auch nicht. Menschen, die das erste Video
kannten, wussten, dass sie auf einen Gorilla achten mussten, und
sahen ihn fast immer. Aber zu wissen, dass etwas Unerwartetes passieren kann, bewahrte sie nicht davor, andere unerwartete Objekte
und Ereignisse zu übersehen. Leute, die einen Gorilla erwarteten,
bemerkten, wenn überhaupt, andere Veränderungen in der Szene
eher nicht.

Unsere Erwartungen und Überzeugungen steuern, wie wir das
Gesehene interpretieren, wenn keine überraschenden oder unerwarteten Zwischenfälle eintreten. Die australische Niederlassung
des japanischen Kameraherstellers Canon bewies dies mit einer Vi-
deoserie, die zeigt, wie Fotografen ihre Bilder machen. Sie baten
sechs professionelle Fotografen, ein Porträt des gleichen Mannes in
mittleren Jahren anzufertigen: Er hieß Michael und kam zu jeder
Sitzung in schwarzen Jeans und einem teilweise nicht zugeknöpften
blauen Hemd mit einem weißen T-Shirt darunter. Jeder Fotograf
erhielt Informationen über Michaels Geschichte und Leistungen,
aber diese Beschreibungen stimmten nicht überein. Einem Fotografen sagte man, Michael sei im Gefängnis gewesen; einem anderen,
er habe das Leben eines Menschen gerettet. Dem dritten teilte man
mit, Michael behaupte, er sei ein Medium. Die anderen drei lernten
Michael als Self-made-Millionär kennen, als ehemaligen Alkoholi-

ker oder als Berufsfischer. Obwohl die sechs Fotoaufnahmen alle im gleichen Studio mit dem gleichen Modell angefertigt wurden, unterschieden sich die Resultate am Ende gewaltig. Die Fotografen versuchten nämlich, bei Michael das herauszuheben, was sie in ihm sahen – die Erwartungen, die in ihnen geweckt worden waren, beeinflussten, wie sie den Mann darstellten, wie sie die Szene ausleuchteten, welchen Blickwinkel und welches Objektiv sie verwendeten und all die anderen fotografischen Entscheidungen, die sie trafen zwischen dem ersten Treffen mit Michael und dem fertigen Bild.[69]

Betrüger, die sich als jemand anderer ausgeben, spielen mit eben dieser Neigung: Sie ahmen in Wort und Gestik nach, was wir von ihnen erwarten, wenn sie die Person wären, die sie zu sein vorgeben. Ricardo Montalbans Figur Khan, der von Genetikern geschaffen wurde und in *Star Trek II* den Bösewicht spielt, agiert nach diesem Prinzip. Um die *Enterprise* und ihre Crew in seine Gewalt zu bringen, kapert er die *Reliant*, ein anderes Raumschiff der Föderation, und kommt so ohne jede drohende Geste an die Enterprise heran. Obwohl sich die *Reliant* merkwürdig verhielt, nahm Captain Kirk an, dass sie technische Probleme hätte. Mit einem Angriff rechnete er nicht. Als er merkte, dass etwas nicht stimmte, war die Falle schon zugeschnappt. Die *USS Enterprise* wurde schwer beschädigt. Erwartungen zu erfüllen ist ein entscheidender Schritt, wenn man auf dem Weg zu einem erfolgreichen Betrug sein Opfer ausmanövrieren will. Denn wenn unsere Wahrnehmung zu unseren Erwartungen passt, halten wir nur selten inne, um Fragen zu stellen oder weiter nachzuforschen.[70]

Von der Wissenschaft vom Chaos zur chaotischen Wissenschaft

Wissenschaft ist der Prozess, Vorhersagen mithilfe von Experimenten und Daten zu überprüfen. Wissenschaftler sind gewöhnlich skeptisch, was schlecht belegte Behauptungen angeht. Erstaunlicherweise tappen auch sie mitunter – wie der Rest der Menschheit – in die Erwartungsfalle. Der mehrfach ausgezeichnete holländische Psychologe Diederik Stapel, Professor an der Universität Tilburg in den Niederlanden, erlangte internationale Bekanntheit durch seine Experimente, die zeigten, wie unsere Umgebung auf subtile Weise unser Denken und Handeln beeinflusst. Eines dieser Experimente, das im Fachblatt *Science* veröffentlicht wurde, belegte, dass allein schon ein Spaziergang durch schmutzige U-Bahn-Stationen und abfallübersäte Straßen Menschen dazu brachte, rassistischer zu denken. Stapel war einer von vielen Sozialpsychologen, die Beispiele dieses »metaphorischen Primings« untersuchten: die These, dass unsere Wahrnehmungen und Erfahrungen Konzepte im Gehirn aktivieren, die nur »metaphorisch«, also bildhaft, miteinander verknüpft sind (wie Schmutz und Rassismus), und dass diese Assoziationen sich auf unsere innere Haltung und unser Verhalten auswirken. Ähnliche Arbeiten haben Verbindungen hergestellt zwischen: sich körperlich außerhalb einer Box zu befinden und kreativem Denken; eine Tasse mit heißem Kaffee zu halten und dem Gegenüber eine warmherzige Persönlichkeit zuzuschreiben; Nachdenken über das Leben eines Professors und beim Trivial Pursuit besser abzuschneiden; Fischgeruch wahrzunehmen und Misstrauen gegenüber anderen Menschen zu entwickeln.[71]

Wir führen Stapels Forschungsarbeiten hier auf, weil sie sich von den erwähnten Beispielen in einem wesentlichen Punkt unter-

schieden: Er führte keine Experimente durch. Er erfand seine Daten
einfach. Dabei täuschte er seine Kollegen, seine Studenten und Mitarbeiter mehrere Jahre lang, indem er ihnen lieferte, was sie erwarteten.[72]

Obwohl manche wissenschaftlichen Fälschungen sich um radikal
neue Entdeckungen oder Durchbrüche drehen, sind doch die meisten Fake-Resultate geringfügige Variationen von bereits bekannten
und populären Themen. Für die einschlägigen Experten zählen sie
eher zum Mainstream und sind nicht wirklich neu oder unerwartet.
Wenn Wissenschaftler desselben Fachbereichs zum ersten Mal von
solchen Resultaten erfahren, die sich später als erfunden heraus-
stellen, nicken sie nur und sagen: »Ja, das ergibt Sinn.« Da gibt es
kein Kopfschütteln und kein »Nie im Leben!«

Als Daryl Bem, ein prominenter Psychologe von der Cornell
University, eine Reihe von Studien veröffentlichte, die das Phänomen der »Präkognition« bestätigten, eine übersinnliche Fähigkeit,
künftige, zufällige Ereignisse vorherzusagen, reagierte die Wissen-
schaftlergemeinde skeptisch, ja, ungläubig. Wie bei den verfrühten
Berichten über die »kalte Fusion« zwei Jahrzehnte zuvor hatten
andere Wissenschaftler Bems Resultate nicht vorhergesagt. Daher
wurden seine Methoden und seine Zahlen auf den Prüfstand gestellt und für unzureichend befunden. Es gibt keinen Grund anzunehmen, dass Bem seine Daten erfunden hat wie Stapel, aber seine
Schlussfolgerungen waren einfach »zu weit hergeholt« und wurden
daher gründlich überprüft. Wissenschaftliche Betrügereien drehen
sich meist um Erkenntnisse, die originell genug sind, um Aufmerksamkeit zu erregen, aber nicht so schockierend, dass Skeptiker sich
veranlasst sehen, sie nachzuprüfen.

Als Wissenschaftler wie auch als Nicht-Wissenschaftler sollten
wir gleichermaßen besondere Vorsicht walten lassen, wenn die Re-

sultate perfekt zu unseren Erwartungen passen, aber sich auf eine Technologie oder Informationsquelle stützen, die für andere nicht zugänglich ist. Viele solcher Studien stehen für entscheidende Fortschritte von seriös arbeitenden Wissenschaftlern: Wer diese Datensätze überprüfen will, muss unter Umständen Jahre an Arbeit investieren. Wer einer Täuschung nicht abgeneigt ist, ist vielleicht umso eher dazu bereit, wenn er weiß, dass andere Wissenschaftler seine Behauptungen nicht mit eigenen Daten widerlegen können. Diederik Stapel behauptete, er habe seine Probanden tatsächlich durch U-Bahn-Stationen geführt, statt ihnen einfach nur Bilder von verwahrlosten Bahnhöfen zu zeigen. Damit war sichergestellt, dass die Studie schwieriger zu replizieren war. Der Evolutionsbiologe Marc Hauser testete die kognitive Leistung von Lisztaffen, einer Affenart, die weltweit nur von wenigen anderen Wissenschaftlern erforscht wurde. Michael LaCour, Doktorand der Politikwissenschaft an der University of California in Los Angeles, schickte angeblich 41 Forschungsassistenten aus, um Befragungen von 972 Personen durchzuführen, die feststellen sollten, ob der Kontakt mit einer homosexuellen Person ihre politischen Ansichten veränderte. Von all diesen Autoren wurden wissenschaftliche Veröffentlichungen nach Überprüfung wieder zurückgezogen.

Die Beschreibung methodologischer Heldentaten verschleiert nicht nur fragwürdige (oder nicht existente) Daten. Sie lässt die Wissenschaftler auch besonders innovativ und sorgfältig erscheinen, was ihnen automatisch Lorbeeren einträgt, ob diese nun berechtigt sind oder nicht.[73]

In den späten 1990ern veröffentlichte Karen Ruggiero, eine Kollegin an der Universität Harvard, eine Reihe von Studien über die Sozialpsychologie von Vorurteilen. Ihre Arbeit war einflussreich und wurde vielfach zitiert, aber wie die Daten Stapels waren auch die ihren erfunden. Wir erlebten die Folgen von Ruggieros Betrug aus erster Hand. Dan hörte Geschichten von Kollegen, die ihre seriösen Arbeiten über ähnliche Themen nicht veröffentlichen konnten, weil sie nicht mit so eindeutigen Ergebnissen aufwarten konnten wie Ruggiero. Das hat mit einer problematischen Einstellung der Herausgeber und Gutachter wissenschaftlicher Zeitschriften zu tun: Sie betrachten die erste Studie zu einem Thema als »korrekt«. Wenn spätere Studien mit nicht so eindeutigen oder sogar widersprechenden Resultaten aufwarten, dann schreiben sie dies gewöhnlich methodischen Fehlern, wenn nicht gar der mangelnden Kompetenz des Forschers zu.[74]

Nachdem Ruggiero den Betrug zugegeben hatte, wurde auch die Arbeit ihrer Co-Autoren – zu denen einige ihrer Studenten gehörten – untersucht. Die meisten Studenten streben den Doktorgrad an, weil sie lernen wollen, wie man Forschung betreibt. Da das wichtigste Modell dafür der Doktorvater bzw. die Doktormutter ist, prüfen sie erst gar nicht nach, wenn ihnen Daten und Analysen vorgesetzt werden. Normalerweise merken wir erst, wenn unsere Erwartungen enttäuscht wurden, dass wir hätten gründlicher nachforschen sollen. Aber selbst in der Rückschau kann es schwierig sein zu erkennen, wie sehr unsere Erwartungen uns geblendet haben.[75]

Wie Ruggiero gestand auch Diederik Stapel seinen Betrug schließlich ein: Mittlerweile wurden tatsächlich 58 seiner Artikel in wissenschaftlichen Zeitschriften zurückgezogen. Mittlerweile steht er auf Platz 7 der von der unabhängigen Retraction Watch Group geführten Liste der wissenschaftlichen Betrüger. In seiner biografischen Aufarbeitung des Ganzen schreibt er: »Was ich erfunden habe, war logisch und nicht weltbewegend.« Seine erfundenen Resultate waren gerade so interessant, dass sie Aufmerksamkeit erregten, ohne die Skeptiker auf den Plan zu rufen. Sie passten zu dem, was alle erwarteten, also sah niemand allzu genau hin.[76]

Gefälschte Daten über gefälschte Daten

Nicht alle Menschen teilen die gleichen Erwartungen – und das ist gut so. Denn was die Erwartungen des einen erfüllt, kann beim anderen Skepsis und Nachforschungen auslösen. Ein aufschlussreiches Beispiel ist eine manipulierte wissenschaftliche Studie über Betrug. In einem 2012 veröffentlichten Artikel beschäftigt sich ein Team aus Verhaltenswissenschaftlern von vier führenden Fakultäten für Wirtschaftswissenschaften mit der Frage, wie man Menschen dazu bringen kann, Fakten und Informationen ehrlich anzugeben. Sie arbeiteten mit einer US-Versicherung zusammen und baten mehr als 13 000 Kfz-Haftpflichtversicherte, den Kilometerstand ihres Wagens anzugeben. Wobei eine höhere Kilometerzahl eine höhere Prämie bedeutete, da mehr Fahrleistung die Wahrscheinlichkeit eines Unfalls steigen lässt. Die Kfz-Halter hatten also durchaus Grund zu schwindeln und weniger gefahrene Kilometer anzugeben. Alle Autohalter sollten die folgende Versicherung unterschreiben: »Ich erkläre hiermit, dass die von mir gemachten Angaben der Wahrheit entsprechen.«[77]

Solche Klauseln werden häufig benutzt, um Unehrlichkeit zu verhindern. Bis zum Jahr 2012 schloss die jährliche Steuererklärung in den USA mit dem Satz: »In Kenntnis der Strafbarkeit falscher Angaben erkläre ich hiermit …« Bei der Kilometerzahlstudie wurden die Fahrer nach dem Zufallsprinzip zwei Gruppen zugeordnet: Eine Gruppe bekam ein Formular, bei dem die Erklärung wie üblich am Ende stand, bei der anderen kam sie unmittelbar *vor* der Angabe des Kilometerstandes. Die Idee dahinter war: Wer den Hinweis auf die Strafe läse, bevor er seinen Kilometerstand angäbe, würde sich eher ethisch korrekt verhalten. Und tatsächlich: Fahrer, die vor Angabe des Kilometerstandes die Erklärung unterzeichneten, gaben eine Fahrleistung an, die um 10 Prozent höher lag als die der Vergleichsgruppe.[78]

10 Prozent erscheinen Ihnen vielleicht nicht weiter tragisch, aber wenn man das auf Hunderttausende von Fahrern hochrechnet, würde das für die Versicherung einen enormen Anstieg der Prämienzahlungen bedeuten. Nachdem die Ergebnisse in den *Proceedings of the National Academy of Sciences* veröffentlicht wurden, wandten alle möglichen Regierungsbehörden und privaten Organisationen den Zuerst-Unterzeichnen-Trick an, um zu ehrlichen Zahlen zu kommen. Das einzige Problem war: Keiner wusste, dass ein Teil der Studiendaten manipuliert war.

Die Koordination der Versicherungsdaten wurde von Dan Ariely übernommen, Professor an der Duke University und Autor von zahlreichen Bestsellern über Unehrlichkeit, Irrationalität und Geld. Neun Jahre nach Veröffentlichung der Studie wiesen die Verhaltenswissenschaftler Joe Simmons, Leif Nelson und Uri Simonsohn (zusammen mit einer Gruppe von Forschern, die anonym bleiben möchten, weil sie berufliche Nachteile fürchten) nach, dass die Daten nicht stimmen konnten. Die meisten Autobesitzer in den USA legen 2000 bis 15 000 Meilen pro Jahr zurück. Nur ganz wenige fahren mehr. Aber in dem vorliegenden Datenbestand war die Anzahl der Versicherten, die 10 000 Meilen angaben, ebenso hoch wie die jener Personen, die 49 000 Meilen zurücklegten. Bei weiteren Nachforschungen fanden Simmons und seine Kollegen im Datenbestand eine Menge duplizierter Sätze, denen eine zufällig gewählte Zahl zwischen 0 und 1000 hinzugefügt wurde, um die Ähnlichkeit zu verschleiern. Ihre intensive Nachkontrolle führte dazu, dass der Artikel zurückgezogen wurde. Alle fünf Autoren des Aufsatzes gestanden ein, dass die Studie auf fehlerhaften Daten beruhte. Dieser Fall ist ausgesprochen ungewöhnlich, denn alle Autoren geben zu, dass die Daten nicht korrekt waren, aber die Identität der Person, die sie konkret manipuliert hatte, blieb verborgen.[79]

Das stinkt nach ...

Reichen statistische Anomalien aus, um Betrug in der Forschung nachzuweisen? Dan führt regelmäßig Doktorandenseminare durch, bei denen die Teilnehmer korrekte wissenschaftliche Methoden lernen sollen. Zum Programm gehört eine Übung, die auf einem von Karen Ruggieros zurückgezogenen Aufsätzen beruht. Er sagt den Studierenden, dass die dort beschriebenen Resultate nicht korrekt sind und stellt die Aufgabe, im veröffentlichten Artikel Hinweise zu finden, dass etwas fehlen könnte. Findige Studierende entdecken, dass Zahlen, die angeblich aus unterschiedlichen Quellen stammen, mitunter fast gleich ausfallen bzw. dass die Variabilität zwischen den Daten eine geringere Schwankungsbreite aufweist, als sie sollte.

Aber wissenschaftliche – und andere – Daten auf diese Weise zu durchkämmen, um Belege für einen möglichen Betrug zu finden, birgt eigene Gefahren. Denn tatsächlich kommen alle Belege mit einem gewissen »Rauschen« daher. Daher finden wir fast immer merkwürdige Muster, auch bei durchaus legitimen Daten.

Die Politikwissenschaftlerin Macartan Humphreys hat eine Website eingerichtet, die sich »An Exact Fishy Test« nennt und das auf kluge Weise bestätigt. Wenn Sie ihre Seite besuchen, werden Sie aufgefordert, zehn zufällig gewählte Zahlen zwischen 1 und 100 einzugeben. Und ganz egal, welche Zahlen Sie eingeben, das

Programm findet darin statistische Anomalien. Wir gaben diese
Zahlen aus einem Zufallsgenerator ein: 71, 51, 90, 88, 65, 48, 87,
18, 57 und 35. Die App gab an, dass diese Zahlen ein »offensicht-
liches Muster« ergäben. Die Ziffer »8« taucht in der Sequenz fünf
Mal auf. Erwarten würde man nur ein zweimaliges Vorkommen.
In einer wie angegeben geordneten Zahlenreihe würde diese Ziffer
nur in 5 Prozent der Fälle erscheinen. Dann versuchten wir es mit
der folgenden Sequenz: 80, 11, 96, 40, 18, 29, 43, 29, 22 und 97.
Auch hier wurde unsere Zahlenreihe als ungewöhnlich deklariert,
weil sie 5 Primzahlen enthält, die aber bei 10 zufällig gewählten
Zahlen zwischen 1 und 100 höchstens 2,5 Mal auftauchen dürften.
5 Primzahlen gleichzeitig würden in weniger als 8 Prozent der Fälle
erscheinen. Die App sucht auch nach zu vielen Zweien oder Dreien,
sie prüft auch Zahlen, bei denen eine Ziffer gerade, die zweite un-
gerade ist und so weiter. Reihen von wirklich zufällig ausgewählten
Zahlen werden (vor allem, wenn es nur 10 sein dürfen) immer Anomalien aufweisen, wenn man sie nur gründlich genug untersucht.[80]
    Wie beim »Fishy Test« werden Sie bei einem Datensatz Merk-
würdigkeiten finden, wenn Sie danach suchen, selbst wenn sich die
Daten tatsächlich zufällig ergeben. In diese Falle tappen viele uner-
fahrene Datendetektive, die aufgrund eines ungewöhnlichen Mus-
ters behaupten, einen Betrug aufgedeckt zu haben. Vor allem, wenn
sie zuerst die Daten untersuchen, dann darin ein Muster entdecken
(statt von vornherein bewusst danach zu suchen) und erst zuletzt
berechnen, wie ungewöhnlich dieses tatsächlich ist. Das Resultat
kann oberflächlich überzeugend wirken, aber trotzdem zu einer falschen Betrugsbezichtigung führen.[81]
    Problematische Zahlen allein reichen kaum aus, um Betrug bei
Forschungsarbeiten nachzuweisen, vor allem, weil die veröffentlichte wissenschaftliche Literatur unvermeidlich eine ganze Reihe

unschuldiger Fehler enthält. Doch in Fällen wie der Kilometerstandstudie addieren sich die Merkwürdigkeiten und Unwahrscheinlichkeiten, sodass am Ende die Unschuldsvermutung nicht mehr haltbar ist. Außerdem besitzen reale Daten mathematische Eigenschaften, die, wenn sie fehlen, ein überzeugender Beweis für Manipulation sind, weil diese Merkmale wirklich schwer zu fälschen sind.

Eins ist nicht die einsamste Zahl

Wenn Sie jemanden auffordern, eine beliebige Zahl zwischen 1 und 10 zu nennen, dann entscheiden sich unverhältnismäßig viele Menschen für die Zahl 7. Als der Psychologe und Zauberkünstler Jay Olson sowie Alym Amlani und Ron Rensink, zwei Kollegen, mehr als 650 Menschen baten, eine beliebige Karte zu nennen, entschied sich mehr als die Hälfte für eine der folgenden vier Karten: Pik As, Herzkönig, Herzdame und Herzbube. Sollen Versuchspersonen mehrere zufällige Abfolgen von »Kopf« oder »Zahl« bilden, dann sind diese Sequenzen meist inkonsistent und fallen selten lang genug aus. Wenn Menschen etwas Zufälliges hervorbringen sollen, dann produzieren sie unweigerlich Muster. Dabei hat der Zufall eine ganz eigene Art der Prognostizierbarkeit.[82]

Sollen die Resultate natürlicher Wachstumsprozesse in Zahlen beschrieben werden, zum Beispiel das Anwachsen von Followern, Likes oder Klicks, so zeichnen sich Muster ab, die unweigerlich einem festen Gesetz folgen: Hohe Zahlen stellen sich immer seltener ein. (Was heißt, dass es sehr viel mehr YouTube-Videos gibt, die 100 bis 200 Mal angeklickt werden, als solche, die 1 bis 2 Millionen Views erzielen. Auch gibt es deutlich mehr Partys mit 5 bis 10 Gästen als solche mit 500 bis 1000.) Ein Prinzip mit dem Namen Benford'sches Gesetz beschreibt ein regelmäßiges Muster, das aus der Zufälligkeit entsteht, wann immer ein Wert ins Unermessliche steigen kann und der Wertebereich mehrere Größenordnungen umfasst. Dieses Gesetz zeigt sich auf allen möglichen Gebieten, angefangen beim Volumen von Seen über Verkaufserlöse bis hin zur Zahl der Follower in den sozialen Medien.

Wir können uns ein intuitives Bild des Benford'schen Gesetzes erarbeiten, wenn wir es so betrachten: 1 ist immer die erste Ziffer, auf die wir stoßen, wenn wir in eine neue Größenordnung eintreten. Die einzelnen Zahlen beginnen mit 1. Wenn wir also hinaufzählen, dann gehen wir erst dann zur 2 über, wenn wir vorher 1 abgearbeitet haben. Wenn wir an einem zufälligen Punkt innehalten, dann sind wir mit höherer Wahrscheinlichkeit bei 1 als bei einer höheren Zahl. Wenn wir die einstelligen Zahlen hinter uns lassen, haben die nächsten neun Zahlen – 10 bis 19 – jeweils eine 1 als erste Ziffer. Die 1 als führende Zahl taucht in den ersten 19 Zahlen elf Mal auf, was 58 Prozent ausmacht. Nach der 99 beginnen auch die nächsten 100 Zahlen (100 bis 199) mit einer 1. Wenn das Hinaufzählen also an einem zufälligen Punkt aufhört und wir aber erst die erste Ziffer 1 abarbeiten müssen, bevor wir weiterzählen können, dann ist bei jeder zufälligen Zahl, bei der wir innehalten (zum Beispiel bei der Zahl der Twitter-Follower zu einem bestimmten Zeitpunkt), die Wahrscheinlichkeit höher, dass sie mit einer 1 anfängt als mit einer anderen Ziffer.

Das Benford'sche Gesetz beschreibt das präzise Auftreten jeder führenden Ziffer, die wir in solchen Datenbeständen erwarten dürfen. Das Kennzeichen dieser Struktur ist die Tatsache, dass die Ziffer 1 in etwa 30 Prozent der Fälle auftritt, während die Ziffern 2 bis 9 Schritt für Schritt unwahrscheinlicher werden. Wenn die Daten dem Benford'schen Gesetz folgen sollten, dies aber nicht tun, dann ist dies ein recht zuverlässiger Beleg für Manipulation.

Jennifer Golbeck, Computerwissenschaftlerin an der University of Maryland, ist Expertin für soziale Netzwerke. Sie überwacht die Muster im Bauch des Internets, die Verbreitung von Verschwörungstheorien und die Operationen von Bot-Netzwerken. Als sie die Anzahl der Freunde von Facebook-Usern sowie von Followern auf Twitter untersuchte, stellte sie fest, dass diese Werte dem Benford'schen Gesetz gehorchten. Die Zählung der Follower in sozialen Medien beginnt immer mit einer Person. Mit der Zeit sammeln die Menschen mehr Follower an. Aber viele dieser Menschen haben eher wenige Follower als ein paar Tausend. Stellen Sie sich vor, Sie folgen 1000 Menschen auf Twitter. Wenn Sie jeden dieser Accounts untersuchen und nachforschen, wie vielen Menschen wiederum die Follower folgen, dann stimmt auch für diese Zahlen das Benford'sche Gesetz.[83]

Bot-Netzwerke aber entsprechen nicht dem Benford'schen Gesetz, aus dem einfachen Grund, weil sie nicht durch natürliche Wachstumsprozesse entstehen. Üblicherweise folgen Bots im Vergleich etwa der gleichen Anzahl an Accounts, die manchmal andere Accounts im gleichen Bot-Netzwerk sind. Dort tweeten sie dann ihren vorgegebenen Inhalt oder retweeten andere Accounts. Golbeck enttarnte erfolgreich ein Bot-Netzwerk, indem sie die Follower zweiter Ordnung untersuchte – also die Anzahl der Follower für jene Accounts, denen die Bots selbst folgten. Und diese entsprachen eben nicht dem Benford'schen Gesetz. Das war schon ein erstes Alarmsignal. Weitere Untersuchungen ergaben, dass diese Accounts fast alle zum selben Netzwerk gehörten, hinter dem dieselben Leuten standen.[84]

Wenn Menschen erstmals vom Benford'schen Gesetz hören, wenden sie es übereifrig auch auf Fälle an, in denen ein Benford-Muster unmöglich wäre. So haben die Anhänger von Donald Trump nach

der Präsidentschaftswahl 2020 behauptet, dass Joe Bidens Gesamtstimmenanteil über alle Wahlbezirke hinweg eben nicht dem Benford'schen Gesetz gehorchte, was ihnen als Beleg für Wahlbetrug
galt. Aber die Standardversion des Benford'schen Gesetzes lässt
sich auf diese Situation nicht anwenden. Wahlbezirke sind bewusst
so zugeschnitten, dass sie ähnlich große Segmente der Bevölkerung
umfassen – sie können also nicht ins Grenzenlose anwachsen. Die
Stimmenverteilung in den Wahlbezirken hat also nichts mit dem
Benford'schen Gesetz zu tun. Außerdem begrenzt der Gesamtstimmenanteil für Biden jenen von Trump und umgekehrt. Stellen wir
uns einen Wahlbezirk in Chicago vor, in dem 1000 Stimmen anfallen, von denen 900 an Biden gehen. Gibt es dort keine Dritt-
kandidaten, dann kann Trumps Stimmenanteil nicht höher liegen
als 100. Über eine ganze Reihe von Wahlbezirken hinweg könnte
Trump deshalb Stimmenanteile haben, die häufig mit 1 oder 2 beginnen, was dem Ganzen eine Benford-Anmutung verleihen würde.
Bidens Gesamtstimmenanteil in diesen Wahlbezirken würde aber
in der Folge öfter mit einer 9 oder 8 beginnen, als man erwarten
könnte, falls man (irrtümlich) das Benford'sche Gesetz unterstellt.
Aber das ist kein Beleg für Betrug – es ist die mathematische Konsequenz aus der Tatsache, dass Biden und Trump sich eine von vornherein beschränkte Anzahl von Stimmen teilen müssen.[85]

Aber selbst bei Daten, bei denen das Benford'sche Gesetz gilt,
ist ein Alarmzeichen manchmal eben falscher Alarm. Ein Beispiel:
Unternehmenseinnahmen und -ausgaben folgen gewöhnlich dem
Benford'schen Gesetz. Aber wenn ein Unternehmen häufig ein Produkt erwirbt, das 49,95 US-Dollar kostet, dann zeigt sich das auf
der Ausgabenseite durch eine überproportionale Häufigkeit, mit
der die Ziffer 4 als führende Ziffer auftaucht und damit das Gesetz
»bricht«. Die Benford-Analyse würde ein mögliches Problem signa-

lisieren, aber diese Diskrepanz kann schnell geklärt werden, indem man überprüft, ob diese Ausgaben legitim waren. Daher stößt man mitunter auch nur auf die unschuldigen Eigenheiten von geschäftlichen Daten, wenn man mit dem Benford'schen Gesetz allein nach Unregelmäßigkeiten sucht.

In anderen Fällen ergeben sich Hinweise auf Fehlverhalten. In den Vereinigten Staaten wird die Einkommensteuer aus Tabellen abgelesen, die in 50-Dollar-Schritten steigen. In den späten 1970ern hieß das: Wer eine solche 50-Dollar-Schwelle überschritten hatte, zahlte 7 Dollar mehr Steuern. In seinem Buch über das Benford'sche Gesetz in Steuererklärungen analysierte Mark Nigrini Daten aus den Steuererklärungen und stellte fest, dass das angegebene Einkommen häufig unter dem nächsten 50er-Schritt verharrte. Es gab also mehr Zahlen, die auf 49 oder 99 endeten. Umgekehrt gab es wenige Angaben wie 51 oder 101, die diese Schwelle gerade mal so überschritten. Die Menschen waren also bereit, ein bisschen zu schwindeln, um 7 Dollar zu sparen. Und diese Manipulation zeigte sich in der Abweichung von der nach dem Benford'schen Gesetz zu erwartenden Ziffernverteilung.[86]

Wie Nigrini und andere Forscher zeigten, werden viele Fälle von Buchführungs- und Bilanzfälschung teilweise dadurch aufgedeckt, weil die Zahlen von der Benford-Verteilung abweichen. Menschen, die Verkaufszahlen oder ihr Einkommen falsch angeben, ist vermutlich klar, dass sie nicht zu viele runde Zahlen verwenden sollten. Aber sie sind sich der subtileren Muster nicht bewusst, die ihre Manipulationen offenbaren. Ganz sicher werden sie nicht darauf achten, dass die Verteilung der führenden Ziffern dem erwarteten Muster entspricht. Und selbst wenn sie mit dem Benford'schen Gesetz vertraut sind, ist es nicht leicht, Daten so zu manipulieren, dass sie zu diesem Gesetz passen. Denn das Benford'sche Gesetz gilt auch für andere Zahlensysteme. Es funktioniert mit der Basis 10 ebenso wie mit der Basis 8. Selbst wenn Sie ein gewiefter Betrüger sind, ist es nicht leicht, die Daten so zu fälschen oder zu erfinden, dass sich das Muster natürlichen Wachstums in jedem mathematischen Zahlensystem zeigt.

Was unsere Erwartungen am stärksten prägt

Erwartungen sind häufig notwendig. Ohne sie könnten wir vieles nicht verstehen oder wahrnehmen. Etwas dort zu suchen, wo wir es zu finden erwarten (im Gegensatz zu einer zufallsgesteuerten oder willkürlichen Suche), ist eine Strategie, die normalerweise funktioniert. Wir erinnern uns daran, wenn sie scheitert, weil wir etwas an einem unüblichen Ort abgelegt haben. Ohne Erwartungen könnten wir nie überrascht werden und Überraschung ist ein zentrales Moment des Lernens. In vielen Fällen vergleicht unser Verstand automatisch unsere Erwartungen mit dem, was tatsächlich passiert ist, und wir überarbeiten unsere inneren Modelle vom Funktionieren der Welt.

Der Schachgroßmeister und professionelle Gambler Jonathan Levitt meint, wir sollten uns unsere Erwartungen bewusst machen, indem wir im Voraus planen und dann überlegen, was wir nicht vorhergesehen haben: »Das Schachspiel hat mir beigebracht vorauszudenken, wann immer es möglich ist. Es ist fast immer besser, etwas zu erwarten, statt etwas zu tun, ohne die leiseste Ahnung, was als Nächstes passieren könnte. Ich habe dadurch viel über die Beschränktheit meines Denkens gelernt.« Die besten Prognostiker der Welt halten ihre Vorhersagen – ihre Erwartungen an die Zukunft – stets schriftlich fest und vergleichen sie dann damit, was sich in Wirklichkeit abgespielt hat. So bekommen sie außerdem einen klareren Blick auf eigene Vorhersagefehler und haben ein ehrliches Bild von ihren Fähigkeiten.[87]

Wir formulieren Erwartungen und treffen Vorhersagen aufgrund unseres Wissens und unserer Erfahrungen. Daher ist es sinnvoll, sich bewusst zu machen, wann diese Vorhersagen falsch waren. Aber in manchen Fällen sind unsere gesammelten Erfahrungen so beständig dieselben, dass sie zu festen Grundannahmen werden. Wenn wir uns auf die Welt einen Reim machen wollen und unseren gesunden Menschenverstand anwenden, müssen wir uns auf bestimmte Fakten einlassen. Aber wenn wir an diese blind glauben, hören wir auf, sie auf ihren Wahrheitsgehalt zu überprüfen. Menschen, die uns über den Tisch ziehen wollen, setzen häufig auf diese unbedachten Annahmen und bestärken sie sogar noch. Im nächsten Kapitel geht es darum, wie die Tatsache, dass wir unsere unerschütterlichen Überzeugungen nicht mehr überprüfen, uns zur leichten Beute für Betrüger macht.

3
UNERSCHÜTTERLICHE ÜBERZEUGUNGEN: VORSICHT MIT ANNAHMEN

Nachdem wir einmal zu einer festen Überzeugung gelangt sind, überprüfen wir sie nur noch selten. Einige nicht weiter hinterfragte Überzeugungen sind wichtig, damit wir die Welt richtig verstehen können. Aber wenn wir Täuschungen vermeiden wollen, müssen wir bereit sein, alles, was wir als gesetzt betrachten, auf den Prüfstand zu stellen, weil vermeintliche Sicherheiten uns mitunter irreführen können.

Fans der europäischen Rockszene in den 1970ern und Anfang der 1980er erinnern sich vielleicht noch an Lustfaust, eine Band aus Westberlin, die für ihre experimentelle Musik und ihre internationale Zusammensetzung bekannt war. Der umjubelte Gitarrist stammte aus Belgien, der Bassist aus Deutschland, der Drummer aus Japan und der Sänger aus Kalifornien. In dem 2006 retrospektiv erschienenen Album *Lustfaust: A Folk Anthology 1976–1981* hieß es, die Band habe durch Zufall zusammengefunden, als ihre Mitglieder als Studiomusiker für einen Sänger engagiert waren, der dann nicht auftauchte. Sie nahmen ihr erstes Album mit dem Titel

Mutter Theresa auf und gaben sich den Namen »Lustfaust« ein
Jahr später, als sie anfingen, in deutschen Klubs zu spielen.

Aus Verachtung für die Gepflogenheiten der Musikindustrie vertrieb Lustfaust seine Songs nur auf Kassetten und ließ die Papier-
einleger weiß, damit die Fans ihre eigenen Coverbilder gestalten
konnten. Der innovative Sound und die antikommerzielle Haltung
führten dazu, dass sich unter den Fans von Lustfaust ungewöhnlich
viele Musiker befanden. »Lustfaust waren wirklich eine Blaupause
[…] Ohne ihre Präsenz und ihre Ideen hätte es unsere Band nie gegeben«, meinte Blixa Bargeld, die Leadsängerin der späteren (und
viel erfolgreicheren) Band Einstürzende Neubauten. Nach einigem
Hin und Her gingen Lustfaust 1981 auseinander. Übrig blieben nur
ein paar schräge Tapes, Konzertposter und Erinnerungen.

Für alle, die sich noch an Lustfaust und ihre Auftritte in den
1970ern erinnern, ist es vermutlich ein Schock zu erfahren, dass es
die Band zu jener Zeit gar nicht gab. Tatsächlich begann ihre Existenz erst Mitte der Nullerjahre, als der Londoner Konzeptkünstler
Jamie Shovlin die Geschichte der Band, ihrer Mitglieder und ihrer
Entstehung erfand, zusammen mit Diskografie und Tourneetermi-
nen. Er entwarf eine Reihe toller Flyer und Poster für die imaginären Auftritte in den 1970ern, gestaltete Beispiele der »Fan Cover
Art« für die Kassetten und archivierte die Fotografien, die angeblich die Auftritte und die besten Momente von Lustfaust festhielten.
Er richtete die Website *lustfaust.com* ein, einen Internetauftritt für
die Band, wo zu lesen war, dass die Mitglieder sich zu einer Re-
union Tour zusammengefunden hätten. Und natürlich gab es auch
einen Blog dazu. Shovlin stellte außerdem eine MySpace-Seite ins
Netz und schaffte es sogar, einen kurzen Lustfaust-Eintrag in Wikipedia unterzubringen. Um zu erklären, weshalb es keine Aufnahmen von der Band gab, produzierte Shovlin ein paar kurze Clips

und erklärte, ganze Songs gebe es nicht, weil es unter den Bandmitgliedern Copyright-Streitigkeiten gebe. Als die Ausstellung mit den »Memorabilia« in New York und London gezeigt wurde – mit dem Vermerk »Zusammengestellt von Jamie Shovlin aus den Archiven von Mike Harte und Murray Ward« (zwei fiktiven Bandmitgliedern), merkten viele Besucher nicht, dass es sich um einen Gag handelte. Einige erzählten Shovlin gar, sie hätten die Band einmal live gesehen.[88]

Natürlich war das Ganze ein Gag. Indem Shovlin die Fata Morgana aller physischen und digitalen Überreste schuf, die eine deutsche Noise-Rock-Band aus den 1970ern hinterlassen hätte, und diese dann in einer Ausstellung präsentierte, die die Menschen von der realen Existenz der Fata Morgana überzeugte, zeigte er uns, wie leicht wir in puncto Vergangenheit zu täuschen sind. Aber solche Erinnerungsfehler können auch Konsequenzen haben, die weit gravierender sind. Autoritäre Herrscher und aufstrebende Tyrannen setzen seit jeher auf Desinformation, um unser Bild von der Vergangenheit zu fälschen. Tatsächlich braucht es für diese Art der Geschichtsklitterung noch nicht einmal ein totalitäres Regime oder einen mit allen Wassern gewaschenen Betrüger – mitunter machen wir uns selbst etwas vor.

Der »Mandela-Effekt«

Ein bekanntes Sprichwort sagt: »Wer sich nicht an die Vergangenheit erinnern kann, ist verdammt, sie zu wiederholen.« Was aber, wenn verschiedene Menschen sich an unterschiedliche Versionen der Historie erinnern? 2009 bemerkte eine Frau namens Fiona Broome plötzlich, Erinnerungen zu haben, wonach Nelson Mandela in den 1980ern in einem südafrikanischen Gefängnis gestorben

sei, in dem er eine lebenslange Strafe wegen Verschwörung zur Be-
seitigung der Apartheid-Regierung verbüßte. In Wirklichkeit wurde
er 1990 aus dem Gefängnis entlassen, handelte das Ende der Apart-
heid aus und diente seinem Land von 1994 bis 1999 als Präsident.
Er starb 2013 im Alter von 95 Jahren. Obwohl Mandela also 2009
noch am Leben war, erinnerte sich Broome lebhaft, Zeitungsartikel
gelesen zu haben, die seinen Tod schilderten und die darauf folgenden Unruhen in den größeren Städten der Welt. Und Broome
entdeckte, dass es auch andere Menschen gab, die ähnliche Erinnerungen hatten. Niemand aber fand einen Beleg für ihre Version
der Ereignisse in Geschichtsbüchern, Nachrichtensendungen oder
anderen zuverlässigen Quellen.[89]

Wie also kam es dazu, dass eine Gruppe Menschen eine völlig
andere Version der Geschichte hatte als die, die aus allen offiziellen
und glaubwürdigen Aufzeichnungen zu erfahren war? Die Kognitionspsychologie hat diese Frage beantwortet, lange bevor Broome
ihre Offenbarung hatte. Und die Antwort lautet nicht, dass diese
Leute geistesgestört waren. Jeder von uns erfährt ähnliche Fehlleistungen und Verzerrungen seiner Alltagswahrnehmungen. Erinnern
Sie sich daran, wie Darth Vader sagte: »Luke, ich bin dein Vater«?
Oder wie Captain Kirk befiehlt: »Beam mich hoch, Scotty«? Diese
Worte sind in den jeweiligen Filmen nie gefallen. Wenn Sie sich daran erinnern, dann weil die Figuren etwas Ähnliches äußerten. (Vader sagt: »Nein, ich bin dein Vater.« Und Kirk: »Scotty, beam uns
hoch.«) Und Sie haben andere Leute gehört, die die falsche Version
wiedergegeben haben.[90]

Viele Menschen denken, das Gedächtnis funktioniert wie ein Vi-
deorecorder oder die Festplatte eines Computers, die perfekte Kopien von allem erstellen, was wir wichtig finden. Die Lebhaftigkeit
unserer Erinnerungen und die Leichtigkeit, mit der wir sie uns ins

Gedächtnis rufen können, verführt uns zu der Annahme, dass unsere Erinnerungen realitätsgetreu sind. In Wirklichkeit aber beweisen mittlerweile 150 Jahre wissenschaftlicher Untersuchungen, dass Erinnern nicht nur ein Abrufen, sondern ebenso sehr Rekonstruktion ist. Wenn wir das Gefühl haben, eine Erinnerung wiederaufleben zu lassen, dann konstruieren wir mitunter eine Version eines vergangenen Erlebnisses, indem wir mehrere Quellen kombinieren. Was als einzige und kohärente Erinnerung erscheint, kann in Wirklichkeit eine Mischung von Erfahrungen sein, die zu unterschiedlichen Zeiten an unterschiedlichen Orten erlebt wurden.[91]

Manchmal enthalten unsere Erinnerungen Details, die wir von anderen gehört haben. Lücken füllen wir gewöhnlich mit unseren Erwartungen und Annahmen. Während wir beide dieses Buch schrieben, waren wir uns nicht immer einig, ob und wann wir über bestimmte Themen schon geschrieben hatten. Jedes Mal, wenn unsere Erinnerungen voneinander abwichen, waren wir in der Lage, die Diskrepanz zu klären, indem wir unsere Publikationslisten durchforsteten. Wir zogen also nicht die Schlussfolgerung, dass wir in zwei verschiedenen Realitäten leben.

Fiona Broome tat genau das. Sie bestand darauf, dass ihre Erinnerungen an Mandelas Tod und die Begleitumstände in der Welt der Wahrheit entsprachen und zu einer alternativen Wirklichkeit gehörten, einer »Gabelung der Zeitachse«, in der Mandela tatsächlich in den 1980ern gestorben war. Im Grunde ging sie also davon aus, dass ihr Gedächtnis sie nicht trügen konnte. Nachdem sie diese Annahme für wahr erachtet hatte, verschloss sie sich der korrekten Erklärung ihrer Erfahrung. Da sie von der Richtigkeit ihrer Erinnerung überzeugt war, stand die Tür für alternative Erklärungen der Tatsache, dass sie und einige andere Leute von der offiziellen Version abweichende Erfahrungen hatten, weit offen, ganz egal, wie abgedreht diese sein mochten. Die Vorstellung, dass die Wirklichkeit sich veränderte, ja, aufsplitten konnte, sodass verschiedene Menschen tatsächlich verschiedene Ereignisse erlebten (und nicht nur eine Folge von Erlebnissen aus verschiedenen, vorhersagbaren Perspektiven erfahren) wurde bekannt als »Mandela-Effekt«. Auf diesen wird noch heute verwiesen, wenn Menschen lebhafte Erinnerungen haben, die von dem abweichen, was die Allgemeinheit als Wirklichkeit betrachtet.

Die meisten Ungereimtheiten in puncto Erinnerung, die man auf den Mandela-Effekt zurückführt, haben damit zu tun, dass man zwei oder mehr einander ähnliche Erinnerungen in eine verschmilzt. So erinnern sich viele Menschen daran, dass es in ihrer Kindheit eine Erdnussbuttermarke namens *Jiffy* gegeben hat. Tatsächlich aber stimmt das nicht. Es gab Produkte mit den Namen *Skippy* und *Jif* (die es heute noch gibt), und »jiffy« (Augenblick) ist im Englischen ein ganz normales Wort. Genauso erinnern sich viele Leute an einen Film mit dem Titel *Shazam* über einen Dschinn, in der Hauptrolle der Comedian Sinbad. Sinbad erschien in den 1990ern in einem Dschinn-Kostüm in einem anderen Film. Basketballstar Shaquille O'Neal spielte etwa um die gleiche Zeit einen Dschinn in einem Film mit dem Titel *Kazaam*. Und eine damit nicht zusammenhängende Fernsehshow mit dem Titel *Shazam* gab es in den 1970ern. Nelson Mandela hätte im Gefängnis sein Leben lassen können. Sein Landsmann Stephen Biko starb 1977 im Polizeigewahrsam, woran Peter Gabriel mit einem seiner Songs erinnerte. Und in den 1980ern gab es überall in Südafrika Unruhen und Demonstrationen gegen die Apartheidpolitik. Wenn Sie Südafrika in den 1990ern nicht im Blick hatten, wäre es durchaus möglich, dass Sie diese Fakten zu der Erinnerung verbanden, dass der berühmteste Schwarze Führer Südafrikas im Gefängnis sein Leben verlor. Und natürlich hätten

Sie diese Information aus den TV-Nachrichten, denn das war nun mal der gebräuchlichste Weg, wie die Menschen in den 1980ern Neuigkeiten erfuhren.

Einige Verteidiger des Mandela-Effekts meinen, solche Erinnerungsverzerrungen böten keine ausreichende Erklärung dafür, dass so viele Menschen die gleiche Erinnerung teilen, aber das ist nicht der Fall. Die Beispiele für den Mandela-Effekt haben meist mit bekannten Ereignissen, Personen, Produkten, Filmen und Berühmtheiten zu tun. Die hergestellten Verbindungen sind relativ häufig, ja, sogar vorhersagbar. Wenn Millionen Kinder die Bücher über die *Berenstain Bears* (*Geschichten aus dem Bärenland*) gelesen haben, dann können Sie darauf wetten, dass viele sich fälschlich an die »Berenstein Bears« erinnern werden. Namen, die auf »-stein« enden, sind sehr viel häufiger als die Endung »-stain«. Vermutlich haben viele Menschen den Namen von Anfang an falsch gelesen. Wir wären vielmehr bass erstaunt, wenn alle Menschen sich diesbezüglich richtig erinnern würden.

Außerdem sind unsere Erinnerungen nicht unabhängig und etwas rein Persönliches. Wir reden über unsere Erfahrungen mit Freunden und Angehörigen, und weil Erinnerungen sich jedes Mal verändern können, wenn wir sie »aufrufen«, können gemeinsame Erinnerungsverzerrungen auch in solchen Gesprächen entstehen. Das Internet und die sozialen Medien fördern diesen Prozess noch, weil es jederzeit möglich ist, Menschen zu finden, die buchstäblich jede Ihrer Überzeugungen teilen, wie wenig plausibel sie auch sein mag, ja, selbst wenn sie den Gesetzen der Physik widerspricht. (Übrigens: In *Star Trek* sagt Scotty wirklich: »Ich kann die Gesetze der Physik nicht ändern.«) Wann immer jemand menschliches Verhalten mit der Quantenmechanik erklärt, sollten Sie Ihr Bullshit-Radar auf höchste Empfindlichkeit stellen.

Es ist nicht weiter überraschend, dass die Erinnerungen der Menschen sich verändern und die Menschen zu sehr auf deren Richtigkeit vertrauen. Diese Tatsache ist seit Jahrzehnten bekannt. Erstaunlich ist vielmehr, dass Menschen von der Unfehlbarkeit ihrer Erinnerungen so überzeugt sind, dass sie haarsträubende Überzeugungen entwickeln, um ihre Ideen zu rechtfertigen: wie die Gabelung der Zeitachse, alternative Wirklichkeiten und weltweite Verschwörungen, um die Informationen über Nelson Mandela zu verändern bzw. jeden Verweis auf Jiffy-Erdnussbutter aus dem Internet zu tilgen. Wie bei der Fehlerinnerung an die Gruppe Lustfaust scheint hier nicht viel auf dem Spiel zu stehen: Es ist ja nicht wirklich wichtig, ob Sinbad die Hauptrolle in einem Dschinn-Film innehatte oder wie die Bärenfamilie aus dem Kinderbuch heißt. Aber es macht einen großen Unterschied, ob Menschen statt auf eine begründete wissenschaftliche Erklärung der Wirklichkeit auf Pseudowissenschaft und Verschwörungsdenken setzen. Es spielt durchaus eine Rolle, wenn Menschen denken, dass ganze geografische Regionen oder Jahrhunderte der Geschichte nicht existieren. Und es kann sich zu einer Frage von Leben oder Tod entwickeln, wenn Menschen an der Macht alternative Versionen der Geschichte präsentieren, um damit Eroberungen und Völkermord zu rechtfertigen.[92]

Soweit wir wissen, gibt es den Mandela-Effekt, weil Menschen, die ihr Gedächtnis für unfehlbar halten, andere Menschen finden, die mit derselben hundertprozentigen Überzeugtheit die gleichen – falschen – Erinnerungen hegen. Dass mehrere Menschen sich eine Erinnerung teilen, gilt gemeinhin als Beleg für deren Richtigkeit. In vielen Situationen ist diese Annahme auch durchaus rational. Wenn bei einem Meeting fast alle Beteiligten sich an das Gleiche erinnern, während nur ein oder zwei der Anwesenden eine andere Version berichten, dann liegen Letztere vermutlich falsch. Wenn beide Elternteile sich einhellig daran erinnern, was ihr Kind getan hat, das Kind aber ist anderer Meinung, dann sollten Sie eher den Eltern glauben. Doch wenn die Richtigkeit von Erinnerungen in Ihrem Denken zum unumstößlichen Axiom wird, das Sie nie infrage stellen, dann steigt die Gefahr, dass Sie absurden Schlussfolgerungen aufsitzen, die nicht gut für Sie sind.[93]

Annahmen versus feste Überzeugungen

Ein gemeinsames Verständnis von Geschichte beruht auf gemeinsamen Annahmen und Glaubenssätzen. Annahmen sind ein essenzielles Element des Denkens und Argumentierens. Jeder von uns trifft sie. Gefährlich werden sie nur dann, wenn wir unwissentlich von bestimmten Annahmen ausgehen und übersehen, dass es dafür keine Belege gibt (oder nie gegeben hat). Besonders gefährlich werden unsere Annahmen, wenn sie sich zu Überzeugungen verfestigen – Annahmen, die uns derart in Fleisch und Blut übergegangen sind, dass wir sie nicht mehr infrage stellen. Ein anonymer Kommentator auf dem Blog *Slate Star Codex* beschreibt eloquent das schwache Band, das hundertprozentige Überzeugungen und Belege verknüpft:

Innerlich fühlen sich alle festen Überzeugungen gleich an, ganz egal, wie man dazu kommt oder sie rechtfertigt. Es ist schwer zu unterscheiden zwischen »Ich bin dieser festen Überzeugung, weil ich alle verfügbaren Belege dafür geprüft habe« und »Ich bin davon hundertprozentig überzeugt, weil ich aus starken kulturellen, sozialen oder persönlichen Gründen, die mit Belegen wenig zu tun haben, diesem Glauben anhänge«. Wenn Sie dafür einen Beweis suchen, dann denken Sie an all die Leute, die auf einem Gebiet total richtig lagen, auf anderen aber total falsch, und die trotzdem beide Überzeugungen mit der gleichen Leidenschaft vertreten haben.[94]

Wenn eine Überzeugung so stark wird, dass wir sie nicht mehr überprüfen, dann verweigern wir uns allen einschlägigen Informationen. Und wenn wir doch von neuen Beweisen hören, die gegen unsere Überzeugung sprechen, weisen wir sie zurück oder tun, als hätten wir davon nie gehört. Man kennt dieses Phänomen als »vorsätzliche Blindheit«. In vielen Rechtssystemen ist die Unkenntnis verfügbarer Belege kein Rechtfertigungsgrund dafür, einen Betrug »übersehen« oder unwissentlich sogar dazu beigetragen zu haben.[95]

Eine einzige feste Überzeugung kann Dominoeffekte auslösen, was unsere übrigen Annahmen über die Welt angeht. Je unumstößlicher sie uns erscheint, desto eher verführt sie uns dazu, Annahmen zu verwerfen, die sehr viel besser begründet sind – zum Beispiel, dass wir alle in derselben Wirklichkeit leben, auf derselben Zeitachse. Menschen, die unter Schizophrenie leiden, hegen häufig bizarre oder paranoide Überzeugungen von der Welt. Vielleicht glauben Sie, dass es Menschen an klarem Denkvermögen fehlt, wenn diese überzeugt sind, ihre täglichen Bewegungen seien ein Code, der ein tiefes Geheimnis verberge, oder die CIA würde sie mithilfe eines Chips kontrollieren, den man in ihr Gehirn implantiert hat. Aber an Schizophrenie Leidende können logische Probleme genauso gut lösen wie Menschen von gleicher Intelligenz, die nicht unter Schizophrenie leiden.[96] Der Verfolgungswahn entsteht nicht aus unlogischem Denken, sondern aus der falschen Wahrnehmung oder Interpretation täglicher Erfahrungen: Entweder glaubt die betreffende Person, dass sie Dinge hört oder sieht, die nicht da sind (vor allem Stimmen oder Menschen) oder sie glaubt, dass ganz alltägliche Ereignisse (wenn sie beispielsweise immer die gleichen Leute im

Supermarkt sieht oder eigenartige Geräusche im Haus wahrnimmt) sich auf sie beziehen. Eine geistige Erkrankung kann solche Erfahrungen zum Alltag machen. Wenn dieser Mensch dann überzeugt ist, dass seine inneren Erfahrungen real und bedeutsam sind, dann kommen ihm die wahnhaften Erklärungen absolut rational vor.

Unsere festen Überzeugungen sind dann am gefährlichsten, wenn wir sie nicht bemerken. Und diese Einstellung verzerrt dann unsere Fähigkeit zu sinnvollen Entscheidungen. Am 24. Februar 2022 hat Russland den Krieg gegen die Ukraine begonnen. Die russische Föderation hatte seit Tagen Militäreinheiten an der Grenze zusammengezogen, dort Manöver durchgeführt und politische Schritte eingeleitet, die auf eine Invasion hindeuteten. Die US-Regierung wies seit Monaten darauf hin, dass diese Invasion passieren würde. Und doch waren Menschen und Regierungen weltweit geschockt, als es wirklich geschah. Selbst in Russland und der Ukraine gingen viele Menschen davon aus, dass Wladimir Putin niemals einen derartigen Befehl erteilen würde. Vor dem 24. Februar 2022 flohen die Ukrainer nicht aus ihrem Heimatland. In den 100 Tagen danach waren es 6,5 Millionen Menschen. Die Tatsache, dass die Menschen anfangs nicht glauben konnten, was passieren würde, lässt vermuten, dass jeder unbewusst wohl dachte, Russland würde zwar mit dem Säbel rasseln, aber diesen nie einsetzen.[97]

Wenn wir uns von Ereignissen überrascht fühlen, dann ist dies häufig ein Hinweis darauf, dass wir uns einem festen Glauben verpflichtet haben, obwohl Skepsis besser gewesen wäre. Wer in den Nullerjahren in den US-Subprime-Markt für Wohnliegenschaften einstieg, war der festen Überzeugung, dass der Immobilienmarkt nie zusammenbrechen würde. Was er aber tat. Wer um 2010 das Hauptquartier von Theranos besuchte und zusehen durfte, wie sein Blut in dieser Attrappe »getestet« wurde, kam nicht auf die Idee, dass die Werte nicht aus jener Maschine stammen könnten. Aber genau das war der Fall. Wenn Sie sich vor diesen und ähnlichen Täuschungen schützen wollen, fragen Sie sich: »*Wo nehme ich etwas nur an, ohne es zu wissen?*« Und unterschreiben erst danach Verträge, Investments oder Abschlüsse. Unsere festen Überzeugungen ans Licht des Tages zu holen und sie als vorläufige Annahmen einzuordnen, ist der einzige Weg, um systematisch überprüfen zu können, ob unsere Entscheidungen auf wackligen Fundamenten stehen.

Messen Sie den Wert der Überzeugung

Wenn wir Sport treiben, statt einen Film anzusehen, wenn wir Geld auf die hohe Kante legen, statt es auszugeben, dann verzichten wir jetzt auf etwas, damit wir in der Zukunft davon profitieren – wie etwa von mehr Gesundheit oder mehr Geld. Machen wir Entscheidungen abhängig vom Faktor Zeit, nennt man das »intertemporale Konsumwahl«. Hätten Sie lieber 200 Dollar in einem Jahr oder 100 Dollar sofort? Wenn Sie sich für die 100 Dollar entscheiden, dann diskontieren Sie den Wert der künftigen Summe um 50 Prozent pro Jahr. (Da 100 Dollar 50 Prozent von 200 Dollar sind.) In einer Reihe von Studien hat Chris herausgefunden, dass junge Erwachsene, die zwischen verschiedenen Summen jetzt oder später wählen konnten (wobei es um unterschiedliche Zeiträume von bis zu einem Jahr ging), Diskontraten von 1 Prozent pro Tag ansetzen – das ist weit mehr, als jedes Investment ihnen bringen würde.[98]

Der Wirtschaftswissenschaftler Ned Augenblick und seine Kollegen operierten mit solchen Diskontraten, um festzustellen, wie sehr Kultmitglieder an ihren Glaubensvorstellungen festhalten. Unter »Kult« wird eine Gruppe von Menschen verstanden, die verschiedenen gemeinsamen Überzeugungen anhängen, die weit jenseits des Mainstreams liegen. Das können Mitglieder einer religiösen Sekte sein, aber auch Verschwörungstheoretiker oder Anhänger eines charismatischen Führers. Von außen sind solche kultischen Überzeugungen kaum zu verstehen, und wie sehr ihre Anhänger dahinterstehen, ist mitunter nicht leicht erkennbar. Harold Camping war ein christlicher Pastor mit eigener Radio-Talkshow. Er prophezeite, dass am 21. Mai 2011 die biblische »Entrückung« geschehen werde: Die Gläubigen würden zum Himmel aufsteigen, während alle anderen das Leid der »Hölle auf Erden« erfahren müssten, und zwar fünf Monate lang, bis alles Sein am 21. Oktober 2011 an ein Ende käme. Zwei Wochen vor dem Tag der Entrückung stellte Augenblicks Team 23 von Campings Anhängern vor die Wahl: 5 Dollar sofort auf die Hand oder verschiedene Beträge bis zu 500 Dollar vier Wochen später (also nach dem Tag der Entrückung). Da irdische Güter im Jenseits nutzlos waren, entschieden sich tatsächlich fast alle für die fünf Dollar vor der Entrückung. Eine Kontrollgruppe mit Anhängern der religiösen Gruppierung der Siebten-Tages-Adventisten (die nicht glauben, dass die Welt in nächster Zeit untergeht), wartete hingegen bereitwillig auf die 500 Dollar in der Zukunft.[99]

2010 erwarteten 40 Prozent der Amerikaner, die von Pew Research befragt wurden, dass Jesus Christus innerhalb der nächsten 40 Jahre auf die Erde zurückkehren und mit der Entrückung der Gläubigen starten würde. Der Autor Daniel Cohen schrieb dazu: »Es wäre jedoch ein Fehler, den modernen Katastrophengläubigen als Betrüger, Narr oder Irren zu bezeichnen. Üblicherweise ist er ehrlich, intelligent und einigermaßen vernünftig – er glaubt nur einfach an eine falsche Vorstellung.« Mit anderen Worten: Der Katastrophentheoretiker hat sich auf eine unerschütterliche Überzeugung eingelassen, die darüber entscheidet, welche Entscheidungen sinnvoll sind und welche nicht, auch wenn diese Entscheidungen (wie die Frage, ob man lieber 5 Dollar jetzt oder 500 Dollar in vier Wochen haben möchte) für jemanden, der nicht die gleiche Überzeugung hegt, keinen Sinn ergeben. Wie sich herausgestellt hat, trat das Weltende keineswegs 2011 ein. Campings Anhänger verloren also eine Menge Taschengeld, und Augenblick konnte seine Forschungsgelder für neue Projekte verwenden.[100]

Brüchige Überzeugungen

Nicht alle Überzeugungen haben die Unerschütterlichkeit der Glaubenssätze, denen Mitglieder eines Kults anhängen. Manche stehen auf weit wackligeren Beinen, als wir annehmen. Und wir kommen leichter darüber hinweg, als Sie vielleicht denken. Experimente belegen, dass wir solche fixen Ideen wie durch Zauberhand loswerden können.

2005 veröffentlichten Petter Johansson, Lars Hall, Sverker Sikström und Andreas Olsson einen Artikel im renommierten Fachmagazin *Science*. In einer Studie hatten sie 120 Probanden jeweils zwei Fotos gezeigt und sie gebeten, die jeweils attraktivere Person zu benennen. Dann erhielten die Probanden das von ihnen gewählte Foto und man bat sie, ihre Wahl zu begründen. Die Menschen erzählten bereitwillig, warum sie eine Person anziehender fanden als die andere. (»Seine Augen …« oder »Mir gefällt nun mal braunes Haar besser« etc.) Nachdem die Probanden dies mehrmals gemacht hatten, jubelten ihnen die Versuchsleiter das Porträt der abgelehnten Person unter. Drei Viertel der Versuchsteilnehmer merkten dies nicht und erklärten nun, weshalb sie das Gesicht der vorher abgelehnten Person attraktiver fanden![101]

Diese »Wahlblindheits«-Studien zeigen, wie beeinflussbar unsere tiefsten Überzeugungen mitunter sind, auch wenn wir sie für rational, unerschütterlich oder auf Belegen fußend betrachten. Die Wahlblindheit ist ein spannendes Phänomen, weil sie den Unterschied offenbart zwischen der Bereitwilligkeit, mit der wir die Überzeugungen anderer infrage stellen, und der Vogel-Strauß-Haltung unseren eigenen Überzeugungen gegenüber.[102]

In einem weiteren Experiment zeigten Hall, Johannsson und ihre Kollegen Emmanuel Trouchet und Hugo Mercier, wie wenig geneigt wir sind, unsere eigenen Argumente und Ideen zu prüfen. In einem ersten Schritt legte man den Probanden fünf Logikfragen vor. Dabei ging es um Läden in einer imaginären Straße. Zu jeder dieser Fragen gehörten zwei Prämissen und eine Liste möglicher Schlussfolgerungen. Ein Beispiel für die Prämissen:

- Der vierte Obst- und Gemüseladen bietet unter anderem Äpfel an.
- Keine der Äpfel sind biologisch-organisch.

Dann bat man die Probanden, aus der folgenden Liste von Aussagen auszuwählen, was sie »mit Sicherheit über die Tatsache sagen konnten, dass die Früchte in diesem Laden biologisch-organisch angebaut waren«.

- Alle Obstsorten sind biologisch-organisch.
- Keine der Obstsorten ist biologisch-organisch.
- Manche Obstsorten sind biologisch-organisch.
- Manche Obstsorten sind nicht biologisch-organisch.
- Wir können nichts darüber sagen, ob die Obstsorten in diesem Laden biologisch-organisch sind.

Danach mussten die Teilnehmer ihre Wahl schriftlich begründen. (Übrigens, die korrekte Antwort lautet: »Manche Obstsorten sind nicht biologisch-organisch.«)

Im nächsten Schritt sollten die Probanden einschätzen, wie gut die anderen Teilnehmer mit diesen logischen Problemen zurechtkamen bzw. sie erklären konnten. Bei jedem Beispiel sahen sie zuerst, was sie selbst angekreuzt hatten. Darunter stand die Wahl der anderen und die Erklärung dazu. Und sie konnten bei jeder Frage entscheiden, ob die Erklärungen der anderen so überzeugend waren, dass sie ihre eigene Antwort ändern würden.

Was die Probanden nicht wussten: Bei einem der fünf Beispiele stand, nicht wie behauptet, ihre eigene Entscheidung an oberster Stelle. Was umgekehrt als Antwort und Erklärung einer anderen Person deklariert wurde, war tatsächlich die eigene, ursprünglich gegebene. Fast 50 Prozent der Teilnehmer merkten nicht, dass die »anderen« Erklärungen und Entscheidungen in Wirklichkeit ihre eigenen waren! Und mehr als die Hälfte der Teilnehmer blieb bei dem, was sie für die eigene Entscheidung hielt, lehnte also ab, was sie noch vor wenigen Minuten gedacht hatte. Die Probanden entschieden sich also für eine andere Variante, nur weil sie glaubten, dies wäre die ihre. Und das, obwohl man ihnen auch die eigenen Argumente vorführte, nur dass diese angeblich von einer anderen Person stammten.[103]

Wir sahen ja schon bei der Geschichte um das Excel-Spreadsheet von Reinhart und Rogoff über Staatsschulden und Wachstumsdaten, dass wir die Fehler anderer Leute eher bemerken, wenn wir nicht glauben, dass sie recht haben. Dieses Muster ist aber noch weiter verbreitet: Wir zeigen uns häufig kritisch, wenn wir die Logik und die Belege für Behauptungen unter die Lupe nehmen, mit denen wir nicht übereinstimmen, wohingegen wir fast immer Aussagen zustimmen, die zu unseren eigenen Überzeugungen passen. Das Beispiel mit den Obstläden zeigt sehr schön, dass wir sogar unsere eigenen Argumente kritisieren, wenn wir denken, dass sie von einer anderen Person geäußert wurden.

Geben Sie nichts auf die Annahmen in Ihrem Kopf

Wahlblindheits-Studien arbeiten mit regelrechten Taschenspielertricks, um die Brüchigkeit unserer Überzeugungen zu belegen. Magier verdienen schließlich ihr Geld damit, unsere Ideen auf den Kopf zu stellen. Ihre Einsichten in die Natur von Überzeugungen sind ausgesprochen interessant.

2007 hielt die Association for the Scientific Study of Consciousness (Organisation für das wissenschaftliche Studium des Bewusstseins) ihr jährliches Treffen in Las Vegas ab. Die Hauptattraktion für Dan war in diesem Jahr das Symposium »Magie des Bewusstseins«, bei dem einige der berühmtesten Magier der Welt mitmachten: Teller, James Randi (alias The Amazing Rand), Mac King, Apollo Robbins und Johnny Thompson (alias The Great Tomsoni). Berufszauberkünstler interessieren sich natürlich für die Psychologie von Bewusstsein, Aufmerksamkeit und Gedächtnis. Als Meister der Illusion wissen sie, wie ihre Zuhörer denken und Überlegungen anstellen. Dazu kommt noch ein reiche Geschichte der magischen Theorie und Praxis, die mit der Natur von unerschütterlichen Überzeugungen spielt.[104]

Zu Beginn haben wir Harry Hardins Princess Card Trick erörtert, bei dem der Magier die von einem Zuschauer ausgewählte Karte verschwinden lässt. Der Erfolg dieses Tricks beruht darauf, dass die Person, die eine Karte aussucht, eine feste Überzeugung bildet, die auf einer bloßen Annahme fußt. Wenn der Zauberkünstler ankündigt, dass er die ausgewählte Karte nun verschwinden lässt, glaubt der freiwillige Proband fest daran, dass der Magier genau das tut, was er sagt. Er kommt gar nicht auf die Idee zu prüfen, ob die anderen vier Karten die gleichen sind wie vorher.

James Randi erklärte auf dem Symposium, wie wichtig es sei, die Erwartungen der Zuschauer zu lenken, ohne ihnen *expressis verbis* zu sagen, was sie glauben sollen. Oder wie er das ausdrückte: Zauberkünstler sollten ihren Zuschauern nicht sagen, dass eine Kiste leer ist – sie sollten das vielmehr zeigen. Randi meinte: »Ermöglichen Sie den Menschen ihre eigenen Annahmen. Dann sind sie hundertprozentig davon überzeugt, dass diese Annahme korrekt ist und den Tatsachen entspricht.«

Johnny Thompson beschrieb, wie Zauberkünstler die Zuschauer an der langen Leine führen, damit sie Vermutung um Vermutung anstellen und so mögliche Erklärungen für den vorgeführten Trick suchen. Um den Zuschauern anschließend zu beweisen, dass jede einzelne dieser Vermutungen falsch war: »Sie haben die Karten die ganze Zeit über in Händen gehalten. Sie haben sie gemischt, so lange Sie wollten. Sie haben abgehoben und dann Ihre Karte gewählt.« Auf diese Art widerlegen sie alle möglichen Erklärungen. Und wenn die letzte These widerlegt ist, bleibt uns nur eine Schlussfolgerung: Das war Zauberei! Oder der wundersame Eindruck, dass wir nicht dahintergekommen sind, wie der Trick funktioniert. (Vielleicht, weil die Karten schon ausgetauscht waren, bevor der Zuschauer sie in die Hand bekam. Eine Möglichkeit, auf die niemand kommen würde.)

Mac King erzählte, welche unterschiedlichen Methoden er einsetzt, um den gleichen Effekt zu erzielen – zum Beispiel einen großen Stein aus seinem Schuh zu ziehen. Wenn er das erste Mal den

Stein aus dem Schuh zieht, lässt er ihn auf die Bühne fallen, was ziemlich laut kracht. Dann nehmen Sie natürlich an, dass auch der zweite Stein, den er hervorzieht, massiv und schwer ist. Wenn seine Hände die ganze Zeit über zu sehen sind, während er den zweiten Stein aus dem Schuh holt, heißt das, dass er den Stein unmöglich in den Schuh legen konnte. Und Sie nehmen automatisch an, dass er den Stein auch beim ersten Mal nicht in den Schuh hätte platzieren können. Ist der Effekt jedes Mal derselbe, nehmen wir an, dass auch jedes Mal dieselbe Methode angewandt wurde.[105]

Zauberkünstler kennen ihre Zuschauer – sowohl die Überzeugungen, die sie mitbringen, als auch die Annahmen, die sie treffen. Und das gilt auch, wenn sie eine Vorführung vor anderen Magiern machen. Kennen Sie die Serie *Penn and Teller Fool Us*, die den von den beiden Moderatoren ausgelobten »FU«-Preis an jeden vergibt, der einen Trick zeigt, den die zwei nicht auflösen können? Dann wissen Sie auch, dass Berufszauberer viele Methoden kennen, um den gleichen magischen Effekt zu erzielen. Also stellen auch Sie Vermutungen darüber an, wie der Trick ausgeführt wurde. Deren Vermutungen sind sicher besser informiert als unsere, aber auch Magier lassen sich aufs Glatteis führen. So nimmt eine Zuschauerschaft, die sich aus professionellen Zauberkünstlern zusammensetzt, vielleicht an, dass ein Magier auf eine besonders ausgeklügelte Methode setzt, um ein Objekt verschwinden zu lassen, und nicht auf einen ganz simplen Trick, auf den jedermann hereinfallen würde.

Vertrauen und Selbstvertrauen

Wenn wir uns auf eine Idee einlassen, kann dies unsere Sicht auf die Welt verändern. Das Gleiche gilt aber auch mit Blick auf Menschen. Häufig erklärt man die Tatsache, dass Leute auf Betrügereien hereinfallen, mit ihrer Vertrauensseligkeit. Wir hingegen haben ein anderes Verständnis der Faktoren, die uns für Betrug anfällig machen: Vertrauen ist keine kognitive Kategorie. Wir sehen darin vielmehr eine Art der Überzeugung. Wenn wir Menschen oder Organisationen vertrauen, nehmen wir an, dass sie die Wahrheit sagen. Dann nehmen wir ihre Behauptungen nicht mehr allzu gründlich unter die Lupe. Und wir begegnen ihnen nicht mehr mit der gesunden Skepsis, die wir haben, wenn wir einer Quelle nicht trauen – Quellen also, von denen wir nicht annehmen, dass sie der Wahrheit entsprechen. Vertrauen heißt nicht, dass wir unfähig sind zu denken oder dass es uns an Intelligenz fehlt. Wie die Wahlblindheits-Studien und viele andere Forschungsarbeiten zeigen, können wir fehlerhafte Argumente durchaus erkennen, wenn wir glauben, dass sie nicht von uns stammen.

Intensive zwischenmenschliche Bande erklären auch, wieso manche der größten Betrugsfälle der Geschichte über so lange Zeit funktionieren konnten. Frank Casey, dessen Geschäftspartner der Börsenaufsicht einen Tipp über Bernie Madoffs Investmentbetrug gab, sagte den Angehörigen eines Klienten, dass sie ein viel zu großes Risiko eingingen, wenn sie ihr ganzes Geld bei Madoff anlegten. Als Madoffs Schneeballsystem einige Monate später zusammenbrach, erzählte der Klient Casey, wie sein Schwiegervater auf diese Warnung reagiert hatte: »Die meinen es gut, aber sie begreifen es einfach nicht. Bernie würde uns nie ausnehmen.« Diese Art von unerschütterlicher Überzeugung war es, die Madoff ermöglichte, seine Betrugsmanöver so lange fortzuführen.[106]

Vertrauen stellt sich eher ein und nimmt zu, wenn der Mensch, dem Sie Ihr Vertrauen schenken, den entsprechenden »Stallgeruch« hat. Den meisten Berichten zufolge nahm Madoff seine Betrügereien erst auf, als er ein wohlbekannter Akteur der New Yorker Finanzszene war. Viele seiner Investoren waren Angehörige, Freunde und Bekannte. Und deren Freunde und Bekannte. Im Wesentlichen baute er sein Netzwerk vertrauensvoller Investoren aus seinem Bekanntenkreis auf. Einige Jahre nach seiner Festnahme erzählte uns ein Anwalt, der einst bei der Börsenaufsicht tätig war, Madoffs Verbrechen habe zwar weite Kreise gezogen, letztlich aber habe es sich dabei um einen sogenannten »Affinitätsbetrug« gehandelt, begangen von einem Insider-Soziopathen in und an der jüdischen Gemeinde.

Unerschütterliche Alltagsüberzeugungen

Unsere Fähigkeit, Annahmen über das Funktionieren der Welt zu treffen und zu handeln, ohne diese infrage zu stellen, ist eine Gabe, kein Fehler. Meistens sind diese Annahmen nämlich richtig. Überlegen Sie nur mal, wie wir einen gewöhnlichen Gegenstand wiedererkennen. Wenn wir Seminare über visuelle Wahrnehmung abhalten, dann zeichnen wir mitunter einen einfachen Kreis auf die Tafel und eine Linie, die diesen in der Mitte durchschneidet. Dann fragen wir unsere Studenten, welches Objekt wir da skizziert haben. Manche meinen, es sei ein Globus mit einem Äquator, andere tippen auf einen Poké-Ball aus der bekannten Pokémon-Welt oder auf einen Schraubenkopf. Keiner sagt: einen Eimer mit stehendem Griff, von oben gesehen. Aus fast jedem anderen Blickwinkel wäre ein Eimer problemlos erkennbar. Die Draufsicht ist eine seltene Perspektive, eine »ungenügende Ansicht«, weil sie uns zu wenig erkennbare Information liefert. Und wenn wir ein Objekt wahrnehmen, gehen wir meist davon aus, dass man uns eine typische Ansicht zeigt, keine verzerrte. Und damit liegen wir fast immer richtig.[107]

Wir kennen kein Beispiel, bei dem Betrüger sich einer »ungenügenden Ansicht« bedient hätten, um Millionen zu ergaunern, aber es gibt andere unerschütterliche Überzeugungen, die wir unbewusst jeden Tag anwenden und die uns für Betrüger zur leichten Beute machen. In diesem Kapitel haben wir Ihnen geraten, sich des Öfteren zu fragen: »Was nehme ich an, ohne es wirklich zu wissen?« Im Folgenden finden Sie ein paar Beispiele für Annahmen, die wir manchmal ganz generell gedanklich voraussetzen.

Jeder weiß, wovon ich rede.

Wenn wir mit Fachbegriffen um uns werfen, Abkürzungen verwenden und bekannte Namen in unsere Rede einstreuen, dann gehen wir davon aus, dass jeder weiß, was wir meinen. Man nennt dies auch den »Fluch des Wissens«: Dabei geht es um die Schwierigkeit zu erkennen, was andere Leute nicht wissen oder verstehen. Menschen zögern gewöhnlich, einen Sprecher zu unterbrechen (vor allem, wenn er einen höheren Status hat als sie selbst), um mehr Information zu erbitten, weil sie ja nicht als »dumm« dastehen wollen. Aber ohne dieses Feedback werden wir uns des eigenen Wissensfluches nicht bewusst. Dann bilden wir uns ein, klare Informationen geliefert zu haben, obwohl das nicht stimmt.

Natürliche Produkte sind besser als künstliche.

Sie glauben vielleicht, dass »natürliche« oder »biologische« Ernährung oder auch Medikamente den künstlich hergestellten oder genveränderten Produkten grundsätzlich überlegen sind. In manchen Fällen haben Sie damit vielleicht sogar recht, aber viele Naturprodukte kosten mehr und sind von schlechterer Qualität. Verschiedene genetisch modifizierte Nahrungsmittel sind besser anzubauen, erfordern weniger Pestizideinsatz und ernähren pro Geldeinheit, die man dafür ausgeben muss, mehr Menschen. Übermäßiges Vertrauen auf Natürliches kann dazu führen, dass Sie hohe Preise für riskante Produkte bezahlen wie unpasteurisierte Milch, unkontrollierte Medikamente und das, was in den USA als »raw water« vermarktet wird – ungefiltertes und unbehandeltes Quellwasser, in dem potenziell Pestizide und schädliche Bakterien lauern. Umgekehrt gibt es natürlich auch das übermäßige Vertrauen in technische Verfahren und Lösungen. Der entscheidende Punkt ist, dass wir die Fakten checken, die hinter unseren Vorlieben stehen. Dann haben wir mehr Handlungsspielraum und können wirklich gute Entscheidungen treffen.[108]

Wenn ein Artikel das Peer-Review-Verfahren durchlaufen hat, enthält er nur wissenschaftliche Wahrheiten.

Das Peer-Review-Verfahren ist ein Prozess, in dessen Verlauf neue Entdeckungen und Resultate von Experten geprüft werden, bevor sie in eine wissenschaftliche Publikation Eingang finden (in manchen Fachbereichen sogar, bevor sie auf Konferenzen präsentiert werden). Dass ein Aufsatz dieses Verfahren durchlaufen hat, gilt als die rote Linie, die das Vorläufige und Zweifelhafte vom Verlässlichen und Wahren trennt. Wissenschaftliche Resultate unter die Lupe zu nehmen, bevor sie veröffentlicht werden, ist wichtig, aber als Prüfverfahren keineswegs unfehlbar.

Paolo Macchiarini war Chirurg und sah es als seine Mission an, eine künstliche Luftröhre zu erfinden – eine speziell geformte, mit Stammzellen ausgekleidete Kunststoffröhre, die transplantiert werden konnte, sodass die Patienten wieder normal atmen konnten. 2012 führte er am Karolinska-Krankenhaus in Stockholm diese Operation ein drittes Mal durch. Doch die Patientin erholte sich nicht so schnell, wie das Ärzteteam erwartet hatte. Mac-

chiarinis Berichte über die ersten beiden Fälle, die in den besten
medizinischen Fachzeitschriften erschienen waren, legten nahe,
dass die dritte Patientin viel schneller wieder auf dem Damm hätte
sein müssen. Bosse Lindquist, der Macchiarini seit mehr als einem
Jahr als Dokumentarfilmer begleitet hatte, erzählte uns, dass nach
einigen Monaten, in denen die Prozedur wie in den Artikeln beschrieben durchgeführt wurde, einer von Macchiarinis Kollegen die
Krankenhausakten der ersten beiden Patienten durchsah. Er fand
massive Widersprüche zu der veröffentlichten Darstellung, was zu
einer offiziellen Beschwerde im Krankenhaus führte, zu mehreren
Ermittlungen und schließlich zu Macchiarinis Verurteilung wegen
Körperverletzung an einem Patienten. Die dritte Patientin verblieb
für immer im Krankenhaus. Nach etwa 200 weiteren Operationen
starb sie schließlich – wie fast alle der 20 Patienten, denen Macchiarini eine künstliche Luftröhre eingesetzt hatte.[109]

Das Bullshit-Asymmetrie-Prinzip besagt: Die Energie, die Sie
aufwenden müssen, um Humbug zu entlarven, übersteigt diejenige,
die zu dessen »Produktion« erforderlich ist, um mindestens eine
Größenordnung. Eine ähnliche Regel gilt für falsche wissenschaftliche Behauptungen. Sobald ein Resultat Eingang in die peer-re-
viewte Literatur gefunden hat, braucht es etwa zehn Mal so viel
Belege (oder noch mehr), um ein konträres Resultat zu veröffentlichen. Der Sozialpsychologe Adam Alter und seine Kollegen führten
2007 eine Studie an 40 Absolventen der Elite-Universität Princeton
durch. Sie gaben an, dass die Probanden schwierige mathematische
Rätsel besser gelöst hätten, wenn diese in einer schwer leserlichen
Schrift präsentiert worden seien. Der Entscheidungstheoretiker Andrew Meyer und einige andere Forscher zweifelten dieses Resultat
an, weil es gegen ihre Erwartungen verstieß. Also versuchten sie, die
Studie zu wiederholen. Gemeinsam testeten sie 7367 Probanden –

was nicht eine, sondern zwei Größenordnungen mehr Belege liefert. Und sie fanden keinen einzigen Beleg dafür, dass die Darstellung in einer schwer leserlichen Schrift die Lösung der mathematischen Rätsel beschleunigte.[110]

Bedauerlicherweise hielt die Veröffentlichung von Meyers Aufsatz 2015 andere Forscher nicht davon ab, Alters ursprüngliche, kontra-intuitive und positive Resultate für wichtiger zu nehmen. Shlomo Benartzi und Jonah Lehrer beschrieben Alters Studie genauestens in ihrem Buch *The Smarter Screen*. Dann hieß es, »nicht jede Studie« habe die gleichen Resultate erbracht. Daraus zog man die Schlussfolgerung: »Offensichtlich ist hier noch mehr Forschung erforderlich.« Als wir, die Autoren, das lasen, hätten wir am liebsten geschrien: »Mehr Forschung wurde bereits durchgeführt, und sie zeigt, dass die ursprüngliche Studie falsch war!«

Der Statistiker Andrew Gelman schlug für die Tendenz, das als wahr zu akzeptieren, wovon wir zuerst Kenntnis erhalten, ein wirksames Gegenmittel vor: die »Zeit-zurück-Heuristik«. Stellen Sie sich vor, was Sie denken würden, wenn die Informationen Sie in umgekehrter Reihenfolge erreicht hätten. Hätten Sie zuerst gehört, dass eine Studie an mehr als 7000 Probanden keinen Effekt gefunden hat, und eine spätere, identische Studie an nur 40 Teilnehmern diesen aber festgestellt habe, dann würden Sie der kleineren Studie wohl kaum Glauben schenken.[111]

Die Information stammt aus einer Datenerhebung und -analyse, die regelgemäß durchgeführt wurde.

Wir bezeichnen diese Annahme als »Dashboard-Verzerrung«. Unternehmen und andere Organisationen verlassen sich zunehmend auf von Software generierten Kennzahlen, Tabellen und Grafiken, um die Aktivitäten der Organisation bzw. ihre Finanzdaten in Echtzeit darzustellen. Während die Instrumente auf dem Armaturenbrett (engl. *dashboard*) eines Autos – Tachometer, Temperaturanzeige und Tankanzeige – präzise Daten liefern, hat die Information auf dem Firmen-Dashboard eine eher schwache Verbindung zur Wirklichkeit. Denn üblicherweise entsteht sie durch einen viel komplexeren und daher auch fehleranfälligeren Prozess. Bei der Tankanzeige misst ein Sensor den Füllstand. Bei Unternehmen bzw. Organisationen aber unterliegen die Informationen einer menschengemachten Auswahl, die zu Verzerrungen führen kann. Je länger das Dashboard im Einsatz ist, desto höher ist die Wahrscheinlichkeit, dass die Analyse der gesammelten Daten nicht mehr leistet, was sie soll. Wenn ein Unternehmen eine neue Produktionsstätte gründet oder sich für ein neues Softwaresystem entscheidet und die Analysekanäle nicht entsprechend verändert werden, dann liefert das Dashboard veraltete oder ungenaue Daten. Unserer Erfahrung nach übersehen die Nutzer solcher Kennzahlen häufig, dass die Quelle und die Qualität der Daten regelmäßig kontrolliert werden sollten. Stattdessen vertrauen sie den Zahlen des Dashboards ebenso sehr, wenn nicht noch stärker, als sie der Anzeige auf dem Armaturenbrett vertrauen.

Die Resultate sollen keinen bestimmten Eindruck erwecken.

Wir nehmen gewöhnlich an, dass objektive, neutrale Prozesse uns zuverlässige Informationen liefern, sie also wie ein Thermometer oder eine Uhr funktionieren. Wir glauben nicht, dass die Daten so aufbereitet wurden, dass sie einen bestimmten Eindruck erwecken. Während des Aktien-Bullenmarktes in den 1990ern beeindruckten einige Unternehmen wie Enron oder Coca-Cola die Investoren Quartal um Quartal durch Profite, die immer ein wenig höher lagen als von den Wall-Street-Analysten geschätzt. Sie »übertrafen die Erwartungen«, was zur Folge hatte, dass die Analysten ihren Ausblick auf die künftige Geschäftsentwicklung des Unternehmens und seiner Gewinne nach oben korrigierten. Später jedoch stellte sich heraus, dass einige Unternehmen diese Daten manipuliert hatten, indem sie Verkäufe am Ende des Quartals so buchten, dass die Einnahmen immer mindestens 1 Prozent über den Erwartungen lagen.[112]

Oder sehen wir uns kurz die Klassifizierung von Universitäten und Graduiertenprogrammen des *U.S. News and World Report* an. Für diese Klassifizierung sammelt das Nachrichtenmagazin Daten von Colleges und Universitäten, die dann mithilfe eines geheimen Verfahrens gewichtet werden. Die Universitäten geben viel auf dieses Ranking. Sie setzen es ein, um Studenten und Geldgeber zu gewinnen, ja, sie engagieren sogar Berater, die ihnen helfen sollen, ihr Ranking zu verbessern. Wenn wir nun aber annehmen, dass alle Universitäten korrekte Daten liefern, übersehen wir, dass diese ehrwürdigen Institutionen möglicherweise kreative Methoden der Datenermittlung bzw. -aufbereitung einsetzen, die sie nach oben hieven.

Der Mathematikprofessor Michael Thaddeus veröffentlichte 2022 einen Essay, in dem er der Frage nachgeht, wie sein eigener Arbeitgeber, die Columbia University, es geschafft hat, von Rang 18 im Jahr 1988 auf Platz 2 im Jahr 2021 zu springen – zusammen mit der Universität Harvard und dem Massachusetts Institute of Technology. Seine Nachforschungen ergaben, dass die Columbia University eine Menge zweifelhafter Daten gemeldet hatte. So hatte man 1,2 Milliarden US-Dollar, die man für die Pflege von Patienten im angeschlossenen Universitätskrankenhaus ausgegeben hatte, als »Ausgaben für Lehrzwecke« deklariert. Die Reaktion von *U.S. News* war, dass man die Columbia zeitweise aus dem Ranking

strich und sie in der nächsten Ausgabe wieder auf Platz 18 zurück-
stufte.

Selbst gut gemeinte Veränderungen können ein Rating unzuläs-
sig verfälschen. So überließen es manche Colleges wie das Union
College, an dem Chris zehn Jahre lang als Professor unterrichtet
hatte, ihren Studenten, ob sie die bei den üblichen standardisierten
Aufnahmeprüfungen erzielten Punktwerte angeben wollten. Mit
dem Ergebnis, dass man für die eigenen Studenten bessere durchschnittliche Werte berichten konnte, denn die Studenten, die gut
abgeschnitten hatten, meldeten ihre Ergebnisse natürlich, während
Bewerber mit schlechten Ergebnissen diese eher unter den Tisch
fallen ließen.[113]

Die Behörden würden so einen Betrug niemals zulassen.

Wenn Aktivitäten oder Organisationen von Behörden überwacht
werden, dann nimmt man doch gewöhnlich an, dass das Ganze
legitim ist. Viele von Bernie Madoffs Opfern glaubten, die US-Börsenaufsicht SEC habe ihn überprüft oder würde den Finanzmarkt
genauestens überwachen, um Betrugsdelikte zu verhindern. Madoff
selbst verkündete öffentlich, wer ständig die Regeln verletze, würde
an der Wall Street nicht lange überleben. Aber wie Jim Campbell in
seinem Buch *Madoff Talks* anmerkt: »Die Börsenaufsicht ist nicht
mit Streifenpolizisten gleichzusetzen.« Die Regulatoren wachen
keineswegs ständig über die Gebilde, die sie regulieren. Außerdem
sind sie selbst fehlbare menschliche Wesen, die von anderen aus-
genutzt werden oder anderweitig kompromittiert sind. Viele regulierte Finanz- und Medizinprodukte sind sicherer als unregulierte,
aber risikolos ist keines.

Ein gesichertes System ist in jeder Hinsicht sicher.

Wenn es für die Aktivitäten von Unternehmen oder Regierungen essenziell ist, den Schutz von Informationen oder materiellem Besitz sicherzustellen, unterschätzen wir meist die Möglichkeit, dass sie Ziel eines Hackerangriffs gewesen sein könnten. Das Stones Casino in Kalifornien beschloss, eine seiner regulären Pokerpartien online zu übertragen. Zum Einsatz kam die gleiche Technik, die auch bei der World Series of Poker eingesetzt wurde. Die Zuschauer können dabei die Karten aller Spieler sehen – also in Echtzeit kiebitzen und die Entscheidungen des Spielers beurteilen. Damit die Zuschauer keinen Spieler über das Blatt seines Gegners informieren konnten, wurden die Bilder mit einer 30-minütigen Verspätung ausgestrahlt. Doch wann immer eine Partie online übertragen wurde, gewann einer der Spieler überdurchschnittlich oft, was seine Gegner misstrauisch werden ließ. Das Casino behauptete, das System sei absolut sicher vor Hackerangriffen, Radiofrequenz-Monitoring und anderen technischen Attacken. Das konnte gut sein, aber alle Indizien wiesen nach Ansicht geschulter Beobachter darauf hin, dass der fragliche Spieler Informationen von jemandem innerhalb des Casinos erhielt, der Zugang zu dem nicht verzögerten Live-Video hatte.[114]

In den 1990ern deckte das FBI einen ähnlichen Fall von Insiderbetrug auf, der mit der *Monopoly*-Kampagne von McDonald's zu tun hatte. Die Person, die dafür zuständig war, die Spielsteine nach dem Zufallsprinzip auf die einzelnen Nahrungspakete aufzuteilen, schnappte sich die wertvollsten Steine und verkaufte sie an Bekannte, die vorgaben, sie hätten sie im lokalen Restaurant bekommen. Eine der eingefleischtesten Überzeugungen ist es, dass die für die

Sicherheit zuständigen Menschen das jeweilige System nicht ausbeuten werden, aber das lässt sich nie völlig ausschließen.[115]

Mein Gegenüber ist schließlich kein Krimineller.

Wie schon Taylor Swift in »Shake it Off« singt: »Fakers gonna fake
fake fake fake fake« – Betrüger betrügen, betrügen, betrügen, betrügen, betrügen. Wer in kritischer Funktion mit Einzelpersonen
oder Organisationen zu tun hat, tut gut daran zu überprüfen, ob
diese jemals wegen Betruges oder unethischen Verhaltens verurteilt
oder zur Rechenschaft gezogen worden sind. Wir haben für dieses Buch viele Betrugsgeschichten studiert und erstaunt festgestellt,
dass diese Gaunereien nicht selten auf das Konto von Leuten gingen, die schon früher einmal vor dem Kadi gelandet waren.

Der Betrug rund um das Fyre Festival war derart himmelschrei-
end, dass er Stoff für gleich zwei Dokumentarfilme abgab: Das
Musikfestival sollte auf einer der Bahamas-Inseln stattfinden, und
die Veranstalter hatten den Ticketkäufern Luxusvillen und Edel-
küche versprochen. Was die Leute dann aber vorfanden, waren
Zelte und die üblichen Lunchboxen. Billy McFarland, der Mann
hinter dem Festival, wurde wegen zweier weiterer Betrugsdelikte
verurteilt, die er beging, während er auf das Urteil in den Prozessen
um das Fyre Festival wartete. Erstaunlicherweise benutzte er für
diese Betrugsdelikte dieselben Kundenlisten, die er für das Fyre Festival erstellt hatte. Betrüger im wissenschaftlichen Bereich fälschen
Daten wieder und wieder. Kriminologen gehen davon aus, dass ein
hoher Prozentsatz unentdeckter Betrugsfälle von Wiederholungstä-
tern begangen wird. Und Compliance-Experten berichten, dass der
Großteil unternehmensinterner Betrügereien von einer kleinen Anzahl von Mitarbeitern begangen wird, die ihre Arbeitgeber immer
wieder bestehlen.

Auch wenn wir grundsätzlich für eine zweite Chance sind: Diese einem verurteilten Betrüger zu geben, heißt ja nicht, dass wir uns verarschen lassen müssen.[116]

2022 eröffnete das Orlando Museum of Art in Florida eine Ausstellung mit dem Titel *Heroes & Monsters: Jean-Michel Basquiat, the Thaddeus Mumford, Jr. Venice Collection.* Sie bestand aus 25 vorher unbekannten Gemälden des gefeierten amerikanischen Künstlers, die alle 1982 in Los Angeles entstanden sein sollen. Mumford, ein mehrfach ausgezeichneter Filmproduzent, habe die gesamte Kollektion in einem Schwung erworben. Mumford habe sie 30 Jahre lang eingelagert, aber als er die Miete für das Lager nicht mehr habe bezahlen können, habe er die Bilder bei einer Auktion an zwei Unternehmer verkauft. Ein dritter Partner trat als Investor hinzu. Das Trio wollte die Bilder ausstellen und sie dann für 100 Millionen US-Dollar verkaufen.

Während wir die Nachrichten über die Transaktion verfolgten, fielen uns mehrere verräterische Punkte auf: Experten lobten die Werke, gaben aber keine definitive Authentifizierung ab. Manche bezweifelten die Geschichte über die Provenienz der Bilder (die Kette der Eigentümer vom Künstler bis zu den aktuellen Besitzern). All jene, die diese Geschichte hätten aus eigener Erfahrung bestätigen können, waren mittlerweile tot. Schließlich zeigte eine forensische Untersuchung, dass zumindest eines der Bilder nicht vor den 1990ern entstanden sein konnte. Basquiat war 1988 gestorben. Im Juni 2022 beschlagnahmte das FBI alle 25 Gemälde, und das Museum feuerte seinen Direktor. Wir erfuhren erst aus dem zweiten Artikel in der *New York Times* über den Fall, dass die drei Männer hinter dem Betrug bereits wegen sieben Straftaten verurteilt worden waren, darunter Drogenhandel, Verstoß gegen die Gesetze zur Finanzierung von Wahlkämpfen, Anlagebetrug und Verbrauchertäuschung. Der Museumsdirektor bedauerte vermutlich, dass er die öffentlich verfügbaren Informationen über seine neuen Geschäftspartner nicht recherchiert hatte.[117]

Anfang der Nullerjahre wurden wir beide von einem anderen »Kognitionswissenschaftler« kontaktiert, der mit uns zusammen Forschungsvorhaben durchführen wollte. Es war nicht ganz klar, ob ihm bewusst war, dass wir beide uns kannten. Er schlug jedem von uns andere Projekte vor. Dabei erwähnte er auch Namen von angesehenen Forschern, die wir beide kannten. Er hatte einige interessante Ideen, und er war unglaublich höflich. Keines der Projekte schaffte es in die Realisierungsphase, und das stellte sich als Glücksfall heraus, denn der Mann war in Dutzende Rechtsstreitigkeiten verwickelt, die mit Betrug oder Falschdarstellungen zu tun hatten. Offensichtlich agierte unser »Kollege« nebenher als Betrüger, behauptete, er habe Referenzen, die er nicht hatte, und erleichterte die Leute hier und da um ein paar Tausend Dollar.

Wenn wir uns weniger auf unser »Bauchgefühl« verließen und stattdessen öfter Referenzen überprüfen würden, würden wir seltener zu Betrugsopfern. Wer durch und durch vertrauens- und glaubwürdig ist, wirkt natürlich auch so im Gespräch – aber leider tun das auch Betrüger.

Manchmal übernehmen andere diesen Charaktercheck für uns. Lehrer, Busfahrer und alle anderen, die mit Kindern zu tun haben, werden einer formalen Hintergrundprüfung unterzogen, damit Eltern diese nicht erledigen müssen. Bedauerlicherweise sind auch solche Überprüfungen nicht unfehlbar. Und wir können nicht jeden Menschen ständig kontrollieren. Trotzdem sollten wir, so oft es geht, ein wenig auf den Busch klopfen. Wir schließen einen Vertrag mit einem neuen Dienstleister ab? Dann checken wir seine Benotungen und Referenzen, um herauszufinden, ob er/sie die Kunden übers Ohr haut. Sie möchten eine neue Ärztin konsultieren? Achten Sie darauf, dass ihr Abschluss von einer guten Universität kommt und dass sie nicht ständig Verfahren wegen irgendwelcher Kunstfehler am Hals hat. (Aber verlassen Sie sich nicht auf die Lobeshymnen von Patienten auf ihrer Website.) Sie möchten eine neue Geschäftspartnerschaft eingehen? Passen Sie auf, dass Ihr neuer Partner nicht seinen früheren Arbeitgeber betrogen hat. Und so unromantisch das klingt: Ein paar diskrete Onlinerecherchen über den möglichen Ehepartner, die Verlobte oder das erste Tinder-Date können wirklich nicht schaden.[118]

Wenn wir Informationen ohne gründliches Nachhaken einfach so akzeptieren, machen wir uns angreifbar für Betrüger. Im nächsten Kapitel geht es darum, wie unser gewohnheitsmäßiges Effizienzstreben – unsere Neigung, Ziele mit minimalem kognitiven Aufwand zu erreichen – zu Selbstüberschätzung führen kann, wenn von außen gesehen alles in Ordnung scheint. Jeder, der uns über den Tisch ziehen will, nutzt dieses Effizienzdenken aus. Aber wir können lernen, innezuhalten und mehr Fragen zu stellen.

4
EFFIZIENZ:
STELLEN SIE MEHR FRAGEN

Wenn wir Entscheidungen treffen, recherchieren wir meist eher sparsam. Wir wollen lieber effizient handeln als gründlich recherchieren. Bei folgenreichen Entscheidungen aber müssen wir diese Gewohnheit ablegen – und wenn das nur heißt, eine einzige gute Frage mehr zu stellen.

Jeden Juli finden sich über 1000 Schachspieler in einem Hotel in Philadelphia ein zur World Open – neun Runden erbitterten Wettstreits, Auge in Auge. Die Partien dauern manchmal fünf Stunden oder länger. Der erste Preis in der obersten Kategorie beträgt 20 000 US-Dollar. Da so hohe Summen auf dem Spiel stehen (in Relation zu der nicht gerade von Geld gesegneten Welt der Schachturniere), ist es da und dort schon zu Betrugsversuchen gekommen. So überraschte man 1982 einen bekannten Profi-Spieler dabei, wie er am Buchstand am Veranstaltungsort die Schachliteratur durchforstete nach Ideen für die Eröffnung des Spieles, das er gerade spielte. Aber was 1993 passierte, überraschte dann doch alle.[119]

Es begann mit einer kleinen Sensation. In der zweiten Runde, in der die Top-Spieler gewöhnlich die der unteren Ränge vom Brett fe-

gen, bevor sie endlich gegeneinander antreten, spielte Großmeister
Helgi Ólafsson aus Island nur Remis. Sein Gegner war ein Spieler
aus Kalifornien namens John von Neumann. Er war noch ohne
Wertung und spielte zum ersten Mal offiziell in einem Turnier – zumindest behauptete er dies, als er sich für das Turnier anmeldete
und der U.S. Chess Federation beitrat.[120]

Es ist nicht ungewöhnlich, dass Spieler für ihren ersten Turnier-
auftritt in den USA die World Open wählen. Das hohe Preisgeld
zog viele Spieler aus der ehemaligen Sowjetunion an, die in ihrem
Heimatland auf den hinteren Rängen rangierten, weil Schach dort
so etwas wie ein Nationalsport und die Konkurrenz entsprechend
groß ist. Aber für Turniere in den USA reichte ihr Talent allemal.
Von Neumann jedoch war kein Russe. Als junger Schwarzer Mann
mit Dreadlocks und einer Baseballkappe der U.S. Navy SEALs fiel
er in der meist weißen Schachszene auf. David Vigorito, Schachmeister aus der Region Boston, war der Erste, dem etwas an Neumanns Spiel auffiel: Er spielte nicht wie alle anderen.

Erstens waren seine Handbewegungen ungelenk. Professionelle
Schachspieler haben die Figuren so oft verrückt und verschoben,
dass ihre Bewegungen fließend, ja, graziös sind. Sie nehmen die Figuren nicht auf und knallen sie wieder aufs Brett, um gleich darauf auf die Uhr zu hauen, wie die Turnierspieler in Filmen es tun.
Außerdem starren sie mitunter minutenlang aufs Brett, während
ihre Augen zwischen den Quadraten hin und her wandern. Von
Neumann platzierte seine Figuren mit hölzernen Bewegungen und
schien völlig desinteressiert am Zug seines Gegners – manchmal sogar, wenn er selbst am Zug war. In Runde 3 verlor er gegen die Uhr,
obwohl er gegen einen guten Spieler in einer starken Position war.
Manchmal brauchte er sehr lange, um einen Zug zu machen, der
ganz offensichtlich notwendig war. Zu Beginn eines Spiels stand

er vor der Wahl: entweder eine Figur zu schlagen, seine Dame zu verlieren oder seinen König in die Mitte des Bretts zu stellen (die unsicherste Position für eine Figur, die du vor den Angriffen des Gegners schützen möchtest.) Die Figur zu schlagen wäre für jeden Spieler, der kein Anfänger war, das Mittel der Wahl gewesen. Von Neumann aber brauchte unerklärlicherweise 40 Minuten, bevor er den Zug machte.

Nachdem er in Runde 2 Olafsson ein Remis abgerungen hatte, verlor von Neumann die nächsten drei Spiele. Dann aber gewann er von seinen letzten vier Spielen drei. Die letzte Partie verlor er wieder, weil er die Zeit nicht beachtet hatte. Damit hatte er 4½ von 9 möglichen Punkten erzielt und erhielt einen Sonderpreis für den besten Spieler ohne Wertung. Doch zu dieser Zeit hatte Vigorito seinen Verdacht schon mehreren anderen Spielern und dem Turnierleiter mitgeteilt. Die merkwürdige Mischung aus amateurhaften Bewegungen, merkwürdigem Verhalten und erstaunlich sicherem Spiel war Tagesgespräch beim Turnier. Es gab dazu zwei Theorien. Die erste lautete, dass ein starker Spieler irgendwo im Saal seine Züge über einen Ohrhörer diktierte, der unter von Neumanns Dreadlocks verborgen war. Die zweite war, dass er die Züge seiner Gegner einem Verbündeten durchgab, der diese dem Schachcomputer fütterte und von Neumann die empfohlenen Züge kommunizierte.

Jede dieser Strategien hätte einen Neuling in die Lage versetzt, den Preis für den besten Spieler ohne Wertung zu gewinnen, da Schachprogramme schon vor 30 Jahren so manchen Großmeister an Spielstärke übertrafen. Die meisten Beobachter gingen davon aus, dass von Neumann seine Züge von einem Computer diktiert bekam und Probleme bei der Übertragung dafür sorgten, dass er so merkwürdige Zeitsprünge machte. Solche Übermittlungsfehler würden auch plausibel erklären, warum er einige völlig sinnlose

Züge machte, wie einen Läufer auf f5 zu setzen und ihn für nichts und wieder nichts zu verlieren, wenn er doch auch einen Bauern hätte opfern können, was seine Position im Spiel verbessert hätte.[121]

Eine schlechte Verbindung würde auch erklären, warum man manchmal an von Neumanns Seite einen geheimnisvollen Mann beobachten konnte, der etwas aufschrieb und dann wieder verschwand. Das war vermutlich sein Verbündeter, der aus seinem Versteck herauskam, um nachzusehen, wie die Figuren tatsächlich standen, wenn der Computer etwas falsch verstanden hatte.

Nach der letzten Runde des Turniers begleitete der »Komplize« (der selbst nicht spielte) von Neumann in den Raum, in dem die Schecks mit den Preisgeldern ausgestellt wurden. Der Turnierleiter Bill Goichberg wusste um den Verdacht, den Vigorito und andere geäußert hatten. Die Indizienbeweise deuteten darauf hin, dass von Neumann vermutlich betrogen hatte. Goichberg aber wollte einem Betrüger keinen Preis überreichen, schon gar nicht zum Nachteil eines ehrlichen Spielers, der diesen verdient hätte. Er konfrontierte von Neumann mit seinem Verdacht, aber er hatte keine eindeutigen Beweise. Von Neumann bot an, auf das Preisgeld zu verzichten, wenn man ihm seine Anmeldegebühr zurückerstattete. Goichberg zeigte sich dafür offen, aber er wollte einen Betrüger nicht auch noch belohnen. Also bat er von Neumann, ein einfaches Schachrätsel zu lösen: schachmatt in zwei Zügen, wobei nur eine Handvoll Figuren auf dem Brett stand.

Goichberg wusste, dass jeder, der einem Großmeister ein Remis abringen und einen Meister schlagen konnte, dieses Schachproblem in einer Sekunde lösen würde. Aber als er von Neumann bat, seine Fähigkeiten unter Beweis zu stellen, wollte dieser es nicht einmal versuchen. Beleidigt verließ er das Turnier. Er erhielt keinen Preis und auch die Anmeldegebühr wurde ihm nicht erstattet. Tatsächlich meldete er sich nie wieder zu einem anderen Schachturnier an – jedenfalls nicht unter dem Namen John von Neumann – und sowohl er als auch sein Komplize wurden in der Schachwelt nie wieder gesehen. Der Fall von John von Neumann bleibt eines der großen ungelösten Rätsel des Schachsports.[122]

Seit 1993 waren bei Schachturnieren mehrere Vorfälle von computergestütztem Betrug zu verzeichnen, einer Form von »intellektuellem Doping«. Mittlerweile ist die Verarbeitungsgeschwindigkeit von simplen Smartphones so gestiegen, dass man damit einen Weltmeister besiegen könnte, und es ist sehr viel einfacher geworden, sich ungerechtfertigte Vorteile zu verschaffen. Und obwohl von Neumann ein totaler Anfänger zu sein schien, der kaum wusste, wie die Schachfiguren zu bewegen sind, waren die Betrüger, die ihm nachfolgten, häufig versierte Spieler. Der bekannteste Fall ist wohl der des lettischen Großmeisters Igor Rausis, den man ertappte, als er während eines Turniers in Straßburg 2019 in der Toilette sein Handy zu Rate zog. Wie bei von Neumann gab es schon gewisse Verdachtsmomente gegen Rausis, die nicht auf seinem merkwürdigen Verhalten beruhten, sondern vielmehr auf seinem kometenhaften Aufstieg. Er war schon in den Fünfzigern, als er plötzlich bei allen Turnieren, in denen er antrat, Punkte gewann. Bald war er einer der Top-100-Spieler der Welt. Er hätte Eingang in die Top 50 gefunden, hätte man ihn nicht beim Schummeln erwischt. Schachspieler werden häufig besser, wenn sie in mittleren Jahren sind, aber dass man in diesem Alter auf Anhieb gleich unter den besten Fünfzig landet, war noch nie da gewesen.[123]

Ronald Reagan erklärte einst seine Bereitschaft, mit der Sowjetunion zu verhandeln, mit einem russischen Sprichwort: »Vertraue, aber prüfe.« (*Doveryai, no proveryai.*) Der erste Teil fällt uns meist leicht, mitunter allzu leicht. Für den zweiten müssen wir uns anstrengen. Wenn Ihnen etwas unwahrscheinlich vorkommt, sollte Sie dies veranlassen, ein bisschen nachzubohren. Sie können direkte Fragen stellen wie Goichberg mit seinem »Können Sie dieses Schachrätsel für mich lösen?« Oder Sie forschen indirekt nach, indem Sie zum Beispiel einem verdächtigen Spieler folgen, wenn er den Spieltisch verlässt.

Um auf direktem oder indirektem Weg Antworten zu erhalten, müssen Sie vielleicht ein wenig Detektivarbeit leisten. Chris hatte einmal einen Studierenden, der seine Abschlussprüfung gern einen Tag später als seine Kommilitonen schreiben wollte, weil er an dem betreffenden Tag schon zwei andere Abschlussklausuren hatte. Chris war einverstanden und beaufsichtigte ihn selbst. Etwa in der Mitte der zweistündigen Bearbeitungszeit bat der Student, auf die Toilette gehen zu dürfen. Einige Minuten später ging auch Chris auf die Toilette. Nachdem er sich die Hände gewaschen hatte, warf er sein Papierhandtuch in den Abfalleimer. Dabei entdeckte er ganz unten im Eimer ein ungewöhnliches Objekt. Chris wühlte sich durchs Papier und zog einen gelben Schnellhefter heraus, der die Mitschriften der besten Studentin im Seminar enthielt. Eine kurze E-Mail bestätigte, dass die Studierende die Prüfung bereits abgelegt hatte und ihrem Kommilitonen, der später geprüft wurde, ihre Unterlagen geborgt hatte – allerdings hatte sie ihn nicht dazu aufgefordert, diese im Abfalleimer zu platzieren.[124]

Wenn mehr Fragen zu stellen eine derartige »Rendite« bringt, warum tun wir das nicht öfter? Wenn wir über genug Informationen verfügen, um *eine* Entscheidung zu treffen, dann treffen wir diese Entscheidung normalerweise schnell unter Verwendung der vorhandenen Information, um nicht mehr Zeit und Mühe investieren zu müssen. Aber diese Neigung zur Effizienz bedeutet, dass wir häufig auf entscheidende Informationen verzichten. Manchmal werden uns diese Zusatzinformationen bewusst verheimlicht, dann wieder liegen sie offen zutage.

Verborgene Attribute

Im Alltag beeinflussen zahllose Faktoren unsere Entscheidungen bzw. unser Verhalten, ohne dass wir das überhaupt merken. Ein einfaches Beispiel: Desktop-Drucker waren einmal richtig teuer. Mittlerweile hat man fast den Eindruck, die Hersteller würden sie verschenken. Wenn wir aber die Kosten für den Toner oder die Tinte einrechnen, die der Drucker während seiner Lebensdauer verbraucht, sind die Dinger gar nicht mehr so günstig. Bei einem Farblaser kann ein Satz von vier Tonerkartuschen (Schwarz, Cyan, Gelb und Magenta) doppelt so viel kosten wie der Drucker selbst. Und Sie können damit höchstens 2000 Seiten drucken. Die Unternehmen, die diese Drucker verkaufen, wissen sehr gut, was diese den Eigentümer kosten, aber sie machen keine klaren Angaben zu den Betriebskosten. Die Wirtschaftswissenschaftler Xavier Gabaix und David Laibson nennen die langfristigen Kosten von Tinte und Toner »verborgene Attribute«, also verborgene Eigenschaften und Merkmale – ein wichtiger Punkt bei der Entscheidung für den Kauf eines Druckers, der den Käufern vorenthalten wird.[125]

Manche verborgenen Attribute wie Gebühren für »Bearbeitung« oder »Service« sind leicht aufzuspüren – aber grundsätzlich geben die Konsumenten mehr aus, wenn solche »Nebenkosten« nicht transparent gemacht werden. In anderen Fällen ist es schwierig, die wahren Kosten eines Produkts festzustellen. Der Verkäufer weiß möglicherweise nicht, wie hoch der Seitenpreis beim Drucker ausfällt oder wie viel der Kunde wirklich bezahlen muss, bis der

Drucker den Geist aufgibt. Das Gleiche gilt übrigens für Kosten bei Banken bzw. Investmentfonds. Diese müssten zwar von Rechts wegen klar angegeben werden, aber die Bankberater wissen häufig selbst nicht über die wahren Kosten Bescheid und können sie den Kunden nicht erklären.[126]

In manchen Fällen stützt diese Informationsasymmetrie die Gewinnmargen ganzer Geschäftszweige. Da ist zum Beispiel die Pennyauktions-Industrie, die sich auf Websites wie DealDash und Quibids tummelt. Dort werden die Profite der Firmen massiv verschleiert. Werbefilme der Unternehmen zeigen Kunden, die für teure Produkte einen absurd niedrigen Preis bezahlt haben: 23,13 Dollar für ein iPad, 11 Dollar für ein Mountainbike, 7,48 Dollar für einen Samsung-Fernseher. »Die Auktionen beginnen bei null, und jedes Gebot steigert den Preis um genau einen Cent«, heißt es auf der Quibids-Website. »Und selbst wenn Sie nicht gewinnen, dann zahlen Sie doch nie mehr als den Einzelhandelspreis.« Was Quibids weglässt und DealDash nur im Kleingedruckten ganz unten auf der Seite erwähnt, ist die Tatsache, dass der Kunde für jedes Gebot eine Gebühr bezahlt, ganz egal, ob das begehrte Stück ihm am Ende zugesprochen wird oder nicht. Diese verborgenen Gebühren sind um das Zwanzigfache höher als die Gebotssteigerung. Wenn ein iPad sich auf DealDash für 23,13 Dollar verkauft, hat das Unternehmen für diese Auktion 2313 Gebote erhalten. Bei 20 Cent pro Gebot macht das 462,60 Dollar – ein ganz ordentlicher Gewinn.[127]

Wie ordentlich? Ned Augenblick, derselbe Ökonom von der UCLA in Berkeley, der auch untersuchte, ob die Jünger des Weltende-Kults von Harold Camping bereit waren, auf eben dieses Weltende zu wetten, nahm die Daten von Swoopo unter die Lupe, einer deutschen Firma, die 2010 zu den führenden Online-Anbietern von Pennyauktionen gehörte. Bei den meisten Auktionen wurde pro

Gebot um 15 Cent gesteigert, was den Bieter 75 Cent kostete. Von 2005 bis 2009 verdiente Swoopo pro Auktion 160 Dollar, was eine Bruttogewinnmarge von 51 Prozent ergibt. Auf jeden Gewinner kamen 51 Verlierer. Anders ausgedrückt verdiente Swoopo bei jeder Auktion an jedem einzelnen Bieter 3 Dollar. Swoopo machte sogar Auktionen für Barauszahlungen. Dabei boten so viele Leute mit, dass das Unternehmen mehr als das Doppelte von dem einnahm, was am Ende an den Gewinner ausgezahlt wurde.[128]

Im Grunde hat das mehr Ähnlichkeit mit einem Spielcasino oder einer staatlichen Lotterie als mit einer normalen Auktion. An jedem Punkt gibt es genau zwei Möglichkeiten: entweder aufgeben oder weiterbieten und hoffen, Glück zu haben. Die Auktion endet, wenn über eine vorher festgesetzte Zeitspanne – meist 10 Sekunden – kein Gebot mehr eingeht. Der Bieter darf also auch nicht allzu lange warten mit seiner Entscheidung. Außerdem müssen die Teilnehmer an der Auktion vorher Geld einzahlen. Wenn sie ein Gebot abgeben, müssen sie nicht mit echtem Geld bezahlen. Es wird ihnen einfach eine abstrakte Einheit von ihrem Vorrat abgezogen. Wie heißt es doch so schön? »Der Erfinder des Glücksspiels war klug, der Erfinder der Chips ein Genie.« Das Geld fließt viel bereitwilliger, wenn das Ganze sich nicht so anfühlt, als müssten Sie echte Scheine aus Ihrem Portemonnaie hinblättern.

Augenblick erklärt, weshalb Menschen an diesen anscheinend irrationalen Auktionen teilnehmen. Stellen Sie sich vor, Sie hätten 100 Dollar für eine Konzertkarte ausgegeben, doch als der Tag des Konzerts anbricht, fühlen Sie sich mies und würden lieber zu Hause bleiben. Wenn Sie das Konzert besuchen, obwohl Sie keine Lust haben, sitzen Sie dem Versunkene-Kosten-Effekt auf. Die Kosten für die Karte sind »versunken«, weil Sie das Geld ja nicht zurückbekommen, ob Sie nun hingehen oder nicht. Beim Poker landet alles von Ihnen gesetzte Geld im Pott und gehört Ihnen nicht mehr – es gehört vielmehr dem, der diese Runde gewinnt. Auch dieses Geld stellt also eine Form versunkener Kosten dar. Wenn Sie glauben, dass das Geld immer noch Ihnen gehört, dann gehen Sie vielleicht enorme Risiken ein, um es zurückzugewinnen. Sie setzen zu viel auf eine minimale Gewinnchance.

Die Gebühr für die Gebote in der Pennyauktion ist also verlorenes Geld, denn weder der Gewinner noch die Verlierer erhalten ihre Gebühren zurück. Aber die Bieter wetten immer weiter, weil sie ja schon »versunkenes Geld« in der Auktion haben. (Für traditionelle Auktionen gilt dies nicht, denn wenn Sie nicht gewinnen, haben Sie am Ende genauso viel Geld wie vor der Auktion.) Diese versunkenen Kosten sind die verborgene Quelle der Gewinne, die der Auktionsveranstalter macht.

Verborgene Kosten aufzudecken ist ein entscheidender Schritt, wenn Sie vermeiden wollen, über den Tisch gezogen zu werden. In manchen Fällen ist die Information zwar zugänglich, aber intuitiv schwer zu verstehen, wie dies beispielsweise für die Gesamtkosten eines Eigenheims gilt. Eigenheime haben einen offiziellen Preis, so wie Drucker. Das heißt, der Käufer muss selbst berechnen, wie teuer das Ganze wird: Maklerkosten, Grundbucheintrag, Notargebühren, Finanzierungskosten, Versicherungen und Instandhaltung. Es kostet uns einige Mühe, diese verborgenen Attribute aufzuaddieren – aber das ist immer noch besser, als sie unter den Tisch fallen zu lassen. Bedauerlicherweise sind es gerade Menschen mit niedrigem Einkommen oder Bildungsstand, mit wenig Wissen über Finanzdinge und geringer mathematischer Kompetenz, die selten hinter verborgene Kosten kommen und von Marketingbetrügern ausgenützt werden. Andererseits profitieren sie auch am meisten von wohlmeinenden Bemühungen, ihnen die Entscheidung mit automatisierten Tools zu erleichtern. Leider entgeht vielen, dass sie von solchen Hilfsmitteln nur profitieren würden. In einer Studie gaben 65 Prozent der Befragten an, dass sie die richtige Entscheidung treffen würden, wenn man sie nur entsprechend gut berate. Aber fast die gleiche Anzahl – 64 Prozent – gingen davon aus, trotz schlechter Beratung die richtige Entscheidung treffen zu können.[129]

Die Frage, die kein Verkäufer von Ihnen hören möchte

Gebrauchsgegenstände wie Drucker und Finanzprodukte wie Pennyauktionen machen das Unterschlagen der wahren Kosten leicht. Das gilt aber auch für Bankkonten, Kreditkarten, Hypotheken und intensiv beworbene Investmentprodukte, bei denen meist verborgene Gebühren anfallen. Aber es gibt einen Kostenpunkt, vor dem sich jeder Verkäufer fürchtet: die *Opportunitätskosten*.

Wirtschaftswissenschaftler definieren die Opportunitätskosten einer Kaufentscheidung als die nächstbeste Verwendung für das ausgegebene Geld – in anderen Worten: die lukrativste Anschaffung, die Sie nicht machen können, weil Sie sich für den Kauf eines anderen Produkts entscheiden. Das Konzept lässt sich außer auf Geld auch auf andere begrenzte Ressourcen anwenden wie zum Beispiel Zeit. Wer vier Jahre lang eine Universität besucht, entscheidet sich, in diesen vier Jahren für sein Studium auf andere Aktivitäten, wie zum Beispiel Geld zu verdienen, zu verzichten. Die Standard-Ökonomie geht davon aus, dass jeder Konsumierende sich der Opportunitätskosten seiner Entscheidungen bewusst ist. Die Tatsache, dass er oder sie sein Geld für Artikel A ausgibt und nicht für den gleich teuren Artikel B, zeigt, dass A gegenüber B bevorzugt wird. Wer ein Studium absolviert, entscheidet sich für Bildung, eine

Erfahrung, die ihr oder ihm wichtiger ist als Geld. Möglicherweise rechnet die Person auch damit, dass sie später mehr verdient. Der Standard-Ökonomie zufolge treffen wir diese Entscheidung, indem wir die relativen Kosten und Vorteile vor dem Hintergrund unserer Werte abwägen und uns für das entscheiden, was uns den größten Ertrag einbringt.

Der Entscheidungstheoretiker Shane Frederick und seine Kollegen zeigten aber, dass reale Konsumenten die Opportunitätskosten meist nicht einkalkulieren. In einer Studie sollten Studierende sich vorstellen, sie hätten mit einem Rubbellos gerade 1000 Dollar gewonnen und wären jetzt auf der Suche nach einer neuen Stereoanlage. Und sie hätten die Auswahl mittlerweile auf zwei Alternativen eingeschränkt: eine Anlage für 700 Dollar und eine andere für 1000, die aber einen besseren Verstärker und einen CD-Wechsler hat. Einige Probanden wurden nach dem Zufallsprinzip in eine Gruppe gesteckt, der man eine zusätzliche Information gab: Man wies sie darauf hin, dass sie nach Kauf der 700-Dollar-Anlage noch 300 Dollar übrig hätten. 86 Prozent der Teilnehmer, die diesen Hinweis bekamen, entschieden sich für die billigere Anlage, aber nur 70 Prozent aus der Gruppe, die man auf diesen Umstand nicht extra hingewiesen hatte. Daher berücksichtigten etwa die Hälfte derer, die (ohne Hinweis) die teurere Anlage kauften, die Opportunitätskosten nicht ausreichend.[130]

Abstrakter »Dezeptionismus«

Wenn wir verborgenen Aufwendungen nachspüren oder die Opportunitätskosten mit einkalkulieren, dann versuchen wir auszuloten, ob eine Transaktion finanziell gesehen schlau ist. Aber selbst ein Schnäppchen wird zum Verlustgeschäft, wenn wir eine Fälschung erwerben. Das Problem ist nirgendwo auffälliger als im Markt für Dinge, die es nur genau einmal gibt: im Kunstmarkt zum Beispiel.

Kunstfälschungen gibt es vergleichsweise häufig. Das Musée Terrus im französischen Elne hat öffentlich eingestanden, dass etwa die Hälfte seiner ausgestellten Werke Fälschungen sind. Manche Experten schätzen gar, dass 20 bis 50 Prozent aller Gemälde in Museen gefälscht sind und dass viele der Jahr für Jahr versteigerten Werke ebenso wenig authentisch sind. Ein Kunsthistoriker urteilte, dass mindestens 20 (wenn nicht alle 21) der 2017 im Dogenpalast in Venedig ausgestellten Bilder nicht waren, was auf den Schildern stand. Die Arbeiten eines einzigen Fälschers namens Mark Landis fanden sich in den Sammlungen von 46 verschiedenen US-Museen.[131]

Die Galerie Knoedler an der Upper East Side von Manhattan war eine der ältesten in den Vereinigten Staaten. Seit über einem Jahrhundert verkaufte man dort alte Meister an reiche Amerikaner. In den 1970er-Jahren hatte man dann auch noch moderne und zeitgenössische Kunst aufgenommen. Mitte der 1990er-Jahre aber stand die Galerie Knoedler im Mittelpunkt eines der spektakulärsten Kunstfälscherfälle aller Zeiten. 2011 musste die Galerie ihre Pforten schließen.

Unter der Leitung von Michael Hammer, Enkel des Industriellen Armand Hammer und Vater des Schauspielers Armie Hammer, bot Knoedler eine Reihe von neu entdeckten Werken bekannter Maler des abstrakten Expressionismus an, darunter Jackson Pollock und Mark Rothko. Ann Freedman, Direktorin der Galerie, hatte die Werke von einer obskuren Kunsthändlerin namens Glafira Rosales übernommen. Über einen Zeitraum von 15 Jahren erwarb Freedman 40 Gemälde von Rosales und verkaufte sie für über 80 Millionen US-Dollar. Der Betrag entsprach dem Gewinn der Galerie in diesem Zeitraum. Aber bald kamen Fragen über die Echtheit der Kunstwerke auf.[132]

Alle Gemälde waren vorher unbekannt. Es gab dazu keinerlei Dokumente – zumindest ließen sich in den Werkverzeichnissen der Künstler keine Hinweise finden. Es gab keine Dokumentation von früheren Galerieverkäufen oder Ausstellungen. Und es existierte kein einziges Foto, das eines der Gemälde im Studio des Künstlers zeigte. Rosales und Freedman erzählten Geschichten über die Provenienz der Bilder. Diese drehten sich meist um einen reichen Sammler aus dem Ausland, der die Bilder in den 1950ern direkt von den Künstlern erworben, sie ins Ausland geschafft und sie dann seinem Sohn vermacht hatte, der nun eine »Deakzession« im Kleinen vornahm, die Stücke also einzeln und nicht bei einer großen Auktion veräußern wollte. Zentral war dabei, dass es für diese Geschichten keinen einzigen klaren Beleg gab.

Um die Echtheit der Gemälde bestätigen zu lassen, lud Freedman Sachverständige ein, die die Bestände der Galerie prüften. Dabei hielt sie deren Einschätzung schriftlich fest. Fielen dabei Worte wie »ein selten schönes Stück« oder »Das sieht ganz authentisch aus«, dann fügte sie die Namen der Experten und deren Referenzen in ein Dokument ein, das sie möglichen Käufern übersandte. Diese Dokumente waren sorgfältig formuliert, sodass sie den Eindruck erweckten, die Echtheit der Bilder wäre tatsächlich bestätigt worden, ohne dies jedoch explizit zu behaupten. So hieß es bei einem Bild: »Das Gemälde wurde von folgenden Personen mit spezieller Expertise zu Mark Rothko in Augenschein genommen ...« Der erste Name in der Liste war der von Rothkos Sohn. Sachverständige, die Zweifel geäußert hatten, wurden erst gar nicht aufgeführt.

Mittlerweile wird Sie die Tatsache, dass keines der 40 Werke von den Künstlern stammte, denen Rosales und Freedman sie zuschrieben, wohl nicht mehr überraschen. Die chemische Analyse der Farbe zeigte, dass sie »anachronistische Pigmente« enthielt – Farben, die es zu der Zeit, in der die Bilder angeblich entstanden waren, noch nicht gab. Eines der Jackson Pollock zugeschriebenen Gemälde war signiert mit: »Jackson Pollok«. Freedman behielt dieses Bild für sich, interpretierte aber die falsche Schreibung als *Zeichen der Authentizität*, da Weltklassefälscher in ihren Augen niemals so einen Fehler begehen würden.

Tatsächlich wurden sämtliche Bilder von einem chinesischen Künstler namens Pei-Shen Qian in dessen Haus in Queens geschaffen, nur wenige Kilometer von der Galerie Knoedler entfernt. Rosales, ihr spanischer Freund José Carlos Bergantiños Díaz und dessen Bruder bezahlten Qian ein paar Tausend Dollar pro Bild und teilten die Gewinne aus dem Verkauf an Knoedler unter sich auf. Rosales bekannte sich der Kunstfälschung schuldig. Ihre ausländischen Mitverschwörer wurden angeklagt, aber nicht an die Vereinigten Staaten ausgeliefert.[133]

Wer ein neu entdecktes Gemälde aus der Mitte des 20. Jahrhunderts kauft, sollte durchaus einige bohrende Fragen stellen. Aber wenn er natürlich glauben möchte, dass das Gemälde echt ist, wird er sich nicht fragen, ob es »selten schön und unverfälscht« aussehen kann, ohne echt zu sein.

Wenn Ihre Fragen nicht bloß Pro-forma-Charakter haben sollen, müssen Sie die Antwort, die man Ihnen gegeben hat, auch gründlich analysieren. (Hat die Person nun gesagt, das Gemälde sei »authentisch« oder »echt«?) Vage, zweideutige oder ausweichende Antworten sollten Sie nicht als Bestätigung akzeptieren. (Und wenn eine Galerie Experten auflistet, die das Bild »in Augenschein genommen« haben, dann heißt das nicht, dass sie seine Echtheit bestätigt haben.)

Manche Käufer stellten auch kluge Fragen, nur leider zu spät. Nachdem er einen angeblichen Pollock (einen von fünf im genannten Betrugsfall) gekauft hatte, bat der Sammler Jack Levy die International Foundation for Art Research (IFAR), die Echtheit zu bestätigen. Die Experten der IFAR hielten die Rosales-Friedman-Provenienzgeschichte für unglaubwürdig. Patricia Cohen, die den Fall für die *New York Times* über mehrere Jahre verfolgte, schrieb: »Die IFAR meinte, es gebe zu der angeblichen Provenienz einfach zu viele offene Fragen – das passte alles nicht zusammen.«

Kunstfälscher täuschen ja nicht nur Laien, sondern auch Experten, eben weil ihre Fälschungen so echt wirken. Eine gute Fälschung erfüllt die Erwartungen der Experten in puncto Stil, Anmutung und Komposition eines Werkes für einen bestimmten Zeitpunkt in der Schaffensperiode des Künstlers. Solche Fälschungen werden meist nicht deswegen entlarvt, weil sie »falsch aussehen«, sondern weil ihre Schöpfer Materialien verwendet haben, die es zur angeblichen Entstehungszeit noch nicht gab. Fälschungen werden nur dann entdeckt, wenn die richtigen Fragen gestellt werden – durch bewusste und aufwendige wissenschaftliche Materialanalyse oder Nachverfolgung der angeblichen Provenienz. Unglücklicherweise sind beide Arten der Analyse arbeitsintensiv und teuer. Und die Versuchung, sich auf die eigene Intuition zu verlassen, ist stark. Der südkoreanische Künstler Lee Ufan erklärte einmal 13 angebliche Fälschungen seiner Werke für echt, obwohl ein Kunsthändler öffentlich zugegeben hatte, es handle sich um Fälschungen. Ufan meinte: »Ein Künstler erkennt seine Werke auf einen Blick.«[134]

Und wenn nun die Dokumente zur Provenienz echt erscheinen? Ist eine Fälschung dann ausgeschlossen? Bedauerlicherweise nicht. In den 1980ern bot John Myatt, ein britischer Künstler, der sich mit Geldproblemen herumschlug, offen »echte Fälschungen« als Auf-

tragsarbeiten an. Ein Mann namens John Drewe bestellte Repro-
duktionen von Matisse, Gleizes und Klee. Diese gab er sodann als
echt aus und verkaufte sie für mehrere Tausend Pfund. Drewe und
Myatt wurden zu Komplizen, und schon bald entstanden »Originale« von Chagall, Giacometti und anderen modernen Künstlern.[135]

Drewe (dessen wahrer Name John Crockett war) hatte es schwerer als Ann Freedman und die Galerie Knoedler, weil er keinerlei
Provenienz angeben konnte. Also fälschte er auch Dokumente zur
Herkunft all dieser Bilder und schmuggelte sie in die Archive des
Victoria and Albert Museum, der Tate Gallery und anderer wichtiger Kunstinstitutionen in London, die Auktionshäuser und Galerien konsultieren, um sicherzustellen, dass Bilder echt sind. In manchen Fällen veränderte Drewe alte Kataloge und Bücher, indem er
Fotos einfügte, die er von Myatts Arbeiten gemacht hatte. Am Ende
verkauften die beiden über 200 Werke für mehr als 2 Millionen
Pfund, bevor man sie erwischte. Beide wanderten ins Gefängnis,
aber etwa 120 Fälschungen wurden nie entdeckt.

Viele der Käufer von Myatt und Drewe machten ihre Hausauf-
gaben. Sie prüften scheinbar unabhängige Quellen, die belegen
sollten, dass der fragliche Künstler das Werk tatsächlich selbst
geschaffen hatte. Aber das war's dann auch schon. Da Kunstfälschung mittlerweile fast schon gang und gäbe ist und es den Käufer
teuer zu stehen kommt, ein Werk zu erwerben, das betrügerisch
einem großen Künstler zugeschrieben wird, sollte man schon etwas
nachforschen und sich nicht nur auf sein Bauchgefühl verlassen.
Stellen Sie sich vor, Sie finden sich plötzlich in einer Stadt wieder,
wie es sie im 19. Jahrhundert im amerikanischen Westen gab. Sie
schauen sich um und entdecken Cowboys, Pferde, Anhängepfosten,
einen Laden, das Sheriffbüro und einen Saloon. Sie gehen durch die
Schwingtüren des Saloons und sehen Tische, Stühle, eine Bar, auf

der Gläser und Flaschen verteilt sind. Im hinteren Teil des Saloons führt eine Tür ins Büro. Sie öffnen diese, stehen aber nicht innerhalb von vier Wänden vor einem Schreibtisch. Nein, sie sehen nichts als Sand, Kakteen und Berge. Nun, Sie sind an einem Filmset, aber Sie mussten eben mehr als eine Tür öffnen, um das herauszufinden.

Wir sagten bereits, dass ausgefeilte Betrügereien, deren Täuschungen eine Art Theaterkulisse erfordern – wie das Wettbüro in *Der Clou* oder die falsche Stadt in der *Truman Show* –, im Alltag selten vorkommen. Aber wenn viel auf dem Spiel steht wie bei Kunst- und Investmentbetrug, dann nehmen die Betrüger es schon mal auf sich, ein oder zwei Lagen Dokumente zu fälschen, die ihre Geschichte glaubwürdig machen sollen. Drewe tat das, um Myatts gefälschte Bilder zu authentifizieren, Bernie Madoffs Mitarbeiter taten es, um die nicht vorhandenen Erträge für die Investitionen ihres Chefs zu belegen, und Diederik Stapel wollte die gefälschten wissenschaftlichen Entdeckungen, die seine Studenten für ihn machten, rechtfertigen. Wenn Menschen zusätzliche Schichten von Komplexität in ihren Betrug einbauen, wird es schwieriger, die richtige Tür zu finden. Aber es gibt in jedem Fall eine Tür, die sich ins Nichts öffnet – eine Frage, auf die keine befriedigende Antwort gegeben wird.

Das Fake-Orchester, das kein Fake war

Natürlich ist es einfacher, wenn man Fragen stellt, wenn von Anfang an etwas fehlt oder nicht passt. Während wir für dieses Buch nach Beispielen für Betrug und Täuschung suchten, stießen wir auf einen bemerkenswerten Artikel im *Guardian* im Jahr 2020 mit dem Titel: »›Milli Violini‹: I Was a Fake Violinist in a World-Class Miming Orchestra.« (Milli Violini: Ich war eine Fake-Geigerin in einem gemimten Weltklasse-Orchester.) In dem Artikel ging es um Jessica Chiccehitto Hindman, Professorin für Creative Writing, und ihren autobiografischen Bericht von 2019, der erzählte, wie sie von der Amateur-Geigerin zu einer professionellen Fake-Geigerin wurde.[136]

Die Geschichte ist umwerfend. Hindman reiste durchs Land als Mitglied eines Fake-Orchesters, geleitet vom »Komponisten«, einem Mann ohne Namen. Das Orchester trat bei PBS-Sendungen auf, die von George Clooney moderiert wurden, ja, es wurde sogar nach China eingeladen. Doch bei sämtlichen Auftritten taten sie und die restlichen Musiker nur so, als würden sie spielen. Die Mikrofone waren tatsächlich ausgeschaltet. Das Publikum hörte den Sound einer CD über Lautsprecher, nicht die Musiker und Musikerinnen.

Wir machten uns dazu eine Notiz, weil es ein amüsantes Beispiel von Betrug zu sein schien. Doch als wir länger darüber nachdachten, machte uns etwas misstrauisch. Ist es wirklich möglich, dass ein »Weltklasse«-Orchester so tun kann, als würde es spielen, ohne dass es irgendjemandem auffällt? Ist es denkbar, dass der Komponist Beethovens Fünfte nicht erkennt, wie es in der Autobiografie hieß? Als wir mehr über Hindmans Story und ihr Buch lasen, fragten wir uns, ob Hindman als Autorin wirklich vertrauenswürdig ist. Vielleicht war die Geschichte ja eine täuschend reale Mischung aus Biografie und Fiktion?

Unsere Skepsis nahm zu, als wir auf der Website *Vulture.com* einen Artikel lasen, der Hindmans »Komponisten« als Tim Janis identifizierte. Der Artikel »Scam Season Comes for the Orchestra« (»Betrugsmasche mit Orchester«) zitiert den Musiker Justin Davidson: »Wie bitte? Die Besucher eines Konzerts sollen nicht gemerkt haben, dass die Musiker nicht spielten? Wenn Sie Zimbeln zur falschen Zeit anschlagen, dann hört man das! Wenn die angeblichen Musiker so gut trainiert wurden, um das Ganze real aussehen zu lassen, warum sollte man dann nicht gleich echte Musiker engagieren?«[137]

Unsere Reaktion war exakt die gleiche. Keine Aufführung ist jedes Mal genau gleich. Diese Art synchronisierten Betrugs ist nahezu unmöglich, ob nun eine einzelne Instrumentengruppe – Streicher, Holzbläser, Blechbläser – oder alle daran beteiligt sind. Musiker merken gewöhnlich sofort, ob ein Schauspieler ein Instrument tatsächlich spielt oder nur so tut. Und unter den Zuhörern einer Orchesteraufführung würden sich doch bestimmt auch ein paar Musiker finden. Auch wenn ihnen sonst nichts auffallen würde, würden sie doch wohl merken, wenn die Musik nur von der Konserve stammte. Hier passte einfach nichts zusammen.

War vielleicht die Autobiografie der eigentliche Schwindel? Wir kauften Hindmans Buch und lasen es sorgfältig, wobei wir uns auf jede einzelne Aufführung konzentrierten, die sie darin beschrieb. Wir durchforsteten YouTube auf der Suche nach Videos von den Auftritten für den Sender PBS. Wir recherchierten die Autorin, um zu prüfen, ob die öffentlich verfügbaren Informationen zu ihrer Geschichte passten. Wir lasen Artikel über Janis und sein Ensemble. Und wir interviewten Katie Rothstein, die Autorin des *Vulture*-Artikels. Je mehr wir lasen, desto klarer wurde uns, dass wir getäuscht worden waren. Aber nicht von Hindman.[138]

Die eigentliche Täuschung fand in den Schlagzeilen statt – sie ließen uns und vermutlich viele andere Leser glauben, wir würden eine Geschichte über einen Klassik-Komponisten lesen, der ein Fake-Orchester leitete. Ein »Weltklasse-Orchester«, da denkt man automatisch an eine Elitegruppe von Dutzenden Musikern, die in bedeutenden Konzertsälen Sinfonien aufführen, wie beispielsweise das Los Angeles Philharmonic, das Concertgebouw-Orchester in Amsterdam oder das London Symphony Orchestra. Keiner denkt dabei an ein Trio aus einem Straßen-Violinisten, einem Keyboarder und einem Flötisten mit einer Penny Whistle. Diese drei spielten auf öffentlichen Plätzen und boten New-Age-Musik auf CD feil.

Bis auf eine Vorstellung auf einem Kunsthandwerksmarkt auf der betonierten Plaza des Lincoln Center in New York fanden alle Aufführungen, die Hindman beschreibt, weit weg von traditionellen Veranstaltungsorten statt. Meist spielte das »Orchester« (Trio) unter freiem Himmel auf Jahrmärkten oder in Einkaufszentren, wo man das Musizieren tatsächlich mimte, um Janis' CDs zu verkaufen. Es handelte sich eher um New-Age-Straßenkunst als um Orchesteraufführungen. Und diese fand an Orten statt, wo das Schummeln nicht aufgefallen wäre, aber selbst wenn es jemand bemerkt hätte, wäre es den Leuten vermutlich egal gewesen. Und tatsächlich gab es Anfang der Nullerjahre acht bis zehn Klone des »Tim Janis Ensemble«, die durchs Land reisten, CDs verkauften und deren musikalische Weisen mimten.[139]

Es gab kein Orchester, zumindest nicht in dem Sinne, wie Musiker diesen Begriff verstehen. Aber das Tim Janis Ensemble war tatsächlich berühmt: Janis hatte Millionen von CDs verkauft, und sein Ensemble trat in PBS-Sendungen und bei Spendenaktionen auf. Bei den PBS-Orchesteraufführungen sieht der Zuschauer meist Naturvideos. Nur hin und wieder wird ein Musiker gezeigt (meist die Flöte oder der breit lächelnde Janis, der so tut, als spielte er das Keyboard).

Hindman behauptet in ihrem Buch keineswegs, sie sei Teil eines Fake-Orchesters gewesen, schon gar nicht eines von Weltrang. Tatsächlich berichtet sie meist Gespräche mit einem Freund, der tatsächlich in einem Orchester spielt, und vergleicht dies mit ihrer

Arbeit. Sie behauptet auch nirgendwo, dass der Komponist klassische Musik schreibe. Im Buch kommt klar zum Ausdruck, dass er das eben nicht tut. Die Autobiografie bezeichnet das Ensemble nur ein einziges Mal als Orchester – dort, wo Hindman erzählt, dass man sie in China fälschlich als das Orchester vorgestellt habe, das die Musik des Films *Titanic* gespielt habe.

Wir wissen nicht, warum die Artikel, die über die Geschichte berichteten, von einem »Orchester« sprachen und so taten, als wären die Musiker in Konzertsälen aufgetreten. In einem der ersten landesweiten Medieninterviews zum Buch benutzte Scott Simon, Korrespondent das National Public Radio (NPR), mehrmals den Begriff »Orchester« für das Ensemble, woraufhin ihn auch Hindman mehrmals verwendete. Es ist möglich, dass dieses anfängliche Interview, dessen Transkript den Titel trägt: »A fake Orchestra Performance in *Sounds Like Titanic*« (»Eine gefakte Orchesteraufführung in *Sounds Like Titanic*«), andere Journalisten und Schlagzeilenproduzenten hinsichtlich der Dimensionen des Betrugs täuschte.[140]

Nicht alle Leser wissen, dass Journalisten sich den Titel ihrer Storys meist nicht aussuchen können. Wer Essays oder Kommentare für Zeitschriften schreibt, ist für den Titel nur selten verantwortlich. Selbst Buchautoren können diesen nicht selbst bestimmen. Die Titelfindung ist ein bisschen wie das Kinderspiel »Stille Post«. Ein Publizist schreibt eine kurze Zusammenfassung des Buches, um es vorzustellen. Ein stets unter Zeitdruck stehender Journalist liest das Pressematerial, interviewt ein paar Leute und schreibt eine Geschichte für die Öffentlichkeit. Der Schlagzeilendichter liest nur den Artikel und denkt sich etwas aus, was ein Maximum an Aufmerksamkeit erregt.[141]

Daher ist es durchaus möglich, dass die irreführenden Schlagzeilen nicht in der Absicht entstanden, jemanden zu täuschen. Der

Artikel im *Guardian*, über dem die Fake-Orchester-Schlagzeile prangt, beschreibt das Ensemble nicht als Orchester. Aber wenn der Schlagzeilentexter den falschen Eindruck gewinnt, es handle sich um klassische Musik, dann beschreibt er die Musiker als Orches- ter, ohne seinen Irrtum zu bemerken. Und nachdem er gelesen hat, dass der Komponist berühmt ist, verpasst er der Schlagzeile noch den Begriff »Weltklasse«. Denn die Funktion der Schlagzeile ist es, die Aufmerksamkeit der Leser zu erregen – und bei uns jedenfalls ist ihm das gelungen. Und so wird aus einem Trio, das New-Age-Musik in Einkaufszentren inszeniert, ein Weltklasse-Orchester auf Tournee.

Die gleiche wunderbare Wandlung ereignet sich, wenn wissenschaftliche Forschung von Zeitschriften mit Peer-Review-Verfahren in die Pressematerialien der Universitäten wandert, um dann zu viralen Online-Geschichten für die breite Öffentlichkeit zu mutieren. Der Twitteraccount @justsaysinmice hat mittlerweile über 70 000 Follower und tut nichts anderes, als Nachrichtenschlagzeilen wie die folgenden zu bringen: »Vapen mit Nikotin führt bei männlichen Teenagern zu Herzproblemen«. Oder: »Neue Therapie heilt Krebs mit nur einer Injektion.« Dabei laufen die Originalmeldungen alle mit dem Hinweis »AN MÄUSEN«, was verdeutlicht, dass keiner der entsprechenden Versuche am Menschen durchgeführt wurde. Hätten die Schlagzeilenschreiber den zugehörigen wissenschaftlichen Artikel auch nur überflogen, wäre ihnen klar geworden, dass es dabei nicht um Menschen ging. Und sie hätten vermutlich keine Schlagzeile über die gesundheitlichen Gewohnheiten von »männlichen Laborrattenteenagern« verfasst.

Die irreführende Schlagzeile über das Fake-Orchester hat unser Interesse geweckt, aber auch unsere Skepsis – sie war unglaublich, sowohl im Sinne von »umwerfend« als auch im Sinne von »unglaubwürdig«. Aber wir mussten erst den größten Teil von Hindmans Buch lesen, bevor wir merkten, wo der Unterschied zwischen ihrer Erzählung und deren medialer Aufbereitung lag. Erst nachdem wir eine Menge neuer Fragen gestellt hatten, verstanden wir, dass unsere Skepsis berechtigt war, aber die falsche Person traf.

Zeigen Sie mir die Belege!

Wenn wir eine Geschichte hören oder ein Buch lesen, gehen wir nicht von vornherein mit kritischen Fragen an das Ganze heran. Wir müssen uns vielmehr dafür bewusst entscheiden. Aber wenn Wissenschaftler einen Artikel prüfen, dessen Autoren veröffentlicht werden möchten, dann kann man von ihnen erwarten, dass sie diesen genauestens unter die Lupe nehmen und nachhaken, wie die Resultate zustande kamen, statt die Behauptungen der Autoren einfach als gegeben hinzunehmen. Denn selbst Wissenschaftler werden mitunter von ihresgleichen betrogen.

Nehmen wir den Fall von Dirk Smeesters, seines Zeichens aufstrebender Psychologieprofessor in den Niederlanden – bis eine unabhängige Kommission ihm wissenschaftliches Fehlverhalten nachwies und er deswegen seinen Lehrstuhl verlor. Eine seiner Fehlleistungen hing zusammen mit einer Aufgabe, die er den Probanden einer seiner Studien stellte. Er zeigte ihnen das Foto eines T-Shirts mit einer abstrakten Grafik und fragte, wie viel sie dafür ausgeben würden. Die Antworten fielen unterschiedlich aus: Manche Menschen wollten 9 Dollar bezahlen, andere 11, und der Durchschnitt pendelte sich bei etwa 10 Dollar ein. Ein ähnliches Beispiel wäre: Sie erhalten eine unerwartete Steuerrückerstattung und möchten sich davon ein schönes Paar kabelloser Kopfhörer mit Noise-Cancelling-Funktion kaufen. Wie viel würden Sie für das Top-Produkt von Bose, den QuietComfort 45 bezahlen? Nennen Sie eine Zahl, bevor Sie weiterlesen.[142]

Während wir dies schreiben, verlangt Amazon dafür 329 Dollar. Wir bezweifeln, dass die meisten Leser bereit wären, den vollen Preis zu entrichten, also nehmen wir an, der Durchschnitt liegt bei 249 Dollar. Viele Menschen würden vielleicht einen Betrag zahlen, der nicht exakt bei 249 Dollar liegt, aber in der Nähe. Manche würden 274 Dollar sagen, andere 221 Dollar und einige wenige würden deutlich höher (sagen wir: 351 Dollar) oder wesentlich niedriger (vielleicht 156 Dollar) gehen. Würden wir diese Zahlen grafisch darstellen, bekämen wir eine Glockenform: Der höchste Punkt läge bei 249 Dollar, höhere bzw. niedrigere Gebote würden immer seltener werden. Aber so vernünftig sich dieses Muster darstellt, es wäre ein klarer Beweis, dass die Daten manipuliert sind. Eine Glockenfunktion ist nur dann plausibel, wenn Sie die Leute nicht fragen, was sie auf die gestellte Frage antworten würden.[143]

Wir haben uns ja schon damit beschäftigt, wie Zauberkünstler sich bei ihren Tricks bestimmte Tendenzen unseres Denkens und Auswählens zunutze machen – zum Beispiel, welche Karten gewöhnlich ausgewählt werden. Nun rufen Sie sich den Betrag ins Gedächtnis, den Sie für den Kopfhörer bereit sind zu zahlen. Wir sind ziemlich sicher, dass es ein Vielfaches von 10 war. Nicht? Dann war es ein Vielfaches von 5. Richtig? Auf Fragen wie »Wie viel sind Sie bereit zu zahlen?« nennen Menschen nur selten präzise Beträge wie 221 oder 249 Dollar. Die meisten runden ab oder auf, zum Beispiel auf 220 oder 250 Dollar. Je teurer das Produkt, desto mehr Gebote lauten auf ein Vielfaches von 5 oder 10 (oder ein Vielfaches von höheren Summen wie 100 oder 1000 Dollar). Selbst für ein T-Shirt würden nur wenige Menschen 9 oder 16 Dollar bieten. Die meisten würden von 10 oder 15 Dollar sprechen.[144]

2013 erklärte der Verhaltenswissenschaftler Uri Simonsohn, wie er die wenig plausiblen Datenmuster in Smeesters' Arbeiten entdeckt hatte. Als er sich die Zahlen im Spreadsheet ansah, das Gegenstand der Untersuchung war, fiel ihm auf, dass es eben nicht die übliche Überzahl von Geboten gab, die ein Vielfaches von 5 waren. Gebote von 5 Dollar waren nicht häufiger als Gebote von 6 oder 9 Dollar. Das Datenmuster sah so aus, wie man es erwarten würde, wenn die Leute einfach eine zufällige Zahl nennen sollen – 1, 4, 5, 19 etc. Dieses Muster ist als Gleichverteilung bekannt. Wenn alle Antworten gleich wahrscheinlich sind, dann machen Antworten, die ein Vielfaches von 5 nennen, nur ein Fünftel der Datenmenge aus. Und genau das hatte Smeesters angegeben.[145]

Dann führte Simonsohn die Smeesters-Studie selbst durch. Dabei entschieden sich mehr als 50 Prozent der Probanden für einen Wert, der ein Vielfaches von 5 war. Dann nahm er andere veröffentlichte Studien vom Typus »Was sind Sie bereit zu zahlen?« unter die Lupe. Und bei allen machten Gebote mit einem Vielfachen von 5 mindestens 50 Prozent der Antworten aus. Bei kostspieligeren Produkten stieg dieser Anteil auf fast 90 Prozent. Die Antworten in der Smeesters-Studie passten nicht zu dem erwartbaren Muster, was ein Hinweis darauf war, dass die Daten manipuliert waren. Bevor Simonsohn seine Resultate veröffentlichte, legte er sie Smeesters' Arbeitgeber vor, der Erasmus University von Rotterdam. Diese führte dann eine gründliche Untersuchung durch, die zum Vorwurf wissenschaftlichen Fehlverhaltens (und zur Zurücknahme der betroffenen Artikel) führte.[146]

Aber wie schafften es Smeesters' getürkte Resultate überhaupt in die wissenschaftliche Literatur? Wir haben ja bereits gesehen, dass Diederik Stapels gefälschte Forschung nicht ausreichend geprüft wurde, weil seine Ergebnisse eben das waren, was die Forscher erwarteten. Wir wissen nicht, ob die Prüfer und Herausgeber von Smeesters' Manuskripten auf die Anomalien aufmerksam wurden, aber offensichtlich war Simonsohn der Erste, der die offensichtlichsten Fragen stellte: Könnte ich bitte die zugrunde liegenden Daten haben? Wie sehen sie aus? Passt ihr Verteilungsmuster zu dem ähnlicher Studien? Mit jeder neuen Frage kam er dem näher, was Smeesters tatsächlich getan hatte.

Die Ironie an dieser Geschichte ist, dass der Grundsatz »Überprüfe deine Primärdaten« etwas ist, was Wissenschaftler als Erstes lernen, wenn sie eigene Forschungsarbeiten anstellen. (Dan predigt in seinen Seminaren zur Einführung in die Statistik regelmäßig, wie wichtig es ist, Daten grafisch darzustellen.) Bevor wir statistisch berechnen, ob ein Experiment »funktioniert« hat, sollten wir einen Blick darauf werfen, wie die Zahlen verteilt sind, ob sie glatt oder mit einigem »Rauschen« daherkommen und ob es Beobachtungen gibt, die auf eventuelle Fehler in unserer Methodik hinweisen.

Bevor es Computer gab, hielten die Forscher alle Daten in einem Laborjournal fest. Sie stellten alle Berechnungen von Hand an und waren mit ihren Zahlen daher sehr gut vertraut. Heute sammelt eine Software unsere Daten und erstellt daraus Statistiken, wobei Übertragungsfehler und logische Fehler meist herausgerechnet werden. Aber eben weil wir mit der Datenbasis unserer Studien nicht mehr so eng befasst sind, ist es umso wichtiger, Fragen zu stellen und Anomalien aufzudecken. Dieser Prozess gehört zur kollektiven Verantwortung aller Menschen, die diese Daten sichten, bestätigen und zur Grundlage ihres Handelns machen, seien sie nun Wissenschaftler, Regierungsmitglieder oder Geschäftsleute.

Machen Sie sich die Mühe

Uri Simonsohn ging sogar so weit, Computersimulationen von Dirk
Smeesters' Studien zu erstellen und die Experimente selbst zu replizieren, um zu belegen, dass das Muster »ein Vielfaches von fünf« bei
dieser Art Fragen so häufig auftritt, dass seine Abwesenheit als Hinweis auf Manipulation gelten konnte. Er machte sich damit sehr viel
Arbeit, obwohl für ihn nicht viel dabei heraussprang. Die Wissenschaft im Allgemeinen und die Öffentlichkeit profitiert von solchen
Anstrengungen, der individuelle Forscher tut das meist nicht. Oder
wie Simonsohn in einem Interview mit Ed Yong sagte: »Jeder findet
es toll, dass es Whistleblower gibt, aber niemand mag sie.«[147]

Simonsohns engagierte Detektivarbeit steht in eklatantem Kon-
trast zu den ungenügenden Bemühungen vieler Menschen selbst in
Fällen, in denen sehr viel mehr auf dem Spiel steht. Ein schlagendes
Beispiel dafür kommt aus der Welt der Geldanlage. Guy Spier ist
ein Schüler von Warren Buffett und dessen Philosophie, unterbe-
wertete Aktien zu kaufen und so lange abzuwarten, bis sie ihren
wahren Wert erreichen. Spier dachte, er habe solch einen Rohdia-
manten in einem Unternehmen namens Farmer Mac gefunden. Dieses kaufte von Banken Hypotheken auf Farmen. Farmer Mac war
ein staatlich besichertes Unternehmen wie Freddie Mac und Fannie
Mae, die Hypotheken von privaten Wohnhäusern aufkauften. Buffett und andere kluge Investoren besaßen Anteile an Freddie Mac
und Fannie Mae. Spier kaufte Anteile von Farmer Mac und erzählte einigen seiner Hedgefonds-Freunde von seiner Entdeckung. Er
hoffte, dass sie ebenfalls auf steigende Aktienkurse des Unternehmens wetten würden.[148]

Einige Wochen später hörte er von einem dieser Freunde. Bill
Ackman, der Gründer von Pershing Square Capital Management,

lud Spier in sein Büro ein, um die Investmentidee »Farmer Mac« mit ihm zu diskutieren. Kurz nach seiner Ankunft entdeckte Spier in Ackmans Büro ein Regal voller Jahresberichte und anderer Dokumente von Farmer Mac. Überall ragten Post-it-Zettel heraus, vieles war mit Leuchtstift angestrichen. Ackman hatte viel mehr Fragen gestellt als Spier, und die Antworten auf diese Fragen brachten ihn zu einer komplett anderen Einschätzung des Unternehmens: Farmer Mac war jetzt schon in großen Schwierigkeiten und würde vermutlich spektakulär pleitegehen. Anders als Freddie Mac und Fannie Mae, die eine enorme Anzahl von Standard-Hypotheken auf Privathäuser erworben hatten, investierte Farmer Mac in sehr unterschiedliche Hypotheken auf Farmen, was die Performance schwer vorhersagbar machte. Ackman investierte nicht in Farmer Mac, sondern kaufte Optionen, die ihm erlaubten, die Aktie später für weniger Geld zurückzukaufen – er setzte sein Geld also darauf, dass die Aktie fallen würde.[149]

Diese Erfahrung machte Spier nachdenklich. Er sagt heute: »Mir wurde klar, dass ich nicht mal annähernd genug über Farmer Mac wusste, um ein Investment zu rechtfertigen.« Er verkaufte seine Anteile mit geringem Gewinn. Später traf er sich mit dem Management von Farmer Mac und war kein bisschen beeindruckt, was Ackmans Meinung noch bestätigte. Ackman hatte sich bemüht, sich selbst ein Bild zu machen, das auf soliden Füßen stand. Schließlich ging es um das Geld seiner Kunden – und sein eigenes. Als dann 2008 der Markt in die Knie ging, verlor Farmer Mac fast seinen ganzen Wert.[150]

Eine erstaunlich hohe Anzahl hochgelobter, auf dem Aktienmarkt aktiver Unternehmen, haben kein klares Geschäftsmodell oder tun nicht, was sie zu tun vorgeben. Und doch kaufen die Investoren diese Aktien, ohne die richtigen Fragen zu stellen. 2010 wurde die Orient Paper Ltd. auf dem Aktienmarkt mit 150 Millionen US-Dollar bewertet. Ein Team amerikanischer Investoren reiste nach China, besuchte Papierfabriken und zählte die Lkws, die hinein- und hinausfuhren, um zu sehen, ob diese Aktivitäten zu dem passten, was das Unternehmen angeblich tat – ein gutes Mittel, um abstrakte Behauptungen mit der konkreten Wirklichkeit abzugleichen. Man sah sich auch die Zahlen der Regierung an und die Berichte über das Unternehmen in den chinesischen Medien. Als die Investoren zu dem Schluss gelangten, dass die Orient Paper Ltd. ihre Einnahmen um mindestens den Faktor 10 überbewertet hatte, verkaufte man die Aktie und ging mit den Informationen an die Öffentlichkeit. Zwölf Jahre später hatte das Unternehmen (das in IT Tech Packaging Inc. umbenannt wurde) 90 Prozent seines Werts eingebüßt.[151]

Diese Geschichte wird in der Finanzwelt immer wieder erzählt: Michael Lewis berichtet in seinem Buch *The Big Short*, wie einige wenige Investoren viel Geld verdienten, während Banken und andere Finanzinstitute während des Zusammenbruchs des US-Immobilienmarktes ein Vermögen verloren. Warum? Diese Investoren hatten die Geschichten über die finanzschwachen Käufer gelesen, die hohe Darlehen für ein zweites Haus aufnahmen; über faszinierende Projekte, über denen bewegungslos die Kräne verharrten; und über neue Quartiere, in denen niemand lebte. Während die Banken noch mit Papieren dealten, die Hochrisikodarlehen zusammenfassten, fragten sich die Skeptiker, ob in all diesen neuen Immobilien tatsächlich einmal reale Menschen wohnen würden oder ob sie nur von Spekulanten verkauft wurden, die sich an dem bereichern wollten, was sich später als Immobilienblase herausstellte. Nur eine Handvoll Leute taten, was die Skeptiker bei Orient Paper getan hatten. Sie verließen ihre schicken Büros und reisten zu den einst heißen Märkten, wo sie sich die überall sprießenden Vorstädte und die langen Reihen leerer Häuser selbst ansahen. Ausgerüstet mit der Wahrheit über die Potemkin'sche Geldverleiher-Industrie bauten sie Shortpositionen auf dem Häusermarkt auf, warteten auf den Crash und machten damit jene Vermögen, die die weniger neugierigen Investoren verloren.

Selbstgefällige Investoren prüfen meist nicht nach, ob das Kleingedruckte im Angebot zu der Zusammenfassung passt, die der Verkäufer ihnen liefert. 2014 berichtete der Journalist Matt Levine die Geschichte um die Caesars Entertainment Operating Company, eine Tochtergesellschaft des Caesars-Casino-Konglomerats (das einen verwirrend ähnlichen Namen trägt, nämlich »Caesars Entertainment Corporation«.) Man legte für das Unternehmen eine Anleihe auf. Im Prospekt hieß es, »die Anteile werden vorbehaltlos und unwiderruflich garantiert von der Caesars Entertainment Corporation«. Diese Formulierung ließ vermuten, dass die Muttergesellschaft die Schulden der Tochtergesellschaft unter allen Umständen bezahlen würde. Jeder Investor, der es nicht schaffte, sich durch den Prospekt bis nach hinten zu Seite 106 zu lesen, hätte nicht gewusst, dass es einige spezielle Situationen gab, in denen die Garantie nicht greifen würde – was den Wert der Anleihen deutlich schmälerte.

Mehr Fragen zu stellen ist das Gleiche, wie das Kleingedruckte zu lesen. Wenn nicht viel auf dem Spiel steht, ist es manchmal in Ordnung, diesen Schritt zu unterlassen. Aber wenn es um weitreichende Entscheidungen oder hohe Investitionsbeträge geht, dann ist das schon der Mühe wert.[152]

Fragen und ausweichende Antworten

Wenn Sie nun erkennen, dass »Effizienz« bei der Entscheidungsfindung kein guter Ratgeber ist und Ihnen Gelegenheiten zum Fragenstellen auffallen, dann bleibt immer noch das Problem, welche Fragen Sie sinnvollerweise stellen sollten. Die nützlichsten sind jene, die sich exakt auf die vorliegende Situation beziehen und Türen öffnen, die weitere Türen ins Blickfeld bringen.

Wir möchten diesen Teil des Buches beschließen mit Fragen, die fast in jeder Situation nützlich sind. Es heißt ja immer, ein Anwalt solle dem Zeugen keine Fragen stellen, deren Antwort er nicht schon kenne. Daher wollen wir uns zuerst einmal mit möglichen Antworten beschäftigen.

Auf keinen Fall sollten Sie eine Nichtantwort einfach akzeptieren. Politiker sind Meister der Kunst, auf Fragen zu antworten, die gar nicht gestellt wurden. Sie verlassen sich darauf, dass die Zuhörer die Antwort schlucken oder sie fälschlich als echte Antwort betrachten. Die Psychologen Todd Rogers und Michael Norton wiesen in Studien nach, dass viele Menschen gar nicht merken, wenn Politiker eine andere Frage beantworten als die gestellte. Vorausgesetzt, die Antwort ist geschickt formuliert und hängt zumindest ansatzweise mit der eigentlich gestellten Frage zusammen, dann merken die Leute meist gar nicht, wenn sie jemandem auf den Leim gehen.[153]

Manche dieser Nichtantworten sind vom »Placebo-Typ«: Sie geben uns das Gefühl, dass man unsere Sorgen ernst nimmt, was aber nicht der Fall ist. Als Bill Clinton bei seiner Anhörung sagte: »Ich hatte keine sexuelle Beziehung mit dieser Frau«, fühlte sich das wie eine Antwort an. Offen blieb, was er mit »sexueller Beziehung« meinte. Er leugnete also keine spezifische Aktivität. Die Regeln der

Höflichkeit und der effizienten Kommunikation setzen voraus, dass das, was ein Mensch auf eine Frage sagt, eine vollständige Antwort ist. Diese Annahmen lassen uns eine ausweichende oder leere Antwort als aussagekräftig empfinden. Journalisten merken so etwas natürlich, daher antworten sie darauf meist mit: »Das ist eine Verneinung, aber kein Dementi.«[154]

Wir können aber lernen, solche Nichtantworten zu erkennen – Antworten, die man auf Lager hat, um weitere Fragen abzuwehren. Diese Antworten sind häufig noch nicht einmal bewusst falsch. Trotzdem sollten wir sie als Signal betrachten, tiefer zu bohren. Hier ein paar dieser Klassiker, die uns immer zusammenzucken lassen.

» Wir haben unsere Sorgfaltspflicht erfüllt.«

Das hört sich gut an. Es ist auf jeden Fall überzeugender als »Wir haben uns nicht darum gekümmert.« Aber was sagt uns das nun tatsächlich?

In den meisten Lebensbereichen gibt es keine Normen dafür, welches Maß an Sorgfalt angemessen ist, ja, noch nicht einmal dafür, was wir unter »Sorgfalt« zu verstehen haben. Selbst in der Finanzwelt, wo Sorgfaltspflicht rechtlich oder vertraglich gefordert ist, ist damit nichts Bestimmtes gemeint – wie Guy Spier merkte, als er sah, wie Bill Ackman zu seiner Entscheidung gelangt war. Auch erfahrene Risikokapitalgeber lassen sich mitunter hinreißen und investieren in schicke neue Industrien, ohne vorher genauestens zu prüfen. Solange es keine klare Definition von »Sorgfaltspflicht« gibt, können wir das auch so interpretieren: »Wir glauben das.« Und dann sollten wir natürlich nachhaken, worauf sich dieser Glaube stützt.

»Das wurde validiert.«

»Validierung« in der Wissenschaft heißt, dass ein Instrument, eine Skala, ein Test oder eine andere Methode gründlich getestet wurden, um sicherzustellen, dass sie auch tatsächlich das messen, was sie zu messen angeben. Eine validierte Skala für die Messung klinischer Depressionen ist besser als eine nicht validierte. Doch die meisten, die diese Phrase verwenden, wissen gar nicht, was es bedeutet, etwas zu validieren. Wenn sie das täten, würden sie eher etwas zum Validierungsprozess sagen, statt einfach nur zu behaupten, dass es einen solchen gegeben habe. Manchmal wird etwas als »validiert« bezeichnet, nur weil es schon mal in der Praxis eingesetzt wurde, wenn auch nicht immer in derselben Form. Hier steht als nächste Frage an: »Und wie sieht der Nachweis für die Wirksamkeit aus?«

»Das wurde geprüft und bestätigt.«

Für Prüfung und Beglaubigung gibt es noch weniger Regeln als für die »Sorgfaltspflicht«. Eine Person zu »überprüfen« kann alles Mögliche heißen: so wenig wie die formlose Einholung von ein paar Referenzen oder eine Google-Suche oder so viel wie ein gründlicher Hintergrund-Check für eventuelle Sicherheitsfreigaben. (Besonders vorsichtig sollten Sie sein, wenn jemand behauptet, man habe »extreme Sicherheitsüberprüfungen« durchgeführt. So etwas gibt es nicht.)

Wie wir im Fall der CBS-Story über George W. Bush gesehen haben, ist es leicht zu behaupten, etwas sei auf seine Echtheit überprüft worden. Wie viel diese Behauptung wert ist, hängt von dem Beweis ab, den die Überprüfung erbracht hat. Wir sollten nachfragen, was genau gemacht wurde und nach welchen Informationen man gesucht hat.

»Hier eine Liste all jener Informationen, die unsere Aussage bestätigen.«

Einzelpersonen wie auch Unternehmen, die fragwürdige Produkte auf den Markt bringen wollen, listen gerne Organisationen, Sachverständige oder wissenschaftliche Artikel auf, die ihre Behauptungen angeblich bestätigen. Ein genauerer Blick darauf offenbart meist, dass die Liste nicht glaubwürdig ist. So gab Ann Freedman den Kaufinteressenten eine Liste von Sachverständigen, die die gefälschten Bilder, die sie für die Galerie Knoedler verkaufte, »in Augenschein genommen« hatten. Einer der Genannten war David Anfam, Experte für Gemälde von Mark Rothko. Er sagte später, er habe nur ein Foto von dem Gemälde zu Gesicht bekommen. Theranos, das betrügerische Bluttest-Start-up, behauptete fälschlicherweise, große Pharmaunternehmen hätten diese Technologie »umfassend geprüft und bestätigt« (hm …). Man ging sogar so weit, die Logos dieser Unternehmen ohne deren Erlaubnis auf die eigenen Berichte zu setzen. Und ein Netzwerk höchst attraktiv gestalteter Websites listet Dutzende von medizinischen Studien auf, die angeblich belegen, dass Ivermectin, ein Arzneimittel gegen Parasiten, gegen Covid-19 wirksam ist. Die meisten der aufgeführten Studien gehorchen aber nicht den üblichen Standards oder erwiesen sich aus anderen Gründen als verdächtig. Bevor wir uns von der Länge einer solchen Liste beeindrucken lassen, sollten wir uns fragen, ob die aufgeführten Personen, Unternehmen oder Studien wirklich die angeführten Behauptungen bestätigen.[155]

»Die Originale sind verloren gegangen.«

Bei vielen der Betrugsfälle, die wir uns angesehen haben, gingen aus unerklärlichen Gründen die Beweise zur Unzeit verloren. In dem Fall sollten wir unbedingt weitere Nachforschungen anstellen. Warum sollte Burkett zum Beispiel die Originaldokumente, die belegen würden, dass George W. Bush über seinen Militärdienst gelogen hatte, verbrennen, gleich nachdem er sie an eine einzige Zeitschrift geschickt hatte? Und verlieren Wissenschaftler, die ihre Resultate türken, wirklich ihre Festplatten oder löschen alte Daten im gleichen Rhythmus wie ehrliche Wissenschaftler? Bevor wir die Entschuldigung »Datenverlust« akzeptieren, sollten wir uns fragen, wieso wir jemandem vertrauen sollten, der seine Aufzeichnungen und Speichermedien nicht unter Kontrolle hat. Kopien von wichtigen Dokumenten anzufordern, ist ein einfacher Schritt, und wenn man uns erklärt, dass diese nicht mehr existieren, dann ist das eine wertvolle Information. Die Echtheit der Basquiats des Museums in Orlando wurde bestätigt durch den Brief jenes Sammlers, der sie gekauft hatte. Praktischerweise war er vor der Ausstellung verschieden, was hieß: Man konnte nicht mehr überprüfen, ob dieser Brief wirklich von ihm stammte.

» Wir werten verschiedene Quellen aus.«

Die gleiche Information aus mehreren unabhängigen Quellen zu bekommen, kann nützlich sein. Aber wenn Quellen sich gegenseitig zitieren oder mehrere Quellen sich auf das gleiche Unternehmen, denselben Experten oder den gleichen Standpunkt beziehen, dann sind diese Quellen nicht mehr wert als eine allein. Leute, die behaupten, Aliens würden routinemäßig Menschen entführen, weisen immer darauf hin, wie ähnlich die Erzählungen der »Entführten« sind, vor allem, was die Beschreibung der Aliens als Wesen mit dünnen Gliedmaßen, aber großen Köpfen und Augen angeht. Eine sorgsame Überprüfung ergab, dass solche Erzählungen erst ab 1962 auftauchen – in diesem Jahr gab es mehrere Filme und Fernsehsendungen, in denen es um solche Entführungen inklusive sexueller Aktivitäten, medizinischer Experimente und Gedächtnislöschung ging. Es ist also wenig erstaunlich, dass die meisten Berichte von Alien-Entführungen so viele Gemeinsamkeiten aufweisen. Wir müssen in jedem Fall prüfen, welcher Art diese Quellen sind, ob sie irgendwie zusammenhängen und welche Motive oder Vorurteile dahinterstehen, bevor wir uns darauf verlassen.[156]

»Aufwendig, belastbar, transparent ...«

Wir könnten eine ziemlich lange Liste all jener Wörter erstellen, die Qualität signalisieren sollen, ohne dafür Belege zu bringen. Wenn jemand sagt, man habe eine »aufwendige Untersuchung« betrieben, dann sollten wir uns eine Beschreibung geben lassen oder bis zum Beweis des Gegenteils davon ausgehen, dass sie eben nicht »aufwendig« war. Sagt jemand: »Wir bieten volle Transparenz«, dann müssen wir uns notgedrungen fragen, warum er das erzählt, statt uns einfach Einblick zu geben.

Keine Antwort ist auch eine Antwort.

Manchmal bekommen wir nicht eine Bullshit-Antwort oder eine ausweichende Antwort, sondern – überraschend oft – gar keine Antwort. Eine Kandidatin für den US-Senat aus Pennsylvania weigerte sich 2022, Fragen zu beantworten wie: »Wann sind Sie nach Pennsylvania gekommen?« Oder: »Haben Sie Ihren Abschluss an der Troy State University gemacht?« Und: »Wie heißt Ihre Heimatstadt?« (Und sie landete bei den Vorwahlen trotzdem nur weni-

ge Prozentpunkte hinter den Top-Kandidaten der Republikaner.)
Wenn wir keine Antwort erhalten oder merken, dass jemand Aus-
flüchte gebraucht, sollten wir den Mut aufbringen, einfach die Finger von der ganzen Sache zu lassen. Investoren, die von Theranos
keine zufriedenstellende Auskunft über das Prozedere erhielten, gaben der Firma einfach kein Geld. Und das galt auch für Investoren,
die sich mit Bernie Madoff unterhielten und fanden, dass er seine
Geschäfte eher verschleierte als erklärte.[157]

Wie man Türen öffnet

Wir haben uns jetzt ein paar Methoden angesehen, wie Menschen
die Beantwortung von Fragen umgehen. Wie aber bringen wir
sie dazu, »Türen zu öffnen«? Chris nahm einmal an einem Trai-
ningslager für Schachspieler teil, das von Jacob Aagaard geleitet
wurde, einem Großmeister, der andere Spieler coacht. Aagaard rät
seinen Schülern, sich vor jedem Zug drei Fragen zu stellen: Welcher Spielstein hat im Moment die schlechteste Position? Wo liegen
die Schwächen? Und was plant mein Gegner? Wer sich mit diesen
Fragen beschäftigt hat, hat fast immer eine Idee für einen guten
nächsten Zug. Wenn viel auf dem Spiel steht, empfehlen wir, eine
Liste relevanter Fragen zu erstellen, die eine Antwort erfordern und
darüber hinaus als Platzhalter für weitere Informationen dienen
können.[158]

   Wenn Sie denken, dass Ihnen noch Informationen fehlen, Sie
aber nicht sicher sind welche, oder wenn sie einfach mehr wissen
wollen, ohne ein spezielles Anliegen zu haben, dann stellen Sie doch
eine der folgenden allgemeinen Fragen:

» Was können Sie mir noch sagen?«

Eine einfache Bitte um mehr Information kann ausgesprochen nützlich sein. Auch ist es sinnvoll, mit einer unverfänglichen Frage wie dieser anzufangen, bevor Sie anschließend genauer nachhaken und zu schwierigeren Punkten kommen, die vielleicht in einer Konfrontation enden. Einer unserer Kollegen sagt immer: »Dazu würde ich gerne mehr wissen.« Und er bekommt tatsächlich mehr Antworten.[159]

» Welche Information könnte Sie dazu bringen, Ihre Meinung zu ändern?«

Wenn jemand Sie zu überzeugen versucht und von seiner Position absolut überzeugt ist, dann hat er möglicherweise noch nicht darüber nachgedacht, welche Informationen ihn von seiner Meinung abbringen würden. Diese Frage offenbart Schwächen in der Argumentation Ihres Gegenübers. Zwei ähnliche Fragen sind: »Warum könnte jemand Ihre Position kritisieren?« Oder: »Gibt es Sachverständige, die nicht Ihrer Meinung sind?« Hätten Ann Freedmans Kunden sie danach gefragt, ob es auch Experten gab, die ihre neu entdeckten Gemälde des abstrakten Expressionismus gesehen und deren Echtheit bezweifelt haben, dann hätten sie vermutlich nicht gekauft.[160]

» Können Sie noch etwas Besseres anbieten?«

Diese Art zu feilschen ist in vielen Bereichen sinnvoll. Ein Freund erzählte mir mal, dass er, wann immer er und seine Frau in einem Hotel einchecken, er der Person am Empfang erklärt, dass sie, wenn ihnen ihr Zimmer nicht gefiele, wieder herunterkommen und ein anderes verlangen würden. Die Person am Empfang würde sich also Zeit und Mühe sparen, wenn sie gleich das bessere Zimmer bekämen. Diese Methode funktioniert immer dann, wenn es die Norm ist, immer eine Option nach der anderen anzubieten. Fragen Sie: »Welche besseren Alternativen haben Sie?« Oder: »Was sind die beiden besten Alternativen?« Denn wenn Sie sich einfach nur erkundigen: »Gibt es irgendwelche Alternativen?«, dann laden Sie Ihr Gegenüber quasi ein, Nein zu sagen.

Und noch etwas ...

Sobald wir Fragen stellen, sollten wir darauf achten, dass wir uns nicht zu sehr in die neuen Informationen verlieben. Stellen Sie Fragen, aber gewichten Sie die erhaltenen Antworten nicht automatisch höher, als wenn Sie diese Informationen von vornherein gehabt hätten.

Donald Redelmeier und seine Kollegen baten 574 Ärzte, sich vorzustellen, sie säßen im Flugzeug und seien der einzige Arzt an Bord. Plötzlich komme ein Flugbegleiter auf sie zu mit der Information, ein Passagier klage über Schmerzen in der Herzgegend. Sie müssten nun entscheiden, ob der Flug zum nächsten Flughafen umgeleitet werden solle oder nicht. Die Forscher teilten die Ärzte nach dem Zufallsprinzip in zwei Gruppen ein: Eine erhielt die Information über Herzfrequenz und Blutdruck, die andere Gruppe verfügte nur über die Daten der Herzfrequenz, ihre Mitglieder wurden aber gefragt, ob sie den Blutdruck wissen möchten.[161]

Die meisten Ärzte in der zweiten Gruppe wollten auch die Blutdruckdaten wissen. Sie erhielten daraufhin die gleichen Zahlen wie die Probanden der ersten Gruppe: systolischer Druck 120 (was für einen Erwachsenen die obere Grenze eines »normalen« Wertes ist). Doch dass sie sich diesen Wert geben ließen, beeinflusste ihre Entscheidung. Von den Ärzten, die von Anfang an beide Werte kannten, sprachen sich 89 Prozent für eine sofortige Landung aus. Von jenen, die den Blutdruck erfragen mussten (und das auch taten), empfahlen nur 15 Prozent eine Landung. Ob das Flugzeug weiterfliegen soll oder nicht, ist eine Ermessensentscheidung, aber der massive Unterschied zwischen den beiden Gruppen hat nichts mit der Info zu tun, die den Ärzten zur Verfügung stand, denn diese war ja identisch.

Von Gewohnheiten zu Ködern

Im ersten Teil dieses Buches haben wir vier Gewohnheiten des Denkens und Urteilens beschrieben, die uns in den meisten Fällen nützlich sind, sich aber als Bumerang erweisen können, wenn wir es unterlassen, uns weitergehende Informationen zu besorgen. Besagte Gewohnheiten ermöglichen uns, produktiv und effizient zu arbeiten und selbstbewusst sinnvolle Entscheidungen zu treffen. Aber weil es sich dabei eben um Abkürzungen handelt, führen sie manchmal auch in eine Sackgasse oder zu Entscheidungen, die sich vielleicht richtig anfühlen, aber nichtsdestotrotz falsch sind. Wenn wir uns zu sehr auf das konzentrieren, was wir vor der Nase haben, übersehen wir manchmal die Informationen, die uns anders entscheiden lassen würden. Verlassen wir uns auf frühere Erfahrungen, um Vorhersagen zu treffen, was unserer Ansicht nach passieren sollte, laden wir andere förmlich ein, sich unsere Erwartungshaltung zunutze zu machen, um uns in die Falle zu locken. Halten wir eisern fest an unseren Überzeugungen und Glaubenssätzen, dann werden wir leicht getäuscht von Menschen, die diese kennen oder manipulieren können. Und wenn wir versuchen, so effizient wie möglich zu sein, treffen wir Entscheidungen schon, bevor wir kritische Fragen gestellt haben.

In den einfachsten Betrugsfällen nutzen Gauner nur eines dieser Denkmuster. Komplexe Betrügereien, die sich über einen gewissen Zeitraum hinziehen, ziehen nahezu das gesamte Register. Sie funktionieren, weil wir ohne diese Abkürzungen gar nicht lebensfähig wären. Und natürlich gehen wir grundsätzlich davon aus, dass wir unseren Mitmenschen trauen können. Wenn wir ständig alles überprüfen würden, würde unsere Skepsis uns letztlich lähmen. Der Knackpunkt beim Sich-nicht-täuschen-Lassen ist zu wissen, wann wir etwas akzeptieren können und wann wir weitere Nachforschungen anstellen sollten.

Wir werden am Ende des Buches noch einmal auf diesen Punkt zurückkommen, aber zuerst wollen wir uns noch vier Köder ansehen, mit denen Betrüger uns an den Haken bekommen. Sie verleiten uns dazu, jede Unwahrheit unhinterfragt hinzunehmen. So fühlen wir uns beispielsweise von Menschen oder Systemen angezogen, die auf uns stimmig wirken, von Dingen, die uns vertraut sind, von präzise und anschaulich vorgetragenen Ideen und von Strategien, die eine gewisse Wirkmächtigkeit versprechen.

Diese Köder sind sozusagen Leckerbissen für den Geist –verführerisch, köstlich und manchmal richtig klebrig, auch wenn sie weder gesund noch sättigend sind. Bei den meisten Betrugsfällen spielt wenigstens einer dieser Köder eine Rolle. Dabei ist es keineswegs irrational, nach Informationen und Chancen Ausschau zu halten, die wir attraktiv finden. Doch es wäre höchst unklug, sich darauf einzulassen, ohne vorher nachzudenken.

Teil II
Köder

5
KOHÄRENZ:
LERNEN SIE DAS RAUSCHEN
SCHÄTZEN

Wir interpretieren Kohärenz und Beständigkeit häufig als Zeichen von Qualität bzw. Echtheit und Aufrichtigkeit. Aber authentische Daten weisen immer Abweichungen auf, also das, was wir »Rauschen« nennen. Wenn wir also ein realistisches Maß an Zufall bzw. Abweichung akzeptieren, haben wir einen gewissen Schutz vor dem Betrogenwerden.

Im Februar 2022 klagte die US-Regierung Satish Kumbhani des Betrugs in fünf Fällen an und forderte das maximale Strafmaß von 70 Jahren. Man ging davon aus, dass er zu diesem Zeitpunkt in Indien lebte. Einen Monat später war er verschwunden.[162]

Kumbhani war der Gründer von BitConnect, eines Unternehmens, das seinen Kunden die Möglichkeit bot, in Kryptowährungen zu investieren – digitale Anlagegüter, deren Wert nicht an die Politik und Strategien einer Regierung gebunden ist. Bitcoin ist die erste und bekannteste Kryptowährung. Er wurde 2008 von einer oder mehreren Personen mit dem Pseudonym »Satoshi Nakamoto« aufgelegt. Die Menge aller ausgegebenen Bitcoins ist begrenzt, darin liegt der Wert dieser Währung. Es ist also im Grunde keine reguläre Währung, sondern funktioniert eher wie Gold oder Erdöl. Sie können mehr Bitcoins »minen«, indem Sie Rechenleistung (konkret: Verarbeitungszeit auf Ihrem Computer plus die dafür nötige Energie) zur Verfügung stellen, um komplexe mathematische Probleme zu lösen. Der geniale Code hinter dem Bitcoin stellt sicher, dass insgesamt niemals mehr als 21 Millionen Bitcoins unterwegs sind. In gewisser Weise ist der Bitcoin also ein wertstabilerer Rohstoff als Gold.[163]

Wie Gold und traditionelle Währungen können Sie Bitcoins kaufen und verkaufen, ohne dazu technisches Geschick oder Mining-Fähigkeiten zu benötigen. Der Preis kann von einem Tag auf den andren massiv steigen oder fallen. BitConnect versprach, diese Volatilität zu beseitigen. Ende 2017 gehörte der hauseigene BCC (Bitconnect-Coin) zu den 20 größten Kryptowährungen der Welt, obwohl er nur für Transaktionen auf der Bitconnect-Plattform eingesetzt werden konnte. Bitconnect richtete auch ein »Verleih-Programm« ein: Jeder Benutzer konnte Bitcoins einzahlen und erhielt dafür die hauseigenen BCCs. BitConnect investierte dann die Bitcoin-Einzahlungen mithilfe seines »BitConnect Trading Bot« und der »Volatility Software«, um den Nutzern stete Gewinne zu verschaffen, die von den Schwankungen der Bitcoins selbst nicht mehr betroffen sein sollten.[164]

Der Anklageschrift des Verfahrens gegen Kumbhani entnehmen wir jedoch, dass er von seinen Investoren 2,4 Milliarden US-Dollar in Bitcoins einnahm, ohne sie je zu investieren. BitConnect verbarg sein betrügerisches Geschäftsgebaren hinter einer Unzahl von Überweisungen und Transaktionen, die nie stattgefunden hatten. So gaukelte es seinen Kunden vor, dass der Wert ihrer Investments ständig stiege. Wenn Kunden ihr Geld zurück haben wollten, tätigte man die Auszahlung einfach vom Konto eines anderen Investors. Anders ausgedrückt: BitConnect war ein klassisches Schneeballsystem im modernen Gewand der Digitalwährungen.

Man nennt solche Schneeballsysteme auch Ponzi-System, nach Charles Ponzi, einem italienischen Immigranten, der in Boston lebte und 1919 einen Weg fand, viel Geld zu machen, indem er internationale Gutscheine der Post in verschiedenen Ländern aufkaufte und verkaufte. Ein solcher Gutschein konnte in Italien für 1 Dollar erworben werden, war in den USA aber 2 Dollar wert. Ponzi schickte Gewährsleuten in Italien Geld, ließ sie die Scheine aufkaufen und ihm schicken. In den USA verkaufte er sie dann und machte auf diese Weise ordentlich Gewinn.

Dieses einfache System, bei dem Ponzi aus Preisunterschieden auf verschiedenen Märkten Gewinn schlug, war in großem Maßstab nicht durchführbar und verstieß auch gegen gesetzliche Auflagen. Doch als Ponzi dies bewusst wurde, hatte er für sein System schon Investoren eingeworben. Denen garantierte er einen Gewinn von 10 Prozent *pro Monat*, etwa das 46-fache dessen, was Banken für ein Sparkonto anboten. Innerhalb eines Jahres hatte Ponzi 30 000 Kunden gewonnen. Er hatte von Rechts wegen gar keine Chance, seine Versprechen zu erfüllen. (Die Strategie mit den Gutscheinen war irgendwann nur ein Deckmäntelchen, in das er immer dann schlüpfte, wenn ein Kunde wissen wollte, woher seine Profite stammten.) Also zahlte er den älteren Kunden ihre Gewinne aus, indem er einfach die Einlagen der neuen Kunden nahm. Da die Renditen, die er versprach, absurd hoch waren, war er bald zahlungsunfähig. Man munkelte überall, er sei bankrott, woraufhin ein Run auf das System einsetzte, das schnell zusammenbrach. Die Staatsanwaltschaft schaltete sich ein, Ponzi kam vor Gericht und wurde wegen Anlagebetrugs verurteilt.[165]

Der Begriff »Ponzi-System« steht heute für Geschäfte, bei denen früher eingestiegene Teilhaber Profite abschöpfen, die auf Kosten derer gehen, die sich zu einem späteren Zeitpunkt beteiligen. Üblicherweise glauben die Opfer, dass ihr Geld in echte Vermögenswerte investiert wird. In Wirklichkeit aber wird es von den Betreibern der Betrugsmasche schlicht gestohlen, an frühere Investoren ausbezahlt oder auf die Seite gelegt, um spätere Forderungen erfüllen zu können. Die meisten Ponzi-Systeme folgen einem ähnlichen Drehbuch. Der Betrüger verspricht ungewöhnlich hohe Renditen und eine regelmäßige monatliche oder vierteljährliche Auszahlung. Und er beschreibt die Investition als absolut verlustsicher. Schlussendlich kommen diese Betrügereien – vom Strukturvertrieb über Schenkkreise bis hin zu falschen Investmentfonds – meist zu Fall, weil sich keine Hühner mehr finden, die man noch rupfen könnte. Und den Letzten beißen bekanntlich die Hunde: Diese Leute verlieren alles, was sie investiert haben.[166]

Varianten solcher Ponzi-Systeme gab und gibt es in aller Welt. Es versteht sich von selbst, dass kein seriöses Investment monatlich auch nur 5 Prozent abwirft (was 80 Prozent pro Jahr gleichkäme). Außerdem gibt es keine Investition, die vollkommen sicher vor Verlusten ist. Das, was einer »sicheren Anlage« am Nächsten kommt, sind US-Staatsanleihen. Bei 10-jähriger Laufzeit erhält man aktuell 3,5 Prozent Zinsen pro Jahr. Die höchsten Zinsen, die man dafür je bekam, lagen bei 16 Prozent im Jahr 1981. Seien Sie daher misstrauisch, sollte man Ihnen eine höhere Rendite garantieren oder eine verlustsichere Geldanlage versprechen. Machen Sie es nicht wie die Investoren, die ihr Geld Celsius anvertrauten, einem weiteren Kryptowährung-Start-up, das mit dem Slogan warb: »Die Bank ist nicht dein Freund!« Celsius bot 18,9 Prozent Zinsen pro Jahr auf in Bitcoin geführte Konten. Während 2022 der Markt in die

Knie ging, hörte man auf, Überweisungen zu tätigen. Ein Jahr später war das Unternehmen bankrott.[167]

Glatter geht's nicht

Der betrügerische »Hedgefonds« von Bernie Madoff war vermutlich das größte und am längsten existierende Ponzi-System aller Zeiten. Madoff fing schon den frühen 1960ern an, Geld für andere anzulegen, aber mit seinem Ponzi-System begann er später (möglicherweise schon in den 1970ern, ganz bestimmt ab 1993). Von diesem Moment an bis 2008, als der Betrug aufflog und der angebliche Fonds aufgelöst wurde, hatte Madoff keine einzige Investition für seine Kunden getätigt. Über die Jahre hatten ihm diese insgesamt 20 Milliarden Dollar anvertraut. Als der Fonds geschlossen wurde, hätten den Aufzeichnungen der Kunden zufolge 65 Milliarden auf den Konten sein sollen. Stattdessen waren es 222 Millionen, weniger als ein halbes Prozent dieser Summe.[168]

Obwohl Madoffs Betrug häufig dokumentiert wurde, gibt es doch keine klaren Antworten auf die Frage, wie dieses System genau funktionierte und was wir daraus lernen können. Es wird zwar stets gesagt, er habe die »Mutter aller Ponzi-Systeme« geschaffen, aber seine Methode unterschied sich von der von Ponzi in vielerlei Hinsicht. Madoff versprach seinen Investoren keine enormen Gewinne und er gab auch keine Verlustgarantien. Die meisten seiner Investoren waren viel zu klug, um auf eine so plumpe Ponzi-Masche hereinzufallen. Was Madoff stattdessen offerierte, war viel attraktiver als schnelles Geld: stetes Wachstum ohne Verlustjahre und dies bei geringer Volatilität.

Ein *konstanter*, sauberer Aufwärtstrend war Madoffs einzigartiges »Leistungsversprechen«. Er schüttete Jahr für Jahr 7 bis 14

Prozent aus, auch wenn der Markt in der Zeit, als Madoffs System lief, erhebliche Fluktuationen aufwies: zwischen 37 Prozent Verlust und 25 Prozent Gewinn. Beständigkeit beseitigt die Ungewissheit und die Angst vor negativen Resultaten. Die meisten Menschen ziehen es häufig vor, Verlustrisiken zu vermeiden, auch wenn die Akzeptanz einer gewissen Volatilität auf Dauer höhere Gewinne verspricht. Hätte jemand von 1991 bis 2007 sein Geld bei Madoff investiert, hätte er eine durchschnittliche (falsche) Jahresrendite von 10,35 Prozent eingefahren – weniger als der S&P 500-Index (die Standard-Benchmark für Aktien großer US-Unternehmen) in dieser Zeit ganz regulär abgeworfen hat: 11,29 Prozent. Madoff berichtete von Zeit zu Zeit von schlechten Monaten, aber das war das kaum wahrnehmbare Zittern eines Graphen, der sich in glatter Linie aufwärts und aufwärts bewegte. Madoffs Investoren strebten nach der Sicherheit und Stabilität von Staatsanleihen, aber mit Erträgen, die eher dem Aktienmarkt entsprachen.[169]

Menschen vermeiden riskante Wetten, selbst wenn sie ihnen einen sehr hohen Gewinn versprechen. Das liegt zum Teil daran, dass das negative Gefühl, das sich bei Verlusten einstellt, stärker empfunden wird als das positive, das sich mit Gewinnen verbindet. Stellen Sie sich eine Münzwurf-Wette vor, die in gewisser Weise dem Aktienmarkt ähnelt. Bei »Kopf« erhalten Sie 10 Dollar, bei »Zahl« jedoch verlieren Sie einen gewissen Betrag. Wie hoch darf dieser höchstens sein, damit Sie sich auf die Wette einlassen? Wenn Sie reich sind und es sich leisten können, lange zu spielen, dann wäre selbst ein Verlust von 9,99 Dollar für Zahl akzeptabel, denn mit der Zeit würden Sie bei jedem Wurf 1 Cent Gewinn machen. Die meisten Menschen aber akzeptieren einen Betrag von rund 5 Dollar, und viele sagen sogar: null. Was bedeutet: Wenn auch nur ansatzweise die Möglichkeit besteht, einen Verlust zu machen, dann spielen sie nicht.[170]

Das Verlustrisiko gehört bei jedem legalen Investment dazu. Menschen, die dagegen eine Aversion haben, fallen auf Angebote wie die von Madoff herein: eine eng begrenzte Marge jährlicher Gewinne und kaum je ein Verlustjahr. Wie neue Virusvarianten die bestehende Immunisierung überlisten können, zieht ein Madoff-System Investoren an, die ausreichend informiert sind, um nicht auf überzogene Garantien (wie bei BitConnect und Celsius) hereinzufallen, die aber offensichtlich glauben, dass stete Gewinne möglich sind. Die Finanzjournalistin Diana Henriques, die *The Wizard of Lies* (dt. etwa: Der Magier der Lügen) und die gründlichste Aufarbeitung des Falles Madoff schrieb, meint, dass Madoff-Systeme die Ponzi-Masche der Zukunft seien. Sie erzählte uns, dass viele der professionellen Investoren, die ihr Geld Madoff anvertrauten, »es offensichtlich für ihr gottgegebenes Recht hielten, risikofrei 8 Prozent pro Jahr Rendite zu machen«. Wann immer Madoff versuchte, sein Renditeversprechen unter 8 Prozent und auf einen realistischeren Wert zu korrigieren, gab es Beschwerden seitens der Kunden.[171]

Dass solche Madoff-Systeme auf dem Vormarsch sind, lässt sich vielleicht durch einen anderen Aspekt unserer Schwäche für kohärente Systeme erklären. Dieser hat nichts mit Risiko- und Verlustaversion zu tun, sondern vielmehr mit unserem mangelndem Verständnis vom und der ungerechtfertigten Abneigung gegen das Gegenteil von Konstanz – nämlich das Rauschen. In diesem Zusammenhang steht »Rauschen« für die unvermeidlich zufälligen Aspekte jedes komplexen Vorgangs. Die Temperatur steigt im Winter nicht kontinuierlich jeden Tag um ein Grad, wenn der Frühling naht. Baseball-Mannschaften erzielen nicht in jedem Spiel immer die gleiche Anzahl an Homeruns. Und die Kurse an der Börse tanzen von Tag zu Tag, von Woche zu Woche, ja selbst von Jahrzehnt zu Jahrzehnt wild auf und ab. Die Höchst- und Tiefststände einer durchschnittlichen Aktie können im Laufe eines Börsentages um mehr als 2 Prozent schwanken. Kurz gesagt: Reale Daten aus einer realen Welt weisen immer ein gewisses Rauschen auf, was heißt: Sie sind nicht vorhersagbar. Aber selbst Experten finden die Abwesenheit von Rauschen plausibel und attraktiv.[172]

Einer unserer Kollegen führte neulich eine Übung mit Teams von Investmentmanagern durch. Er zeigte ihnen einen Graphen, der Madoffs Performance über die Jahre vor dem Zusammenbruch seines Systems zeigte – im Vergleich mit drei anderen Hedgefonds und dem Markt insgesamt. Nur gab man allen vier Fonds andere Namen. Unser Kollege fragte die Manager, welchem Fonds sie das Geld ihrer Institution anvertrauen würden. Natürlich war der Graph, der Madoffs Renditen zeigte, viel glatter als der der anderen. Und doch entschieden sich alle Profis dafür – nicht ein einziger wurde misstrauisch. Diese konstante Entwicklung war ein höchst attraktiver Köder, obwohl Madoffs unmögliche Renditen in diesem Rahmen noch vor wenigen Jahren heftig debattiert wurden.[173]

Es ist keineswegs unvernünftig, Unstimmigkeiten und Unbeständigkeit als Alarmsignal zu betrachten. Ein Verdächtiger, der seine Geschichte von Vernehmung zu Vernehmung ändert, lügt wahrscheinlich. Ein Multimillionär, der der Steuerbehörde erzählt, er besitze eigentlich kein Vermögen, den Banken gegenüber aber behauptet, seine Vermögenswerte seien viel mehr wert, weil er ja ein Darlehen zu einem günstigen Zinssatz haben möchte, lügt entweder in dem einen oder in dem anderen Fall. Und Politiker, die ihre Meinung ändern, je nachdem, vor welchen Leuten sie sprechen, sind vermutlich an einem öffentlichen Amt mehr interessiert als an guter Politik. Aber es gibt auch hier Grenzen. Viel zu oft glauben wir, dass starke Führungspersönlichkeiten ihre Meinung niemals ändern sollten. Und wenn sie das tun, schimpfen die Gegner sie

»Wendehals« oder »politisches Chamäleon«. Wirklich große Führer ändern ihre Meinung, wenn sich die Fakten ändern. Denn tatsächlich ist es vernünftig, seine Ansichten zu überprüfen, wenn sich neue Tatsachen ergeben.[174]

Dass das »Rauschen« eine so schlechte Presse hat, ist mehr als bedauerlich, denn eben darauf sollten wir achten. Wir sollten es erwarten und sein Fehlen bemerken. In jedem komplexen System, in das zahlreiche verschiedene Faktoren einfließen, wird sich der Ablauf kurzfristig häufig ändern. Auch wenn es langfristige Durchschnittswerte gibt, spiegeln sich diese in den kurzfristigen Messwerten nicht unbedingt wider. Die Frage: *»Und wo ist das Rauschen?«* regt uns dazu an, einen verdächtig glatten Verlauf infrage zu stellen. So können wir die Faktoren untersuchen, die zu einem bestimmten Ergebnis beitragen, und einschätzen, wie »rauscharm« sie im Einzelnen und in der Summe sind. Eine Roboter-Produktionsstraße mit einer guten Qualitätskontrolle wirft immer die gleichen Produkte aus. Sind aber unvollkommene Menschen, Materialien oder Werkzeuge an der Herstellung dieser Produkte beteiligt, wirkt sich dieses Zusammenspiel auf den ganzen Prozess aus und macht ihn weniger sauber und konsistent. Am Ende gibt es dann einfach ein paar Ausreißer. Je mehr Rauschquellen an einem Entstehungsprozess beteiligt sind, desto weniger Konsistenz und Konstanz sollten wir erwarten. Vor allem aber sollten wir aufpassen, dass wir uns nicht von kurzfristiger Beständigkeit täuschen lassen. Jeder zufallsgesteuerte Prozess kann mehrmals hintereinander die gleichen Resultate bringen – eben durch Zufall.

Wenn die Zeit Sie verrät

Menschliches Verhalten ist komplex und zwangsläufig »ver-rauscht«. Dementsprechend sollte uns eine unerklärliche Beständigkeit und Kohärenz misstrauisch machen. Das mussten wir beide erst vor Kurzem am eigenen Leib erfahren. Wir spielen beide turniermäßig Schach, aber Chris nimmt das Spiel ernster als Dan. Er fing damit schon als Fünfjähriger an, holte mit 19 einen Meistertitel und tritt heute noch bei Turnieren an. Eines Abends im Jahr 2020 spielte Chris ein paar Partien auf Chess.com. Ihm wurde ein Partner von den Philippinen zugewiesen, dessen Online-Name »lazzir« war. Ihrer Wertung zufolge waren die beiden einander ebenbürtig. Chris hatte das Gefühl, gut zu spielen, wurde aber immer frustrierter, weil lazzir jeden seiner Angriffe parierte. Schließlich machte lazzir einen raffinierten Zug mit einem Bauern und verstellte Chris' König so jeden Ausweg, bevor er Chris mit der Dame schachmatt setzte.

Auf Chess.com können Sie jede gespielte Partie in der Zusammenfassung noch einmal nachvollziehen. Und es gibt genaue Daten zu jedem Zug. Diese Zusammenfassung zeigte, dass lazzirs Züge zu 94 Prozent optimal waren, was bedeutet: Der Computeranalyse zufolge gehörten sie durchweg zu den besten Zügen, die man in der jeweiligen Situation hätte machen können. Chris hatte seinerseits schon ein paar »94-Prozenter« (oder höher) gespielt. Großmeister erreichen diesen Wert häufig, aber in diesem Spiel kam er nur auf 85 Prozent Bestzüge. Wenn Sie weniger genau spielen als Ihr Gegner, verlieren Sie fast immer. Was jedoch Chris' Aufmerksamkeit erweckte, war weniger der Unterschied in der Präzision als die Tatsache, wie unterschiedlich er und lazzir die verfügbare Zeit genutzt hatten. Im gesamten Spiel hatte lazzir für einen Zug nie weniger als 5 Sekunden oder mehr als 12 Sekunden gebraucht. Chris hingegen hatte die Eröffnungszüge in nur 1 bis 2 Sekunden gespielt, für andere Züge aber 30 Sekunden und mehr gebraucht, in einem Fall sogar volle 2 Minuten.

Erinnern Sie sich? Die merkwürdige Zeitdifferenz zwischen den einzelnen Zügen war es, die John von Neumanns Betrug auffliegen ließ. Meisterspieler verlassen sich bei ihren Eröffnungen, für die sie gewöhnlich eine Taktik haben, meist auf ihr Gedächtnis. Im späteren Spielverlauf ist mehr Nachdenken und Entscheiden gefragt. An manchen Punkten braucht es mehr Zeit, um den besten Zug zu finden oder einen schlechten zu vermeiden. Chris' zeitliche Variabilität bei seinen Zügen ist typisch für gute Spieler, was aber sollte man von lazzir halten? Es war unwahrscheinlich, dass er ein übernatürliches Talent für die richtigen Entscheidungen in so gut wie jeder Spielphase hatte. Vermutlich hatte er betrogen.

Da heute schon einfache Schachprogramme fürs Handy besser spielen als der menschliche Weltmeister, ist es gar nicht so schwer, online besser zu spielen als ein Weltmeister: Sie müssen ja nur die Züge Ihres Gegners ins Handy eingeben und spielen, was der Computer Ihnen vorschlägt. Da die Analyse des Computers fast in Echtzeit erfolgt, würde das bei jedem Zug etwa die gleiche Zeit ergeben.

Und es gab noch andere Merkmale an lazzirs Chess.com-Account, die merkwürdig anmuteten. Die Plattform berechnet eigene Ratings für jedes Spiel, das mit unterschiedlichen Zeitlimits gespielt wird. Für reguläre Spiele, in denen jeder Spieler zehn oder mehr Minuten für all seine Züge hat, stieg lazzirs Rating in elf Tagen um 1442 Punkte – nachdem es vorher etwa fünf Jahre lang gleich geblieben war. Die statistische Modellierung hinter dem Ratingsystem bedeutet, dass der lazzir, der Chris schlug, den lazzir von vor zwei Wochen mit einer Wahrscheinlichkeit von 1000 zu 1 geschlagen hätte. Kein einziger Schachspieler lernt in derart kurzer Zeit derart viel dazu. Selbst das fiktionale Schachgenie Beth Harmon aus der Streaming-Serie *Das Damengambit* hatte bei ihrem kometenhaften Aufstieg mehr Rückschläge zu verkraften.

Nicht jede Konstanz ist unerwartet. So wie ein professioneller Tennisspieler auf dem Sandplatz besser sein kann als auf dem Rasen, haben bestimmte Schachspieler bestimmte »Reaktionszeiten«. Hier gibt es tatsächlich mehr Konstanz als Variation. Rafael Nadal bezwingt auf dem Sandplatz jeden, aber er schlägt auch auf dem Hartplatz nahezu jeden Gegner. Lazzir aber schien im 10-Minuten-Spiel ein Profi zu sein, aber in schnelleren Spielen (oder bei anderen Aufgaben wie dem Lösen von Schachrätseln) eine Pfeife. Und dafür gibt es nur eine mögliche Erklärung: Der lazzir, der das 10-Minuten-Schach spielte, war nicht der gleiche wie der, der sich online an anderen Schachaufgaben versuchte.

Das Grundmuster von lazzirs Schachspiel ähnelte dem von Madoffs Renditen. Angesichts einer teuflisch komplexen Herausforderung – bei einem der schwierigsten Spiele der Welt zu gewinnen bzw. auf dem Finanzmarkt mit seinen Millionen Wettbewerbern Gewinne zu machen – waren die Ergebnisse der beiden zu konstant. Wie Madoff, der keineswegs die höchsten Gewinne an der Wall Street verzeichnete, hatte lazzir nicht das höchste Rating auf Chess.com. Aber sein Aufstieg war zu glatt, seiner Leistung fehlte es an Variabilität. Kein Mensch hätte je zustande gebracht, was er tat. Chris versucht, es nicht weiter tragisch zu nehmen, wenn er verliert, aber sein Verdacht, dass hier betrogen wurde, war zu stark. Er meldete lazzir und das gemeinsame Spiel bei den Administratoren von Chess.com. Geheimnisvollerweise hörte lazzir ein paar Tage später auf, auf dieser Website Schach zu spielen. Innerhalb weniger Monate wurde sein Account von Chess.com gelöscht, weil er die Fair-Play-Regel des Anbieters verletzt hatte. Und die Causa »lazzir«

ist kein Einzelfall: Chess.com schließt jeden Tag etwa 800 Accounts wegen Betrugs, nicht selten, weil das Verhalten der Spieler statistischen Regelmäßigkeiten gehorcht, die auf einen nichtmenschlichen Spieler hinweisen. Fehlendes Rauschen – entgegen der menschlichen Tendenz, in komplexen Situationen Fehler zu machen – ist ein wichtiges Alarmsignal.[175]

Spür das Rauschen!

Die meisten Menschen und Organisationen sehen in dem Rauschen, das unser Verhalten einfach zeigt, ein Problem, das es abzustellen gilt. So jedenfalls die Meinung von Daniel Kahnemann, Olivier Sibony und Cass Sunstein in ihrem Buch *Noise: Was unsere Entscheidungen verzerrt*. Das »Rauschen« sei eine problematische, unkalkulierbare und ungerechtfertigte Variabilität in der Leistung von Entscheidungsträgern. Aber wenn wir vermeiden wollen, dass man uns über den Tisch zieht, dann ist das Rauschen unser bester Freund. Natürlich gibt es keine einfache, immer und überall anwendbare Regel, wie viel Rauschen zu erwarten ist. Doch die folgenden drei Grundprinzipien ermöglichen Ihnen herauszufinden, ob die Resultate, die man Ihnen vorlegt, zu rauscharm sind, um wahr sein zu können.[176]

Erstens: *Gewöhnlich weist die echte, unverfälschte Performance von Menschen eine höhere Schwankungsbreite auf, als wir annehmen.* 2016 gewann Leicester City die Meisterschaft in der englischen Premier League, obwohl die Chancen dafür 5000 zu 1 standen. Leicester City gehört deswegen aber keineswegs zu den Eliteklubs. Die vorherige Saison beendeten sie als 14. von 20 Vereinen und in der Saison danach belegten sie den 12. Platz. Ihre Leistung von der einen auf die nächste Spielzeit kreist meist um das langjährige Mittel. So ähnlich wie ein Spieler, der bei Freiwürfen im Basketball die 80-Prozent-Marke hält, keineswegs in jedem Spiel 80 Prozent seiner Freiwürfe versenkt. So wie auch ein .250-Hitter beim Baseball nicht in jedem Spiel bei vier Versuchen einen Hit erzielt.[177]

Was für den Sport gilt, gilt natürlich auch für den Finanzmarkt – kein Investment wird konstant die gleichen Renditen abwerfen. Bruno Iksil, der Trader, der unter dem Namen »The London Whale« bekannt wurde, verlor 2012 mehrere Milliarden Dollar für JPMorgan Chase, weil er mit Derivaten darauf wettete, dass der Wert bestimmter Anleihen keine größere Volatilität aufweisen würde. Falls doch, würde der Hebel bei diesen Geschäften dafür sorgen, dass die Bank enorm viel Geld verliert. Und es stellte sich heraus, dass das, was Iksil für niedrige Volatilität hielt, auf einen einfachen Fehler in einem Excel-Sheet zurückging: Es wurde die falsche Formel benutzt, um zwei Werte zu verknüpfen. Und das war vermutlich der teuerste Excel-Fehler aller Zeiten.[178]

Zweitens: *Wir müssen auf Konstanz achten, um sie überhaupt zu bemerken.* Viele nichtprofessionelle Investoren vergleichen weder ihre Renditen mit der des Vorjahrs noch zeichnen sie über mehrere Jahre hinweg auf, um ein Gefühl für die Fluktuation zu bekommen (oder für deren Fehlen). Madoffs Kunden haben keine Abrechnungen mit klaren Grafiken und Charts erhalten. Sie hatten auch keinen Online-Zugriff auf ihre Konten, wie das heute für jedes simple Wertpapierdepot üblich ist. Sie bekamen vielmehr einen Packen von Wertpapierabrechnungen (die jene Transaktionen »bestätigten«, die auf ihrem Konto angeblich stattfanden), dessen letzte Seite den Kontostand zeigte. Die meisten Madoff-Kunden bemerkten vermutlich noch nicht einmal, dass es kaum je Monate mit negativer Rendite gab. Ebenso wie Chris während seines Spiels mit lazzir nur merkte, dass dieser schnell und gut spielte – aber nicht, dass sein Timing geradezu unmenschlich konstant war. Das erkannte er erst, als er das Timing über alle Züge hinweg prüfte. Manchmal müssen wir bewusst nach der Abwesenheit von kurzfristigem Rauschen suchen, um eine übermäßige Beständigkeit zu erkennen.

Drittens: *Untersuchen Sie, ob eine verdächtige Leistung bei einer bestimmten Person mehr Konstanz aufweist als bei anderen, die auf derselben Tätigkeit unterwegs sind.*

Als Uri Simonsohn nachprüfen wollte, ob Dirk Smeesters zu wenige Vielfache von fünf angegeben hatte für den Preis, den seine Probanden für ein schickes T-Shirt angeblich zu zahlen bereit waren, führte er die gleiche Studie durch und sah sich deren Verteilungsmuster ebenso an wie das anderer Studien zur »Zahlungswilligkeit«. Nachdem Madoffs System aufgeflogen war, verglich ein Buchhalter namens Michael De Vita im Auftrag von mehreren Opfern Madoffs Jahresrenditen mit einer Benchmark. Er sammelte die entsprechenden Daten von 16 bekannten Fonds von vier führenden Investmentanbietern (Fidelity, Janus, American und Vanguard). Dabei stellte sich heraus, dass deren Jahresrenditen nicht nur vergleichbar, sondern teils sogar besser ausfielen als die von Madoff. Daraus schloss er: »Die von Madoff angegebenen Renditen standen im Einklang mit jenen, die ein Investor sinnvollerweise erwarten kann, wenn er langfristig in den Markt investiert.« Das stimmt zwar, aber De Vita versäumte es, die Konstanz von Madoffs Renditen mit der anderer Fonds zu vergleichen. Es gehört zu den Naturgesetzen des Finanzmarktes, dass höhere Renditen immer auch höhere Risiken voraussetzen. (Eine Version der bekannten Regel: »Es gibt kein kostenloses Mittagessen.«) Wir prüften De Vitas Daten und stellten fest, dass jene Fonds, die eine mit Madoffs Angaben vergleichbare Rendite erzielten, durchschnittlich eine um das Sechsfache höhere Volatilität aufwiesen, als Madoff sie angab. Und kein einziger dieser Fonds hatte eine niedrigere Volatilität.[179]

Auf der Zunge

Am Ende des klassischen Poker-Movies *Rounders* stellt sich die von Matt Damon gespielte Hauptfigur, Mike McDermott, seiner Nemesis, Teddy KGB (gespielt von John Malkovich). Dieser ist ein unangenehmer Pokerspieler mit einem zweifelhaften russischen Akzent, der in New York einen geheimen Pokerklub führt. Mike muss Mann gegen Mann im letzten Spiel so viel Geld gewinnen, dass er seine Spielschulden bezahlen kann, oder die Mafia sorgt auf andere Weise dafür, dass sie ihr Geld bekommt. Während des zermürbenden Spiels fällt Mike auf, dass KGB immer etwas Seltsames mit den Keksen anstellt, die er sich nebenher einverleibt. Wenn KGB das bestmögliche Blatt hat, bricht er den Keks in der Mitte auseinander, bevor er ihn isst. Mike bemerkt diesen »Tell«, ein verräterisches Signal, und wirft hin, obwohl er ein gutes Blatt hat. Dann fordert er KGB heraus, indem er ihm exakt sagt, welche Karten er gehabt haben muss. Das verwirrt KGB derart, dass er so viel verliert, wie Mike gewinnen muss.

Poker-Tells sind Verhaltensweisen, mit denen Sie Ihren Gegnern unbeabsichtigt verraten, wie Sie Ihr Blatt einschätzen. Sie spielen beim Pokern nicht die entscheidende Rolle, die sie in Filmen mitunter annehmen, aber jede wahrnehmbare und beständige Verbindung zwischen dem, was wir für jeden sichtbar tun, und dem, was nur wir wissen, ist für den Gegner ein Vorteil.

Ein beständiger Tell verrät mehr, als seinem »Sender« lieb ist. Umgekehrt gilt aber auch: Wenn Sie den Tell eines anderen ausnutzen, heißt das, dass Sie dieser Person signalisieren könnten, dass Sie

Bescheid wissen. 2017 enthüllte Andre Agassi in einem Interview, wieso er den starken Aufschlag seines Rivalen Boris Becker immer so gut parieren konnte. Nachdem er die ersten drei Spiele gegen Becker verloren hatte, gewann er die nächsten neun. Agassi erzählte dem Magazin *Unscripted*, dass er einen Tell entdeckt hatte:

> *»Nun, ich sah mir eine Aufzeichnung nach der anderen von seinem Spiel an und stand ihm zu drei verschiedenen Zeiten am Netz gegenüber. Da merkte ich, dass er diesen Tick hatte, was seine Zunge anging. Kein Witz! Er machte diese schaukelnde Bewegung, die zu seiner Routine gehörte, und kurz bevor er den Ball schlug, streckte er die Zungenspitze heraus, entweder in der Mitte der Lippe oder im linken Mundwinkel. Wenn er beim Einstand am Aufschlag war und seine Zungenspitze sich in der Mitte der Lippe zeigte, würde er den Aufschlag durch die Mitte spielen oder auf den Körper. Streckte er die Zunge seitlich heraus, würde er einen Slice spielen.«*

Aber Agassi konnte sich nicht bei jedem Aufschlag auf diesen Tell verlassen, und er wusste auch warum. Niemand kann erraten, wohin ein Spieler den Ball dirigiert, weil er dies nicht konstant gleich macht. »Ich hatte kein Problem, seinen Service zu parieren. Mein Problem war, dass ich verstecken musste, dass ich das konnte, weil ich nicht wollte, dass er die Zungenspitze künftig im Mund ließ. Ich wollte sie ja sehen.« Agassi war klar, dass er diese Information nur bei wichtigen Aufschlägen verwerten durfte, damit Becker nicht merkte, dass er einen Tell hatte. Jahre später fragte Agassi seinen früheren Rivalen, ob er über diesen Tell Bescheid wusste. Augenscheinlich fiel Becker »aus allen Wolken« und erzählte Agassi, er habe früher seiner Frau immer erzählt, er habe das Gefühl, dass sein Gegner »meine Gedanken lesen« könne.[180]

Obwohl die Pokerliteratur voll von Tipps ist, wie Sie die Tells Ihres Gegners entdecken, ist es genauso sinnvoll, die eigenen so gut es geht abzustellen. Denn Ihre Tells sind schließlich für all Ihre Gegner wie ein offenes Buch. Der Ratschlag, sich zuerst auf die eigenen Tells zu konzentrieren, kommt Ihnen in jeder Situation zugute, in der Sie einem Gegner gegenüberstehen, über den Sie nichts oder nur wenig wissen. Und das gilt für Verkaufsgespräche, Geschäftsverhandlungen, Gerichtsprozesse, in der Politik und im Journalismus. In jeder Situation also, in der es Ihnen nützt, wenn Ihr Partner im Unklaren darüber bleibt, was Sie wissen (oder auch nicht).[181]

Bei den meisten Wettbewerbssituationen ist ein konstanter Tell ein Nachteil. Beim Bridge hingegen sind Tells eine Form des Betrugs. Bridge ähnelt in gewisser Weise Spielen wie Hearts (Schwarze Dame) oder Pinochle (Binokel), nur dass dabei Zweierteams gegeneinander antreten. Jeder Spieler sitzt dabei seinem Partner gegenüber. Die Kommunikation kann nur über »Gebote«-Karten erfolgen, die eine festgelegte Bedeutung haben. Ein Gebot von »1 Pik« bedeutet, dass der Spieler viel Pik hat und ein paar wertvolle Figurenkarten. Die Partner einigen sich vor dem Spiel darauf, was sie spielen wollen, aber sie müssen das ansagen. In den Regeln der American Contract Bridge League heißt es: »Alle Informationen, die Ihr Partner erhält, müssen auch Ihren Gegnern zur Verfügung stehen.« Das heißt, dass Sie mit dem Partner während des Spiels nicht reden können. Und Sie dürfen auch nicht durch Zeichen signalisieren, welche Karten Sie haben. Jeder Verstoß gegen die Regeln des öffentlichen Reizens oder das Signalisieren der Gebote würde bedeuten, dem Partner unerlaubte Informationen zu liefern.[182]

Anders als im Schach liefert mangelnde zeitliche Konstanz beim Abgeben des Gebotes dem Partner verbotene Informationen. Nehmen wir mal an, ein Spieler braucht üblicherweise fünf Sekunden, um ein Gebot abzugeben. Wenn er sich bei einem bestimmten Blatt stattdessen zehn Sekunden Zeit nimmt, sagt dies dem Partner, dass er Schwierigkeiten hat, sich zwischen den möglichen Geboten zu entscheiden, was wiederum heißt: Das Gebot steht nicht eindeutig fest. Und schon weiß der Partner mehr über das Blatt, das Sie in der Hand halten.

Die Organisatoren von Bridgeturnieren tun alles ihnen Mögliche, um eine Kommunikation außerhalb des Gebots zu verhindern. Als führende Spieler begannen, ihren Partnern Hinweise über die Anzahl der vorhandenen möglichen Trumpfkarten zu geben, indem sie die Karten mit drei, vier oder fünf Fingern hielten, stellten die Organisatoren undurchsichtige Schirme auf, sodass die Partner sich beim Reizen nicht sehen konnten. Und so gingen die Spieler zum »Fußeln« über, was wiederum zu Tafeln unter dem Tisch führte, die die Partner voneinander abschirmen. Turnierveranstalter und Spieler liefern sich einen steten Wettkampf, um neue Signalmethoden zu erfinden bzw. sie aufzudecken und abzuwehren. Aber keine dieser Maßnahmen ist vollkommen.

2015 beschuldigte man das Weltspitzenduo Fulvio Fantoni und Claudio Nunes, einander auf fehlende Figurtrümpfe hinzuweisen, indem sie ihre Karten unterschiedlich gedreht ausspielten. Die American Contract Bridge League schloss die beiden letztendlich von ihren Turnieren aus. Ausschlussverfahren von anderen Bridgeorganisationen mussten jedoch wieder zurückgenommen werden, weil die statistischen Belege nicht ausreichten, um ihnen Betrug nachzuweisen. Nichtsdestotrotz gingen die anderen Spieler davon aus, dass das Duo genau das machte. Als Italien Fantoni für sein Team bei den Europameisterschaften von 2021 nominierte, boykottierten die anderen Teams ihre Spiele gegen Italien. 2016 wurde eines der führenden israelischen Bridgeteams, Lotan Fisher und Ron Schwartz, aus der American Contract Bridge League ausgeschlossen, weil sie einander Signale gaben, indem sie das Board, das zu Beginn einer Partie alle Karten enthält, jeweils unterschiedlich aufstellten.[183]

In beiden Fällen hatten Beobachter den Verdacht, dass diese Duos betrogen, weil sie im Vergleich zu ihren Gegnern konstant zu gut abschnitten. Sie gaben perfekte Gebote ab, was den anderen Top-Duos nicht gelang. Und sie trafen unorthodoxe Entscheidungen, welche Karte es jeweils zu spielen galt. Diese ungewöhnlichen Abspiele funktionierten überraschend oft, was hieß, dass dahinter Informationen standen, die andere nicht hatten. Solche Muster sind meist Hinweise auf einen illegalen Tell, was das Bridge-Äquivalent zu Boris Beckers rausgestreckter Zunge wäre. Anders als bei Becker müssen Falschspieler beim Bridge ihren Tell kennen, weil hier zum Betrug die Absprache mit dem Partner gehört.

Habe ich Sie nicht schon mal irgendwo gesehen?

Wie beim Schach und beim Investment kann zu viel Beständigkeit auch in der Wissenschaft einen Hinweis auf Fehlverhalten darstellen. In manchen Fällen ist das konsistente Erscheinungsbild so extrem, dass es überhaupt keine Variabilität gibt und keine andere Erklärung als die, dass Daten oder Grafiken einfach kopiert wurden.

Im Jahr 2000 veröffentlichte Jan Hendrik Schön, Physiker am angesehenen Forschungsinstitut Bell Labs in New Jersey, fünf Aufsätze in dem renommierten amerikanischen Wissenschaftsmagazin *Science* und weitere drei im britischen Rivalen *Nature*. Das Jahr darauf publizierte er je vier Aufsätze in beiden Magazinen, was insgesamt 16 Aufsätze in zwei Jahren ausmacht – die Gesamtzahl der in diesen Artikeln behaupteten Durchbrüche entsprach der, die im selben Zeitraum sämtliche Mitarbeiter an einem Lehrstuhl für Physik einer führenden Universität für gewöhnlich verzeichnen. In Schöns Artikeln ging es um Superleitfähigkeit: Die sogenannten »Supraleiter« sind Materialien, die keinen elektrischen Widerstand bieten. Das war um die Jahrtausendwende ein heißes Thema in der wissenschaftlichen Diskussion. Schön schilderte Entdeckungen, die enorme praktische Konsequenzen haben würden. Und die Diagramme und Graphen seiner Resultate ließen keinen Zweifel an seinen Entdeckungen zu. Und das Beeindruckendste: Der 31-jährige Schön hatte all diese revolutionären Arbeiten selbst durchgeführt. Oder doch nicht?[184]

Die wissenschaftliche Illustration – die Schaubilder, Diagramme und Graphen, die in wissenschaftlichen Zeitschriften erscheinen und auf Konferenzen präsentiert werden – sollen Informationen vermitteln und Ideen leichter verständlich machen. Die schönen Künste hingegen sollen Emotionen hervorrufen und ästhetischen Genuss. Aber beide Darstellungsformen können überzeugen und beeinflussen. Beide inspirieren uns zu Ehrfurcht und Einsicht. Beide hinterlassen einen Eindruck von Klarheit, Eleganz und Vollkommenheit. Und beide können trügen.

Nehmen wir den Fall von Ely Sakhai und seiner Galerie Exclusive Art Ltd., den Anthony Amore in seinem Buch *The Art of the Con* eingehend beschreibt. Sakhai kaufte originale Werke von Künstlern des 20. Jahrhunderts wie Marc Chagall und Amedeo Modigliani, wenn auch nicht die besten. Dann engagierte er talentierte chinesische Künstler, die im Kopieren von Meisterwerken geschult waren. Teilweise besorgte er ihnen sogar Einreisegenehmigungen in die Vereinigten Staaten. Sakhai setzte sie sodann in ein Studio, kaufte alte Leinwände und ließ sie die Werke kopieren, die ihm tatsächlich gehörten.[185]

Warum Bilder fälschen, die man schon hat? Erstens ist es leichter, perfekte Kopien zu erstellen, wenn Sie das Original vor Augen haben. Sie können jedes noch so kleine Detail studieren, bis zum einzelnen Pinselstrich und den Markierungen auf der Rückseite der Leinwand. Zweitens ist die Tatsache, dass die Bilder Ihnen gehören, dokumentiert. Niemand hat also Grund, die Herkunft der Kopien anzuzweifeln, die Sie auf den Markt werfen. Auf diese Weise verkaufte Sakhai Hunderte von Bildern und behielt die Originale für sich selbst. Er flog auf, weil er manche der Werke doppelt verkaufte – zuerst die Kopie und dann das Original. Sein Original von Paul Gauguins *Vase de Fleurs (Lilas)* tauchte in einem Katalog von Sotheby's auf, zur selben Zeit, als eine von ihm verkaufte Kopie für den Wiederverkauf bei Christie's angemeldet wurde. Ein anderer Sammler hatte von ihm ein Gemälde von Paul Klee erstanden und sah dasselbe Bild später im Katalog von Sotheby's. Das FBI fand noch mehrere solcher Doppel, und Sakhai war in jede einzelne dieser Transaktionen verwickelt.[186]

Der mitunter dubiose Bereich der Kunstprovenienz lässt so manche Unstimmigkeit zu, aber wie der Las-Vegas-Mobster Bugsy Siegel feststellen musste, nachdem er sein Flamingo-Casino zu mehr als 100 Prozent an verschiedene Investoren verkauft hatte: »Es ist schwierig, sich herauszureden, wenn man dasselbe Stück mehrfach veräußert hat.« Ely Sakhai war sicher nicht der einzige skrupellose Kunsthändler, der das versuchte. Ungewöhnlich war nur, dass sein System mit hochwertigen Bildern und kultivierten Käufern funktionierte.

Wie Sakhai schaffte es auch Schön, für eine Weile die Experten zu täuschen. Er wurde erst dann erwischt, als seine Kollegen einige seiner angeblich zukunftsweisenden Experimente nicht replizieren konnten (und selbst zu Opfern wurden, weil sie Zeit und Mühe dafür aufwendeten). In einem Bericht hieß es, gut 100 Labore hätten vergeblich mehrere Millionen ausgegeben, als sie an Schöns Resultate anknüpfen wollten. Dann nahmen sie sich seine Aufsätze und seine verblüffenden Ergebnisse noch einmal vor. 2002 stellte eine unabhängige Untersuchungskommission, von Schöns Arbeitgeber selbst eingesetzt, fest, dass dieser seine Arbeit mehrfach »verkauft« hatte. Er hatte für einige seiner Artikel Daten fabriziert und diese Zahlen dann für andere Artikel wiederverwendet, indem er die Skalen veränderte oder alle Werte durch einen konstanten Faktor dividierte bzw. sie mit diesem multiplizierte. Die mit diesen Zahlen erstellten Graphen sahen für sich allein genommen elegant und überzeugend aus. Seite an Seite mit ihren Pendants betrachtet, wurde jedoch sofort klar, dass es sich um Kopien handelte.[187]

Sämtliche Physiker, mit Ausnahme von Jan Hendrik Schön selbst (sogar seine Co-Autoren), gehen davon aus, dass seine Resultate manipuliert waren. Stand September 2022 wurden ganze 32 Artikel von Schön von den betroffenen Wissenschaftsmagazinen zurückgezogen. Es hat Jahre gedauert, seine Veröffentlichungen zu korrigieren.[188]

Vor 20 Jahren, als Schön seine wunderschönen Schwarz-Weiß-Graphen recycelte, dachte man noch, die Manipulation wissenschaftlicher Schaubilder käme so gut wie gar nicht vor. Die Vorstellung, ganz bewusst nach gefälschten Infografiken zu suchen, galt als ungefähr so sinnvoll, wie Nadeln in Heuhaufen aufzustöbern. Heute sieht man das anderes. Gründe dafür sind u. a. die unglaubliche Vermehrung von wissenschaftlichen Magazinen und der ständige Druck auf Forscher, Durchbrüche zu erzielen und in wichtigen Zeitschriften zu veröffentlichen. Dazu kommen noch die bei vielen Magazinen laxer werdenden Standards bei der Überprüfung eingereichter Artikel.

In den späten 1990ern führte der Kognitionswissenschaftler Ron Rensink einige der ersten und wichtigsten Studien zu einem Phänomen namens »Veränderungsblindheit« durch. Dabei erweisen sich die meisten Menschen als blind für die eine, entscheidende Veränderung an einem Bild, wenn diese Änderung im Zeitraum einer kurzen Unterbrechung vorgenommen wurde, wie etwa ein Blinzeln oder ein Bildschirmblitz. In einem seiner Experimente zeigte Rensink zwei Bilder eines Flugzeugs. Bei Bild zwei fehlte einer der Motoren. Wenn sich zwischen der Präsentation der beiden Bilder für einen kurzen Moment der Bildschirm leerte, übersahen sehr viele Versuchspersonen diesen Unterschied. Solche Veränderungen zu bemerken ist schwer, aber Rensink fand heraus, dass es noch schwerer ist, in einem Gewimmel sich ständig ändernder Objekte dasjenige zu entdecken, das gleich bleibt. Stellen Sie sich vor, Sie müssten eine Form ausmachen, deren Farbe gleich bleibt, während die sie umgebenden Objekte ihre Farbe ständig ändern.[189]

Diese Schwierigkeit macht die Arbeit der niederländischen Mikrobiologin Elisabeth Bik noch beeindruckender. Bik ist unabhängige Prüferin für wissenschaftliches Fehlverhalten, eine Großmeisterin in der Disziplin, »Gleichförmigkeit« in Bildern zu entdecken, die eigentlich völlig verschieden sein müssten. Sie verlässt sich dabei auf ihre ausgeprägte Fähigkeit zur Mustererkennung, um Kopien wissenschaftlicher Abbildungen aufzuspüren, auch wenn diese so manipuliert wurden, dass sie auf den ersten Blick anders aussehen – zum Beispiel indem man sie vergrößert, verkleinert, rotiert und da oder dort ein zufälliges visuelles Rauschen einstreut. Bik hat mehrere Tausend solcher Duplikate enttarnt und war die Erste, die eine sogenannte »paper mill« aufgespürt hat – eine profitorientierte Quelle für offensichtlich fabrizierte Daten, die in 400 wissenschaftlichen Artikeln verwendet wurden. Als Bik die Zeitschrift *Mole-*

cular and Cellular Biology überprüfte, fand sie 59 Artikel – etwa 6 Prozent –, in denen sich Indizien für die Verwendung manipulierter oder duplizierter Bilder fanden. Aufgrund ihrer Arbeit wurden 5 dieser Artikel zurückgezogen und weitere 41 korrigiert.[190]

Manchmal aber ist die Wiederverwertung von Daten so offensichtlich, dass es keine besonderen Fähigkeiten zur Mustererkennung braucht, um sie aufzudecken: Es genügt, wenn man bemerkt, dass dieselben Zahlen geheimnisvollerweise in den unterschiedlichsten Artikeln auftauchen. Der Datendetektiv Nick Brown erkannte in der Arbeit des Ernährungsforschers Brian Wansink eine verdächtige Konstanz in der Anzahl der Menschen, die sich seinen Befragungen unterzogen, selbst wenn das Recruitingverfahren jeweils ein anderes war. In einer Studie beantworteten 770 Personen die 1002 verschickten Fragebogen, deren Empfänger nach dem Zufallsprinzip aus einer demografisch repräsentativen Gruppe erwachsener US-Bürger ausgewählt worden waren. Bei einer anderen Untersuchung beantworteten wieder 770 Personen 1600 verschickte Fragebogen. Bei einer dritten Studie gab es wieder 770 Antworten, dieses Mal aber waren 2000 Fragebogen verschickt worden. Wie Mr. Spock in der ursprünglichen *Star Trek*-Serie zu Captain Kirk sagen würde: »Die Wahrscheinlichkeit, dass bei drei verschiedenen Studien immer exakt 770 ausgefüllte Fragebogen zurückgeschickt werden, liegt bei ungefähr (hier dürfen Sie eine beliebige astronomisch hohe Zahl einfügen) zu eins.«[191]

Wansink gehörte zu den bekanntesten Forschern auf diesem Fachgebiet. Er trat regelmäßig im Fernsehen auf und arbeitete an den Empfehlungen der Regierung für die Ernährung von Schulkindern mit. Nick Brown und andere fingen an, seine Arbeit unter die Lupe zu nehmen, nachdem Wansink 2016 einen Blogpost verfasst hatte mit dem Titel: »Der Doktorand, der nie Nein sagte«. Darin empfahl er Rosinenpickerei, flexible Analysen und die Neuanalyse von Daten, um zu signifikanten Ergebnissen zu gelangen. Als wir diesen Post erstmals lasen, hielten wir ihn für eine Satire auf die absurden Anreize, die zu schlechter Wissenschaft führen. Als solche war er aber nicht gedacht. Tatsächlich handelte es sich um eine Anleitung für das Verzerren und Aufblasen von »Resultaten«, die Schlagzeilen garantierten.

Als Nick Brown und andere Forscher Wansinks Arbeiten überprüften, fanden sie nicht nur eine übermäßige Konstanz in den Daten, sondern auch recycelte Texte und andere fragwürdige Dinge. Aufgrund dieser Vorwürfe ließ die Cornell University eine unabhängige Untersuchung durchführen. Diese kam zu dem Schluss, dass Wansink »in seinen Forschungsprojekten und Arbeitsstipendien wissenschaftliches Fehlverhalten an den Tag legte, zu dem unter anderem die fehlerhafte Angabe von Forschungsdaten gehörte.« Wansink wurden seinen Forschungs- und Lehraufträge entzogen, woraufhin er seine Professur an der Cornell University zurückgab.[192]

Der entscheidende Unterschied zwischen »im Durchschnitt« und »jedes Mal«

Duplizierte Daten sind ein klarer Beleg für wissenschaftliches Fehlverhalten, ob dies nun auf Schlampigkeit zurückgeht oder auf bewusste Fehlleistungen. Aber selbst wenn Resultate nicht von einer Studie in die nächste kopiert werden, sollte uns eine übermäßige Übereinstimmung stutzig machen. Nehmen wir den Fall eines Artikels von Jens Förster und Markus Denzler, der 2012 in der Zeitschrift *Social Psychology and Personality Science* veröffentlicht wurde. In dem Artikel ging es um zwölf einzelne Experimente über die Auswirkung von lokalen und globalen Sinnesprozessen auf Kreativität und Entscheidungsfindung. Die Hypothese lautete, dass Menschen kreativer an kognitive Aufgaben herangehen und weniger in 0815-Mustern denken, wenn sie vor deren Lösung ein Objekt »als Ganzes« (umfassend) sinnlich wahrgenommen haben, statt sich auf dessen Details (d. h. lokal denkend) zu konzentrieren. Eine Kontrollgruppe, die kein solches »Priming« erfahren hat, sollte in ihren Ergebnissen also irgendwo zwischen diesen beiden Polen liegen. In jedem der zwölf Experimente sagte Förster einen linearen Trend vorher, der sich auch einstellte – eine gerade Linie, die den Durchschnitt der »Globaldenker« mit dem der »Lokaldenker« verband. Und die nicht geprimte Kontrollgruppe lag in jedem Fall schön in der Mitte. So mittig, dass eine Linie, die die drei Gruppen verbindet, in jeder Studie schnurgerade verliefe. Was heißt, dass die Resultate perfekt zu den Vorhersagen passten. Zu perfekt.[193]

Im Durchschnitt, wenn also viele Studien an Tausenden von Probanden durchgeführt würden, würden die Resultate der Mittelgruppe wirklich auf halbem Weg zwischen denen der beiden anderen liegen. Aber das gilt keineswegs für all die kleineren Studien, die in diesen Durchschnittswert einfließen. Wenn der Zufall regiert, dann können wir erwarten, dass die Resultate der Kontrollgruppe um den Mittelwert pendeln, wobei es auch massive Ausreißer nach oben oder unten geben kann. Hin und wieder fallen die Ergebnisse der »mittleren Gruppe« sogar höher oder niedriger aus als die der anderen Gruppen. Dass die Werte der Kontrollgruppe exakt den Mittelwert aus den beiden anderen ausmachen, ist mehr als unwahrscheinlich. Das ist ein bisschen so, als würden bei 100 Münzwürfen jedes Mal exakt 50 Mal Kopf und 50 Mal Zahl auftauchen.

Das aber geschieht nur in 8 Prozent der Fälle. Und jetzt stellen Sie sich vor, dass Sie die Münzwurf-»Studie« ein Dutzend Mal wiederholen und Sie würden jedes Mal exakt 50 Mal Kopf und 50 Mal Zahl erzielen. Das würde nur einmal in 14 Billionen Münzwurfserien passieren.

Nachdem die Niederländische Kommission für wissenschaftliche Integrität (LOWI) verschiedene wissenschaftliche Artikel von Förster unter die Lupe genommen hatte, wurde die Veröffentlichung der Studie über die zwölf Kreativitäts-Experimente zurückgezogen. Im Abschlussbericht hieß es: »Die Verschiedenheit der Werte in der Kontrollgruppe ist so unwahrscheinlich klein, dass sich dies nicht mit schlampigen Kontrollen oder fragwürdigen Forschungsmethoden erklären lässt.« In anderen Worten: Die Resultate waren zu einheitlich, um nur aus fehlerhaften Aufzeichnungen, voreingenommener Datenanalyse oder dem Ausschluss von Daten, die nicht dem Muster gehorchten, herzurühren. Zu jener Zeit hatte man Förster Forschungsgelder in Höhe von 5 Millionen Euro bewilligt und ihm einen Lehrstuhl an der Ruhr-Universität Bochum angeboten. Stattdessen verabschiedete er sich aus der Forschung und betreibt nun eine Privatpraxis für »Positive Psychologie«.[194]

Aus dem Gleichgewicht

Eine übermäßig hohe Kohärenz oder Einheitlichkeit zwischen verschiedenen Studien hat auch in anderen Fachbereichen als der Untersuchung subtiler Effekte von Wahrnehmungsprozessen auf unsere Kreativität zu Untersuchungen wegen wissenschaftlichen Fehlverhaltens geführt. So fälschte beispielsweise der japanische Biomediziner Yoshihiro Sato Daten für Dutzende von klinischen Studien über Knochenbrüche. Er berichtete ständig über massive

Verbesserungen bei allen von ihm getesteten Therapien. Aber es war eine andere Form der Konstanz, die den überzeugendsten Beweis für Probleme in Satos Arbeiten lieferte.

Während die Ernährungswissenschaftlerin Alison Avenell Aufsätze für einen von ihr geplanten Artikel studierte, fiel ihr an zwei von Satos Artikeln etwas auf: Die Gruppen, die jeweils in eine Behandlungs- bzw. eine Kontrollgruppe aufgeteilt wurden, zeigten bei vielen *vor* dem Versuch ermittelten Messwerten nahezu identische Durchschnittswerte. Klinische Versuche wie die, die Sato angeblich durchgeführt hatte, verteilen die Teilnehmer nach dem Zufallsprinzip auf zwei Gruppen: Eine erhält die Behandlung, die andere nicht. Diese Aufteilung soll sicherstellen, dass die Probanden in einer Gruppe in allen in der Studie nicht untersuchten Aspekten der in der anderen Gruppe vergleichbar sind. Genauer gesagt: Die Zufallseinteilung stellt sicher, dass es keine systematische *Verzerrung* dahingehend gibt, wer in welcher Gruppe landet.[195]

Stellen Sie sich vor, wir würden an der Uni Spieler für ein Baseballspiel auswählen. Nennen wir die Mannschaften die »Roten« und die »Blauen«. Es wäre unfair, alle Sportskanonen den Roten zuzuteilen und alle Streber den Blauen – das wäre eine systematische Verzerrung. Wenn wir stattdessen bei jedem Kandidaten eine Münze entscheiden lassen, landen Sportskanonen bzw. Streber mit der gleichen Wahrscheinlichkeit in einem der Teams. Natürlich kann ein Team trotzdem die besseren Spieler haben, aber das wäre dann dem Zufall geschuldet und eben nicht einer systematischen Verzerrung. Die Münze bevorzugt schließlich keines der beiden Teams. Wenn wir die Teams jedes Mal per Münzwurf zusammenstellen würden, dann wiesen die durchschnittliche rote Mannschaft und die durchschnittliche blaue Mannschaft den gleichen Prozentsatz Nerds oder Sportskanonen auf. Der Auswahlprozess wäre fair, aber natürlich kann in einem einzelnen Spiel Mannschaft Rot einmal mehr Sportskanonen haben als Blau (oder umgekehrt).

Die Zuteilung nach dem Zufallsprinzip in klinischen Versuchen funktioniert genauso. Jede Person wird mit der gleichen Wahrscheinlichkeit entweder der einen oder der anderen Gruppe zugeordnet. Individuelle Unterschiede wie Bildung, Alter oder – noch wichtiger – Krankheiten, gesundheitliche Verhaltensweisen oder andere Daten, die vorhersagen, wie gut eine Person auf eine bestimmte Behandlung anspricht (auch solche, die nicht erhoben werden oder gemessen werden können), sind damit *im Durchschnitt* gleich verteilt. Das heißt: Es gibt keine systematische Verzerrung, die die behandelte Gruppe oder die Kontrollgruppe bevorteilt. Aber natürlich kann die Zufallsverteilung bei keiner Studie garantieren, dass behandelte Gruppe und Kontrollgruppe in jeder Hinsicht absolut gleich sind. Tatsächlich stellt sie sicher, dass sie genau das nicht sind. Wenn Sie in einer Studie genug Messwerte erheben, dann werden sich Unterschiede zwischen den beiden Gruppen bereits zeigen, *bevor* auch nur irgendjemand ein Medikament, ein Placebo oder etwas anderes erhält. Handelt es sich um eine kleine Studie, dann fallen manche der grundlegenden Unterschiede auch groß aus. Wenn bei einer kleinen Studie die meisten Teilnehmer um die 30 sind, nur einer ist tatsächlich über 60, dann weist die Gruppe, der dieser Proband zugeordnet wird, einen höheren Altersdurchschnitt auf. Würden Sie die Studie dann unendlich oft wiederholen, würde die Person über 60 jeweils mit der gleichen Wahrscheinlichkeit der einen oder anderen Gruppe zugeordnet, was den Altersdurchschnitt der beiden Gruppen wieder angleicht. Aber kurzfristig betrachtet ebnet die Zufallsverteilung die Werte eben nicht ein.[196]

Paradoxerweise schätzen Forscher diese Unterschiede in der Zusammenstellung nicht besonders, weil sie die Interpretation der

Wirkungsweise der untersuchten Behandlung in *dieser* speziellen Studie verkompliziert. Die Behandlung erhält kein »faires Verfahren«, wenn die behandelte Gruppe signifikant kränker ist als die Kontrollgruppe. Daher gehen weniger gewissenhafte Forscher, die überzeugende Resultate wollen, zu weit, wenn sie versuchen, diese Unterschiede einzuebnen. Aber wenn die Gruppen sich in allen Messwerten zu ähnlich sind, ist das ein Alarmsignal. In Satos Fall für wissenschaftliches Fehlverhalten. Denn in vielen seiner Studien waren die Unterschiede in der Zusammenstellung einfach nahe null.

Avenell tat sich mit Mark Bolland, Greg Gamble und Andrew Grey zusammen. Das Team sammelte 513 verschiedene Messwerte aus 32 klinischen Versuchen, die Sato zusammen mit verschiedenen Kollegen veröffentlicht hatte. Hätte Sato die Versuchspersonen tatsächlich nach dem Zufallsprinzip auf zwei Gruppen verteilt, würde man deutliche Unterschiede zwischen den Personen erwarten. Aber genauso wie Madoffs jährliche Renditen einfach zu einheitlich und konstant waren, waren die Ausgangsunterschiede (Baselineparameter) von behandelter Gruppe und Kontrollgruppe einfach viel zu nahe an null, um zufällig zu sein.[197]

Dieser Ansatz – das Vergleichen der Ausgangsunterschiede in einer oder mehreren Studien mit dem, was sich bei einer tatsächlich zufälligen Verteilung ergeben müsste – wurde von einem britischen Anästhesisten namens John Carlisle entwickelt. Er wandte die Methode auf über 5000 randomisierte und kontrollierte Versuche zur Anästhesie an, von denen 72 bereits wegen nachgewiesener Datenmanipulation bzw. Betrugs zurückgezogen worden waren. Von den zurückgezogenen Artikeln hatten 43 (60 Prozent) das gleiche Problem wie Satos Studie: zu viele konstant zu niedrige Unterschiede in den Baselineparametern. Weitere 15 Prozent der nicht zurückgezogenen Studien wiesen diese Eigentümlichkeit auf, was hieß, dass die hochgradige Übereinstimmung der Ausgangswerte erstens ein verlässliches Zeichen für getürkte Angaben war und zweitens ein deutliches Indiz dafür, dass da noch mehr Hasen im Pfeffer lagen. Carlisles Arbeit bewirkte, dass 183 wissenschaftliche Artikel eines einzigen Forschers – des japanischen Anästhesiologen Yoshitaka Fujii – zurückgezogen wurden. Er hält tatsächlich den Rekord an zurückgezogenen Artikeln in der wissenschaftlichen Literatur.[198]

Aber nicht nur Betrüger setzen auf konsistente Produkte und Dienstleistungen. Viele ganz normale Unternehmen wissen, wie sehr wir Konstanz schätzen, und geben sich jede Mühe, dass ihre Kunden immer dieselbe Erfahrung mit ihren Produkten und Dienstleistungen machen. Eine »Marke« zu haben bedeutet, dass der Kunde sich auf die Qualität des Produkts verlassen kann, ganz egal, wann oder wo er es kauft.

Die Erwartung dieser Konstante ist einer der Gründe, weshalb Unternehmen sich ihre Marken schützen lassen. Ein schlechter Hamburgerbrater, der seinen Kunden eine üble Erfahrung mit seiner Version von »McDonald's« bereitet, nimmt nicht nur dem realen McDonald's um die Ecke Umsatz weg. Er erodiert auch die Erwartungen, die Kunden im Allgemeinen an McDonald's haben, was dem Unternehmen an sich schadet. Die Produkte – wie die Burger von McDonald's – mögen nicht die besten ihrer Art sein, aber wenn sie zuverlässig immer gleich schmecken, dann wird der Kunde auf seine Chance auf bessere Qualität (in einer anderen Burgerbraterei) verzichten, um sich qualitative Einheitlichkeit zu sichern (und die weit geringere Chance, einen wirklich miesen Burger vorgesetzt zu bekommen).[199]

Beständige Qualität über eine Reihe wiederholter Erfahrungen hinweg schafft ein Gefühl der Vertrautheit, und Vertrautheit liefert nützliche Informationen, die über bloße Konstanz hinausgehen. Ein Gefühl der Vertrautheit ist gewöhnlich ein Anzeichen, dass wir das fragliche Objekt bereits kennen, dass es nicht gefährlich ist und keine unliebsamen Überraschungen bereithält. Aber auch das Signal »Vertrautheit« kann gegen uns verwendet werden. Betrüger spielen uns vor, was wir zu wissen glauben. Sie bauen falsche Marken auf oder nutzen den Vorteil, sich mit bekannten Namen zu schmücken – zumindest bis sie erwischt werden. In Kapitel 6 werden wir uns ansehen, wie der Köder der Vertrautheit uns verleitet, den Schutzschild der Skepsis abzusenken, was uns zu willigen Opfern von Betrügern macht.

6
VERTRAUTHEIT: VORSICHT BEI ALLEM, WAS SIE ZU WISSEN GLAUBEN

Wir nutzen Vertrautheit meist als Pi-mal-Daumen-Indikator für Echtheit und Rechtmäßigkeit. Wenn uns etwas vertraut vorkommt, wir aber nicht wissen warum, dann sollten wir die Möglichkeit in Betracht ziehen, dass es dem wahren Jakob nur ähnelt und jemand uns falsche Tatsachen vorgaukelt.

Im März 2021 wurde Frank Artiles, ehemaliger republikanischer Senator im US-Bundesstaat Florida, wegen Verstoßes gegen die Gesetze zur Parteienfinanzierung verhaftet. Man warf ihm auch vor, bei den Wahlen zum Senat von Florida einen Scheinkandidaten dafür bezahlt zu haben, gegen einen namensgleichen Konkurrenten anzutreten.[200]

Artiles hatte offensichtlich einem Mann namens Alex Rodriguez mehr als 40 000 Dollar bezahlt, damit dieser sich nicht als Wähler der Republikaner registrieren ließ, sondern sich als unabhängig bezeichnete. Des Weiteren hatte er ihm alle Dokumente geliefert, die für eine Kandidatur relevant waren. Rodriguez lebte nicht mehr in dem Bezirk, den er vertreten wollte, also benützte er für die Anmeldung seinen alten Führerschein mit der alten Adresse. Er führte vor der Wahl keine Wahlkampagne durch und hielt nie Reden in der Öffentlichkeit. Trotzdem erhielt er Tausende von Stimmen. Der demokratische Kandidat José Javier Rodríguez verlor mit nur 40 Stimmen Rückstand. Die Staatsanwälte verhafteten nicht nur Artiles, sondern klagten auch Alex Rodriguez wegen Verletzung der Wahlgesetze an. Er bekannte sich schuldig, kandidiert zu haben, ohne je Senator werden zu wollen. Nach seiner Verhaftung allerdings erklärte er, Artiles habe ihn übers Ohr gehauen und bot an, vollumfänglich mit den Behörden zusammenzuarbeiten.[201]

Als sogenannter »Geisterkandidat« anzutreten, ist an sich nicht strafbar, auch wenn es unethisch ist, weil es grundlegende demokratische Prinzipien verletzt. Nachforschungen des *Orlando Sentinel* ergaben, dass unbekannte Quellen nahezu identisches Werbematerial finanziert hatten, das bei drei verschiedenen Wahlen drei wenig bekannte unabhängige Geisterkandidaten unterstützte. Kurz vor der Wahl hielten die Republikaner 23 Sitze im Senat von Florida, die Demokraten 17. 20 Sitze standen zur Wahl. In allen drei Wahlgängen kosteten die »Geister« die Demokraten Wählerstimmen. Das verhalf den republikanischen Kandidaten zum Sieg. So wurde aus einem wackligen 21 zu 19 eine solide Mehrheit von 24 zu 16.[202]

Der Fall der beiden Rodriguez zeigt, wie sehr wir manchmal der Vertrautheit auf den Leim gehen. Einen Scheinkandidaten mit einem Namen antreten zu lassen, der dem des politischen Gegners gleicht oder ähnelt, ist vielleicht das krasseste Beispiel dieser Art von politischer Täuschung, aber politische Kandidaten profitieren seit Langem von ähnlich klingenden Namen. 1986 schafften es zwei vergleichsweise unbekannte Anhänger des politischen Extremisten Lyndon LaRouche, die etablierten demokratischen Kandidaten in den Vorwahlen für die Kandidatur um den Posten des Vizegouverneurs bzw. des Secretary of State von Illinois zu besiegen. Offensichtlich führte die Vertrautheit ihrer Namen (Janice Hart und Mark Fairchild) dazu, dass eher schlecht informierte amerikanische Wähler sich für sie entschieden, statt für die Demokraten mit den schwerer zu merkenden Namen (Aurelia Pucinski und George Sangmeister).[203]

Daraufhin führte ein Team von Forschern um Chris O'Sullivan 1988 eine Befragung durch: Man fragte College-Studierende, wen sie wählen würden, wenn sie nur die Namen der Kandidaten kennen würden: Fairchild oder Sangmeister. 30 Prozent der Studierenden gaben an: »Keinen der beiden« – eine vernünftige Wahl, da sie ja nichts von den beiden wussten. Von denen aber, die eine Stimme abgeben wollten, entschieden sich zwei Drittel (31 von 46) für Fairchild. Wenn es keine sinnvollen Informationen über die Positionen der einzelnen Kandidaten zu wichtigen Fragen gibt, wird der »geläufigere« Name bevorzugt.[204]

Wenn ein Mitglied der Kennedy-Dynastie eine Wahl gewinnt, kann das durchaus mit höherem politischen Geschick, dem Wählerwissen über den Kandidaten und seine Ansichten, mit mehr Finanzmitteln oder anderen Faktoren zusammenhängen. Aber es kann eben auch sein, dass der Name, der einem häufig begegnet ist, dazu führt, dass man Menschen mit diesem Namen eher wählt. Vielleicht hätte der Geisterkandidat Alex Rodriguez weniger Stimmen erhalten, gäbe es da nicht den Baseball-Superstar namens Alex Rodriguez.

Ruhm, Ruhm, Ruhm, Ruhm, Ruhm

Wie sagt Lord Henry doch so schön in Oscar Wildes *Das Bildnis des Dorian Gray*: »Es gibt nur eines auf der Welt, das schlimmer ist, als in aller Munde zu sein, und das ist, nicht in aller Munde zu sein.«[205] Wilde hat da etwas entdeckt. Denn jede Publicity verstärkt die Vertrautheit. Und wenn wir vergessen, dass die Vertrautheit, die wir empfinden, aus negativen Informationen stammt, nehmen wir sie als positives Signal. (Daher der Spruch, dass jede Publicity gute Publicity ist.)

Haben Sie je von Sebastian Weisdorf, Valerie Marsh und Adrian Marr gehört? Eine Studie von 1989 machte sie über Nacht berühmt und lieferte so den Beleg für Wildes Erkenntnis. Die Kognitionspsychologen Larry Jacoby, Colleen Kelley, Judith Brown und Jennifer Jasechko baten Studierende, eine Liste von einprägsamen, aber unbekannten Namen wie Sebastian Weisdorf zu lesen. Später stellten sie eine längere Liste von Namen zusammen, in denen die bereits erwähnten neben Namen von berühmten Persönlichkeiten wie Roger Bannister, Minnie Pearl und Christopher Wren standen. Und man fragte die Studierenden, welcher Name zu einer berühmten Persönlichkeit gehöre. Trafen die Studierenden ihre Wahl unmittelbar, nachdem sie die ursprünglichen Namen gehört hatten, wussten sie noch, dass Weisdorf nicht berühmt war. Wenn sie die längere Liste aber 24 Stunden nach der ersten gezeigt bekamen, stieg die Wahrscheinlichkeit, dass sie Weisdorf Berühmtheit zubilligten. Sein Name war ihnen bekannt, aber die Studierenden waren nicht mehr sicher, warum. Daher interpretierten sie die Vertrautheit als Zeichen seiner Berühmtheit. Denn normalerweise sind wir mit Namen bekannter Persönlichkeiten eher vertraut als mit denen unbekannter. Es ist also durchaus vernünftig anzunehmen, dass der bekannte

Name einer uns ansonsten unbekannten Person auf deren Berühmtheit hinweist.[206]

Tatsächlich lässt sich die Vorliebe für einen bestimmten Namen steigern, indem man diesen vertrauter macht. Die Politikwissenschaftlerinnen Cindy Kam und Elizabeth Zechmeister verglichen die Vorliebe von Wählern für zwei fiktive Kandidaten: Einer hieß Mike Williams, der andere Ben Griffin. Nun ist Williams ein recht verbreiteter Nachname und sein Name stand auch als Erster auf der Wählerliste, direkt unter der Frage: »Für welchen Kandidaten würden Sie stimmen?« Zwei Drittel der Befragten entschieden sich für Williams, wenn sie ansonsten keinerlei Information über die Kandidaten hatten. Dieses Resultat passte zu anderen Studien, die zeigten, dass ein bekannter Name und die gute Positionierung auf der Wählerliste den Kandidaten Vorteile verschafft.[207]

Doch Kam und Zechmeister vermochten diese Vorschusslorbeeren zu verringern, indem sie Griffins Namen immer wieder kurz auf dem Bildschirm aufblitzen ließen, aber nie so lange, dass die Probanden sich sicher sein konnten, ihn gesehen zu haben. Unter diesen Bedingungen stimmten 13 Prozent weniger für Williams, was hieß, dass er nicht mehr 2 zu 1 gewann, sondern nur noch mit einem hauchdünnen Vorsprung vorne lag. Den Leuten Griffins Namen mehrfach unterzuschieben, steigerte die Anzahl der Wählerstimmen für ihn.

Auch wenn unbekannte Kandidaten in Vorwahlen von ihrem bekannten Namen profitieren, so dürfen wir doch in echten Wahlen keinen 13-Prozent-Vorteil erwarten, nur weil der entsprechende Name häufig fällt. Jeder derart subtile Effekt würde überdeckt von Wahlwerbung, Telefonwerbung, Nachrichten, Medienberichten und all den anderen Einflussfaktoren auf echte Wahlen, vor allem, wenn es dabei knapp hergeht. Die folgende Studie aber zeigt, dass

Vertrautheit unsere Entscheidungen in einer Weise beeinflussen kann, deren wir uns nicht einmal bewusst sind.

Forschungsarbeiten wie diese zeigen auch, warum in den amerikanischen Vorgärten und Fenstern vor einer Wahl immer Schilder mit den Namen der Kandidaten auftauchen. Sie signalisieren die Meinung der Bewohner und tragen dazu bei, einen unpopulären Kandidaten mehrheitsfähig erscheinen zu lassen. Aber sie können auch tatsächlich Wähler beeinflussen, weil sie die Bekanntheit des Kandidaten steigern. Versuche mit solchen Schildern, die nach dem Zufallsprinzip aufgestellt wurden, zeigten, dass diese tatsächlich einen geringfügigen kausalen Einfluss haben. Sie können den Stimmenanteil des Betreffenden um durchschnittlich 1,7 Prozent steigern.[208]

Das gleiche Prinzip gilt übrigens auch in anderen Lebensbereichen. Eine überzeugende, glaubhafte Botschaft, die aber aus einer fragwürdigen Quelle stammt, entfaltet zunächst keinen großen Einfluss – die Leute ignorieren sie, eben weil die Quelle zweifelhaft erscheint. Aber stetige Wiederholung macht die Botschaft überzeugender, einfach weil die Menschen damit immer vertrauter werden. Noch wirksamer sind irreführende Botschaften, die von einer vertrauenswürdigen Quelle herrühren oder in einem vertrauten Format daherkommen.[209]

Marketingspezialisten setzen regelmäßig auf »Vertrautheit«, um ein Gefühl von Wiedererkennen und Vertrauen zu erwecken. Deswegen geben Unternehmen wie Ralph Lauren oder IKEA ihren Produkten einen Eigennamen (wie das Hampton-Shirt oder das Billy-Regal). Und neue Unternehmen wählen gerne Firmennamen, die an bekannte Ikonen erinnern (wie Nikola, Hersteller des selbstfahrenden Trucks, der durch seine Namenswahl Assoziationen mit dem berühmten Erfinder Nikola Tesla einerseits und mit dem bekanntesten Unternehmen in diesem Marktsegment andererseits erweckt). In New York gab es früher Dutzende Restaurants namens »Ray's Famous Original Pizza«, die eigentlich nichts miteinander zu tun hatten. Unternehmen verwenden mitunter ähnliche Farbzusammenstellungen, Schrifttypen und andere Elemente der in ihrem Segment üblichen »Handelsaufmachung«, um die Aufmerksamkeit der Kunden auf etwas zu lenken, was diese schon kennen. In Pennsylvania, wo Chris lebt, gibt es eine Menge lokaler Unternehmen, die geriffelte Kartoffelchips anbieten – meist in Tüten, die denen von Ruffles ähneln, der Firma, die für dieses Produkt Marktführer ist.[210]

Vertrautheit und Ähnlichkeit sind für uns so wichtige Signale, dass sie unsere Entscheidungen massiv beeinflussen. Daher geben Unternehmen gewöhnlich viel Geld aus, um die Aufmerksamkeit der Öffentlichkeit auf ihre Marken zu lenken. In den 1980ern schaltete die damals neue japanische Automarke Infiniti eine Reihe von TV-Werbespots, in denen nicht ein einziges Auto zu sehen war – nur um den neuen Namen bekannt zu machen, noch bevor ein einziges Produkt auf dem Markt war. Und 84 Lumber, ein damals relativ unbekannter Baustofflieferant, gab mehr als 10 Millionen Dollar für eine Werbung beim Super Bowl 2017 aus, in der weder Produkte noch Dienstleistungen beworben wurden. Stattdessen erzählte man eine positive Geschichte über Einwanderung. Bald darauf fielen Chris beim Vorbeifahren plötzlich all die 84-Lumber-Märkte auf. Er überlegte sogar, ob er nicht in einen mal reinschauen sollte.[211]

Der Kognitionspsychologe Gerd Gigerenzer meint, dass wir instinktiv von der *Wiedererkennungsheuristik* Gebrauch machen, wenn wir zwischen zwei Alternativen entscheiden sollen – und das unabhängig vom Kontext. Die Wiedererkennungsheuristik besagt schlicht und einfach: »Wenn du dir nicht sicher bist, nimm, was du kennst.« Chris hat in seinem Seminar über Urteils- und Entscheidungsfindung eine von Gigerenzers Studien praktisch angewendet, um die enorme Wirkung dieser Heuristik zu belegen. Er zeigte den Studierenden eine Liste aller Teams in La Liga, der höchsten Fußballliga in Spanien, und fragte sie, welche Teams wohl am Tage des Seminars die Tabelle anführen würden. Als Amerikaner wussten die Studierenden kaum etwas über Fußball oder Spanien. Trotzdem entschied sich die Mehrheit für Real Madrid, Atlético Madrid und den FC Barcelona. Das war in diesem Fall eine sinnvolle Wette, weil die Teams aus den bekanntesten Städten in Spanien mit hoher Wahrscheinlichkeit zu den Top-Mannschaften zählen würden. Die Wiedererkennungs- oder Rekognitionsheuristik macht unsere Tendenz zur Vertrautheit zur normativen Regel bei Entscheidungen und ist in vielen Situationen erstaunlich effektiv.

Aber diese Tendenz lässt sich natürlich auch für finstere Zwecke nutzen. Dan Davies beschreibt in seiner grundlegenden Analyse von Betrugsfällen im Geschäftsleben, *Lying for Money*, den »same name scam«, den Betrug mittels Namensgleichheit. Diesen verwendete schon die New-England-Mafia Mitte des 20. Jahrhunderts für ihre Betrügereien. Sie verschafften sich Kredite für neu gegründete Firmen, denen sie den Namen von bereits erfolgreichen Unternehmen gaben. So verschaffte sich Jho Low, ein Investor aus Malaysia, mehrere Milliarden Dollar über den malaysischen Staatsfonds 1Malaysia Development Berhad (1MDB), den er mitbegründete. Wie alle Straftäter, die komplexe und langfristig angelegte Betrugsmaschen durchziehen, machte auch Low sich fast alle Gewohnheitsreaktionen und Köder zunutze, die wir in diesem Buch beschreiben. Er setzte auf Namensgleichheit, indem er mehrere Firmen gründete, die den Namen berühmter oder auch nur etablierter Unternehmen trugen. 2012 gründete er Blackstone Asia Real Estate Partners, eine Briefkastenfirma, die mit Blackstone Inc., dem in New York angesiedelten Finanzriesen, rein gar nichts zu tun hatte. Kein Banker hätte ohne nachzuhaken hohe Summen telegrafisch auf Lows persönliches Bankkonto überwiesen. Aber an Lows falsches »Blackstone« flossen die Gelder, weil sich die Leute von dem bekannten Namen in die Irre führen ließen. 2014 nahm sich Low eine Auszeit von seinem intensiven Werben um das australische Supermodel Miranda Kerr und ließ über einen Mitarbeiter in Singapur ein Bankkonto auf den Namen »Aabar« eröffnen. Es ist wohl kein Zufall, dass dies der Name des Staatsfonds von Abu Dhabi ist. Mittels dieser Namensgleichheit ergaunerte Low über 100 Millionen US-Dollar.[212]

Chris und ein paar Freunde von der Uni probierten es mit einer ähnlichen Taktik, als sie Mitte der 1980er versuchten, ein Tech-Unternehmen zu gründen. Bevor man Silicon-Valley-Start-ups von Teenagern Milliarden an Risikokapital nachwarf, hatte ein Unternehmen, das von ein paar Neunzehnjährigen gegründet wurde, einfach keinen Kredit. Also entschieden die Jungs sich für einen Namen, der die Illusion erwecken sollte, es handelte sich um eine alteingesessene Firma: Consolidated Electronics. Ein Unternehmen, das »zusammengelegt« (*consolidated*) worden war, musste aus bereits existierenden Firmen entstanden sein wie der Energielieferant Consolidated Edison. (Bedauerlicherweise konnte Consolidated Electronics nie genug Kapital einwerben, um dem Unternehmen einen guten Start zu ermöglichen. Wir werden also nie erfahren, ob der vertraut anfühlende Name auf die Konsumenten Eindruck gemacht hätte.)

Den falschen Eindruck der Bekanntheit zu erwecken ist eine Taktik, die fast jeder einsetzt, um Produkte oder Angebote vertrauenswürdig erscheinen zu lassen. (Selbst Buchautoren können sich diesen Effekt zunutze machen, indem sie ihrem Sachbuch den Titel eines berühmten Romans und mehrfach ausgezeichneten Films geben.)

Fake-Meinungen auf echten Nachrichtenkanälen

Die Sinclair Broadcasts Group, ein der politischen Rechten zuneigendes US-amerikanisches Medienunternehmen, machte sich 2018 den Vertrauenseffekt zunutze, als in sämtlichen Fernsehstationen im Besitz der Gruppe ein lokaler Nachrichtensprecher ein Editorial verlas, in dem es um die einseitige Präsentation von Nachrichten und Fake News ging. Aaron Weiss, früherer Nachrichtenchef einer dieser Fernsehstationen, erzählte der Journalistin Nicole Lafond, dass solche »aufgezwungenen« Sendungen in seiner Station an der Tagesordnung waren. Sinclair übermittelte den Sendern vorab produzierte Videos oder Skripte, die die Nachrichtensprecher Wort für Wort verlesen mussten. Dabei mussten sie so tun, als hätten sie diese Texte selbst formuliert. Sie durften die wahre Quelle nicht nennen und hatten die vorproduzierten »Werke« tunlichst zur besten Sendezeit auszustrahlen. Die betroffenen Journalisten hatten das Gefühl, sich zwischen Verstoß gegen ihr Berufsethos oder Kündigung entscheiden zu müssen.[213]

In einem Kommentar für die *Huffington Post* schrieb Weiss: »Sinclair weiß, dass das höchste Gut der Sender ihre lokalen Nachrichtenmoderatoren sind … die zum Teil schon Sendungen moderierten, als der Sender noch nicht von Sinclair aufgekauft worden war.« Die Manager von Sinclair waren sich im Klaren darüber, dass eine Nachricht, die von einem bekannten, den Zuschauern vertrauten Sprecher verlesen wurde, weit überzeugender wirkte als eine, die von einem unbekannten Manager in der Zentrale kam. Die Medienwächter dokumentierten diese eklatante Irreführung, die Propaganda im Gewand von Nachrichten verbreitete, in einer Videomontage, in der Nachrichtenmoderatoren aus dem ganzen Land überall die gleichen Texte verlasen.[214]

Am 4. Juni 2021 verpackte *USA Today*, die auflagenstärkste US-Tageszeitung, ihre Wochenendausgabe in eine vierseitige Werbung für die Netflix-Fantasyserie *Sweet Tooth*, die wenig später anlaufen sollte. Das Design unterschied sich massiv von den üblichen Werbematerialien für Autos und Baumärkte, die gewöhnlich als Einleger und manchmal auch als Umleger mit der Zeitung kamen. Die Netflix-Anzeige jedoch sah aus wie eine ganz normale USA-Today-Titelseite mit beinahe glaubwürdigen Schlagzeilen. Nichts deutete darauf hin, dass es eben keine normale Titelseite war. Nur ganz oben stand kleingedruckt in schwarzen Buchstaben »Advertisement« (Anzeige). Auch wir ließen uns täuschen, als wir diese Ausgabe das erste Mal im Supermarkt sahen.

Diese sogenannten Advertorials, die Werbung aussehen lassen wie redaktionellen Inhalt, sind nicht neu. Schon in den 1970er-Jahren bezahlte die Mobil Corporation die *New York Times* dafür, ihre Anzeigen-Essays auf der Kolumnenseite abdrucken zu dürfen, wo das Unternehmen seine Sicht auf die Energiepolitik und andere Themen erläuterte. Diese Essays wurden zwar in einer anderen Schrifttype gedruckt, als eigener Kasten vom übrigen Text abgesetzt und zudem mit dem Mobil-Logo versehen. Nichtsdestotrotz färbte die Autorität der renommierten Umgebung ab: Sie standen ja schließlich neben den Beiträgen bekannter und geachteter Kolumnisten einer altehrwürdigen Zeitung, Leute wie William Safire und Russell Baker.[215]

Die schrittweise Umwandlung von Bekanntheit in Vertrauen ist ein seltsames Phänomen. Top-Nachrichtenleute verdienen teils Millionen im Jahr, weil sie in gewisser Weise eine persönliche »Marke« sind. Und diese Marke zieht Zuschauer an, die eigentlich recht allgemeine Informationen (die Schlagzeilen des Tages) lieber von dieser Person hören als von jener. Wenn diese Stimmen quasi »gekapert« werden, damit sie als Sprachrohr die Meinung von anderen verlesen, werden die Zuschauer getäuscht, wie der Fall Sinclair zeigt.

Aber es gibt noch subtilere Formen dieses Effekts. Bevor Bernie Madoffs Hedgefonds sich in den frühen 1990ern zum Betrugsfall entwickelten, wurde der Mann wegen seiner legitimen Aktivitäten hoch geschätzt. Dazu gehörte beispielsweise seine Tätigkeit als Vorsitzender der Technologiebörse NASDAQ. Das erklärt vielleicht, warum so viele Menschen ihm ihr Geld anvertrauten. Donald Trump erlangte im Jahr 2000 nationale Bekanntheit durch seine Rolle in der Realityshow *The Apprentice*, wo er einen fiktiven »Donald Trump« spielte, einen entschiedenen, geradlinigen und unglaublich reichen Geschäftsmann. Leute, die diesen Trump kannten, eine deutlich sympathischere Ausgabe des in den 1990ern ständig in den Boulevardblättern präsenten Besitzer bankrotter Casinos, konnten sich vielleicht eher mit der Idee anfreunden, ihn als Präsidentschaftskandidat ernst zu nehmen.[216]

Wie man Wahrheiten fabriziert

In *Schöne neue Welt* schreibt Aldous Huxley: »Zweiundsechzigtausendvierhundert Wiederholungen ergeben eine Wahrheit.«[217] Da lag er um 62 399 Zähler daneben. So wie das Lesen eines Namens uns zu der Annahme verleiten kann, er wäre berühmt, wenn wir später wieder darauf stoßen, so sind wir möglicherweise schon dann bereit, an die Wahrheit einer Aussage zu glauben, wenn wir sie bloß einmal gehört haben – ungeachtet ihrer Richtigkeit. Anders als der »Falsche Berühmtheit«-Effekt, bei dem erst ein wenig Zeit verstreichen muss, damit wir die Quelle des Namens vergessen, stellt sich der »Illusorische Wahrheit«-Effekt recht prompt ein.

In einer von Emma Henderson zusammen mit Dan und dem Kollegen Dale Barr durchgeführten Studie legte man einer Stichprobe von 567 Erwachsenen aus Großbritannien eine Liste von 64 Aussagen über relativ unbekannte Fakten vor, die Hälfte wahr, die andere Hälfte falsch. Danach erhielten die Probanden andere Auflistungen solcher Aussagen: unmittelbar nach der ersten Liste, dann einen Tag, eine Woche und einen Monat später. Diese anderen Listen enthielten jeweils 16 Aussagen von der ersten Liste und weitere 16, die man Probanden noch nicht gezeigt hatte. Danach sollten die Versuchsteilnehmer den Wahrheitsgehalt der jeweiligen Aussage auf einer Skala von 1 bis 7 bewerten: 1 hieß »definitiv falsch« und 7 »definitiv wahr«. Unmittelbar nach Lektüre von Liste eins erhielt Liste zwei die durchschnittliche Bewertung 4,12. Dass sich der Wert einigermaßen in der Mitte hielt, ist nicht weiter überraschend, denn die Aussagen entstammten wenig vertrauten Themenbereichen. Die Probanden wussten also nicht, welche stimmten und welche nicht. Wenn sich eine Aussage wiederholte, dann wurde sie mit 0,68 Punkten mehr als wahr gewertet. Bislang unbekannte Aussagen erzielten eine Bewertung von 4,80. Was bedeutet: Allein die Tatsache, dass die Probanden die Aussage schon einmal gelesen hatten, verstärkte ihre Beurteilung als wahr. Dieser Effekt hielt einen Monat lang an, auch wenn die Wahr-Bewertung der bekannten Aussage dann nur noch 0,14 Punkte höher lag. Zusammengefasst heißt das: Allein die Tatsache, dass man eine bestimmte Aussage

schon einmal gelesen hatte, verleitete die Menschen zu der Einschätzung, dass diese tatsächlich wahr wäre.[218]

In Michael Ritchies Film *Bill McKay – Der Kandidat*, der 1972
in die Kinos kam, spielt Robert Redford einen jungen Anwalt, der
ein authentischerer Politiker sein möchte als sein Vater, der einst
Gouverneur von Kalifornien war. Die Parteifreunde überreden ihn,
sich in seinem Bundesstaat als Kandidat für die Wahl zum US-Senat aufstellen zu lassen. Dabei macht er die Erfahrung, dass seine
Kampagne bei der Öffentlichkeit nur dann ankommt, wenn er die
Empfehlungen seiner Berater akzeptiert und überall dieselbe for-
melhafte Rede hält. Die Rolle des Wiederholungseffektes bei der
Bildung illusorischer Wahrheiten wurde nur fünf Jahre später wissenschaftlich belegt.

Kein Wunder also, dass Wahrheitsillusionen in den letzten zehn
Jahren immer mehr zum Forschungsgegenstand wurden. Obwohl
die Mehrzahl der Forschungsarbeiten sich um eher banale Aussagen dreht und hauptsächlich die Einschätzung Studierender über
kurze Zeiträume untersucht, haben sich einige Studien mit dem
Wiederholungseffekt in Schlagzeilen, Marketingbehauptungen und
Aussagen über Gesundheit und Medizin befasst. Wie Huxley richtig erkannt hat: Wenn wir etwas nur oft genug hören, fangen wir
an, es zu glauben.[219]

Die Fallstricke von Vertrauenswürdigkeit

So wie wir vertrauten Aussagen einen höheren Wahrheitsgehalt zu-
billigen und vertrauten Namen eine größere Glaubwürdigkeit, so
nehmen wir oft charakteristische Merkmale, die Akteure ehrlich
wirken lassen, als Garantie für ehrliches Handeln. Pharmaunter-

nehmen beispielsweise haben überzeugende Websites, die auf wissenschaftliche Publikationen verlinken. Aber jeder kann diese Websites nachbauen und darüber Produkte anpreisen, bei denen unser Vertrauen fehl am Platz wäre.

Organisationen wie America's Frontline Doctors, Front Line COVID-19 Critical Care Alliance und World Council for Health haben durchweg Namen, die an renommierte medizinische Organisationen erinnern (So klingt der Name der letztgenannten verdächtig nach »World Health Organization«, also der Weltgesundheitsorganisation). Und doch haben sie während der Pandemie zweifelhafte Behandlungs- und Vorsorgemethoden propagiert, unter anderem die Einnahme von Ivermectin, einem Mittel gegen Darmparasiten, für das es keinerlei Nachweis einer Wirksamkeit gegen das Coronavirus gibt. Diese so offiziell klingenden »medizinischen« Organisationen haben schicke Websites, die wirken wie die etablierter Vereinigungen, ohne jedoch deren wissenschaftliches Fundament zu besitzen. So präsentierte sich beispielsweise ivmmeta.com mit einem ansprechend designten Webauftritt, wo über »Echtzeit-Meta-Analysen« von Ivermectin-Studien berichtet wurde. (Der Begriff hat außerhalb von Pro-Ivermectin-Websites keinerlei zugewiesene Bedeutung.) Qualität und Quantität von Belegen für eine Behauptung zu überprüfen, erfordert Zeit und Fachwissen. In diesem Fall gilt wohl das alte Sprichwort: »Wo Müll reinkommt, kommt auch Müll raus.«[220]

Unglücklicherweise haben Konsumenten, die entscheiden müssen, ob sie einer Organisation, einem Produkt oder einer Information vertrauen, häufig nicht die dafür nötigen Ressourcen zur Verfügung, um deren Glaubwürdigkeit einzuschätzen. Wir verlassen uns also meist darauf, ob etwas Ähnlichkeiten mit Dingen aufweist, die wir bereits kennen bzw. verwenden. Und wenn etwas nach Autorität klingt oder aussieht, schenken wir ihm unser Vertrauen, obwohl das ein echter Risikofaktor sein kann.

Das mag ein Grund sein, weshalb Theranos in seinen Vorstand pensionierte Militärs, Minister und andere Politiker berief. Die Besetzung mit bekannten Persönlichkeiten hatte den gewünschten Effekt auf jene Investoren, die Theranos ansprechen wollte: reiche Einzelpersonen bzw. Familien. Und sie schreckte gleichzeitig professionelle Investoren ab, vor allem solche, die sich mit Biotechnologie und Gesundheitsfürsorge, dem Geschäftsfeld von Theranos, auskannten. Wir haben bei einer Konferenz über Investments einen Hedgefondsmanager sagen hören: »Je mehr Generäle im Vorstand einer Firma sitzen, desto eher sollten Sie deren Aktien abstoßen.« Seiner Ansicht nach hat jedes Unternehmen, das es nötig hat, Investoren mit berühmten Namen und Militärs zu beeindrucken, etwas zu verbergen – möglicherweise sogar Betrügereien. Er lag mit seinem Instinkt wohl goldrichtig. Eine Studie, die die Zusammensetzung von Leitungsgremien börsennotierter Unternehmen in Verbindung brachte mit den Aktienkursen von 2000 bis 2017, ergab: Je mehr pensionierte Militärs an Bord sind, desto schlechter die Wertentwicklung. Und wenn diese Militärs gar den Rang von Generälen oder Admirälen bekleiden, entwickelt sich das Unternehmen noch schlechter. Aber angesichts dessen, was Theranos im Schilde führte, war es keine Fehlbesetzung des Vorstandes, sondern vielmehr eine sinnvolle Strategie, um die Expertenfüchse von ihrem Hühnerstall fernzuhalten.[221]

Auch Verlage nutzen den Köder Vertrautheit, um Leser zu gewinnen. In englischsprachigen Ländern werden viele Bücher im Klappentext oder zu Beginn des Buches von Autoren beworben, die Ähnliches geschrieben haben. Manche bekannten Autoren loben Dutzende Bücher pro Jahr. Wie sie wohl die Zeit finden, all diese

Bücher zu lesen und nebenher noch eigene zu schreiben? Unserer Ansicht nach ist die Glaubwürdigkeit eines solchen Lobs indirekt proportional zu der Anzahl der von den Autoren verfassten Lobhudeleien. Ein Dauer-Schönredner muss entweder alles loben, was er liest (was heißt, dass er keinen Geschmack hat), oder er liest nicht, was er lobt (was bedeutet, dass er nicht über die nötigen Informationen verfügt). Als Leser sollten Sie nichts auf solche positiven Beurteilungen geben, wenn die Autoren regelmäßig viele Empfehlungen abgeben. Im Grunde könnten wir auf diese Lobhudeleien ganz verzichten. Selbst wenn all diese Lorbeeren echt wären und die Autoren wirklich glaubten, was sie schreiben, dann wissen wir nicht, wie viele Autoren um eine Bewertung gebeten wurden, es jedoch ablehnten, eine zu schreiben. Wie wir bereits im Kapitel über Fokussierung sahen: Umwerfende Lobhudeleien – oder Arbeitszeugnisse oder Empfehlungsschreiben – sagen nichts darüber aus, wie viele neutrale, negative oder nicht geschriebene Statements wir nie zu Gesicht bekommen.[222]

Wenn eine Marketingkampagne sich komplett nur auf Testimonials stützt (nichts anderes sind diese Klappentextreferenzen), dann lassen wir uns leicht dazu verleiten, dies als Beleg zu nehmen, dass das Produkt gut ist. Wenn wir die Lobredner nicht persönlich kennen oder andere Möglichkeiten haben, den Wahrheitsgehalt ihrer Empfehlungen zu prüfen (indem wir beispielsweise vergleichen, ob andere Ratschläge sich mit unserer Meinung über das empfohlene Produkt decken), sind sie eher irreführend als hilfreich. Diese Testimonials sind vergleichbar mit den inhaltsleeren, kurzen 5-Sterne-Bewertungen: Wir erfahren meist mehr über ein Produkt aus Rezensionen, die nur vier oder zwei Sterne vergeben. Und wenn es im Chor der positiven Stimmen wenige oder gar keine negativen gibt, dann können Sie die positiven weniger ernst nehmen.[223]

Selbst Empfehlungen von bekannten, unabhängigen und glaubwürdigen Organisationen sind nicht immer aussagekräftig. Personen, die als Investoren unterwegs sind, orientieren sich häufig an
der Morningstar-Bewertung eines Fonds. Die Rating-Agentur Morningstar selbst weist regelmäßig darauf hin, dass die vergebenen
Bewertungen auf früheren Ergebnissen beruhen. Trotzdem werben
die Fondsmanager mit ihren Morningstar-Sternen. Eine Analyse im
Wall Street Journal, die die Performance von Investmentfonds über
mehrere Jahrzehnte verglich, zeigte, dass nur ein vergleichsweise
geringer Prozentsatz der Fonds mit dem begehrten 5-Sterne-Rating
dieses auch noch fünf Jahre später verdiente. Tatsächlich ist deren
Zahl etwa gleich groß wie die jener 5-Sterne-Fonds, die auf eine
1-Stern-Bewertung absanken! Die Performance in der Vergangenheit ist keine Garantie für zukünftige Renditen, aber in diesem Fall
konnte man sie nicht einmal zu einer Vorhersage heranziehen.[224]

Dass die 5-Sterne-Überflieger unter den Fonds am Ende wieder auf den Boden der Tatsachen zurückkehren, veranschaulicht
sehr schön, was man unter »Regression zur Mitte« versteht. Die
in einem bestimmten Zeitfenster besten Aktien, Verkäufer, Bands,
Mannschaften und Sportler (und überhaupt alles) werden im
Durchschnitt im nächsten solchen Zeitfenster schlechter abschneiden. Das liegt daran, dass ihr Überfliegerstatus nicht nur intrinsi-
schen, anhaltenden Eigenschaften (wie gutes Management, Talent
und Fähigkeiten) zu verdanken war, sondern auch durch zufällige
Faktoren begünstigt wurde, die in der Zukunft nicht mehr diese
oder vielleicht gar keine Rolle mehr spielen. Popularität, Berühmtheit und öffentliche Aufmerksamkeit erlangt man mitunter auch
nur deshalb, weil man zur richtigen Zeit am richtigen Ort ist. Was
immer wir als vertraut ansehen, ist vielleicht nicht so selbstverständlich gut, wertvoll oder nachahmenswert, wie es scheint. Die

Kehrseite aber ist, dass viele gute Dinge gar nicht so populär sind, wie sie sein könnten. Sie unter die Lupe zu nehmen, fördert so manchen ungeschliffenen Edelstein zutage.

So wie Ratings mitunter nicht verlässlich sind, so können uns auch Quellen, die uns bei bestimmten Dingen gute Dienste leisten, bei anderen in die Irre führen. So gibt es in den USA die FDA, die Food and Drug Administration, die Produkte und Verfahren im medizinischen Bereich genehmigt und überwacht und als vertraute und vertrauenswürdige Quelle gilt. So vertraut, dass manche Leute gar nicht wissen, was hinter dem vermeintlichen Gütesiegel »FDA approval« eigentlich steht. Medikamente inklusive Impfstoffe durchlaufen verschiedene Phasen strenger klinischer Tests, bei denen geprüft wird, ob sie schädliche Nebenwirkungen haben und ihr medizinischer Nutzen über dem von Placebos liegt.

Aber was Software oder Geräte angeht, heißt FDA-Approval nur, dass das Produkt wenig schädlich ist und möglicherweise hilft. So bekommt ein Produkt dieses Gütesiegel mitunter schon dann, wenn ein realer, praktischer Nutzen kaum überzeugend belegt ist. Ein Computerspiel zum Gehirntraining wird von der FDA als Therapiemethode zugelassen. Und natürlich wirbt der Vertrieb damit, dass es »FDA approved« ist. Kunden und Investoren gehen dann unter Umständen fälschlich davon aus, dass das Spiel genauso strenge Prüfungen durchlaufen hat wie Medikamente und Impfstoffe und seine Wirksamkeit tatsächlich belegt ist.[225]

Gehen wir phishen

Im Zeitalter der konstanten Vernetztheit und der Informationsüberflutung ist es für Betrüger leichter denn je, aus unserem Vertrauen auf Vertrautheit Profit zu schlagen. Am 19. März 2016 erhielt John Podesta, der Wahlkampfmanager von Hillary Clinton, eine ominöse E-Mail. Ein rotes Banner sagte: »Jemand hat dein Passwort.« Darunter hieß es: »Hi, John!« Der Schreibende warnte Podesta, dass jemand in der Ukraine sein Google-Passwort gehackt habe und riet ihm, auf einen blauen Kasten zu klicken, in dem stand: »Change Password«. Einem Bericht der Nachrichtenagentur Associated Press zufolge leitete Podestas Stabschef die E-Mail an die Technikabteilung weiter mit der Bitte um Überprüfung. In der Antwort hieß es, die Mail sei in Ordnung. Man kopierte einen Link hinein, um Podestas Passwort zurückzusetzen, und riet ihm, künftig die Zwei-Faktor-Authentifizierung zu nutzen. (Was hieß, dass er neben seinem Passwort pro Vorgang auch einen nur einmal gültigen Code eingeben musste, wenn er seinen Account nutzen wollte.) Obwohl die »Hi John«-E-Mail aussah wie eine authentische Mail, kam sie nicht von Google, sondern von »myaccount.google. com-securitysettingpage.tk«. Das .tk am Ende der Mail bedeutete, dass sie irgendwo aus Neuseeland kam. Es handelte sich um einen Phishingversuch, um an Podestas Passwort zu kommen. Er sollte beim Versuch, sein Passwort zurückzusetzen, sein aktuelles Passwort angeben.[226]

Vor eine falsche Adresse eine echte .com-Adresse zu setzen ist eine vergleichsweise häufig gebrauchte Taktik, weil viele Menschen dann nicht merken, dass die Mail von einer anderen Domain kommt, auch wenn der Link nicht korrekt endet. Uns entgeht eine falsche Adresse vielleicht auch deshalb, weil wir nicht alle Buchstaben und Zeichen genau genug lesen und verarbeiten, um Anomalien zu registrieren. Es ist nicht klar, ob Podesta auf den Link im blauen Kasten klickte und den Hackern sein Passwort verriet, obwohl die Einschätzung der Techies, dass die Mail in Ordnung sei, ihn möglicherweise dazu verleitete. Ob dieser Phishingversuch nun erfolgreich war oder nicht, Podestas E-Mails wurden gehackt und nur wenige Wochen vor der Wahl von 2016 auf WikiLeaks gepostet. Das Datenleck, das viele Untersuchungen auf staatlich finanzierte russische Hacker zurückführten, zog die Aufmerksamkeit der Öffentlichkeit ab von Donald Trumps Problemen und lenkte sie auf die Kontroversen um Clintons E-Mails und ihre Nutzung eines privaten Servers. Und hatte vermutlich Einfluss auf das Wahlergebnis in den entscheidenden Bundesstaaten.

Mit dem Begriff »Phishing« (hergeleitet aus »Password« und »fishing«) wird das Senden von Nachrichten bezeichnet, welche die Empfänger dazu verleiten sollen, persönliche Informationen wie Passwörter oder Kontodaten preiszugeben. Wie beim klassischen Fischen steht dahinter die Idee, dass es, wenn nur genug Leute im Meer der User anbeißen, die Mühe lohnt, die Angel auszuwerfen und zu warten. Die Ursprünge dieser Form des sozialen Hackings gehen zurück auf die allerersten Tage des E-Mail-Verkehrs Mitte der 1990er. Damals versuchten Hacker, durch Phishing Kontoinformationen von AOL zu ergattern. Podesta war wahrscheinlich Opfer des sogenannten »Speerfischens«, womit Phishingattacken auf ein konkretes Ziel gemeint sind.[227]

Phishing ist vielleicht die bekannteste Form des Social Engineering, möglicherweise weil es so leicht ist, Stil und Format bestimmter automatisierter Nachrichten zu kopieren, die wir regelmäßig erhalten: Anweisungen zum Passwort-Zurücksetzen, Lieferbenachrichtigungen, Subskriptionsbestätigungen und Nachrichten vom Administrator unserer verschiedenen Accounts. 2022 wurde ein Angestellter des Verlagshauses Simon & Schuster verhaftet, weil er sich als Verleger bzw. Literaturagent ausgab und nichtsahnende Autoren dazu bewog, ihm ihre unveröffentlichten Manuskripte zu schicken. Da seine Anfragen und die zugehörigen E-Mails sehr ähn-

lich aussahen wie die, die man von einem Literaturagenten oder
Verleger erwarten würde (er ersetzte in der E-Mail-Adresse von
Random House das »m« durch ein »rn«: XXX@penguinrandorn-
house), gingen ihm führende Autoren wie Margaret Atwood und
Prominente wie Ethan Hawke auf den Leim. Phishingattacken verlassen sich auf diesen Eindruck von Vertrautheit und unsere Neigung, schnell zu reagieren, um uns durch die Sintflut von Nachrichten zu arbeiten. Wir sind nicht perfekt darin, Abweichungen von
dem zu entdecken, was wir zu sehen erwarten. Schließlich spielen
wir nicht mit jeder E-Mail »Wo ist der Fehler?«[228]

Phishing-E-Mails sind meist der Eröffnungszug einer komplexen
und am Ende kostspieligen Form des Betrugs, die man als Business
Email Compromise (BEC) kennt. Zuerst klauen die Betrüger die
Passwörter von Angestellten, um Einblick in geschäftliche Abläufe
eines Unternehmens zu erhalten. So lange, bis sie genug wissen, um
Rechnungen zu fälschen und damit echtes Geld zu stehlen. Und obwohl die Phishingtaktiken so simpel sind, sind sie doch erstaunlich
effektiv. Bei einem Test, bei dem 2,9 Millionen E-Mails an Ange-
stellte des Gesundheitswesens geschickt wurden, reagierte beinahe
einer von sieben Mitarbeitern und klickte auf den betrügerischen
Link. In einer umfassenden Feldstudie mit 10 000 Angestellten des
niederländischen Wirtschaftsministeriums klickte ein Drittel der
Probanden auf den Link in einer verdächtigen E-Mail, die anbot,
Handy und Passwörter zu verknüpfen, um sich künftig schneller
einloggen zu können. 22 Prozent gaben auf der Website, die nach
Anklicken des Links erschien, ihr Passwort ein (in den meisten Fällen noch ihren Namen und ihre Telefonnummer). In diesem Fall hatte die Phishingmail eine falsch geschriebene Absenderadresse, ein
geändertes Logo, eine merkwürdige Grußformel und Leseranspra-
che sowie eine unübliche Extension in der verknüpften Webadresse.

Außerdem wurden zwei verschiedene Schrifttypen gebraucht. Heute wissen die meisten, dass es gefährlich ist, sein Passwort auf verdächtigen Webseiten einzugeben, aber wenn wir im Stress sind und die Phishingmail auch nur annähernd so aussieht wie eine echte Mail, dann kann jeder Mensch darauf hereinfallen.[229]

Die Social-Engineering-Hacks funktionieren, weil ihre vertraute Anmutung uns weniger vorsichtig sein lässt. Diesem Köder entgehen wir nur dann, wenn wir die Alarmsignale kennen. Der erste Schritt ist schon mal, sich zu fragen, ob eine vertraut aussehende Nachricht vielleicht nicht das ist, was sie zu sein vorgibt. Wann immer wir eine unerwartete Mail mit einem Link erhalten, sollten wir den Absender direkt kontaktieren. Sie haben eine Rechnung erhalten, können sich aber nicht erinnern, diesen Artikel bestellt zu haben? Gehen Sie auf die Website des Unternehmens und überprüfen Sie Ihre Bestellhistorie. Sie erhalten eine Warnung wegen Ihrer Steuerrückzahlung oder von Ihrem Kreditkartenanbieter über verdächtige Kontobewegungen? Antworten Sie nicht direkt auf den Text. Klicken Sie keinesfalls auf den Link und rufen Sie auch nicht die Nummer an, die in der Nachricht angegeben ist. Suchen Sie sich die Nummer Ihres Finanzamtes oder Ihres Kreditkartenanbieters heraus und rufen Sie dort an. (Und wenn Sie eine Homepage oder eine einzelne Webseite aufrufen, achten Sie darauf, dass Sie die richtige Adresse eingeben. Betrüger entwerfen mitunter Fake-Webseiten extra für Menschen, die klassische Tippfehler machen.)

Grenzen überschreiten

1993 fragte ein Autorenteam des Satiremagazins *Spy* mehrere neugewählte Mitglieder im US-Kongress, was sie gegen die ethnischen Säuberungsaktionen in Freedonia tun würden. Jay Inslee aus dem

US-Bundesstaat Washington, der 2013 Gouverneur des Staates werden sollte, antwortete: »Ich bin mit diesem Antrag nicht vertraut, ähm, aber es läuft wohl darauf hinaus, dass wir nicht für die nächsten zehn Jahre beide Augen zudrücken können.« Corrinna Brown aus Florida meinte: »Wir müssen da dringend etwas unternehmen.« Und Steve Buyer aus Indiana merkte an: »Das ist eine andere Situation als im Nahen Osten.«[230]

Buyer hatte als Einziger einigermaßen recht. Freedonia ist tatsächlich nicht der Nahe Osten. Es handelt sich dabei um einen fiktionalen Staat, der in *Duck Soup* erwähnt wird, einem Film der Marx Brothers. Inslee, Brown und andere Abgeordnete ließen sich dazu verleiten, eine Intervention der USA in einem nicht existierenden Land zu empfehlen, nur aufgrund der vertrauten Form der Frage und der Situation, die damit angesprochen wurde (paradoxerweise vielleicht auch, weil sie nicht als ungebildet gelten wollten). Kriege in Europa und Afrika waren zu jener Zeit ständig in den Nachrichten präsent. Die bedrängten Juniorpolitiker, die von internationalen Angelegenheiten noch keine Ahnung hatten, verließen sich bei ihren unklugen Statements auf die lautliche Ähnlichkeit der englischen Namen von Staaten wie *Bosnia* und *Somalia* mit Freedonia.

Die meisten Gags dieser Art funktionieren wie Speer-Phishing: Man gebraucht bekannte Formulierungen aus echten Interviews, um ein bestimmtes Zielobjekt dazu zu bringen, dem Interviewer mehr zu vertrauen, als für ihn oder sie gut ist. Diese Tricks beruhen darauf, dass sie, oberflächlich betrachtet, sehr echt und realistisch wirken. Selbst Akademiker versuchen manchmal, ihre Kollegen aufs Glatteis zu führen, indem sie erfundene Artikel veröffentlichen, um auf die immer mehr sinkenden Standards und den zunehmenden Bullshit in der Wissenschaft aufmerksam zu machen.

Die bekannteste akademische Publikumsverladung ist wohl die des Physikers Alan Sokal, der einen zu hundert Prozent sinnfreien Artikel in der geisteswissenschaftlichen Zeitschrift *Social Text* veröffentlichte. Der Titel lautete: »Grenzüberschreitungen: Zu einer Transformationshermeneutik der Quantengravitation«. Der Aufsatz kam daher wie ein klassischer postmoderner Aufsatz, nur dass er keine nachvollziehbaren Inhalte präsentierte, sondern nur einen Haufen Unsinn, der einen gutgläubigen Leser vielleicht beeindrucken würde. Einige Wochen später gab Sokal bekannt, dass es sich um einen Gag handelte, und schrieb darüber in der Zeitschrift *Lingua Franca.*[231]

Doch solche akademischen Streiche sind vergleichsweise selten, in anderen Lebensbereichen begegnen sie uns öfter. Der größte literarische Schwindel des 20. Jahrhunderts spielte sich in Australien ab. Die australischen Schriftsteller James McAuley und Harold Stewart erfanden für die Dichtung der Moderne eine neue Stimme und gaben ihr den Namen Ernest Lalor Malley. Dabei handelte es sich angeblich um einen kürzlich verstorbenen Automechaniker und Versicherungskaufmann, der keinerlei literarische Bildung erhalten, aber ein Konvolut surrealistischer Dichtung hinterlassen hatte. McAuley und Stewart brachten John Reed und Max Harris, die Herausgeber des Kunst- und Literaturmagazins *Angry Penguins,* dazu (nein, wir haben das nicht erfunden), Malley eine eigene Ausgabe zu widmen und ihn in wahren Hymnen als Genie darzustellen.[232]

So wie gute Kunstfälschung den Stil des gefälschten Malers meist sehr gut trifft, klangen auch Malleys Gedichte stark nach den Dichtern der Moderne. 1944 beschrieben Stewart und McAuley in der Zeitschrift *Sydney's Fact,* wie sie Malleys Werke geschaffen hatten:

»Wir haben das ganze tragische Lebenswerk von Ern Malley an einem Nachmittag geschrieben. Wir haben dazu die Bücher genutzt, die auf unseren Tischen lagen – das Concise Oxford Dictionary, *den gesammelten Shakespeare, ein Zitatenlexikon und so weiter. Wir schlugen die Bücher irgendwo auf und suchten irgendein Wort oder einen Satz heraus. Wir erstellten daraus Listen und verwoben sie zu sinnfreien Sätzen. Wir brachten falsche Zitate und falsche Andeutungen. Wir produzierten ganz bewusst schlechten Stil und suchten uns aus* Ripman's Rhyming Dictionary *widersinnige Reime heraus. An manchen Stellen verletzten wir ganz bewusst das Metrum.«*[233]

Die australischen Schwindler erfanden auch Zitate berühmter Menschen, die sie in Malleys Dichtung aufnahmen.

»Ich war dir böse, mein Bruder,
weil ich mich daran erinnerte, was Lenin sagte, als der Schatten
schon über sein Gesicht fiel: »Gefühle sind keine Facharbeiter.«

Teilweise waren die Verse Plagiate. In ihrer Darstellung des Falles schrieben die Schwindler: »Die ersten drei Verse des Gedichts *Culture As Exhibit* haben wir aus einem amerikanischen Bericht über die Trockenlegung der Brutkolonien von Moskitos«:

»Sümpfe, Marschen, Kiesgruben und andere
Arten von stehenden Gewässern dienen
Als Brutgebiet ...« Nun
Habe ich Dich gefunden, meine Anopheles!

Dem Ern-Malley-Schwindel gingen viele Menschen auf den Leim, auch ein prominenter britischer Literaturkritiker namens Herbert Read. Der Vorfall schadete der Tradition der dichterischen Moderne in Australien enorm. *Angry Penguins* ging nur wenige Jahre später ein, und sein Herausgeber Max Harris wurde verurteilt, weil er auch obszöne Inhalte aus Malleys Gedichten veröffentlicht hatte. Seit den 1970ern aber wird Malleys »Werk« als echte surreale Dichtung hochgeschätzt. Witzigerweise werden die Ern-Malley-Gedichte heute mehr gelesen und diskutiert als die, die Stewart und McAuley unter ihrem eigenen Namen veröffentlicht haben.

Blicken Sie auf Gewohntes in einem neuen, ungewohnten Licht

Wie Werbeleute sich der Bekanntheit von Namen oder anderer Faktoren bedienen, so schaffen auch Betrüger Situationen, in denen wir uns zu unserem Schaden auf eine gewisse Vertrautheit stützen. Wenn uns etwas bekannt vorkommt, sollten wir uns immer fragen: »*Warum sagt mir das etwas?*« Wenn wir das Gefühl haben, dass wir etwas wissen, aber keine Ahnung haben woher, wenn etwas aus uns unerfindlichen Gründen angenehm oder gut erscheint, dann ist dieses Gefühl vermutlich das Produkt von Vertrautheit und nicht von Logik. Und es besteht die Möglichkeit, dass es mit dem, wofür wir es halten, eine nur oberflächliche Ähnlichkeit hat.

Meistens ist das Gefühl, etwas zu wissen, ein korrektes Signal und daher nützlich. Wenige Menschen wissen noch, wann genau sie gelernt haben, dass George Washington der erste Präsident der Vereinigten Staaten war oder dass der Koreakrieg 1950 begann oder dass das Bremspedal im Auto links vom Gas ist oder dass ein neues Coronavirus Menschen in China dahinrafft. Wir müssen uns auf unsere Informationen einfach verlassen, auch wenn wir nicht wissen, woher wir sie haben. Aber wenn wichtige Entscheidungen von etwas abhängen, was wir »einfach wissen«, dann sollten wir – so weit wie möglich – nachprüfen, ob wir vielleicht nur glauben, etwas zu wissen, was gar nicht der Wirklichkeit entspricht.

William James schrieb zur Natur unserer Instinkte: »Kurz gesagt braucht es, was [der Philosoph George] Berkeley einen vom Lernen verdorbenen Geist nennt, damit das Natürliche uns fremdartig erscheint.« Das Natürliche fremdartig erscheinen lassen – das heißt, uns dem uns Geläufigen entfremden, indem wir kurzfristig ausblenden, was wir wissen, um neue Informationen objektiver einschätzen und ihre wahre Bedeutung erkennen zu können. Einer unserer Lektoren hat uns eine Methode der Fehlererkennung verraten, die wir bis dato nicht kannten: ein Dokument rückwärts lesen. Nicht Wort für Wort, aber Satz für Satz oder Absatz für Absatz. Wir haben das ausprobiert und festgestellt, dass unsere Erwartungen, was als Nächstes kommen sollte, auf den Kopf gestellt wurden. Wir haben Tippfehler und andere Fehler bemerkt, die uns vorher nicht aufgefallen waren.[234]

Das Vertraute wieder fremd erscheinen zu lassen, ist in vielen Bereichen eine bekannte Technik. So finden viele Künstler es leichter, eine Zeichnung zu kopieren, indem sie sie auf den Kopf stellen. Damit reduzieren sie den Effekt, den ihre Kenntnis der Zeichnung hat, indem sie die räumliche Konfiguration ändern. Schriftsteller verändern ihre Arbeitsumgebung, wenn sie unter Blockaden leiden. Schachmeister ändern ihre klassischen Eröffnungen, um einen völlig neuen Blick auf das Spiel zu erhalten. Dabei verbessert sich häufig ihr Spiel, obwohl ihnen die Position der Figuren nicht vertraut ist. Das Ziel in all diesen Fällen ist, die Fakten neu zu sehen, ohne uns auf das Gefühl zu verlassen, dass wir alle Antworten kennen und alle Entscheidungen richtig treffen.[235]

Diese Fremdwerdung lässt so manche Dinge komplett anders wirken. Michael Roberto, Professor für Management, bittet seine Studierenden regelmäßig, folgenden Businessplan für ein Start-up zu bewerten:

Ich möchte eine andere Art von Lebensmittelhandel eröffnen. Wir werden keine bekannten Marken präsentieren, sondern nur Waren von kleinen Anbietern. Wir werden keine Werbung im Fernsehen oder in den sozialen Medien schalten. Wir werden keine Rabatte geben und keine Rabattmarken. Wir werden keine Kundenkarten ausgeben und keine Postwurfsendung in der Sonntagszeitung beilegen. Auch wird es bei uns keine Bezahlung an Self-Checkout-Schaltern geben. Wir wollen keine breiten Gänge und keine großen Parkplätze. Würden Sie in mein Unternehmen investieren?

Wenn Sie es noch nicht erkannt haben: Dieser wenig ansprechende Businessplan ist der von *Trader Joe's*, einem der beliebtesten und erfolgreichsten Unternehmen im US-Lebensmitteleinzelhandel. Die Tatsache aber, dass die meisten Studierenden sich von diesem Businessplan wenig begeistert zeigen, sagt uns etwas. Bei der Einschätzung eines Businessplans verlassen sich die Leute vielleicht zu sehr auf ihre Klischeevorstellungen von erfolgreichen Einzelhandelsketten. Oder der Erfolg von *Trader Joe's* hat weniger mit einem gängigen Businessplan zu tun. Wer diesen nachahmt, hätte also keine Erfolgsgarantie. Auf jeden Fall sehen wir etwas in neuem Licht, wenn wir dessen Story verfremden, indem wir Namen und Identitäten weglassen. Wenn wir aus Trump und Biden »Kandidat A« und »Kandidat B« machen oder aus Russland und den Vereinigten Staaten »Staat X« und »Staat Y«, können wir eher einschätzen, wer recht hat und wer nicht, wessen Politik klug bzw. fehlgeleitet ist und ob eine Seite vielleicht korrupt ist und die andere nicht.[236]

Wenn wir eine Augenbinde anlegen und nicht mehr sehen können, wer was sagte oder tat, dann entfremden wir uns – temporär – den Akteuren. So können wir unser ideologisches Mäntelchen abwerfen und die Fakten beurteilen, ohne von Gefühlen der Vertrautheit und Loyalität geblendet zu werden. Tun wir dies, finden wir vielleicht heraus, dass unsere tatsächliche Einschätzung mal nicht zu unserem Lieblingskandidaten oder unserer Lieblingspartei passt, jedenfalls sich damit weniger deckt, als wir vorher dachten.[237]

Automatisierte Analysen sind ein formaler Weg, um der Vertrautheitsverzerrung zu entgehen. Im Sport versucht man regelmäßig, jene Faktoren herauszufiltern, die zum Gewinnen nötig sind, und dann jeden Spieler danach einzuschätzen, ob er sie hat oder nicht. Michael Lewis zeigt in seinem Buch *Moneyball*, wie statistische Analysen dazu beitrugen, den Vertrautheitseffekt (und Vorurteile über Körperbau und Genetik) auszuhebeln, von dem die meisten Scouts sich leiten ließen, wenn sie die Erfolgschancen künftiger Baseballspieler bewerteten. Indem man mit Hilfe statistischer Mittel herausfand, was das Endergebnis eines Spiels tatsächlich beeinflusst, konnten Mannschaften ihre Strategien neu ausrichten auf das, was funktionierte, und nicht auf das, was Tradition und folglich vertraut war. Viele Sportarten machen heute solche Analysen, um einen optimalen, langfristigen Ansatz zu entwickeln. Das führte zu massiven Veränderungen in der Einschätzung bestimmter Parameter: zum Beispiel, wie viel Drei-Punkte-Würfe im Basketball erzielbar sind, wo die Feldspieler sich beim Baseball am besten positionieren und welche Chancen Football-Mannschaften auf ein neues erstes Down haben.[238]

In diesem Kapitel haben wir uns damit auseinandergesetzt, wie eine oberflächliche Ähnlichkeit mit früheren Informationen und ihren Quellen uns dazu verleiten kann, dort nicht so genau hinzusehen, wo dies eigentlich vonnöten wäre. Aber selbst Dinge, mit denen wir das erste Mal zu tun haben, können überzeugender auf uns wirken, als gut für uns ist, vor allem, wenn sie uns das Gefühl geben, präzise zu sein. Je spezifischer, konkreter und detaillierter eine Geschichte oder ein Argument daherkommt, desto glaubwürdiger finden wir es gewöhnlich. Daher werden wir uns im nächsten Kapitel anschauen, warum Präzision so hochgeschätzt wird, wie uns dies täuschen kann und welche Fragen wir stellen können, um uns nicht übers Ohr hauen zu lassen.

7
PRÄZISION:
NEHMEN SIE RICHTIG MASS

Menschen betrachten Präzision häufig als Zeichen von Sorgfalt bzw. Wirklichkeitstreue, wohingegen Vagheit als Signal für Unsinn gilt. Wenn wir konkrete, detaillierte Informationen erhalten, glauben wir, dass diese korrekt sind und gut recherchiert wurden. Um diese Art von Tarnmanöver zu durchschauen, müssen wir unseren Blickwinkel weiten und die richtigen Vergleiche ziehen.

Douglas Adams beschreibt in seinem Roman *Das Restaurant am Ende des Universums* einen »totalen Durchblicksstrudel«[239]: Wenn man eine kleine Kammer betritt, sieht man ein Modell des gesamten Universums. Irgendwo schwebt dann ein winziger Punkt, über dem steht: »Sie sind hier.« Die umwerfende Offenbarung der eigenen Unbedeutendheit in diesem großen Ganzen erweist sich üblicherweise als tödlich. Glücklicherweise müssen wir kein solches Risiko eingehen, um unsere Welt nüchtern zu betrachten.

Eine Menge oder Zahl kann, isoliert betrachtet, groß oder klein wirken. Sie im richtigen Maßstab zu sehen, verhilft uns zu einem klareren Bild. Wir weigern uns, an der Tankstelle ein paar Cent mehr für den Liter Benzin zu zahlen, doch ein paar Hundert Dollar mehr für ein neues Auto erscheinen uns gerechtfertigt. Wir sammeln fleißig Rabattpunkte, die uns pro Jahr ein paar Dollar für Bohnenkaffee sparen, aber kaufen täglich unseren Latte macchiato, was auf Dauer viel mehr kostet. Wir kaufen Elfenbeinseife, die zu 99,44 Prozent rein ist, aber wie rein muss Seife eigentlich sein?[240]

Wenn wir einen Preis, ein Maß oder einen Prozentwert sehen, betrachten wir ihn eben nicht in der entsprechenden Relation oder vergleichen ihn mit anderen relevanten Werten. Jeder, der uns über den Tisch ziehen möchte, kann sich diese unsere Neigung zunutze machen. Wenn wir also nicht reingelegt werden wollen, ist es sinnvoll, den richtigen Vergleich zu ziehen. Sagt uns ein Sachverständiger, dass mehr Bildschirmzeit in Verbindung mit einem deutlich reduzierten Glücksgefühl steht, dann versuchen wir vermutlich, weniger Zeit am Bildschirm zu verbringen. Hören wir dann aber, dass der Zusammenhang zwischen Bildschirmzeit und Selbsteinschätzung in puncto Glück in etwa derselbe ist wie der zwischen Bildschirmzeit und Kartoffelkonsum – also keine besonders klare Korrelation –, dann kümmert uns das vermutlich gleich weniger. Möglicherweise probieren wir dann, mehr Schlaf zu bekommen, denn hier ist der Zusammenhang mit dem Glücksgefühl eindeutiger, von den gesundheitlichen Vorteilen mal ganz abgesehen.[241]

Wenn wir eine präzise klingende Behauptung hören, die sich vielleicht auch noch mit unseren Erwartungen und Überzeugungen deckt, dann schicken wir unser kritisches Denken in die Ferien. Dabei wäre gerade dann der Moment, es anzuwerfen. Wer uns übers Ohr hauen will, tut gern präzise und exakt, weil wir Genauigkeit mit Wahrheit gleichsetzen. Präsentiert man uns eine in präzise Form gebrachte Behauptung, Forderung oder Wertangabe, dann sollten wir uns bestimmte Fragen stellen. Ist eine Zahl angeblich beeindruckend hoch, dann sollten wir uns fragen: *»Ist das viel?«*

Wenn die Zahl als überraschend klein dargestellt ist, dann lautet die Frage: »*Ist das wenig?*« Und je nach Ergebnis können wir nachhaken: Wenn wir diesen Wert mit anderen vergleichen, ist er dann immer noch hoch bzw. gering? Gibt es überhaupt genug Daten, um eine derart präzise Behauptung aufzustellen? Wäre ich immer noch genauso beeindruckt, wenn die Zahl auf- oder abgerundet (und damit gar nicht mehr so präzise) wäre?

Eine Frage zu stellen wie »Ist das viel?« erinnert uns daran, den Preis für einen Liter Benzin zu vergleichen mit anderen Kosten, die ein Auto verursacht, zum Beispiel mit seinem Anschaffungspreis, den Finanzierungskosten und der Versicherung. Sie erinnert uns daran, die Ersparnisse durch Rabattmarken in Beziehung zu setzen zu der Zeit, die wir für das Sammeln und Einkleben aufwenden. Sie mahnt uns nachzuhaken, ob Elfenbeinseife wirklich so anders ist als andere Seifen und ob sich Reinheit wirklich auf zwei Nachkommastellen messen lässt. Und wären wir von der Seife genauso überzeugt, wenn man die Zahl auf 99 Prozent abgerundet hätte?[242]

Präzisionsschwindel

Am 25. Mai 2021 machte Rand Paul vor dem US-Senat den Vorschlag, das jährliche Budget der National Science Foundation (NSF), die Forschungsprojekte in den USA fördert, um 10 Prozent zu kürzen. Als Beispiel für die seiner Ansicht nach dort betriebene Verschwendung von Steuergeldern zitierte er die Kosten eines Projekts, das untersuchen sollte, wie Kokain das Sexualverhalten von Wachteln beeinflusst: 874 503 Dollar. Paul illustrierte das Ganze mit dem Comic-Bild einer Wachtel, die ihren Schnabel in einen Haufen Kokain steckt. Dieses konkrete Bild zusammen mit dem genauen Kostenfaktor verstärkte den Eindruck, dass die Förder-

summe enorm hoch wäre – vor allem für Wachtelsex unter Koks-
einfluss. Doch dieses eine Projekt machte nur einen geringen Teil
der Budgetkürzung aus, für die Paul eintrat. 10 Prozent von dem
Jahresetat der NSF, der sich auf 8,3 Milliarden Dollar beläuft, wären 830 Millionen Dollar. Und eine Kürzung diesen Ausmaßes würde nicht nur dieses eine, sondern Tausende von Forschungsprojekte
pro Jahr betreffen.[243]

Pauls Senatorenkollegen hatten es vermutlich satt, vom Wachtelprojekt zu hören, denn er erzählte diese Geschichte schon seit 2018,
zeigte dazu meist das gleiche Bild, nannte aber immer unterschiedliche Zahlen. Vier Tage später kramte er das Beispiel wieder hervor: Nun aber waren die Kosten gesunken: auf (in amerikanischer
Schreibweise) *356,933.140* Dollar. Das merkwürdige Zahlenfor-
mat führt dazu, dass man die Angabe fälschlich als 356 Millionen Dollar lesen konnte. Ohnehin sollten wir misstrauisch werden,
wenn ein hoher Kostenfaktor auf den Dollar oder gar auf den Cent
genau angegeben wird. Wenn etwas Hunderttausende von Dollar
kostet, ist es irrelevant, ob an der Einerstelle 1 oder 3 Dollar stehen. Die präzise Cent-Angabe macht zudem deutlich, dass es Paul
nicht wirklich um die Kosten eines bestimmten Forschungsprojekts
ging. Wann immer wir eine solche Zahl entdecken, sollten wir sie
auf- oder abrunden und sehen, ob sie dann immer noch so beeindruckend ist. Aber das ist nur der erste Schritt – wir müssen die
Zahlen nämlich auch noch ins rechte Licht rücken.

Indem er ein paar Forschungsprojekte unter Tausenden heraus-
pickte und deren Kosten angab, ohne sie in einen vernünftigen
Kontext zu stellen, verließ Paul sich auf unsere Neigung, die Fakten so zu akzeptieren, wie sie uns präsentiert werden. Dazu kam
noch, dass er die Etatkürzung mit 10 Prozent bezifferte. 10 Prozent
hört sich nach wenig an, 874 503 Dollar nach viel. Paul wies nicht

auf die Maßstabsdifferenz zwischen der Förderung und dem Gesamtbudget hin. Und er unterschlug natürlich, welche Förderungen durch diese Kürzung wegfallen würden.

Natürlich kann man einwenden, dass 874 503 Dollar viel Geld ist, um Sex und Drogen bei Wachteln zu untersuchen. Immerhin liegt diese Zahl mehr als das Zehnfache über dem Median des Jahreseinkommens von Familien in den Vereinigten Staaten. Wir alle können uns Verwendungsmöglichkeiten für so viel Geld vorstellen, die wir für besser halten. Aber wir müssen uns eben auch überlegen, wie viel uns das höhere Ziel der Wissenschaftsförderung wert ist. Natürlich werden damit auch Projekte gefördert, deren Sinn wir nicht verstehen oder die wir nicht fördern wollen. Doch die 10-prozentige Kürzung würde nie nur jene Projekte betreffen, die uns nicht gefallen.

Wenn wir finden, dass die Regierung die Wissenschaft fördern sollte, und wir akzeptieren, dass dazu ein gewisser Aufwand nötig ist, dann können wir die Kosten der Wissenschaftsförderung nicht mit einem durchschnittlichen Haushaltseinkommen vergleichen. Wir müssen sie vielmehr in eine Reihe stellen mit anderen Projekten der öffentlichen Hand wie Agrarsubventionen, Pensionen für Veteranen und Gesundheitsfürsorge. (Alles, was Regierungen finanzieren, kommt, verglichen mit Einzel- oder Familieneinkommen, mit hohen Zahlen daher.) Wenn wir denken, die Regierung sollte die Kunst nicht fördern, dann ist dies eine prinzipielle Frage, die wir nicht an den 200 Millionen Dollar festmachen sollten, die die USA für ihre Stiftung zur Förderung der Künste (National Endowment for the Arts) ausgeben. Eine Zahl, die ohnehin niedrig erscheint, wenn man sie mit anderen Regierungsausgaben vergleicht: 150 Milliarden Dollar für das Verkehrssystem und 780 Milliarden Dollar für die Verteidigung.

Paul lenkte die Aufmerksamkeit seiner Zuhörer ganz bewusst
auf das Wachtelprojekt und dessen genaue Kosten. Er schwieg sich
aus zu den Gesamtkosten der Forschung über Drogenmissbrauch
(oder den Gesamtetat der Wissenschaftsförderung oder das Haus-
haltsbudget der USA). Damit nutzte er ein kognitives Muster, das
wir als »Nenner-Vernachlässigung« kennen. Kimihiko Yamagishi
bat Studierende, das Risiko für verschiedene Todesarten wie Mord,
Lungenentzündung und Tumor einzuschätzen. Bevor sie ihre Wertung abgeben sollten, legte man ihnen Zahlen vor, wie viele Personen jeweils an einer dieser Ursachen gestorben waren: entweder
auf 100 oder auf 10 000 Personen bezogen. Eine spezielle Todesrate las sich dann so: 12,86 von 100 (oder 1286 von 10 000). Die
Probanden schätzten alle elf Todesursachen als riskanter ein, wenn
die Zahl der absoluten Toten bezogen auf 10 000 Personen angegeben wurde, obwohl die Prozentzahlen absolut gleich blieben. Lag
die Todesrate bei der 100-Angabe höher als bei der 10 000-Angabe
(zum Beispiel 24,12 von 100 versus 1286 von 10 000), schätzte
man das Risiko für die 10 000er-Gruppe trotzdem *höher* ein. Die
Probanden wurden ganz offensichtlich von der Größe des Zählers
beeinflusst (die Zahl 1286 ist höher als 24,12), ohne den Unterschied beim Nenner zu berücksichtigen.[244]
     Hätte Paul Rand tatsächlich gewollt, dass die Regierung weniger
Geld für Wachtelsex ausgibt, dann hätte er Etatkürzungen für die
National Institutes of Health (NIH) fordern müssen, die Behörde,
die dieses Projekt tatsächlich gefördert hat. Und er hätte eine kleine
Zeitreise in die Vergangenheit machen müssen, denn die Wachtel-
sexförderung war schon 2016 ausgelaufen, also Jahre bevor er sich
darüber beschwerte.[245]

Konkretheit und Präzision

Politiker wie Paul Rand wissen natürlich, dass Geschichten mit konkreten Bildern und präzisen Zahlen überzeugend wirken. An solche konkreten Informationen können wir uns recht gut erinnern, weil sie sowohl verbal als auch bildlich abgespeichert werden. Abstrakte Ideen hingegen rufen im Geist keine spezifischen oder universellen Bilder hervor. Konkrete Worte wie »Wachtel«, »Sex« und »Kokain« aktivieren Regionen im hinteren Teil des Gehirns, in dem visuelle Informationen verarbeitet werden. Abstrakte Begriffe wie »Wissenschaft«, »Forschung« und »Sucht« aktivieren den Frontallappen des Gehirns, in dem Informationen unabhängig von ihrem Inhalt verarbeitet werden. Konkrete Worte rufen darüber hinaus stärkere emotionale Reaktionen hervor, was ebenfalls die Erinnerung fördert.[246]

Der Reiz von Persönlichkeitstypen, wie sie der Myers-Briggs-Typenindikator oder das Vier-Farben-System von Thomas Erikson vorschlagen, liegt unter anderem darin, dass diese Typen Kategorien sind, sozusagen Behälter mit festen Grenzen, innerhalb derer jeder einen konkreten Satz von Merkmalen teilt. Es ist viel einfacher, über Menschen nachzudenken, wenn wir sie als einen von vier Farbcharakteren oder von 16 Typen beschreiben können. Leider liegen die Dinge so einfach nicht. Studien solcher Persönlichkeitstests zeigen, dass ein Mensch, der bei einem Test einem Typus zugeordnet wurde, vier Wochen später zu einem ganz anderen gehört. Nicht etwa, weil sich seine Persönlichkeit dramatisch verändert hätte, sondern weil die Antworten beim zweiten Test gerade soviel anders ausfielen (möglicherweise aufgrund eines Stimmungswandels oder aufgrund des Rauschens, das menschliches Verhalten gewöhnlich prägt), um ihn über die fest markierte, wenn auch willkürliche Grenze zu schieben, die einen Typus vom anderen trennt. In Wirklichkeit ist unsere Persönlichkeit weniger eine bestimmte Kategorie, sondern eher eine Konstellation verschiedener Charakterzüge, die ihrerseits verschiedenste Facetten aufweisen, was buchstäblich zu einer Explosion einzigartiger Kombinationen führt.[247]

In gewissem Sinne sind präzise Zahlen – wie »873 503 Dollar« – wie konkrete Worte oder Persönlichkeitstypen: etwas, was wir uns gut vorstellen und gut vergleichen können. Diese Konkretheit erklärt auch, wieso die Menschen auf die irreführende Infografik zum Schutz durch eine Maske über einen Zeitverlauf hereinfielen: Die Botschaft passte zu den Erwartungen und sie lieferte genaue Zahlen für die unterschiedlichen Masken und nicht nur vage Aussagen über möglichen Schutz. Das könnte auch erklären, warum unbegründete wissenschaftliche Behauptungen, die von genauen Prozentzahlen begleitet sind (zum Beispiel, dass wir nur 10 Prozent unseres Gehirns nutzen oder 90 Prozent aller Kommunikation nonverbal läuft), so gut im Gedächtnis bleiben.

Je präziser die Zahlen, desto überzeugender wirken sie. So haben Analysen von mehr als 16 000 Immobilienverkäufen in South Florida und Long Island (New York) ergeben, dass Häuser, die mit einem präzisen Preis gelistet waren (zum Beispiel 367 500 Dollar statt 370 000 Dollar), im Endeffekt einen höheren Preis erzielten. Die genaue Summe wird vom Käufer vielleicht so verstanden, dass, anders als bei den »runden« Werten, kein Verhandlungsspielraum besteht. Wir können dieser Neigung entgegenwirken, indem wir auf- oder abrunden, bevor wir uns ans Verhandeln machen.[248]

Ein raffinierter Betrüger weiß, dass es präzise und konkrete Details braucht, um ein Betrugsmanöver über einen längeren Zeitraum durchzuführen. Elizabeth Holmes von Theranos erzählte ganz präzise ausformulierte Lügen darüber, wo das Militär angeblich ihre

Technik einsetzte und welche Unternehmen deren Wirksamkeit bestätigt hatten. Bernie Madoff bezahlte den Angestellten seines Schneeball-Hedgefonds, die von der Highschool kamen, enorme Gehälter, damit diese Kontoauszüge, Wertpapierabrechnungen und Ertragsgutschriften fälschten, und das so akkurat, dass jedes dieser Dokumente zu den täglichen Kursen passte und eben jene Kontobewegungen widerspiegelte, die am Ende den Kontostand ergaben. Viele seiner Opfer taten nichts weiter, als am Ende des Monats die Blätter durchzusehen, die angegebenen Werte zur Kenntnis zu nehmen und diese für gut zu befinden. Und Betrüger, die um Hilfe bei der Wiederauffindung ihrer angeblich verlorenen Reichtümer bitten, machen stets genaue Angaben, welche Form, welchen Wert und welche Währung die Vermögenswerte annahmen. (Haben Sie sich je gefragt, woher sie all diese Einzelheiten wissen, wenn das Vermögen doch schon seit langer Zeit verschwunden ist?)

Bei 3,6 ist Schluss

Zwei Mal messen, bevor Sie einmal schneiden – das ist ein wirklich guter Rat. Nur hilft er nicht, wenn unser Messgerät nicht misst, was wir glauben. Dass wir auf die Grenzen unserer Messungen oder Geräte hereinfallen, kommt erstaunlich häufig vor. In dem Chaos, das unmittelbar auf die Reaktorexplosion in Tschernobyl von 1986 folgte, maßen die Dosimeter vor Ort nur eine Strahlung von 3,6 Röntgen pro Stunde. Eine Belastung, die keineswegs die Evakuierung der gesamten Bevölkerung erfordert hätte. Nur war 3,6 Röntgen der Wert, bei dem die eingesetzten Dosimeter an ihre Grenzen stießen. Und eben dieser Höchstwert fand Eingang in eine offizielle Meldung über die Lage vor Ort. Wer sich während einer Atomkatastrophe auf solch ein Gerät verlässt, stellt sich vermutlich auch auf eine Küchenwaage und kommt zu dem Schluss, dass er endlich so viel abgenommen hat, wie er wollte. Wichtige Stunden vergingen, bevor bessere Instrumente den Schluss nahelegten, dass es zur Kernschmelze gekommen war. Was die Einhegung der Katastrophe erschwerte und den Umgang damit enorm verteuerte.[249]

Die ersten Tschernobyl-Messungen bezeichnet man als »falsch negativ«, weil sie uns vermitteln, es gäbe kein Problem, obwohl es in Wirklichkeit durchaus da ist. Der niedrige Röntgenwert wurde anfangs fälschlicherweise als Beleg für ein niedriges Strahlenrisiko gewertet. Wenn ein Gerät eine präzise Angabe liefert, wir aber seine Grenzen nicht kennen, dann steigt das Risiko für einen falsch negativen Befund. Aus diesem Grund wird für negative Befunde bei medizinischen Tests, ob nun für Covid-19-Fälle oder für das Wiederauftreten von Krebs, der Begriff »ohne Befund« verwendet statt »frei von …«. Denn ohne einen hundertprozentig empfindlichen Test ist ein Nachweis, dass etwas nicht vorhanden ist, unmöglich. Daher kann dies auch nicht die Schlussfolgerung des Arztes sein. Sie könnten dennoch infiziert sein, auch wenn der Test nicht so hochempfindlich ist, dass er die Anfangsstadien einer Infektion anzeigt (was zum Beispiel passiert, wenn die Ansteckung erst kürzlich erfolgte und im Körper noch nicht so viel Virenmaterial unterwegs ist, das der Test anzeigen könnte).

Gerade in den Anfangstagen der Pandemie kam es immer wieder zu Fehlern, weil die Präzision und Grenzen der vorhandenen Instrumente falsch eingeschätzt wurden. So tauchten in Großbritannien im Covid-19-Register der Regierung 15 841 positive Tests nicht auf, die in der Woche vom 25. September bis zum 2. Oktober 2020 durchgeführt worden waren. Die Menschen in Großbritannien wussten also nicht, wie sehr sich der Anstieg der Fallzahlen im Vergleich zu den Vorwochen beschleunigt hatte. Die korrigierten

Zahlen machten eine lineare Kurve zu einer exponentiellen. Und dabei ging es nicht um ein Versehen – man hatte vielmehr die Messinstrumente falsch angewendet. Public Health England sammelte die Logdateien von den privaten Unternehmen, die die Tests durchführten, und kopierte diese automatisch in Excel-Dateien. Diese wurden dann an die Behörden weitergeleitet, unter anderem auch an den National Health Service. Dabei wurde übersehen, dass das alte Microsoft .xls-Format benutzt wurde. Dessen Verarbeitungskapazität ist jedoch auf 65 536 Zeilen begrenzt. (Die aktuelle Version .xlsx kann 1 048 576 Zeilen verarbeiten.) Wenn die Excel-Datei an ihr Limit kam, fügte sie dem Datenblatt keine neuen Testresultate mehr hinzu. Die Anzahl der bestätigten Fälle wurde durch das Excel-eigene »3,6-Röntgen-Maß« gekappt. Die tatsächliche Fallzahl war also viel höher.[250]

Unglaubliche Präzision

Häufig sind jene Köder, die eine Behauptung interessant erscheinen lassen, ausgerechnet die, die uns misstrauisch machen sollten. In einem Artikel aus dem Jahr 2005, der mittlerweile mehr als 3700 Mal in der wissenschaftlichen Literatur zitiert wurde, behaupten Barbara Fredrickson und Marcial Losada, sie hätten einen »entscheidenden Positivitätsquotienten« entdeckt. Ihrer Analyse zufolge führen Menschen, bei denen das Verhältnis von positiven zu negativen emotionalen Erfahrungen den Wert 2,9013 übersteigt, ein gelingendes Leben, während jene, die unter diesem Faktor liegen, zum Elend verdammt sind. Die unumstrittene Idee, dass Menschen, die mehr positive als negative Erfahrungen machen, besser dran sind, wurde zu einer spannenden wissenschaftlichen Nachricht, weil der Erfolg offensichtlich so klar bezifferbar war. Die vier Dezimalstellen hinter dem Komma des Positivitätsquotienten ließen annehmen, dass die Autoren ein quantitatives Naturgesetz der menschlichen Erfahrung entdeckt hatten – und das ist in der Psychologie wirklich selten.[251]

Sehr wenige menschliche Verhaltensweisen lassen sich, wenn überhaupt, auf vier Nachkommastellen vermessen. Wann immer wir auf solch präzise Angaben stoßen, sollten wir uns fragen, wie viele Belege nötig sind, um eine derartige Behauptung aufzustellen. Sind es viele? Wie viele Erfahrungen würden wir von jedem einzelnen Probanden brauchen, damit wir einen Quotienten wie 2,9013 bekommen? Und *nicht* 2,9012 oder 2,9014?

Die Antwort ist: sehr viele. Wir müssten von jedem einzelnen Probanden 80 000 negative Erfahrungen insgesamt 232 000 positiven gegenüberstellen, damit es zum Quotienten 2,9013 und nicht 2,9014 (oder höher) kommt. Und das stimmt natürlich nur, wenn jede dieser Erfahrungen eindeutig positiv oder negativ ist, wenn wir uns nicht verzählt haben und die Ratio für jeden einzelnen Menschen dieselbe ist. (Wie war das doch? Falsche Grundannahmen können zu absurden Schlüssen führen!) Losada und Fredrickson gründeten ihre These auf eine vergleichsweise kleine Stichprobe von Menschen: auf die Interaktion von jeweils acht Angehörigen von Managementteams aus 60 Unternehmen. Mit einer so geringen Datenmenge ist es mathematisch unmöglich, einen Quotienten von 2,9013 zu berechnen. Da wären Tausende anderer Quotienten ebenso präzise gewesen. Hätten wir die Angaben ebenso interessant gefunden, hätten die Autoren nur geschrieben: »Der Quotient liegt etwa bei 3 zu 1, vielleicht aber auch nur bei 1 zu 1. Er könnte aber auch höher sein, beispielsweise 5 zu 1.«?[252]

Durch diese äußerst genaue Angabe verliehen Losada und Fredrickson ihrer Arbeit den Anschein einer höheren wissenschaftlichen Präzision, als sie tatsächlich aufwies. Wenn jemand davon profitiert, eine ausgesprochen genaue Angabe zu machen, sollten wir ihnen auch nicht zugutehalten, wenn sie diese Angabe auf Aufforderung zurückziehen (und durch eine ungenauere ersetzen wie »irgendwo um die 3«). Den Positivitätsquotienten »entscheidend« zu nennen, trug weiter dazu bei, eine strikte Grenze zwischen zwei Gefühlszuständen zu ziehen (ein gelingendes versus ein elendes Leben). Sich auf der falschen Seite einer kategorischen Grenze wiederzufinden, hat klare Auswirkungen: Entweder hat Ihre Armee den Nachbarstaat überfallen oder umgekehrt. Aus eben diesem Grund haben alle Länder exakt festgeschriebene Grenzen.

Außerhalb der Wissenschaft kommt es noch öfter vor, dass uns entgeht, wie viele Daten wir für eine präzise Antwort tatsächlich bräuchten. So gab Twitter viele Jahre in Folge bei behördlichen Überprüfungen an, dass etwa 5 Prozent oder weniger seiner Accounts von Bots betrieben werden. Weniger als einen Monat, nachdem Elon Musk im April 2022 verkündet hatte, er habe Twitter für 44 Milliarden Dollar gekauft, wurde der Deal auf Eis gelegt: Musk twitterte, es gehe um »genaue Angaben zu der Berechnung, dass Spam- oder Fake-Accounts auf Twitter tatsächlich weniger als 5 Prozent seiner User ausmachen«. Um sich dieses Prozentsatzes absolut sicher zu sein, müssten Sie praktisch jeden der 214 Millionen täglichen Nutzer darauf überprüfen, ob es sich um Bots handelt oder nicht. Musk aber schlug ein anderes Procedere vor: »Um das herauszufinden, wird mein Team eine zufällige Stichprobe von 100 Nutzern auf @twitter untersuchen. Ich lade euch ein, das Gleiche zu machen und zu sehen, was dabei herauskommt.« Nach einem kurzen juristischen Gefecht kaufte Musk das Unternehmen, aber der Bot-Disput blieb ungelöst. Hätte seine Methode dies ändern können?[253]

Die Vorstellung, mithilfe einer zufälligen Stichprobe den tatsächlichen Prozentsatz von Bot-Accounts festzustellen, ist durchaus sinnvoll – und jedenfalls effizienter, als jeden einzelnen Account zu überprüfen. Aber natürlich müssen Sie bei der Stichprobe aufpassen. Wenn Musk 100 zufällige Accounts auswählt und darin nur 4 Bots entdeckt, kann er dann daraus schließen, dass von 214 Millionen täglichen Nutzern weniger als 10,7 Millionen (5 Prozent) Bots sind?

Nehmen wir um der einfacheren Rechnung willen einmal an, dass 7 Prozent der Twitter-Nutzer tatsächlich Bots sind, so viel also, dass Musk den Deal hätte platzen lassen. Mit einer zufälligen Stichprobe von 100 Nutzern und einer Bot-Rate von 7 Prozent müsste er in 29 Prozent der Zeit 5 oder weniger Bots aktiv sehen – er hätte also eine Chance von 3 zu 10, eine Entscheidung zu treffen, die seinen eigenen Kriterien zufolge falsch wäre!

Läge die echte Bot-Rate tatsächlich bei 7 Prozent, müsste Musk mehr als 600 Accounts in die Stichprobe aufnehmen, um zu 99 Prozent sicher sein zu können, dass er nicht fälschlich weniger als 5 Prozent Bots finden würde. Präzisere Antworten erfordern mehr Daten. Wollte Musk zu 99,99 Prozent sicher sein, dass er nicht 44 Milliarden Dollar ausgab, um eine Plattform zu kaufen, die von mehr als 5 Prozent Bots bevölkert ist, und die reale Bot-Rate läge bei 5,1 Prozent, so müsste er mehr als 332 600 Accounts prüfen – mehr als 3000 Mal so viel, als er tatsächlich prüfen wollte. Und selbst diese Zahlen hängen massiv davon ab, dass die Bot-Erkennung unfehlbar ist, wie ein 100-prozentig empfindlicher Covid-19-Test oder ein stets gültiges Kriterium, demzufolge man Erfahrungen als positiv oder negativ einstuft. Die Zahlen wären noch höher, hätte man einen unvollkommenen Test.[254]

Wie uns Modelle in die Irre führen

Der »entscheidende Positivitätsquotient« von Fredrickson und Losada beruhte tatsächlich auf einem von den beiden Forschern entwickelten mathematischen Modell. Es handelte sich also nicht um einen empirisch gefundenen Wert aus einer genügend großen Stichprobe menschlicher emotionaler Erfahrungen. Aber wie die These selbst waren auch die Basisparameter des Modells nicht haltbar. Losada wandte offensichtlich eine Reihe von Gleichungen, die gewöhnlich zur Modellierung des Verhaltens von Flüssigkeiten dienen, auf die Beobachtungen von 480 Managementangehörigen aus einer früheren Studie an. Wie Nick Brown, Alan Sokal (ja, derselbe, der dieser geisteswissenschaftlichen Fachzeitschrift einen Streich gespielt hat) und Harris Friedman erklärten, gehorchen die Variablen, die man verwendet, um menschliche Emotionen zu modellieren, nicht den strengen Maßstäben, die diese Gleichungen voraussetzen. Und selbst wenn sie das täten, so hätten Fredrickson und Losada die Modelle so willkürlich verdreht und angepasst, dass sie numerische Vorhersagen ausspucken, die denen nahekamen, die Losada in seiner Studie an Managern angeblich beobachtet hatte. Dann präsentierten die beiden das Ergebnis des Modells, als wäre es ein universelles Gesetz der menschlichen Natur.[255]

Brown und Kollegen beschreiben den Ansatz von Fredrickson und Losada als Analogie zu »einem Video von einem Zauberwürfel, der wie durch Magie in weniger als 5 Sekunden in die richtige Reihenfolge gebracht wird. Allerdings wird dann eingestanden, dass man den Zauberwürfel nach Farben geordnet erhalten hat und ihn dann verdrehte. Nur dass im Video dieser Ablauf umgekehrt wurde.« Fredrickson erwiderte auf diese kritischen Stimmen, dass sie sich auf Losadas Modell verlassen habe, »dies jedoch zuneh-

mend infrage stellen würde«. Die Zeitschrift, in der der ursprüngliche Artikel erschien, hat dazu eine Korrekturnotiz veröffentlicht,
die das angewandte Modell betrifft. Diese betraf auch »die auf dem
Modell beruhenden Vorhersagen über die jeweiligen Positivitätsquotienten«.[256]

Der Positivitätsquotientenfehler resultiert teilweise daraus, dass
man ein mathematisches Modell behandelte, als wäre es eine präzise Beschreibung der Wirklichkeit. Modelle aber sind Werkzeuge,
die die Wirklichkeit genug vereinfachen, um konkrete Vorhersagen
zu treffen, die Wissenschaftler, Unternehmen und Politiker dann
an der Realität überprüfen können. Modelle müssen nicht komplex oder präzise sein, um einen Nutzen zu haben. So ist der Satz
»Der US-Aktienmarkt wirft jährlich eine durchschnittliche Rendite von 7 Prozent ab« ein Modell, das eine spezifische Vorhersage
trifft, nämlich dass ein 1000-Dollar-Investment nach zehn Jahren
1967,15 Dollar wert ist. Aber selbst wenn dieses Modell korrekt
wäre, können wir nicht erwarten, dass wir genau diese Summe auf
dem Konto haben werden (weil die Finanzmärkte nun einmal ein
erhebliches Rauschen und mangelnde Konstanz aufweisen). Aber
wir hätten auf jeden Fall eine gute Chance, mehr zu besitzen, als
wir investiert haben.

Denn Präzision hat durchaus ihre guten Seiten. Wenn alle anderen Bedingungen gleich sind, dann sind Modelle, die präzise Vorhersagen treffen, besser als solche, die vage bleiben. Ein Modell,
das vorhersagt, um *wie viel* Ihre Verkäufe aufgrund der neuen Marketingkampagne steigen werden, ist besser als eines, das nur vorhersagt, *dass* sie steigen werden. Zu wissen, dass es morgen Regen
gibt, bevor sich die Sonne zeigt, ist nützlich. Aber wenn Sie wissen,
dass sich der Regen um 14.00 Uhr und damit rechtzeitig vor Ihrer
Hochzeit im Freien verzieht, ist das noch besser. Ein präzises Mo-

dell kann uns aber in die Irre führen, wenn es präzisere Vorhersagen liefert, als die Daten hergeben, oder als eine Beobachtung der konkreten Resultate bringt. Wenn das Modell des Wetterdienstes nicht stimmt und es den ganzen Tag über regnet, dann hat seine Präzision nichts gebracht.

Exaktheit und Präzision werden synonym verwendet, doch tatsächlich handelt es sich dabei um grundverschiedene Konzepte. Ein exaktes Messinstrument liefert Daten, die der richtigen Lösung durchschnittlich zumindest nahekommen. Ein präzises Messinstrument gibt uns eine detaillierte und stimmige Antwort, ganz egal, ob diese richtig ist oder nicht. Die These eines exakten und optimalen Positivitätsquotienten von 2,9013 ist eher eine »gefühlte Wahrheit« als eine echte. Wir haben es hier zwar mit einer präzisen Angabe zu tun, aber diese Präzision kann uns den falschen Eindruck vermitteln, dass es sich auch um eine wahrheitsgemäße (exakte) Aussage handelt.

Verdächtig präzise Umfragen und Meinungsbilder

Der falsche Eindruck von Exaktheit oder Wahrheitstreue ist vor allem dort beunruhigend, wo es um die öffentliche Meinung und politische Zugehörigkeit geht. Meinungsumfragen liefern meist präzise Prozentzahlen, was die Unterstützung einzelner Kandidaten oder Gesetze angeht. Meist wird dabei eine bestimmte Fehlerspanne mitberücksichtigt. Doch die Schätzungen können erstaunlich ungenau – fehlende Exaktheit – ausfallen, wenn sie von falschen Basisparametern ausgehen.

Meinungsumfragen sind der wissenschaftliche Versuch, quantitative Aussagen über eine große Gruppe Menschen zu treffen – wie die Wähler am Wahltag –, ohne jeden Einzelnen zu befragen. Könnten wir alle Wähler im Land in einer einzigen Umfrage berücksichtigen, müssten wir uns nicht fragen, ob unsere Studie repräsentativ ist oder nicht. Doch wenn wir etwas über eine große Gruppe Menschen aussagen wollen, indem wir eine kleinere Gruppe befragen, müssen wir hoffen, dass die von uns Befragten *in allen entscheidenden Punkten* jenen Menschen ähneln, die wir ausgeschlossen haben.[257]

Bei politischen Meinungsumfragen kann das Repräsentativitätsproblem nie vollständig gelöst werden. Die Gruppe der Leute, die auf die Meinungsumfrage antworten, wird nie perfekt alle Aspekte der Bevölkerung abbilden, also alle Kombinationen umfassen von Ethnien, Geschlecht, Alter, Bildung, Wohnort, politischer Überzeugung, der Bereitschaft, einen Anruf von einer unbekannten Nummer anzunehmen, und diversen weiteren Attributen. Selbst in der astronomisch unwahrscheinlichen Situation, dass jeder, den die Meinungsforscher anrufen, ans Telefon geht und die Fragen beantwortet, werden in der Stichprobe einige Segmente der Gesellschaft unvermeidlich unter- oder überrepräsentiert sein.

Damit ihre Studien Repräsentativität beanspruchen können, setzen die Demoskopen auf Gewichtungsschemata, um die demografische Zusammensetzung ihrer Stichproben anzupassen. Umfasst die Stichprobe beispielsweise eine außergewöhnlich hohe Zahl von älteren Weißen, dann gibt es die Möglichkeit, deren Antworten geringer zu werten. Und sind zu wenige junge Schwarze Wähler enthalten, dann gewichtet man deren Aussagen entsprechend höher. Trotzdem können zwei verschiedene Umfragen, ja, selbst zwei Stichproben, die am selben Tag vom selben Meinungsforscher dieselben Fragen gestellt bekommen haben, leicht unterschiedliche Aussagen ergeben.[258]

Während der US-Präsidentenwahl von 2016 führten die *Los Angeles Times* und die University of Southern California eine Dauerumfrage durch, der sie den Namen *Daybreak* gaben. Anders als die meisten Umfragen, die für jede neue Vorhersage neue Teilnehmer befragen, wurden bei Daybreak immer die gleichen 3000 Personen (man spricht hier von einem »Panel«) jeden Tag nach ihrer möglichen Wahlentscheidung befragt.

Das Ziel von Daybreak war es, Daten zu Wahlentscheidungen zu erheben ohne die unvermeidlichen Ungenauigkeiten, die aus dem ständigen Wechsel der Befragten resultieren. Man suchte dafür Personen, die bereit waren, sich auf diese tägliche Befragung einzulassen, und gewichtete die einzelnen Bevölkerungsgruppen nach bestem Wissen und Gewissen. Der Nachteil eines Panels wie bei Daybreak ist: Wenn die Zusammensetzung von Anfang an gewisse Probleme aufweist, dann ziehen sich diese durch die ganze Umfrage.[259]

Wie sich herausstellte, gehörten zum Panel nur zwei junge Schwarze Männer. Einer wollte Hillary Clinton wählen, der andere Donald Trump. Bei der Vorhersage, wer von den beiden Kandidaten gewinnen würde, wurden beide Befragten gleich gewichtet. Aber die 50-zu-50-Gewichtung der beiden entsprach nicht dem Wählerverhalten junger Schwarzer Männer bei US-Präsidentschaftswahlen. Sie unterstützen normalerweise mit großer Mehrheit den Kandidaten der Demokraten. Bei der Wahl von 2016 stimmten so wenige junge Schwarze Männer für Trump, dass es richtiger gewesen wäre, für Clinton 100 Prozent anzusetzen statt 50 Prozent.

Weil es nur zwei solche Wähler in der Stichprobe gab, hatte deren Entscheidung einen übermäßig hohen Einfluss auf die Resultate der Umfrage. Jeder von ihnen zählte »gewichtet« fast 300 Mal so viel als die am stärksten überrepräsentierte Gruppe in der Umfrage (vermutlich die älteren weißen Wähler) und 30 Mal so viel wie der durchschnittliche Wähler in der Umfrage. Als der eine Trump-Wähler einen Tag nicht auf die Fragen antwortete, erhielt Clinton in der Umfrage sofort 1 Prozent mehr Wählerstimmen. Als er dann wieder antwortete, gingen Trumps Zahlen um 1 Prozent nach oben.[260]

Wie viele Leute braucht es, um ...

Die Größe der Stichprobe bei Meinungsumfragen, Marktforschungsstudien, Bot-Einschätzungen oder wissenschaftlichen Experimenten ist vergleichbar mit dem Sensor in einer Kamera oder dem Spiegel in einem Teleskop: Je größer die Stichprobe, desto feiner sind die erkennbaren Unterschiede. Eine präzise Behauptung – wie der Positivitätsquotient von 2,9013 oder die Tatsache, dass weniger als 5 Prozent Bots bei Twitter aktiv sind – erfordert einen Sensor, der groß genug für diese Messung ist. Um zu einer 90-prozentigen Präferenz für Hillary Clinton zu kommen, sind mehr als zwei Befragte nötig. In der Psychologie oder in den Sozialwissenschaften fehlt es vielen Studien an einem entsprechend starken Teleskop, um verlässliche Antworten auf empirische Fragen zu finden.[261]

Haben Sie sich je gefragt, ob Menschen, die Eier mögen, öfter Eiersalat essen als solche, die keine Eier mögen? Nun, wir auch nicht, aber eine Studie des Entscheidungstheoretikers Joe Simmons und seiner Kollegen bejaht diese Frage. Nun zur wichtigen Frage: Wie viele Menschen mussten die Forscher Ihrer Ansicht nach befragen, um zu dieser Schlussfolgerung zu gelangen? Wir könnten da schnell hereinfallen, wenn wir nur wenige Leute befragen und gleich die ersten drei zwar Eier mögen, aber keinen Eiersalat essen. (»Wow, da habe ich ja etwas echt Merkwürdiges entdeckt!«) Angesichts des großen Unterschiedes bei der Vorliebe für Eiersalat bei Eiliebhabern bzw. Eihassern, müssten wir trotzdem mindestens 47 Leute befragen, um eine 80-prozentige Chance zu haben, zu dem gleichen (oder einem höheren) Ergebnis zu gelangen. Nur 10 Leute zu befragen wäre kaum besser, als gar keine Interviews zu führen.[262]

Eben darauf weist Simmons hin, indem er eine Studie über solche offensichtlichen Beziehungen anstellt. Wenn wir nur wenige Daten haben und daraus Schlüsse ziehen wollen, die überraschender, maßgeblicher oder kontroverser sind als »Eiliebhaber mögen eher Eiersalat«, dann haben wir vermutlich nicht genügend Belege dafür. Stattdessen lassen wir uns durch den falschen Eindruck von Präzision täuschen. Das ist, als würden wir durch ein Kinderfernglas gucken und dabei feststellen, dass der Saturn keine Monde hat.

Stellen Sie sich vor, dass Google Maps Ihnen bei den letzten beiden Malen, als Sie in eine nahegelegene Stadt fahren sollten, eine alternative Route vorschlug, die Sie schneller ans Ziel bringen sollte. Sie haben den Vorschlag angenommen, sind aber jedes Mal in ein Verkehrschaos geraten und später angekommen als erwartet. Wir haben diese Erfahrung selbst gemacht und waren versucht, die Empfehlungen künftig zu ignorieren bzw. ein anderes Navi zu verwenden. Aber sind zwei Irrtümer hintereinander Beweis genug, um definitive Schlussfolgerungen über eine Anwendung zu ziehen, die Sie seit Jahren nutzen? (Wenn es überhaupt Irrtümer waren, denn die von Ihnen ursprünglich geplante Route hätte Sie ja vielleicht ebenso in den Stau geführt.) Wenn Sie zwei gute Aktien gefunden haben, die einen Indexfonds schlagen, belegt dies ausreichend, dass Sie den Markt immer schlagen können? Wenn Sie bei zwei Super Bowls den Gewinner richtig vorhergesagt haben, würden Sie deshalb Ihren Job aufgeben und zum Profi-Wetter werden? Sich von einer kleinen Stichprobe jüngerer Daten leiten zu lassen, ist vermutlich die schlechteste Art und Weise, Daten zu verwenden. Wir haben fast nie genug Belege für eine verlässliche Schlussfolgerung, aber immer genug, um uns übers Ohr hauen zu lassen.

Wenn Antworten präzise falsch sind

Je mehr sie über den verführerischen Charakter der Präzision nachdenken, desto öfter werden Sie beobachten, dass Menschen mit präzisen, aber unwahrscheinlichen Zahlen um sich werfen. Am 8. Mai 2022 erzielte Gleyber Torres, der Second-Baseman der New York Yankees, im ersten von zwei Spielen einen Homerun, der den Sieg über die Texas Rangers bedeutete. Ein lockerer Homerun sollte in jeder Baseball-Saison ein Highlight sein. Doch als Chris Woodward, der Manager der Rangers, später ein Interview gab, machte er Torres' Leistung nieder: »Das war eben ein kleiner Platz. Bei 99 Prozent der Plätze wäre das ein easy out gewesen … aber auf diesem Little-League-Platz fiel der Ball eben ins Right Field.« Als man den Manager der Yankees, Aaron Boone, darauf ansprach, lachte der nur und meinte trocken: »Er kann eben nicht rechnen. 99 Prozent ist unmöglich. Es gibt ja nur 30 Plätze.«[263]

So wie die Zustimmung zu einem Kandidaten bei einer Stichprobe von zwei Personen niemals 90 Prozent erreichen kann, so kann ein Homerun nur dann bei 99 Prozent der Plätze eigentlich ein Out sein, wenn es 100 Plätze gibt. Diese Art von Fehler – eine Prozentzahl oder einen Durchschnittswert anzugeben, der unmöglich präzise ist – kommt recht häufig vor, und das nicht nur bei Baseballmanagern. Nachdem Nick Brown und James Heathers diesen Fehler in verschiedenen wissenschaftlichen Publikationen entdeckt hatten, entwickelten die Forscher einen einfachen Algorithmus, um diese falsche Präzision aufzudecken. Und sie gaben ihm den durchaus bissigen Namen GRIM: Granularity-Related Inconsistency of Means (Granularitätsbezogene Inkonsistenz der Mittel). Der GRIM-Test prüft, ob ein angegebener Prozent- oder Durchschnittswert angesichts der Anzahl der Befragten (oder der Plätze) überhaupt möglich ist.[264]

Chris Woodwards GRIM-Fehler mit den 99 Prozent war ja vermutlich als effektvolle Übertreibung gedacht, aber nicht einmal als solche taugte sie etwas. Torres' Ball flog 369 Fuß weit und hätte also auf 26 der 30 Major-League-Baseballplätze einen Homerun erzielt. (In mehr als 86 Prozent der Fälle, nicht in 1 Prozent!) In manchen Fällen bestehen die Unstimmigkeiten, die GRIM aufdeckt, aus Rundungsfehlern, in anderen weisen sie auf schwerwiegendere Probleme hin – Prozent- und Durchschnittswerte, die plausibel klingen, aber ebenso unmöglich sind.

Unmögliche Werte wie 90 Prozent Zustimmung bei zwei Wählern oder 99 Prozent von 30 Stadien sind leicht zu erkennen. Und wenn Sie genau 10 Mal eine Münze werfen, können Sie nicht 5,5 Mal Kopf haben. Bei anderen Zahlen fallen die GRIM-Fehler weniger auf. Stellen Sie sich einen wissenschaftlichen Artikel vor, für den elf Personen ihr Glücksgefühl auf einer Skala von 1 bis 7 bewerten sollen. Am Ende wird ein Durchschnittswert von 3,86 angegeben. Das hört sich ganz vernünftig an, aber wenn wir nachrechnen, zeigt sich, dass Sie nur auf 3,81818 oder auf 3,90909 kommen können – und keines der beiden Resultate lässt sich auf 3,86 auf- bzw. abrunden.[265]

Vor dem GRIM-Test hatte niemand auch nur daran gedacht, die Durchschnittswerte in wissenschaftlichen Arbeiten daraufhin zu prüfen, ob sie mathematisch überhaupt möglich sind (obwohl die dafür nötigen Rechenkünste kaum komplizierter sind als simple Arithmetik). Brown und Heathers wandten den GRIM-Test auf Durchschnittswerte in einer großen Zahl von Artikeln an, die in bekannten psychologischen Fachzeitschriften erschienen waren, und fanden weit häufiger Fehler, als man erwarten würde. Unter den Artikeln, die genug Information lieferten, um den GRIM-Test anzuwenden, zeigten sich in etwa der Hälfte der Fälle Fehler. Bei mehr als 20 Prozent wurden mehrere Fehler festgestellt. Als Brown und Heathers die Originaldaten aus diesen Artikeln unter die Lupe nahmen, stellte sich heraus, dass die meisten Fehler auf Schlampigkeit zurückzuführen waren. In einigen Fällen aber waren die Fehler so schwerwiegend, dass die statistischen Schlussfolgerungen der Autoren korrigiert werden mussten. Mittlerweile ist uns dieses Muster ja schon vertraut: Falsche Schlussfolgerungen oder gar Betrug in wissenschaftlichen Aufsätzen kommen meist ans Licht, wenn man unterhalb der Schlagzeile die eine oder andere Frage stellt und bemerkt, dass die Daten – in diesem Fall die Berechnungen – die These nicht stützen.[266]

Die Fallstricke der Extrapolation

So wie unsere Vorliebe für Präzision uns täuschen kann, wenn wir aus Modellen und kleinen Datenpools Schlussfolgerungen ziehen, so liegen wir mitunter auch daneben, wenn wir uns zu sehr auf präzise Vorhersagen verlassen. Das Verkehrsministerium der Vereinigten Staaten legt dem Kongress regelmäßig Berichte vor über die Anzahl der auf Amerikas Straßen zurückgelegten Meilen. Dabei trifft man auch Vorhersagen für künftige Jahre, und zwar bis zu 20 Jahre im Voraus. Die Berichte sagten Jahr für Jahr einen Anstieg des Verkehrs voraus. Und doch reduzierte sich dieser in den späten 1990ern immer weiter, und zu Beginn der Nullerjahre nahm der Verkehr sogar ab. Eric Sundquist, Direktor der State Smart Initiative an der Universität von Wisconsin, analysierte 2013 diese

Vorhersagen und fand heraus, dass die Modelle dahinter auf der Grundlage von Trends entwickelt wurden, die in den 1980ern richtig waren. Leider wurden sie seitdem nicht upgedatet. Die finanziellen und sozialen Folgen solcher veralteter Modelle sind enorm. Wenn zu wenig Verkehr vorhergesagt wird, stecken Sie ständig in verstopften Straßen fest. Fällt die Vorhersage zu hoch aus, wie es bei diesen Modellen der Fall war, dann verschwenden wir Ressourcen für unnötige Strukturen.[267]

So wie politische Vorhersagen nur dann exakt sind, wenn sie auf repräsentativen Stichproben beruhen, sind auf Modellen basierende Zukunftsprognosen – oder andere neue Daten – nur dann nützlich, wenn das Modell regelmäßig mit ähnlichen Daten nachjustiert wird. Künftige Entwicklungen für die hier vorgestellten Fälle vorherzusagen ist vergleichsweise sicher. Eine Extrapolation aber, bei der Sie Zeitreihen fortführen, kann katastrophal schiefgehen.

Eines unserer Lieblingsbeispiele für die Gefahren der Extrapolation ist eines, das wir auch in unseren Seminaren verwenden: Es geht dabei um Vorhersagen über die Zeiten für einen 100-Meter-Lauf. In den letzten 100 Jahren sind die Weltrekordzeiten für Männer und Frauen gleichermaßen zurückgegangen, wenn auch bei den Frauen etwas stärker. 1922 lag der Weltrekord über die 100-Meter-Distanz bei 10,4 Sekunden für Männer und bei 12,8 Sekunden für Frauen, eine Differenz von 2,4 Sekunden also. Im Jahr 2022 liegt der Wert bei 9,58 Sekunden für Männer und 10,49 Sekunden für Frauen. Die Differenz ist also auf 0,91 Sekunden zusammengeschmolzen. Ein wissenschaftlicher Artikel in der Fachzeitschrift *Nature* extrapolierte die linearen Verbesserungen bei den olympischen Rekorden über 100 Meter seit 1900 in die Zukunft (wobei man von einer Verbesserung von 0,011 Sekunden pro Jahr für Männer ausging und von 0,017 Sekunden für Frauen). Daraus zog man den Schluss, dass Frauen die Männer im Jahr 2156 überholen würden. Man sagte eine Zeit von 8,079 Sekunden für Frauen vorher und 8,098 Sekunden für Männer. Aber wir wissen ja, dass dieser Trend nicht endlos in die Zukunft fortgeschrieben werden kann, denn sonst würden 100-Meter-Läufer im Jahr 2636 schon durchs Ziel gehen, bevor sie losgelaufen sind – und Frauen würden dieses Wunder Jahre vor den Männern zuwege bringen![268]

Lineare Trends zu extrapolieren ist schon gewagt, dies aber bei komplexeren Mustern zu versuchen, ist noch weit schwieriger, einfach weil wir diese nicht intuitiv gut verstehen. Wenn wir sehen, wie ein Auto auf dem Highway unterwegs ist, erkennen wir leichter, wie schnell es sich bewegt (also seinen Ort verändert), als wie stark es beschleunigt (seine Geschwindigkeit verändert). Zahlen, die anfangs noch klein scheinen, so klein, dass sie keinerlei Aufmerksamkeit oder Sorge erregen, können weit schneller, als uns klar ist, ein erhebliches Niveau erreichen – wie die ganze Welt am exponentiellen Wachstum von Covid-19 sehen konnte.

So wie der Zinseszinseffekt Reichtum anwachsen lässt, vergrößert exponentielles (»virales«) Wachstum die Wirkung einzelner Faktoren. Ein Beispiel: Wenn die Gesamtzahl der Covid-19-Fälle in Ihrer Stadt jeden Tag um zehn Fälle anwächst, haben Sie nach 10 Tagen 100 zusätzliche Fälle. Der Trend ist linear. Wenn wir einen Graphen zeichnen, bei dem wir das Datum auf der x-Achse eintragen und die Anzahl der Fälle auf der y-Achse, dann haben wir eine gerade Linie, die von links unten nach rechts oben zeigt. Nun stellen Sie sich vor, Sie haben 10 Fälle an einem Tag, am nächsten sind es schon 11, am übernächsten 12, an Tag 4 und 5 sind es 13 und dann 14. Wir sehen, dass die Anzahl der Fälle Tag für Tag steigt, aber wir kämen nicht so leicht dahinter, dass es nach zehn Tagen 145 Fälle gibt und dass wir nach 13 Tagen schon bei 200 sind. Die Veränderung ist gering, ein Fall pro Tag zusätzlich. Aber die Konsequenz ist: 45 Prozent mehr Fälle nach 10 Tagen, als dies bei einem konstanten Zuwachs der Fall wäre. Der Graph würde schneller nach oben zeigen, und je näher wir der rechten Seite kommen, desto steiler fiele die Kurve aus. Und das heißt: Je länger der Zeitraum, desto weniger Zeit ist erforderlich, damit die Gesamtzahl der Fälle um den gleichen Betrag steigt.

Wenn wir es mit exponentiellem Wachstum zu tun haben, müssen wir rechnen, wenn wir präzise Vorhersagen treffen wollen. Um uns vom exponentiellen Wachstum nicht blenden zu lassen, müssen wir einfach nur prüfen, ob die Wachstumsrate mit der Zeit zunimmt, und uns klarmachen, dass das Problem sehr schnell außer Kontrolle geraten kann. Hier ist uns eine einfache Faustregel nützlich: Halten Sie Ausschau nach allem, was sich innerhalb kürzester Zeit verdoppelt. Und seien Sie noch vorsichtiger, wenn die zweite Verdoppelung noch schneller geschieht. Dann haben wir es mit einer Jahrhundertpandemie zu tun – oder mit dem Geschäft unseres Lebens.

Kubische Irrungen

Anfang Mai 2020, als die USA vergleichsweise wenig dokumentierte Todesfälle durch Covid-19 zu verzeichnen hatten, drängte die Trump-Regierung darauf, die Gesundheitsauflagen für die Öffentlichkeit aufzuheben – gegen den Rat der eigenen Taskforce und trotz der Vorhersagen, dass das Land am 1. Juni dann möglicherweise 200 000 Covid-Todesfälle verzeichnen könnte. Das Weiße Haus rechtfertigte seine Politik damit, indem es auf das eigene »kubische« Modell verwies, das vorhersagte, dass die Zahl der Todesfälle durch Corona bis zum 15. Mai 2020 bei null liegen würde.[269]

Das Modell der Trump-Regierung war nicht von einem Experten für Infektionskrankheiten oder einem Epidemiologen entwickelt worden, sondern von einem Wirtschaftsberater namens Kevin Hassett. Scheinbar hat er in Excel so viele verschiedene Funktionen ausprobiert, die aus jeder Datenreihe einen beliebigen Trend herauslesen, bis er eine gefunden hatte, die ihm rosige Ausblicke ermöglichte.[270]

Ein kubisches Modell ändert zwei Mal die Richtung: Die Werte setzen hoch ein, dann fallen sie, nur um dann wieder zu steigen und erneut zu fallen. Oder: Die Werte beginnen zunächst niedrig, klettern dann, fallen und klettern wieder. Was zu Beginn der Kurve passiert, bestimmt die Richtung, die der Graph nimmt, wenn die Daten aufhören und die Extrapolation beginnt. Die mit dem kubischen Modell gewonnene Vorhersage, dass die Pandemie bald enden werde, beruhte auf der Sicht der anfänglichen verzeichneten Todesfälle. Die relativ geringen Veränderungen zu Beginn wurden als abnehmender Trend betrachtet, was hieß, dass der aktuell beobachtbare Trend der Zunahme sich früher oder später umkehren musste. Wer diese Umkehr extrapolierte, sah die Pandemie vor dem baldigen Ende. Behandelte man die Veränderungen der Anfangstage aber als zunehmenden Trend, dann ergab sich eine Vorhersage, die auf eine enorme Menge Todesfälle hinwies. Wie wir heute wissen, war Hassetts Vorhersage des baldigen Endes der Pandemie falsch. Mitte Mai 2020 verzeichneten die Vereinigten Staaten etwa 1500 Todesfälle pro Tag.[271]

Doch die Trump-Regierung war nicht allein mit ihren übermäßig rosigen Vorhersagen. Vor Beginn des Herbstsemesters 2020 sagte die Universität von Illinois vorher, dass der Urbana-Champaign-Campus »im schlimmsten Fall« 700 Covid-Fälle im ganzen Semester verzeichnen würde. Das hieße, dass nie mehr als 100 Infizierte gleichzeitig auf dem Campus präsent sein würden. Die täglichen Ansteckungen würden innerhalb von Wochen auf einstellige Werte zurückgehen. Wann immer jemand behauptet, dass eine Vorhersage ein Worst-Case-Szenario darstellt, sollten Sie vorsichtig sein: Denn es gibt fast immer eine schlimmere Situation. Tatsächlich gab es auf dem Campus der Universität schon bis Ende November 3923 Ansteckungen und nahezu 40 neue Fälle pro Tag. Anders als das kubische Modell der Regierung war das der Universität mathematisch einwandfrei – aber wie beim kubischen Modell ging man von falschen Basisdaten aus.[272]

Die Vorhersage von maximal 700 Fällen gründete auf der Annahme, dass die Bachelor-Studierenden sich jederzeit testen ließen und ihre Kontakte nachverfolgen konnten. Und dass die Studierenden innerhalb von 24 Stunden über ein positives Testergebnis informiert würden. Es war wenig überraschend, dass an einer großen staatlichen Universität, die vor allem für ihre wilden Partys berühmt war, sich durchaus weniger als 100 Prozent der Studierenden an die Vorschriften hielten. Und in den entscheidenden ersten Wochen des Semesters ließen die Testergebnisse weit länger als 24 Stunden auf sich warten.

Das Problem waren also nicht die Modelle, sondern die Art, wie sie verstanden und eingesetzt wurden. Der beunruhigendste Aspekt der Vorhersage war ihre durch nichts begründete Präzision. Die Universität wies nicht darauf hin, dass die vorhergesagten 700 Fälle nur eine Möglichkeit in einer enormen Reihe von Möglichkeiten waren und dass diese Möglichkeit auf bestimmten entscheidenden Grundannahmen bei Testbereitschaft und Einhaltung der Regeln beruhte. Ging man stattdessen von realistischeren Annahmen aus, ergab dasselbe Modell eine Zahl von 3000 bis 8000 Covid-Fällen.[273]

Leute, die uns über den Tisch ziehen wollen, machen präzise Versprechen. Aber wir würden diese Präzision nicht so überzeugend finden, wenn wir die Versprechungen nicht attraktiv fänden. Die Gutachter und der Herausgeber, die über die Veröffentlichung der präzisen – und unmöglichen – Berechnung des Positivitätsquotienten befanden, waren vermutlich von der zugrunde liegenden Annahme überzeugt, dass Menschen, die mehr positive Erfahrungen machten, eher ein gelingendes Leben führen. Und vermutlich wollten sie auch einfach glauben, dass die Wissenschaft der Psychologie quantitative Naturgesetze entdecken kann. Die Leitung der Universität von Illinois wollte vermutlich ein Semester des Zoom-Lernens vermeiden und freute sich über das präzise »Worst-Case-Szenario« von 700 Fällen. Die Trump-Regierung wünschte sich, dass Covid-19 kein so gravierendes Problem darstellte, als es war. Also akzeptierte man die präzise Vorhersage, dass die Pandemie am 15. Mai 2020 vorbei sein würde.

Null Coronatote in wenigen Wochen: Man hätte sich sagen können, dass die Vorhersage zu schön war, um wahr zu sein. Die Geschichte jedenfalls zeigt uns, dass sie zu schön war. Doch wenn etwas zu schön ist, um wahr zu sein, dann ist es zugleich präzise und beeindruckend, so wie Charles Ponzis Renditeversprechen von genau 50 Prozent in 90 Tagen. In diesem Kapitel haben wir gesehen, wie leicht wir uns von präzisen Zahlen und Thesen ködern lassen, auch wenn diese nicht gerechtfertigt sind: von falschen Schlussfolgerungen, gezogen aus irrigen Annahmen über die zugrunde liegenden Modelle; von Verallgemeinerungen von Resultaten, die anhand zu kleiner Stichproben gewonnen wurden; von zu perfekten Vorhersagen für künftige Ereignisse. Im nächsten Kapitel werden wir uns ansehen, wie Bauernfänger uns mit der Behauptung von Wirksamkeit aufs Glatteis führen: mit Angeboten, in denen die

Vorteile oder Effekte in keinem Verhältnis stehen zu den Kosten oder Ursachen.

8
WIRKMÄCHTIGKEIT: VORSICHT VOR SCHMETTERLINGSEFFEKTEN

Es gibt ein nettes wissenschaftliches Klischee, demzufolge ein Schmetterling, der in Brasilien mit den Flügeln schlägt, einen Tornado in Texas auslösen kann. Wir finden diese Art von Wirkung regelmäßig zu überzeugend. In Wirklichkeit sollten wir misstrauisch werden, wenn jemand behauptet, dass eine winzige Ursache eine derart gewaltige Wirkung erzielen kann.

2021 lancierte die amerikanische Social-Media-Influencerin Caroline Calloway ihre eigene Marke ätherischer Öle mit einem Marketing-Blitzkrieg unter ihren mehr als 600 000 Followern auf Instagram. Calloway war bekannt dafür, dass sie wohltönende Behauptungen aufstellte und für glänzende Events warb, die sich regelmäßig als Windei herausstellten: ein Buchvertrag mit einer sechsstelligen Vorauszahlung – leider wurde das Buch nie fertig. Eine landesweite Workshop-Tour, für die sie nie auch nur einen Veranstaltungsort buchte. Und so weiter. Aber irgendwie landete sie immer auf den Füßen und leierte das nächste große Ding an. Offensichtlich behielt sie kein Geld für sich: Sie zahlte dem Ver-

lagshaus den erhaltenen Vorschuss zurück und erstattete allen, die
Workshops gebucht hatten, die Teilnahmegebühr. Sie ist also keine
Betrügerin im strengen Sinne. Aber sie war sich ihres Rufes wohl
bewusst, denn ihre ätherischen Öle nannte sie: Schlangenöl.[274]

Von »Dr. Pierce's Pleasant Pellets« während der Influenza-Pandemie von 1918 über die Lobotomie bei Psychosen Mitte des 20. Jahrhunderts bis hin zu Hydrochloroquin und Ivermectin während
der Covid-19-Pandemie: Menschen sind in Belastungssituationen
häufig bereit, riskante medizinische Behandlungen auszuprobieren.
Einige dieser »Wundermittel« sind bei anderen Krankheiten durchaus nützlich: Hydrochloroquin zum Beispiel ist ein erprobtes
Mittel gegen Malaria und Ivermectin ist ein wirksames Medikament gegen Parasiten. Aber die alternative Nutzung solcher Medikamente trägt ganz klar die Merkmale der Pseudowissenschaft: ein
Gründungsmythos, bei dem es darum geht, wie ein einsames Genie
den Zusatznutzen erkennt; statt umfassenden klinischen Versuchen
eine Reihe von »beweiskräftigen« Testimonials von Nutzern; und
zu guter Letzt die nicht zu verifizierenden Behauptungen der Wirksamkeit bei einer ganzen Reihe von Krankheiten.[275]

Warum der Schlangenölverkäufer seinen schlechten Ruf verdient – Schlangenöl aber nicht

Wundermittel begegnen uns heute allüberall. Der Höhepunkt der
Wundermittelära aber fällt in die Zeit der sogenannten Patent-
medizin gegen Ende des 19. Jahrhunderts. In den 1880ern wurde
die Eisenbahnlinie gebaut, die den Osten der USA mit dem neu er-
schlossenen Westen verband. Die Arbeiter waren hauptsächlich chinesische Einwanderer. Dieser Knochenjob war oft die einzige Ar-

beit, die sie überhaupt fanden. Vor dem Aufkommen der modernen Medizin, zu einer Zeit, als noch nicht einmal das Aspirin erfunden war, hatten Arbeiter nur wenige Möglichkeiten, den Schmerz in Gelenken und Muskeln zu lindern. Die Chinesen verließen sich auf ein traditionelles Mittel: Schlangenöl. Zu jener Zeit wurde Schlangenöl weltweit verwendet, meist als Muskelrelaxans oder Anästhetikum bei Gelenkschmerzen. Das chinesische Schlangenöl wurde meist aus Wasserschlangen gewonnen, die Europäer verwendeten Vipern und die indigenen Völker Nordamerikas Klapperschlangen.[276]

Und eine Person ist wohl mehr als alle anderen für den aktuell schlechten Ruf von Schlangenöl verantwortlich: Clark Stanley, auch bekannt als der »Klapperschlangenkönig«. Auf der Weltausstellung World's Columbian Exhibition von 1893 in Chicago hatte Stanley einen Stand, auf dem er Schlangen zeigte und ein 53-seitiges Pamphlet verteilte mit dem Titel *Leben und Abenteuer amerikanischer Cowboys: Das wahre Leben im wilden Westen.* Die Schrift umfasste zwei Teile: Im ersten wurde der Glanz des Cowboylebens beschrieben, im zweiten die weitreichenden gesundheitlichen Vorzüge von Stanleys Schlangenöl-Einreibung, die er natürlich auf der Messe auch zum Verkauf anbot.

Um seine Arznei an den Mann zu bringen, setzte Stanley auf das Drehbuch der Pseudowissenschaft. Er behauptete, das Rezept für sein Schlangenölmittel erhalten zu haben, als er in den 1870ern zwei Jahre bei den Moki (heute den Hopi) in Walpi, Arizona, gelebt hatte. Wollte man seiner Werbung glauben, wirkte Schlangenöl weit besser als alle anderen Mittel. Es »beseitigt Schmerz so wirkungsvoll, dass selbst die Ärzte erstaunt sind«. Seiner Aussage nach hatte er das Schlangenöl auch bei Freunden ausprobiert und Erfolge erzielt bei: »Rheuma, Neuralgien, Hexenschuss, Rückenlähmung, Ischias, Sehnenquetschung, Zahnschmerzen, Verstauchungen, Schwellungen, Erfrierungen, Frostbeulen, Abschürfungen, Halsschmerzen sowie Bissen von Tieren, Insekten und Reptilien.« Und er fügte hinzu: Es »tötet das Gift ab, lindert den Schmerz, reduziert die Schwellung und heilt die Wunde«. Er pries sein Schlangenöl an als »wunderbare, jeden Schmerz beseitigende Mischung« und als »stärkste und beste Einreibung gegen alle Schmerzen und Lähmungserscheinungen«.

Während neuzeitliche Werbung für medizinische Produkte und Verfahren in den meisten Ländern streng überwacht wird und Medikamente auf ihre Sicherheit und Wirksamkeit getestet werden, bevor sie als Mittel gegen Beschwerden angepriesen werden dürfen, gab es in den Vereinigten Staaten solche Regelungen vor 1906 nicht. Daher wurde traditionellen Arzneimitteln immer ein solch breites Wirkungsspektrum zugeschrieben. Dan besitzt eine Sammlung von Arzneimittelfläschchen aus der Zeit zwischen Ende des 19. und Anfang des 20. Jahrhunderts – lauter nicht regulierte Arzneimittel, die eine breite Wirksamkeit bei einer Menge völlig unzusammenhängender Beschwerden behaupten. *Hymosa* von der Walker Pharmacal Company war »eine Mischung für die Behandlung von Rheuma, Neuralgien, Gicht, Hexenschuss, Ischias und allen anderen rheumatischen Erkrankungen« (20 Prozent Alkoholgehalt). *Dr. Hand's Pleasant Physic* war gedacht für: »die Erleichterung von Babys, Kindern oder Erwachsenen, die unter Verstopfung leiden. Besonders wirksam ist es während der Schwangerschaft, nach der Entbindung und bei extrem hartnäckiger Verstopfung. Es regt die Leber an, stimuliert die Verdauung und verursacht kein Bauchgrimmen« (6 Prozent Alkoholgehalt). *St. Jacob's Oil* wurde angepriesen als »großes deutsches Heilmittel bei Rheumatismus, Nervenschmerzen, Rückenschmerzen, Verbrennungen, Verbrühung, Verstauchung, Schwellungen, Abschürfungen, Hühneraugen, Überbeinen, Haushaltsunfällen sowie für alle Krankheiten von Pferden und Vieh« (kein Alkohol). Ähnlich vollmundige Versprechungen finden sich noch heute, wenn es um Nahrungsergänzungsmittel und Vitamine geht, die in den meisten Ländern nur der Regelung für Nahrungsmittel unterliegen und nicht denen für Medikamente.[277]

Clark Stanley nutzte die laschen Regeln aus, um ein sehr erfolgreiches Schlangenöl-Unternehmen aufzuziehen, das Fabriken in Massachusetts und Long Island hatte. Seine Produkte wurden erst Jahre später untersucht, nachdem 1906 der Pure Food and Drug Act in Kraft trat. 1917 musste er 20 Dollar Strafe zahlen (was heute etwa 475 Dollar entspricht), weil er seine Käufer mit seiner Werbung getäuscht hatte. Als Irreführung des Verbrauchers wurde aber nicht die Behauptung beanstandet, dass sein Mittel alles heilte vom Hexenschuss bis zu Halsschmerzen, auch nicht seine zweifelhafte Story über die Entdeckung des Mittels oder überhaupt die Tatsache, dass er ein unwirksames Medikament verkaufte. Nein, er musste ein Bußgeld zahlen, weil seine Schlangenöl-Einreibung kein echtes Schlangenöl enthielt.[278]

Schlangenöl mag ja Schmerzen lindern, auch wenn es nicht das Allheilmittel ist, als das Stanley es anpries. Es gibt kaum wissenschaftliche Belege für oder gegen seine Wirksamkeit. Aber die Verkäufer von Schlangenöl verdienen ihren schlechten Ruf, weil sie die angebliche Wirksamkeit von Produkten anpreisen, obwohl es dafür keinerlei Beweise gibt und weil sie Heilmittel aufgrund von Mechanismen propagieren, die diese Wirkung niemals haben können.

Daher können wir irreführende Behauptungen von extremer Wirksamkeit meist aushebeln, wenn wir uns fragen: » *Was ist der Wirkstoff?* « Wenn wir uns überlegen, was denn nun die Wirkung bringen soll – oder ob es weitere Wirkstoffe gibt, neben dem, der zur Diskussion steht –, dann kommen wir vermutlich schnell dahinter, warum ein angebliches Allheilmittel wirksamer erscheint, als es in Wirklichkeit ist. In den meisten homöopathischen Arzneimitteln sind nur sehr geringe Mengen Wirkstoff enthalten. Die wahrgenommene Wirkung geht also auf den Placebo-Effekt zurück und auf natürliche Heilung. Das Gleiche gilt für Reiki oder andere »energetische Therapien«, bei denen angeblich Energiefelder erspürt und verändert werden, um Krankheiten zu diagnostizieren und zu heilen – mitunter sogar über enorme Entfernungen. Weder die Existenz solcher Felder noch die Fähigkeit der Anwender, auf diese einzuwirken, sind je wissenschaftlich belegt worden.

Wir können uns auch fragen, ob die Welt nicht ganz anders aussehen würde, wenn das Produkt oder die Dienstleistung so wirksam wäre, wie die Werbung es verspricht. Die Tatsache, dass Hellseher nicht jedes Spielcasino der Welt ausgeräumt haben und jede Lotterie gewonnen, zeigt doch, dass der übernatürliche Blick in die Zukunft kein wirksamer Bestandteil ihrer Vorhersagen ist.

Videospiele besitzen keinen Anti-Aging-Effekt

Clark Stanley war nicht der Erste, der Bußgeld zahlen musste, weil er wissenschaftliche oder medizinische Behauptungen aufstellte, die sich nicht beweisen lassen. Und er war wohl auch nicht der Letzte. 2016 erklärte sich Lumos Labs, Anbieter des populären »Gehirntrainingsprogrammes« Lumosity, bereit, seine Werbung zu ändern. Das Unternehmen bezahlte 2 Millionen Dollar, um eine Klage vonseiten der US Federal Trade Commission (FTC, Behörde für Verbraucherschutz) beizulegen. Dabei ging es um unbegründete Werbebotschaften über die »nachgewiesene« Wirkung der eigenen Produkte wie: »Lumosity macht weltweit Studenten höchst erfolgreich im Studium.« Oder: »Gesunde Erwachsene profitieren vom Lumosity-Training.« Andere Gehirntrainings-Anbieter wie Lear-ningRx und Carrot Neurotechnology einigten sich ebenfalls mit der FTC und nahmen irreführende Werbung zurück.[279]

Wir alle würden gerne die kognitiven Konsequenzen des Alte-rungsprozesses abwenden. Jeder würde sich gerne besser konzen-trieren und sich besser an Namen und Ereignisse erinnern können und daran, wohin er seine Schlüssel gelegt hat. Die Gehirntrainings-Industrie behauptet, ein Gegenmittel gegen den geistigen Abbau ge-funden zu haben, setzt dabei aber auf dieselben Marketingmanöver wie Clark Stanley. Die Webseiten der Unternehmen erzählen die Geschichte der Entdeckung ihrer Therapie und bringen Testimo-nials von Menschen, denen sie angeblich geholfen hat. Und sie be-haupten, dass ihre eher banalen Methoden Unmengen von Störun-gen heilen können. Wir haben uns die Studien angesehen, die diese Unternehmen als Beleg für die Wirksamkeit ihrer Technik angeben. Wir haben darin buchstäblich nicht einen Beweis dafür gefunden, dass die angebotenen Übungen die kognitive Verarbeitung im All-tag tatsächlich stärken oder gesunde Menschen klüger machen.[280]

Die Vorstellung, dass ein Schmetterling mit den Flügeln schlägt und in mehreren Tausend Kilometern Entfernung einen Tornado auslöst, ist die Blaupause für alle Behauptungen, denen zufolge eine winzige Veränderung einen Riesenunterschied macht – ein proba-tes Mittel, um Menschen zum Klicken und Teilen zu bringen oder zu anderen Methoden, die Bekanntheit generieren. Die wenigen geringfügigen, aber leistungsstarken Interventionen, die tatsäch-lich eine derartig mächtige Wirkung erzielen, sind ausgesprochen wertvoll. Impfstoffe und Antibiotika gehören dazu: Eine einzige In-jektion oder die Einnahme weniger Tabletten stehen für den Unter-schied zwischen Tod und Jahrzehnten gesunden Lebens. Sie haben der Gesellschaft ein enormes Geschenk gemacht: Gesundheit und langes Leben für die ganze Zivilisation. Aber Geschichten wie diese sind weit seltener, als wir denken. Meistens verändern solche Life-hacks nicht das ganze Leben und eine enorme Wirkung wird meist nur durch enormen Einsatz erzielt.[281]

Verdächtige Beeinflussung

Der Reiz von übermäßig starken Effekten ist so massiv, dass er sogar die kognitiven Wälle von Menschen durchbricht, die es besser wissen sollten, wie der Nobelpreisgewinner und Dokumentator unserer kognitiven Schwächen Daniel Kahneman. In Kapitel 4 seines Bestsellers *Schnelles Denken, langsames Denken* beschreibt Kahneman eine Reihe von Studien, die zeigen, wie subtile, fast unmerkliche Einflüsse unser Denken und Verhalten massiv verändern können.[282]

Eine Studie stellt zum Beispiel den »Lady-Macbeth-Effekt« vor: Wenn Sie sich ein kurzes Video ansehen, das bei Ihnen Ekel auslöst, soll Händewaschen angeblich diese Erfahrung »wegwaschen« und Sie dazu bringen, dass Sie moralische Verfehlungen weniger streng verurteilen. Einer anderen Studie zufolge hängte man im Pausenraum ein Bild mit Augen auf, was zur Folge hatte, dass die Menschen, die sich dort einen Kaffee machten, mehr Geld für die Nutzung dieser gemeinsamen Maschine beisteuerten. Im bekanntesten und einflussreichsten Experiment bat man Studierende, aus einer Reihe von Wörtern Sätze zu bilden. Bei einigen der Probanden machten gut die Hälfte dieser Wörter Begriffe aus, die mit Alter assoziiert waren wie »Falten«, »vergesslich« oder »Florida« (der Rentnerstaat der USA). Nach Lösung der Aufgabe verließen die Studierenden das Labor und gingen zum Aufzug. Aber damit war das Experiment noch keineswegs zu Ende. Ein Forscher stoppte die Zeit, wie lange sie dafür jeweils brauchten. Die Hypothese dahinter war, dass Probanden, die unbewusst mit altersrelevanten Worten »instruiert« worden waren, langsamer gehen würden, so wie dies ein alter Mensch tun würde. Und tatsächlich brauchten die heimlich »instruierten« Studierenden durchschnittlich eine Sekunde länger, um die zehn Meter zum Aufzug zurückzulegen. Diese Art der Beeinflussung oder subtilen Lenkung oder »Vorbereitung« durch äußere Einflüsse ist als »Priming« oder »Social Priming« bekannt. Das Resultat erregte Aufsehen. Wenn subtile Merkmale der Welt unbewusst einen so starken Einfluss ausüben können, dann haben wir unser Handeln und unsere Entscheidungen weit weniger unter Kontrolle, als wir intuitiv annehmen.[283]

Kahneman wusste, dass diese Resultate dem prüfenden Blick der Skeptiker nicht standhalten würden, daher unterstrich er, wie stark die Belege seiner Ansicht nach waren: »Allerdings sind Zweifel hier nicht angebracht. Die Ergebnisse sind nicht erfunden, und sie sind auch keine statistischen Zufallsergebnisse. Sie müssen sich damit abfinden, dass die zentralen Schlussfolgerungen dieser Studien wahr sind. Wichtiger noch ist, dass Sie sich damit abfinden müssen, dass sie wahr in Bezug auf *Sie* sind.« Er mag ja recht haben mit der Behauptung, dass keines dieser Ergebnisse »erfunden« ist. Aber in den Jahren, nachdem Kahneman darauf bestand, dass diese metaphorischen Priming-Resultate fraglos richtig sind, wurden viele in unabhängigen Replikationsversuchen überprüft und keines hielt stand.

Bald nachdem er sein Buch 2011 veröffentlicht hatte – und nicht lange, nachdem ein unabhängiges Forschungslabor erfolglos versucht hatte, die Studie über das Priming mit noch größerer Gründlichkeit zu replizieren –, schrieb Kahneman einen Brief an alle Priming-Forscher und bat sie, die wissenschaftlichen Grundlagen ihrer Zunft zu stärken, indem sie die Arbeit ihrer Kollegen gegenseitig replizieren sollten. Genauer gesagt hieß es darin: »Ihr Arbeitsbereich ist mittlerweile zum Vorzeigeobjekt geworden, was Zweifel an der Integrität psychologischer Forschung überhaupt angeht [...] Ich glaube, Sie sollten kollektiv etwas im Hinblick auf diese chaotische Situation unternehmen.«

Meist begegnete man diesem Brief mit Schweigen, gelegentlich aber regte sich auch Widerstand gegen ihn. So argumentierte der Psychologe Norbert Schwarz in einem Interview mit dem Wissenschaftsjournalisten Ed Young: »Das ist ein bisschen wie die psychologische Version der Klimawandeldiskussion ... Der Konsens der Mehrheit aller Psychologen, die mit diesem Arbeitsbereich vertraut sind, geht unter im lautstarken Geschrei einiger sturer Priming-Skeptiker.« In der Wissenschaft gilt es als unfairer Tiefschlag, Kritiker mit den Leugnern des Klimawandels zu vergleichen.[284]

Sechs Jahre später veröffentlichte John Bargh, der Erstautor der einflussreichen Studie über den »verlangsamten Gang«, ein Buch, in dem er erneut behauptete, dass subtile Faktoren einen maßgeblichen Einfluss auf unser alltägliches Denken und Handeln ausübten. Er meinte sogar, diese Priming-Effekte ließen sich für eine neue Form der Psychotherapie nutzen. In seinem Buch ging er nicht mal ansatzweise auf die Tatsache ein, dass Kollegen seine Resultate und die anderer Priming-Verfechter nicht hatten replizieren können. Er ignorierte das einfach. Studien, die sich nicht replizieren ließen, klammerte er einfach aus – auch seine Studie über das Alters-Priming. Stattdessen wurden ähnliche Studien angeführt, die noch in der Warteschlange standen, um irgendwann repliziert zu werden. Viele dieser Experimente wurden in den gleichen wissenschaftlichen Artikeln zitiert, die er in seinem Buch weggelassen hatte. Wenn Sie

Barghs Buch ohne Vorkenntnisse lesen, kämen Sie nie auf die Idee, dass das wissenschaftliche Arbeitsgebiet, um das es dort geht, »das Vorzeigeobjekt in puncto Zweifel an der Integrität psychologischer Forschung überhaupt« ist.[285]

Im gleichen Jahr, in dem Bargh sein Buch veröffentlichte, dachte Kahneman über die Wirkung seines Briefes nach: »Ich hoffte, die Autoren dieser Arbeiten würden sich zusammentun, um ihre Thesen mit besseren Belegen zu unterfüttern, aber nichts dergleichen geschah.« Wenn diese sozialen Priming-Effekte so stark sind, dass sie unsere alltäglichen Gedanken, Handlungen und Verhaltensweisen bestimmen, dann dürften ihre Anhänger auch keine Schwierigkeiten haben, sie in kontrollierten Laborstudien nachzuweisen. Stattdessen bemühten sie sich zu erklären, warum eine unabhängige, direkte Replikation – ein ehernes Grundprinzip wissenschaftlichen Arbeitens, das selbst in Schulbüchern beschrieben wird – für diesen Arbeitsbereich irrelevant sei.[286]

Kommt der Wärme-Effekt vom Feuer?

Obwohl nur wenige Forscher, die Arbeiten zum Social Priming veröffentlicht hatten, die Kahneman-Herausforderung annahmen, waren einige Außenseiter hier weniger zurückhaltend. Wie viele Psychologen fanden wir die bemerkenswerten Resultate der Alters-Priming-Studie spannend. In unserem Arbeitsbereich – der Kognitionspsychologie – ist das Priming ein etabliertes Phänomen. Aber hier geht es um die Tatsache, wie das Lesen eines Wortes oder die Wahrnehmung eines Bildes unsere Fähigkeit verstärkt, wenige Sekunden oder Minuten später ein identisches oder ähnliches Wort bzw. Bild zu verarbeiten. Es gehört zu den Grundprinzipien der Kognitionspsychologie, dass der Priming-Effekt immer schwächer

wird, wenn zwischen Priming-Reiz und Zielreiz ein enormer Be-
deutungsunterschied besteht. Je schwächer die Assoziation und je
größer der begriffliche Sprung, den sie voraussetzt, desto schwächer der Effekt. Die Vorstellung, dass Sie durch die Verarbeitung
von Worten, die mit »Alter« zu tun haben, unbewusst auf Altern
programmiert werden, was sich später in einer völlig anderen Umgebung auch noch auf Ihren Gang auswirken soll, ist vor dem
Hintergrund von Jahrzehnten stringenter Priming-Versuche wenig
glaubhaft.[287]

Aber es bestand natürlich immer noch die Möglichkeit, dass
Bargh einen jener sehr seltenen Schmetterlingseffekte entdeckt hatte. Wir akzeptierten weder den Effekt dieses metaphorischen Primings auf Treu und Glauben noch lehnten wir ihn durchweg ab.
Wir wollten selbst herausfinden, ob das funktionieren kann. Wir
arbeiteten mit unseren Studierenden daran, die Resultate einer
jüngeren Studie der Bargh-Gruppe zu replizieren, die derselben
Priming-Logik folgte. Diese Studie, die im Jahr 2008 in *Science*
veröffentlicht wurde, untersuchte die Idee, dass die Erfahrung kör-
perlicher Wärme das Konzept »Wärme« aufrufen würde, welches
sodann auf andere Bedeutungsebenen übertragen würde, zum Beispiel auf zwischenmenschliche Wärme. Dies sollte sich dergestalt
äußern, dass die Versuchspersonen nach dem Priming andere Menschen eher als »warmherzig« erlebten. Dazu wurden zwei Experimente durchgeführt, die nach den Aussagen der Studie massive
Effekte zeitigten. Menschen, die eine Tasse mit warmem Kaffee
hielten, schätzten ihre Mitmenschen auf einer Skala von 1 bis 7
um einen halben Punkt »warmherziger« ein als jene, die ein kal-
tes Getränk in den Händen hatten. Und Menschen, die kurz einen
Wärmepack in Händen hielten, verhielten sich sozialer als jene, die
einen Kältepack bekommen hatten. Wir folgten dem Prozedere bei-

der Studien so eng wie möglich. Und wir testeten mehr als drei Mal so viele Probanden. Wir fanden tatsächlich keinen nachweisbaren Effekt von Kaffeetasse oder Wärmepack auf das Verhalten und Denken der Testpersonen unmittelbar danach.[288]

Als Herausgeber einer wissenschaftlichen Zeitschrift hat Dan häufig mit Replikationsversuchen von unabhängigen Forschungsteams zu tun, die ähnliche Thesen von starken Effekten durch minimale Interventionen prüften. Die meisten hielten einer Überprüfung nicht stand. Eine dieser Studien, erstellt 1979 von Thomas Srull und Robert Wyer, hatte den Boom der Priming-Studien überhaupt erst ausgelöst. Sie lieferte die Vorlage für andere Forscher und wurde bis dato 2400 Mal zitiert. Die Probanden waren Studierende, die Wörter zu ganzen Sätzen zusammenfügten (wie Bargh dies später bei seinen Altersstudien machen ließ). Dann lasen sie eine kurze Geschichte, in der die Hauptfigur auf eine Weise agierte, die man als feindselig werten konnte. Ein Teil der Probanden hatte für ihre Sätze nur Wörter zur Verfügung, aus denen man Sätze über feindselige Aktionen bilden konnte. Das Wortmaterial der anderen Gruppe ließ sich zu neutralen Sätzen verbinden. Die Probanden, die mit »feindseligen« Begriffen »geprimt« worden waren, schätzten die Hauptfigur der folgenden Geschichte auf einer Skala von 1 bis 10 um drei Punkte feindseliger ein als die Kontrollgruppe. Statistisch gesehen war dieser wenig plausible große Abstand mehr als zwei Mal so hoch wie andere offensichtliche Unterschiede wie zum Beispiel die Größenunterschiede zwischen Männern und Frauen oder die Anzahl der Jahre, die ältere und jüngere Leute ihrer Ansicht nach arbeiten müssen, bevor sie in Rente gehen können. Doch das Replikationsprojekt, das Dan als Herausgeber prüfte, zeigte, dass bei insgesamt 22 Replikationsversuchen – mit diesem Studienaufbau, einem standardisierten Ablauf sowie mehr als 7000 Probanden – der durchschnittliche Anstieg der Feindseligkeitswertung nur 0,08 Punkte betrug.[289]

2017 prüfte Ulrich Schimmack von der Universität Toronto jede der Priming-Studien, die Daniel Kahneman als unumstößlich bezeichnet hatte, und stellte fest, dass die meisten der ursprünglichen Studien wenig statistische Belege für ihre Thesen beibringen konnten. Dementsprechend haben Replikationsstudien, die seit 2011 von unabhängigen Laboren durchgeführt wurden, ergeben, dass Menschen nicht langsamer gehen, wenn sie Sätze mit altersrelevanten Worten gebildet hatten; dass ihre moralischen Urteile nicht weniger streng ausfielen, wenn sie sich die Hände gewaschen hatten; dass es Menschen nicht ehrlicher werden lässt, wenn man ihnen die Zehn Gebote ins Gedächtnis ruft; und dass es die Leute nicht selbstsüchtiger macht, wenn man ihnen Bilder von Geld zeigt.[290]

Kahneman schrieb später, er habe falschgelegen, als er so viel Vertrauen in »die Resultate wenig aussagekräftiger Studien mit ungewöhnlich kleinen Stichproben« gesetzt habe. Er sei blind gewesen gegenüber ihrer wenig plausiblen Wirkmächtigkeit: »Ich wusste alles, was ich wissen musste, um meine Begeisterung über die erstaunlichen und eleganten Resultate, die ich zitiert habe, zu mäßigen, aber ich habe das alles nicht durchdacht.« Die Aussagekraft, die Kahneman den Social-Priming-Versuchen zusprach, war sozusagen eine Fata Morgana. Aber nachdem er sah, dass es über einen Zeitraum von sechs Jahren nicht gelungen war, die behaupteten Ergebnisse zu replizieren, änderte er seine Meinung. Er erkannte, dass das Ausmaß der Effekte des Verhaltensprimings »nicht so umfassend und aussagekräftig war, wie mein Kapitel dies darstellt«. Und er warnte andere Autoren, vorsichtig zu sein »bei beeindruckenden Resultaten wenig aussagekräftiger Studien, und diese nicht als gültigen Beleg für deren Thesen zu nehmen«. Ein Nobelpreisträger, der vor Jahrzehnten einen einflussreichen Artikel veröffentlicht hatte über das Risiko, sich zu sehr auf kleine Studien zu verlassen, gab nun zu, dass auch er sich hatte anführen lassen vom angeblichen Wirkungsspektrum des Primings.[291]

Wäre Kahneman dem Priming-Phänomen mit mehr Skepsis begegnet, hätte er vermutlich gemerkt, wie unwahrscheinlich stark dessen berichtete Effekte waren. So hatte er beispielsweise eine Studie zitiert, in der es hieß: Menschen, denen man Fotos von Klassenzimmern und Schulschließfächern zeigte, würden eher für zusätzliche Gelder für Schulen stimmen. Der Priming-Effekt war bei der gleichen Frage höher als die Stimmendifferenz zwischen Menschen mit und ohne Kinder! Die gleiche Logik hätte auch Zweifel aufkommen lassen an der Priming-Studie mit Wärme, die wir nicht replizieren konnten: Der ursprüngliche Artikel berichtete, dass Menschen, die einen Wärmepack in Händen hielten, mehr spendeten als die Kontrollgruppe. Der registrierte Unterschied lag um 50 Prozent höher als der zwischen Menschen mit hohem und Menschen mit niedrigem Einkommen. Wäre dies richtig, würden NGOs ihre Spendenaktionen grundsätzlich an warmen Sommertagen durchführen – was sie aber nicht tun.[292]

Wählen »Wähler« eher?

Wenn ihre Resultate korrekt wären, wären alle Studien, die massive Effekte durch vergleichsweise simples Priming bei Urteilen, Bewertungen oder Ganggeschwindigkeit zeigen, von enormer wissenschaftlicher Bedeutung. Aber in der wirklichen Welt verlangt man eher selten von uns, Aufgaben auszuführen, wie sie im psychologischen Forschungslabor üblich sind, zum Beispiel Sätze aus vorgegebenen Wörtern zu bilden oder jemandes Warmherzigkeit auf einer numerischen Skala zu bewerten. Doch es gibt auch Studien, die nach Möglichkeiten suchten, komplexen gesellschaftlichen Problemen mit solchen »minimalinvasiven« Maßnahmen beizukommen. Und viele dieser Interventionen sollen effektiver sein, auch bei wichtigen konkreten Fragen als die traditionell üblichen stärker eingreifenden Maßnahmen.

Wenn eine Wählerschaft so polarisiert ist, wie dies in den letzten Jahren in den Vereinigten Staaten der Fall war, hängt der Erfolg an der Wahlurne weniger davon ab, ob man Wähler überzeugen kann, ihre Stimme einer anderen Partei zu geben, sondern eher davon, ob man die Leute, die für einen stimmen würden, auch ins Wahllokal bekommt. Die Wahlwerbung hat raffinierte Techniken entwickelt, um Wähler zu motivieren, auch für ihren Kandidaten zu stimmen, denn selbst kleine Zuwächse in der Wahlbeteiligung können einen enormen Unterschied ausmachen. Allerdings ist es nicht leicht, diese Zuwächse zu realisieren. Selbst die besten Methoden haben ihre Grenzen. So hat die Analyse mehrerer Studien zur Wahlwerbung an der Haustür ergeben, dass dies ein Plus der Wahlbeteiligung von 4,3 Prozent bringt, also etwa einen zusätzlichen Wähler bei 23 solcher persönlichen Ansprachen. Eine andere Meta-Analyse ergab, dass direkte Anschreiben, die einen entsprechenden sozialen Druck aufbauten, die Wahlbeteiligung um 2,3 Prozent ansteigen ließ. Telefonanrufe von freiwilligen Wahlhelfern steigerten sie um 2,9 Prozent, wohingegen Anrufe von Callcentern nur 0,8 Prozent mehr Wähler an die Urnen brachten. Automatisierte »Robo-Calls« steigerten die Wahlbeteiligung nur um 0,1 Prozent.[293]

Da diese naheliegenden, erprobten und getesteten Ansätze hohe Kosten verursachen und wenig bringen, ist Skepsis gegenüber Maßnahmen angebracht, die deutlich höhere Effekte versprechen. Wir jedenfalls hatten unsere Zweifel, als wir von einem Artikel aus dem

Jahr 2011 hörten, der folgende These vertrat: Menschen würden eher wählen gehen, wenn man sie als »Wähler« anspreche, statt ihnen einzuhämmern, wie wichtig es sei, zur Wahl zu gehen.[294]

Der Artikel beschrieb ein Experiment aus Kalifornien, das unmittelbar vor der Präsidentschaftswahl von 2008 durchgeführt wurde. Der einen Gruppe wurde die Frage vorgelegt: »Wie wichtig ist es Ihnen, in der anstehenden Wahl *als Wähler aufzutreten?*« Der Kontrollgruppe hingegen stellte man die folgende Frage: »Wie wichtig ist es Ihnen, in der anstehenden Wahl *zu wählen?*« Die erste Gruppe ging mit einer um 13,7 Prozent höheren Wahrscheinlichkeit wählen als die zweite. In einem ähnlichen Experiment, das in New Jersey durchgeführt wurde, gingen die Wähler, die man »als Wähler auftreten« ließ, mit einer um 11,9 Prozent höheren Wahrscheinlichkeit zur Wahl als die, die man nur fragte, ob sie »wählen« wollten. Dieser subtile Unterschied in der Formulierung einer einzigen Frage bei einer Erhebung hatte anscheinend einen drei Mal so starken Effekt wie der Haustürwahlkampf und der Appell, doch wählen zu gehen.[295]

Wenn dies zuträfe, dann wären die drei Worte »als Wähler auftreten« sozusagen ein Zauberspruch für politisches Engagement, weit wirksamer als alle »Geht wählen«-Appelle, die die Befragten in der Zeit zwischen Versuch und Stimmabgabe vermutlich zu hören bekamen. Vermutlich ahnen Sie schon, welche Wendung die Geschichte jetzt nimmt. Bedauerlicherweise ist es auch keine echte Wendung. Es geschah vielmehr, was wir in solchen Fällen erwarten. 2016 veröffentlichte dieselbe Fachzeitschrift eine sehr viel größer angelegte Studie. Und dabei wurde festgestellt, dass bei den Vorwahlen in Michigan, Missouri und Tennessee die Wähler, die einfach nur wählen gingen, und jene, die »als Wähler auftraten«, mit der absolut gleichen Wahrscheinlichkeit ihre Stimme abgaben.

Keine der beiden Gruppen ging übrigens mit höherer Wahrscheinlichkeit wählen als jene, die man fragte, ob sie einkaufen gehen
würden. Eine Kontrollfrage, die keinerlei Effekt auf das Wahlver-
halten entfalten sollte. In anderen Worten: Keine wahlbezogene
Frage zeigte eine Auswirkung auf die Wahrscheinlichkeit, mit der
die Befragten zur Wahl gingen. Im Gegenzug zeigte sich, dass ein
klassischer Appell, zur Wahl zu gehen, die Wahlbeteiligung immerhin um 2,1 Prozent steigern konnte, was in etwa zu den Effekten
von persönlichen Telefonanrufen passt.[296]

Sozialpsychologen und Forscher, die Fragen von Marketing,
Konsumentenverhalten und »Nudging« – ein Zweig der angewandten Verhaltenswissenschaft – untersuchen, interessieren sich
sehr für solche subtilen Formulierungsmöglichkeiten und ihren
Einfluss auf wichtige, reale Verhaltensweisen und Entscheidungen.
Würden sie funktionieren, brächten sie mit geringen Kosten einen
praktischen Nutzen. Aber die tatsächlichen Effekte solcher Maßnahmen variieren meist zwischen gering und null.

Eine Studie von 2011 vermeldete für ein anderes Fachgebiet
einen starken Effekt bei einer subtilen Formulierungsänderung:
Eine Person wurde einmal beschrieben als jemand, der »gerade
eine Waffe abgefeuert hat«, und einmal als jemand, der »eine Waffe abgefeuert hat«. Dieser minimale Unterschied erhöhte angeblich
die Bereitschaft, erstere Person als kriminell anzusehen. Dieses Experiment wurde zwölf Mal repliziert. Dabei fand sich tatsächlich
ein schwacher Effekt … allerdings gegenteiliger Natur. Dass es für
diese subtilen Formulierungsunterschiede keine wissenschaftliche
Grundlage gibt, hält die Wahlmanager nicht davon ab, davon Gebrauch zu machen. Dan und ich haben vor der US-Wahl von 2022
Postkarten erhalten, die uns erinnerten, wie wichtig es sei, »als
Wähler aufzutreten«.[297]

Viele dieser Effekte, die »zu groß sind, um wahr zu sein«, werben für schnelle, einfache Lösungen für komplexe gesellschaftliche Probleme, wie die Ungleichheit bei Bildung und Studienfächern auf der Grundlage der Ethnie. Eine Studie, die 2011 in der Fachzeitschrift *Science* veröffentlicht wurde, untersuchte die Kluft zwischen den Durchschnittsnoten Schwarzer und weißer Studenten. Diese sei angeblich nach einer einstündigen Sitzung, die die soziale Zugehörigkeit stärken sollte, um 79 Prozent kleiner geworden. Eine Maßnahme mit ähnlich geringem Aufwand reduzierte angeblich den Faktor »rassische Ungleichheit« zwischen Schwarzen und weißen Schülern bei Suspendierungen in der Mittelstufe.[298]

Maßnahmen wie diese werden von ihren Verfechtern als »weise Intervention« beschrieben. Sie haben in letzter Zeit massiv die Aufmerksamkeit auf sich gezogen, weil sie angeblich bei geringem Einsatz trotzdem eine einschneidende Wirkung entfalten – eine einstündige Sitzung im Seminarraum statt kostspieliger Veränderungen bei Personal, Lehrplan oder Organisation der Universität bzw. Schule.

So einfach lässt sich also der geballte Effekt von Jahren gesellschaftlicher und struktureller Ungleichheit vom Tisch wischen, die zu schlechterem Abschneiden in Schule und Universität führt. Und das, obwohl viel umfassendere Maßnahmen weitgehend wirkungslos blieben.

Wann immer Sie von einer neuen Studie hören, die massive Verbesserungen durch eine einzige minimale Maßnahme verspricht, sollten Sie nachhaken, welcher »Wirkstoff« hier eigentlich zum Einsatz kam, und diesen mit etablierten Ansätzen zur Lösung des nämlichen Problems vergleichen. Komplexe Probleme erfordern normalerweise mehrdimensionale Strategien, sofern sie überhaupt lösbar sind. Der »eine einfache Trick« tut es gewöhnlich nicht. Von jedem Menschen, der diesem Prinzip widerspricht, sollten wir unwiderlegbare Beweise einfordern.[299]

Eines möchten wir noch klarstellen: Wir sagen nicht, dass diese Studien in betrügerischer Absicht verfasst wurden oder uns bewusst täuschen wollen. Wir möchten Ihnen nur raten, in solchen Fällen sehr vorsichtig zu sein. Selbst eine verantwortungsbewusst und transparent durchgeführte Studie kann falsche Antworten liefern. Aber Verlage, die Medien und natürlich auch wir selbst neigen dazu, Studien zu glauben, die eine starke Wirkung versprechen. Im Gegensatz zu Wort-Priming-Studien im Forschungslabor erfordert die Untersuchung von »weisen Interventionen« Ressourcen, über die nur wenige Forschungsgruppen verfügen. Was wiederum heißt, dass diese Studien nur selten von unabhängigen, unparteiischen Forschern repliziert werden. (Und wenn es doch geschieht, stellt sich meist heraus, dass die Effekte weit weniger beeindruckend ausfallen.) Wenn es aber keine Replikationsversuche gibt, dann ist die beste Haltung wie immer, sich einzugestehen, dass man keine Gewissheit besitzt.

Das ist gar nicht so einfach, denn massive Effekte durch simple Veränderungen haben meist eine gute Presse und gehen quasi sofort ins öffentliche Bewusstsein ein. Doch eine wohlabgewogene wissenschaftliche Einschätzung erfordert Zeit (wenn sie denn überhaupt stattfindet). Diese anfänglich spannenden Resultate verlieren mit der Zeit zwar an Strahlkraft, aber sie verschwinden eben nicht völlig aus den Köpfen. Wie wir in der Diskussion des Präzisionseffekts schon sagten: Belastbare Schlussfolgerungen erfordern meist viel mehr Daten, als wir denken. In der Folge ein paar Beispiele:

- Eine Studie an nur 17 Probanden kam zu dem Schluss, dass Egoshooter-Videospiele, bei denen der Spieler die Spielumgebung durch die Augen der Figur sieht und schießt, die Leistung bei kognitiven Tests im Labor verbessern. Die Studie wurde 2003 in der Zeitschrift *Nature* veröffentlicht und seitdem mehr als 3500 Mal zitiert. Sie fand enormen Anklang in den Medien. Ein entsprechender TED-Talk wurde mehr als 8 Millionen Mal angeklickt. Unabhängige Replikationen von anderen Laboren finden gewöhnlich deutlich geringere Auswirkungen. Meta-Analysen, die auch andere Publikationen miteinbeziehen, zeigen wenig oder gar keine Wirkung.[300]

- Eine Studie an 42 Teilnehmern gab an, dass Probanden, die zwei verschiedene »Power-Posen« für jeweils eine Minute einnahmen, in der Folge höhere Testosteronwerte sowie niedrigere Cortisolwerte aufwiesen. Dazu zeigten sich die Teilnehmer eher risikoaffin und ihrer Macht bewusster als die Kontrollgruppe. Die Studie wurde 2010 in *Psychological Science* veröffentlicht und seitdem mehr als 1400 Mal zitiert. Ein TED-Talk über solche »Power-Posen« wurde mehr als 67 Millionen Mal angeklickt. Folgestudien fanden keinen Beleg für hormonelle Veränderungen oder höhere Risikotoleranz, welches die entscheidenden Resultate der Studie waren. Die Erstautorin derselben hat sich seitdem von den Resultaten distanziert.[301]

- In den späten 1980ern und frühen 1990ern wurden mehrere Studien und Artikel zum Thema »Wachstumsdenken« oder »Growth Mindset« veröffentlicht. Beide Methoden sollen das Vertrauen in die eigene Lernfähigkeit steigern. Beide sollen den Menschen helfen, über schwere Zeiten hinwegzukommen. 2006 wurde dazu ein Buch veröffentlicht, 2014 kam der TED-Talk hinzu (der von mehr als 14 Millionen Menschen gesehen wurde). Buch und TED-Talk sorgten für die entsprechende Verbreitung in der Öffentlichkeit. Wie der Psychologe Stuart Ritchie anmerkt, schreiben die Anhänger dem Growth-Mindset eine weitreichende Wirkung zu: Diese geistige Einstellung sei ein »grundlegendes Menschenrecht« und solle sogar den Konflikt zwischen Israel und Palästina lösen können. Eine kürzlich erfolgte Meta-Analyse zeigt, dass die kurzen Übungen, die das Growth-Mindset erzeugen sollen, keinen realen Effekt auf akademische Leistungen haben, was das Hauptziel ist, welches die Mindset-Bewegung verfolgt.[302]

Wenn eine Initialstudie Schlagzeilen macht und in populärwissenschaftliche Bücher und TED-Talks Eingang findet, wird man die Resultate auch noch glauben, wenn die Wissenschaft längst deren begrenzte Aussagekraft aufgedeckt hat. Daher sollte ein unglaubwürdiges Resultat, das nur in einer Studie (oder selbst in einer Reihe von Studien) nachgewiesen ist, möglichst nicht sofort in die Praxis übernommen werden.

Der Youngman-Test

Henny Youngman ist Comedian und gilt als »König der Einzeiler-Pointen«. Einer seiner Lieblingssprüche ist: »Wenn jemand mich fragt, wie es meiner Frau geht, frage ich zurück: ›Verglichen womit?‹«

Die Beispiele in diesem Kapitel zeigen, wie Marketingexperten, Politiker und manchmal sogar Wissenschaftler uns hereinlegen. Bewusst oder unbewusst übertreiben sie die Wirkung von Produkten, Dienstleistungen, Behandlungen, Maßnahmen oder anderen Interventionen. Wir lassen uns täuschen, wenn wir Resultate isoliert betrachten, ohne sie zu vergleichen. Um zu wissen, ob ein Produkt oder eine Behandlung zu gut ist, um wahr zu sein, sollten wir uns Youngmans Frage stellen: » *Verglichen womit?* «

Vergleichen Sie die Wirksamkeit der angepriesenen Strategie mit anderen Maßnahmen aus demselben Bereich. Wenn es um die Wahlbeteiligung geht, vergleichen Sie den Effekt von Umfrage-Formulierungen mit anderen Strategien wie Telefonanrufen oder Haustüransprache. Wenn es um die Wirkung kurzer Interventionen geht, sehen Sie sich die bekannten Effekte von intensiveren Eingriffen an. Oder prüfen Sie bekannte Effekte auf Intensität und Größe. Wenn es um Kampagnen zur Steigerung der Wahlbeteiligung geht, können Sie beispielsweise die Wahlbeteiligung Schwarzer US-Amerikaner bei den beiden Wahlen, in denen Barack Obama kandidierte (durchschnittlich 61,4 Prozent sowohl in 2008 als auch in 2012), vergleichen mit der Wahlbeteiligung derselben Bevölkerungsgruppe, als er nicht antrat (56,1 Prozent 2004 und 2016). Der Unterschied liegt bei nur 5,3 Prozent. Eine ganze Reihe von Studien zur Entscheidungsfindung zeigen, dass Menschen ihre Optionen genauer prüfen, sobald sie mehr als eine haben.[303]

Wir können uns auch ausmalen, wie anders das Leben auf der Welt aussähe, wenn das stimmen würde, was behauptet wird: Könnten Politiker die Wahlbeteiligung wirklich massiv steigern, wenn sie die Menschen dazu bringen, sich als » Wähler « zu sehen, glauben Sie nicht, dass sie das dann schon vor Jahrzehnten entdeckt hätten? Wenn es zu mehr Verurteilungen führt, wenn man von einer Person behauptet, sie habe » geschossen « statt sie habe » gerade geschossen «, würden Staatsanwälte diese Formulierung nicht schon längst einsetzen? Wenn unser Handeln sich durch die kurzfristige Wirkung von Worten oder Sinneserfahrungen so massiv beeinflussen ließe, hätten dann die Leute, die mit dieser Art der Einflussnahmen ihr Geld verdienen, nicht schon längst die totale Kontrolle über uns?

Macht das Videogame *Grand Theft Auto* die Menschen zu Mördern?

Panik, dass neue Medienformate und Technologien zu moralischem Verfall führen würden, hatte man schon im alten Griechenland. Von der Erfindung der Schrift über den Buchdruck und die Texte von Rocksongs bis hin zum Internet: Irgendjemand wird in diesen sozialen Veränderungen immer einen Beleg für moralischen Verfall sehen und allem, was »die Kinder von heute« spielen, sehen oder nutzen, die Schuld daran geben. In den 1950ern warnte man Eltern, sie sollten ihre Kinder keinesfalls Elvis Presley ansehen lassen, weil seine tänzerischen Bewegungen die Promiskuität fördern würden. In den Nullerjahren hieß es, Google und PowerPoint machten uns »stoopid«, ließen uns also verblöden. Heute sind es Smartphones und soziale Medien, die angeblich für soziale Isolation, Depressionen und die gestiegene Selbstmordrate verantwortlich sind.[304]

Doch die *tatsächlichen* Folgen von Technologiewandel und verändertem Medienkonsum festzustellen, ist teuflisch schwierig. Wollten Sozialwissenschaftler die weit verbreitete Vorstellung, dass gewaltsame Videospiele tatsächliche Gewalt fördern, experimentell überprüfen, würde sich die Ethikkommission ihrer Universität sofort dagegen aussprechen. Denn dann müsste man ja kontrollieren, wie oft die Probanden die Forschungsassistenten angreifen. Also setzt man hier auf vereinfachte Aufgaben im Labor, um zu messen, was die Forscher als aggressives Verhalten ansehen. Zum Beispiel, indem man misst, ob Menschen bei einem Spiel einen unangenehmen Ton lauter und länger machen. Die Forscher gehen davon aus, dass »Labor-Aggression« auch die Aggression im wirklichen Leben steigert.[305]

Wir haben uns ja schon damit beschäftigt, dass wir den Maßstab verstehen müssen, der bei der Untersuchung einer bestimmten Fragestellung angewandt wird, schon um uns nicht von überpräzisen Behauptungen irreführen zu lassen. Das ist aber auch bei der Frage nach der Wirkmächtigkeit von Bedeutung. So können wir beispielsweise überprüfen, ob ein beschriebener Effekt stärker ausfällt als der stärkste Effekt, der mit diesem Messwerkzeug oder mit diesem Maßstab erfasst werden kann.

Joe Hilgard wandte diese Logik auf eine bekannt gewordene Studie von 2013 an, die die Auswirkung von Videospielen auf Aggression untersuchte. Die Probanden in dieser Studie wurden nach dem Zufallsprinzip zwei Gruppen zugeordnet, die an drei aufeinanderfolgenden Tagen insgesamt eine Stunde Videogames spielen sollten. Die eine Gruppe spielte ein gewaltbetontes Spiel, die andere nicht. Beide Gruppen hatten zudem die Möglichkeit, ihren Gegner im Spiel mit unangenehmen Geräuschen zu nerven. Anschließend sollten die Probanden eine Geschichte vervollständigen. Die Spieler, die das gewaltbetonte Spiel spielten, schrieben eine aggressivere Fortsetzung der Geschichte und sie piesackten ihre Gegner öfter mit lauten Geräuschen. Sehr viel öfter. Hilgard hielt die Resultate jedoch für unglaubwürdig. »Wenn eine Stunde Gewalt-Videospiele solch dramatische Veränderungen in aggressivem Denken und Verhalten auslösen würde, dann würden wir merken, wann immer unsere Freunde oder Studierenden ein neues gewaltorientiertes Spiel kaufen.« Die Polizei würde alarmiert werden, sobald ein neues Spiel herauskommt. Und man würde die Menschen warnen, sich unmittelbar nach seiner Neuerscheinung von Spielern fernzuhalten.[306]

Hilgard fragte sich, was der maximal mögliche Effekt von Ge-
walt-Videospielen auf Geschichten-Vervollständigung und Noi-
se-Blaster sein könnte, also führte er eine eigene Studie durch. Er
teilte seine Probanden wie gehabt in zwei Gruppen ein, die »Baller-
männer« und die »friedliche« Kontrollgruppe. Teilnehmer beider
Gruppen sollten dann die Story des Spiels vervollständigen, indem sie beschrieben, was die Hauptfigur als Nächstes tun würde.
Manche Teilnehmer schrieben etwas über Ethan aus *HeavyRain*,
der gerade eine architektonische Skizze zeichnet. Andere schrieben
über Michael aus *Grand Theft Auto V*, der gerade 20 Menschen in
einem Stripklub ermordet hat. Die Geschichten der Teilnehmer, die
als Hauptfigur den absolut gewaltbereiten Michael hatten, fielen
weniger aggressiv aus als die Geschichten der Probanden in der
ursprünglichen Studie – wo die Teilnehmer über »einen normalen
Menschen« schreiben sollten. Der ursprüngliche Effekt übertraf
also das, was als Maximum des angewandten Maßstabes gelten
kann – nämlich die Beschreibung dessen, was ein Massenmörder
tun würde. Wir haben also allen Grund, den Resultaten zu misstrauen.[307]
Wir sind davon überzeugt, dass die Wissenschaft das Potenzial
hat, Behandlungen, Maßnahmen und Instrumente zu entdecken,
die das menschliche Wohlergehen entscheidend verbessern können.
Dies hat sie in der Vergangenheit schon mehrfach bewiesen, aber
Durchbrüche wie der Gutenberg-Buchdruck, die Atomenergie und
das Internet werden in jeder Generation gewöhnlich nur einmal
erzielt. Wir haben uns in diesem Kapitel mit wissenschaftlichen
Studien beschäftigt, die zweifelhafte Resultate hervorbringen, vor
allem mit solchen, die wenig plausible Maximaleffekte propagieren. Solche Studien wurden als Grundlage für Maßnahmen und
Methoden genutzt, die direkte Kosten und Opportunitätskosten in

Milliardenhöhe verursachten. Erzielen ein Produkt oder ein Prozess angeblich erstaunlich umfassende, weitreichende oder einmalige Effekte, die in keinem Verhältnis zu den niedrigen Kosten stehen, sollte unser Täuschungsradar anfangen zu piepsen. Wenn sogar Nobelpreisträger sich von kaum belegten Behauptungen solcher Effekte täuschen lassen, dann gilt das auch für den Rest von uns.[308]

SCHLUSSWORT
Irgendwann wird jeder mal betrogen

Wenn ein Freund Ihnen ein Plätzchen anbietet, prüfen Sie vermutlich nicht, ob es vergiftet ist. Wir haben unsere Untersuchung der Gründe, warum wir uns übers Ohr hauen lassen, begonnen mit unserer Neigung, anzunehmen, dass Menschen uns die Wahrheit sagen und uns nicht belügen. Diese Ehrlichkeitsvermutung ist sowohl rational wie auch notwendig. Wenn wir allem und jedem gegenüber misstrauisch wären, werden wir vielleicht nie hereingelegt, doch der Großteil unserer täglichen Interaktionen ist nun mal »sauber«. Extremer Skeptizismus wäre also kontraproduktiv.

Jeder von uns kann auf Betrüger hereinfallen, vermutlich leichter, als wir denken, und häufiger, als wir zugeben würden. In den letzten acht Kapiteln haben wir die grundlegenden kognitiven Muster beschrieben, die Betrügern leichtes Spiel ermöglichen – unsere Denkgewohnheiten, die Gauner ausnutzen, und jene Köder, die uns verleiten, Dinge zu glauben, die wir nicht glauben sollten. Da ist zum Beispiel unser »Default-Modus«, in dem wir Dinge einfach akzeptieren und erst später hinterfragen, wenn überhaupt. Aber wenn wir lernen, die richtigen Fragen zur richtigen Zeit zu stellen, können wir das Risiko, einem Betrüger auf den Leim zu gehen, zumindest begrenzen. Doch die Menschen sind ganz unterschied-

lich gestrickt, wenn es um das Nachfragen geht: Manche sind von
Haus aus skeptischer, andere eben nicht. So ist nicht jeder Investor
auf Tricksereien à la Madoff, Theranos oder BitConnect herein-
gefallen, obwohl dies durchaus möglich gewesen wäre. Und nicht
jeder Kunstsammler hat eines der gefälschten Werke aus der Galle-
rie Knoedler erworben. Auch hat nicht jeder, der einen Anruf vom
CEO seines Arbeitgebers bekommen hat, dann Geld auf ein Off-
shore-Konto überwiesen.

Daher wollen wir unsere Analyse von Betrugsmanövern mit
drei ganz grundlegenden Fragen abschließen: Wer unter uns ist ein
wahrscheinliches Opfer? Woran merken wir, dass wir ein »Target«,
ein Zielobjekt sind? Und wie groß sollte der Aufwand sein, um zu
vermeiden, dass wir nicht auf Betrüger hereinfallen?

Das ist doch einfach Bullshit

Damit sozialer Austausch überhaupt funktioniert, brauchen wir
nicht nur die Ehrlichkeitsvermutung, sondern eine noch wesentlich grundlegendere Annahme: nämlich dass die Menschen, die mit
uns kommunizieren, uns etwas zu sagen haben – ob das nun wahr
ist oder nicht. Diese Konvention ist so stark, dass sie auch erklärt,
warum wir auf Aussagen hereinfallen, die einfach Bullshit sind. Der
Philosoph Harry Frankfurt hat für Bullshit eine Definition gefunden: Bullshit sind plausibel und bestechend klingende Aussagen,
die keinerlei Sinn ergeben. Denken wir nur an den Satz des fiktiven australischen Dichters Ern Malley: »Gefühle sind keine Facharbeiter.« Bullshitting hat nichts mit Wahrheit oder Unwahrheit zu
tun. Frankfurt erklärt, dass der »Bullshitter« uns nicht tatsächlich
täuschen oder die Absicht haben müsse, uns täuschen zu wollen,
und zwar sowohl was die Tatsachen selbst als auch was seine Vor-

stellung von ihnen betreffe. »Er versucht aber immer, uns über sein Vorhaben zu täuschen. [...] Der Bullshitter misst dem Wahrheitswert seiner Behauptungen keine besondere Rolle zu.«[309] Frankfurt meint, wir hätten richtiggehende Bullshit-Künstler, denn sobald der Bullshitter die Fesseln der Fakten abgestreift hat, kann er seinen Bullshit sehr ausdrucksstark und spielerisch gestalten.

Eine besonders verlockende Form von Bullshit ist das, was der Psychologe Gordon Pennycook und seine Kollegen, den »pseudoprofunden Bullshit« nennen. Sein Markenzeichen sind lange, schicke Wörter, die vage genug sind, um Assoziationen zu erwecken, die »irgendwie« wissenschaftlich, spirituell oder intellektuell wirken, aber jeder wissenschaftlichen oder logischen Grundlage entbehren.

Pennycook fragte sich, ob bestimmte Menschen schneller auf Bullshit mit Pseudo-Tiefgang hereinfallen als andere. Für eine Studie, die 2015 veröffentlicht wurde, entwickelte er eine »Skala der Bullshit-Empfänglichkeit«. Dazu erstellte er eine Website, auf der er Begriff aus den Tweets des New-Age-Schriftstellers Deepak Chopra nahm und sie neu arrangierte – zu Sätzen, die zwar grammatikalisch richtig, ansonsten aber sinnfrei waren. Das ergab Pseudo-Chopra-Sätze wie: »Verborgene Bedeutung transformiert unvergleichliche abstrakte Schönheit.« Oder:»Ganzheitlichkeit beruhigt Unendlichkeitsphänomene.« Sie hören sich an wie Chopras reale Tweets. Die Probanden der Studie hatten jedenfalls Schwierigkeiten, sie vom Original zu unterscheiden.[310]

Pennycooks Studien zeigen, dass Menschen, die von sich sagen, dass sie bei Entscheidungen auf ihre Intuition vertrauen oder bei kognitiven Aufgaben schlechter abschneiden, die Pseudo-Chopraismen eher als tiefgründig einschätzten. Sie waren also für Bullshit empfänglicher. Obwohl die Probanden Chopras tatsächliche Tweets für tiefgründiger hielten als die zufallsgenerierten Phrasen, waren es bei beiden Gruppen die gleichen Persönlichkeitsmerkmale, die eine Vorhersage des Tiefgründigkeits-Ratings möglich machten. Je mehr die Menschen sich auf ihre Intuition verlassen und je weniger geschult sie im analytischen Denken sind, desto beeindruckter zeigen sie sich von Aussagen, die so unsinnig sind, dass man sie weder »wahr« noch »falsch« nennen kann. Wir sind bei unseren Studien immer wieder auf Menschen gestoßen, die überzeugt sind, dass sie in Sachen Menschenkenntnis auf ihr Bauchgefühl vertrauen und schnelle souveräne Entscheidungen rein intuitiv treffen können. Diese Menschen sind am leichtesten hereinzulegen.

Und damit sind wir schon beim Kern des Bullshits angekommen: das Fehlen jeglicher Beziehung zur Wahrheit und der daraus resultierenden Schwierigkeit, ihn richtig einzuschätzen. So wie manche Aussagen so vage sind, dass sie »nicht einmal falsch« sind, ist Bullshit nicht einmal gelogen. Wenn Sie sich unsere Kontrollfrage zur Ehrlichkeitsvermutung stellen (Ist das wirklich wahr?) und keine Belege finden, die Ihnen erlauben würden, sie mit Ja oder Nein zu beantworten, dann haben Sie es vermutlich mit Bullshit zu tun. In diesem Fall können Sie weiterfragen: »*Könnte das denn überhaupt falsch sein?*« Versuchen Sie, die abstrakten Plattitüden und komplexen Formulierungen durch einfache, konkrete Begriffe zu ersetzen, die eine geheimnisvoll klingende Aussage in leicht verständliche, konkrete Sätze umwandeln. Um eine Aussage wie: »Ganzheitlichkeit beruhigt Unendlichkeitsphänomene« auf den Prüfstand zu stellen, versuchen Sie, sich ein Unendlichkeitsphänomen vorzustellen ... vielleicht eine nicht rationale Zahl wie die Kreiszahl Pi, deren Nachkommawerte bis ins Unendliche fortgehen, ohne sich auch nur einmal zu wiederholen. Und dann überlegen Sie, ob der Begriff »Ganzheitlichkeit« darauf zutreffen könnte. Wenn ja, kann Pi nervös sein, sodass es beruhigt werden muss? Wenn uns dazu keine konkrete Interpretation einfällt, der man einen Wahrheitswert zuordnen könnte, dann haben wir es vermutlich mit Bullshit zu tun. Wenn Sie nach tiefgründigen Gedanken suchen, dann nehmen Sie das Buch *Deep Thoughts* des Komikers Jack Handey zur Hand.

Expertenwissen versus Täuschung

Experten sind großartige Bullshit-Detektoren, zumindest innerhalb ihres Fachbereichs. Ohnehin gehört Expertenwissen zu den besten Verteidigungsstrategien gegen die unkritische Akzeptanz dessen, was man uns präsentiert. Rupert Murrays Dokumentarfilm *Unknown White Male* (2005) liefert uns dafür ein gutes Beispiel. Am 3. Juli 2003 fand sich Doug Bruce, Student der Fotografie, in einer U-Bahn in New York City wieder, die nach Coney Island hinausging. Er hatte Beulen am Kopf und schreckliche Kopfschmerzen, konnte sich aber nicht erinnern, wie er in die U-Bahn gekommen war oder überhaupt an irgendetwas, was seit letztem Abend passiert war.

Dann merkte Doug, dass er keine Vorstellung hatte, wo er war oder wer er war. Er durchsuchte seinen Rucksack nach Hinweisen auf seine Identität. Da er keine fand, begab er sich zur nächsten Polizeistation und bat dort um Hilfe. Von dort aus brachte man ihn ins Krankenhaus, wo man bei ihm eine retrograde Amnesie feststellte – den Verlust von Erinnerungen an seine eigene Vergangenheit. Schließlich rief er eine Telefonnummer an, die auf einem Zettel in seiner Hosentasche stand. Daraufhin wurde er von einer Frau abgeholt, die er offensichtlich einige Wochen vorher kennengelernt hatte. Sie brachte ihn zurück in seine Wohnung in Manhattan.

Murrays Film folgt Doug bei den verschiedenen Versuchen, seine Erinnerung wiederzuerlangen, und zwar nicht nur an seine Person und seine Vergangenheit, sondern auch an so einfache Sinneserfahrungen wie Schnee oder Ozeanwellen. Bruce besuchte seine Familie in Spanien, einige Freunde in London und seine frühere Wohnung in Paris. Ohne Erklärung für die Gründe seiner Amnesie und ohne Linderung von deren Symptomen nahm er sein Fotografie-Studium wieder auf. Er begann eine Beziehung zu einem Model und nahm eine weniger zynische, eher kindliche Haltung zum Leben und seinen (für ihn brandneuen) Wundern ein.

Unknown White Male hat eine faszinierende Filmsprache, deren Bild- und Toneffekte dem Zuschauer ermöglichen, Dougs Gefühl der Orientierungslosigkeit und Verwirrung nachzuempfinden. Wenn wir den Film in unseren Psychologie-Seminaren zeigen, ist die Mehrheit unserer Studierenden überzeugt, dass Dougs Erinnerungsverlust echt ist – was auch die Menschen im Film annahmen, die Doug vor und nach dem Einsetzen seiner Amnesie gekannt hatten. Das passt zu den Studien, die wir durchgeführt haben: 75 Prozent der Öffentlichkeit glaubt, dass man bei einer Amnesie seine eigene Identität vergisst.[311]

Doch Experten auf dem Gebiet von Neurowissenschaft und Gedächtnis akzeptieren Dougs Geschichte im Normalfall nicht, weil sie wissen, dass diese Art von Erinnerungsverlust fast nie auftritt. In den seltenen Fällen, in denen Menschen ihre Vergangenheit oder ihr Selbst vergessen, ist fast immer ein klarer Hirnschaden zu erkennen und das Wissen um das eigene Selbst kehrt relativ schnell zurück. Fähigkeiten und Fakten werden nur selten vergessen. Ein Autofahrer erinnert sich vielleicht nicht an die Stunden oder Tage vor seinem Unfall, aber je früher im Leben eine bestimmte Erinnerung gebildet wurde, desto weniger wahrscheinlich ist, dass sie später verloren geht. Was bei tatsächlichen Amnesiefällen seltener (und manchmal gar nicht) zurückkehrt, ist die Fähigkeit, *neue Erin-*

nerungen zu bilden. Aber damit hatte Doug keine Schwierigkeiten. Seine Fähigkeit, auszuwählen, welche Elemente seiner Vergangenheit er ins Gedächtnis zurückholen will und welche nicht, ist das emotionale Herzstück der filmischen Erzählung.

Die meisten Dokumentarfilmer sind keine Propagandisten. Sie führen ihr Publikum nicht bewusst in die Irre. Auch werden Autobiografien und andere Erinnerungsbücher nicht geschrieben, um Historiker, Gedächtnisexperten und Journalisten zu überzeugen, sondern um Fans und Follower anzusprechen. Doch natürlich wählen auch Dokumentarfilmer aus, was sie zeigen bzw. weglassen, worauf sie besonders abstellen und was sie nur nebenbei erwähnen. Bereits durch die Auswahl des Soundtracks vermitteln auch Dokumentarfilmer schon eine bestimmte Botschaft. Es könnte sein, dass Murrays Film gerade jene Informationen aus Bruce' Geschichte wegließ, die man dahingehend hätte interpretieren können, dass er durchgängig simuliert.[312]

Als Kognitionswissenschaftler sind wir nicht die Zielgruppe von *Unknown White Male*. Für uns ist der Film vielmehr ein gutes Demonstrationsobjekt, um zu zeigen, wie Menschen die Arbeitsweise des Gedächtnisses falsch verstehen. Wir führen ihn nicht als Beispiel dafür vor, wie die Erinnerung tatsächlich jemanden im Stich lässt. Experten auf welchem Fachgebiet auch immer erkennen mehr Muster als Anfänger und können diese sinnvoll interpretieren. Sie wissen also eher, wann Misstrauen angebracht ist. Dieses Wissen ermöglicht ihnen, Bullshitter zu erkennen, die nur so tun, als hätten sie Ahnung vom Fach. So erkannten die Schachmeister bei den World Open, dass John von Neumann kein guter Schachspieler war.

Aber auch Experten werden Opfer von Betrugsmanövern. Teil ihres Fachwissens sind nämlich auch klare Erwartungen, wie bestimmte Abläufe aussehen sollten. Und diesen Umstand können

Betrüger ausnutzen, indem sie solche Erwartungen einfach erfüllen. »John Drewe« manipulierte Dokumente zur Provenienz von John Myatts gefälschten Bildern und platzierte sie genau dort, wo Experten sie zu finden erwarteten. Diederik Stapel brachte seine gefälschten Aufsätze bei wissenschaftlichen Fachzeitschriften unter, indem er Resultate erfand, die die Experten in seinem Fachbereich erwarten würden. Und obwohl Trafton Drew und seine Kollegen niemanden über den Tisch ziehen wollten, konnten sie doch zeigen, dass praktizierende Radiologen so gut darin waren, Tumoren auf CT-Aufnahmen zu erkennen (die sie ja erwarteten), dass sie häufig die Gorillas in Tumorgröße übersahen, die in das Bild geschmuggelt worden waren.[313]

Und wenn Experten – ohne es zu merken – sich auf ein Territorium außerhalb ihres Fachbereiches begeben, können Betrüger, die ihre Erwartungen erfüllen, sie wie jeden anderen ausnützen, während sie tatsächliche Fachleute auf diesem Gebiet niemals täuschen könnten. So betonen Führungspersönlichkeiten im Technologiesektor immer wieder, dass es bald eine künstliche allgemeine Intelligenz geben würde – also Systeme, die wie Menschen über ein breites Spektrum intelligenten Verhaltens verfügen. Ihr Fachwissen in der Entwicklung von komplexen Computermodellen ist unbestritten, aber es ist nicht dieses Fachwissen, das nötig ist, um einzuschätzen, ob der Output eines solchen Systems tatsächlich allgemein intelligentes Verhalten darstellt.

Diejenigen, die solche Vorhersagen treffen, sind meist fasziniert von den beeindruckenden Beispielen, wie Systeme maschinellen Lernens wie ChatGPT oder DALL-E realistische Sprache und schöne Bilder schaffen. Aber diese Systeme funktionieren am besten, wenn sie exakt die richtigen Stichworte gefüttert bekommen. Fälle, in denen ähnliche Stichworte das System alt aussehen lassen, lassen die Treiber der Intelligenz-Einschätzungen gewöhnlich unter den Tisch fallen. Was wie ein intelligentes Gespräch wirkt, ist gewöhnlich Geplauder mit einem Bot, dessen Intelligenzwirkung entsteht, weil er Unmengen Text verarbeitet hat, und der antwortet, indem er die statistisch relevantesten Antworten in seinem Datenbestand auswählt. Ein Bot fühlt sich nicht verpflichtet, die Wahrheit zu sagen, weil das Konzept »Wahrheit« nicht Teil seiner Programmierung ist. Die Art und Weise, wie Menschen auf den Output von solchen sprachlichen »Autocomplete-Maschinen auf Steroiden«, wie Gary Marus sie nennt, reagieren, kann mehr darüber sagen, wie Menschen aus oberflächlichen Mustern auf sinnvolle Sätze schließen als über die Intelligenz des zugrundeliegenden Systems. Und diese Demonstrationen sind immerhin so beeindruckend, dass 2022 ein Angestellter von Google Schlagzeilen machte, weil er glaubte, das interaktive Google-Sprachmodul LaMDA hätte ein Empfindungsvermögen ausgebildet und sollte daher als Person behandelt werden (und einen Anwalt bekommen). Wir sollten somit immer im Hinterkopf behalten, dass die menschliche Erfahrung begrenzt ist und nicht allgemeingültig oder allumfassend (was ironischerweise auf alle aktuell bekannten KI-Systeme auch zutrifft): Sie verschafft uns einen enormen Vorteil auf einem eng begrenzten Gebiet.[314]

Man stößt zufällig auf Sie

Wenn eine Betrugsmasche erst einmal aufgedeckt und analysiert wurde, scheint es meist so, als könnten nur extrem leichtgläubige Menschen darauf hereinfallen. Wenn die Empfänglichkeit für Bullshit uns anfälliger macht, Expertenwissen aber in gewisser Weise schützt, wie finden dann die Betrüger heraus, wer ein geeignetes Zielobjekt ist? Nun, gewitzte Betrugsmanöver setzen vielleicht einen bestimmten Personenkreis oder eine Menschengruppe als Zielobjekt voraus, aber in vielen Fällen können sich die Betrüger darauf verlassen, dass die Opfer sich selbst zu erkennen geben.

Wenn Sie schon länger im Internet unterwegs sind, haben Sie vermutlich auch schon mal E-Mails von einem »nigerianischen Prinzen« erhalten, in denen Sätze stehen wie: »Ich habe Sie nicht zufällig ausgewählt.« Man bietet Ihnen an, enorme Geldsummen auf Ihr Konto zu transferieren, wenn Sie zuerst einen kleinen Betrag überweisen. Im Jahr 2006 schrieb der New Yorker einen Artikel über einen Psychotherapeuten um die 50, der von einem gewissen »Captain Joshua Mbote« aus Afrika angeschrieben worden war. Er sollte ihm helfen, sein verlorenes Vermögen von 55 Millionen Dollar zurückzubekommen. Der Psychotherapeut verlor innerhalb von eineinhalb Jahren 80 000 Dollar. Und weil er dabei auch ungedeckte Schecks ausgestellt hatte und Geldmittel von Bekannten an den Betrüger weitergeleitet hatte, wurde er später wegen Bankbetrugs und anderer Vergehen zu zwei Jahren Gefängnis verurteilt. Der arme Mann wirkte in dem Artikel intelligent und wohlmeinend. Trotzdem fiel er übel auf die Masche herein. Und er war keineswegs das einzige Opfer in den Nullerjahren. Das niederländische Unternehmen Ultrascan gibt an, dass durch die verschiedenen Formen von Vorschussbetrug, von dem der »nigerianische Prinz« nur eine Variante darstellt, allein 2009 9,3 Milliarden US-Dollar erbeutet wurden.[315]

Wie schlaue Politiker lassen auch Vorschussbetrüger keine Krise ungenutzt verstreichen. Am 24. März 2022, einen Monat nach dem russischen Überfall auf die Ukraine, erhielt Dan eine E-Mail mit dem vielsagenden Betreff »Geschäftliche Angelegenheit«. In schlechtem Englisch bot ihm ein »Mr. Bahren Shani« an, im Auftrag eines reichen Russen 200 Millionen Euro zu investieren, wenn

Dan ein »überzeugendes geschäftliches Projekt« präsentieren könne. Dan überlegte kurz, ob er dem Absender eine Partnerschaft vorschlagen sollte: die Veröffentlichung eines Buches, wie man sich vor Betrügern schützt. Schließlich ließ er es aber doch bleiben, weil er sich sicher war, dass er – bevor das Geld eintrudeln sollte – diesem unglaublich reichen Menschen erst mal ein paar geringfügige Beträge vorschießen sollte. Vermutlich, weil dessen ganzes Vermögen durch die Sanktionen eingefroren war – ausgenommen natürlich die 200 Millionen Euro, die auf ein »Investment« warteten.

Anders als die vielen Phishing-Versuche, die legitime Anfragen oberflächlich nachbilden, kommen diese »völlig unerwarteten« E-Mails mit absolut unglaubwürdigen Vorschlägen. Das erscheint auf den ersten Blick kontraproduktiv, weshalb Cormac Herley, Datenwissenschaftler und Experte für Internetsicherheit, in einem Aufsatz von 2012 fragte: »Warum behaupten die nigerianischen Betrüger, sie seien aus Nigeria?«[316] Herley meinte, die Offensichtlichkeit gehöre mit zum Spiel. Es kostet die Betrüger natürlich nichts, die Welt mit Spam zu überfluten, aber alles, was nötig ist, um ein Opfer unmerklich an der Leine zu führen, ist mit Aufwand verbunden. Die Leute hinter »Captain Mbote« haben ihr Wild sechs Monate verfolgt, bevor es zum ersten Mal Geld schickte. Sie haben gleich zu Beginn indirekt mitgeteilt: »Dies ist ein neuer und absurder Fall der bekannten nigerianischen Masche.« Auf diese Weise haben sie die Zweifler von vornherein ausgesiebt. Nur die anfälligsten Menschen wurden dann in Eins-zu-eins-Gespräche verwickelt. Tatsächlich ist es gut für die Betrüger, wenn viele Adressaten, die diese E-Mail erhalten, nicht reagieren – weil dann ein größerer Anteil derer, die dann noch übrig bleiben, leichtgläubig genug ist, um Geld zu schicken. Wenn Sie die Art von Mensch sind, die solche Mails auf der Stelle als Scam erkennt, dann möchte »Captain Mbote« Ihnen den

Ausstieg so leicht wie möglich machen, damit Sie nichts von seiner kostbaren Zeit verschwenden.

Meister der Auswahltechniken

Gedankenleser, Zauberkünstler und andere Bühnendarsteller machen von einem ganz ähnlichen Auswahlprozess Gebrauch, um die besten Freiwilligen dazu zu bringen, sich selbst als solche zu erkennen zu geben. Kein Bühnen-Hypnotiseur will schließlich einen Freiwilligen aus dem Publikum haben, der sich für seine Techniken unempfänglich zeigt. Die meisten also schalten einen gar nicht so subtilen Filter vor. So bitten sie vielleicht ihr Publikum zu einer kurzen Meditation, bei der sie die Augen schließen und die Arme gerade ausstrecken sollen. Dann sagen sie vielleicht: »Stellen Sie sich vor, ein Heliumballon ist an den Zeigefinger der linken Hand gebunden und Sie halten einen Ziegel in der rechten.« Nach einigen Minuten dieser Vorstellung wandert die linke Hand der empfänglichsten Zuschauer nach oben und die rechte nach unten. Das sind die am leichtesten zu hypnotisierenden Menschen im Publikum. Und diese werden dann auf die Bühne geholt, wo der Hypnotiseur mit dem Auswahlprozess fortfährt, bis genau die Person übrig bleibt, die exakt tut, was er sagt.

Geschäftsmodelle, die oberflächlich betrachtet dubios wirken, funktionieren häufig ganz gut, wenn man sie mit einem klugen Auswahlprozess verbindet. Hat man Ihnen je ein kostenloses Mittagessen oder einen anderen Anreiz geboten, um an einem »Seminar« teilzunehmen, das nichts weiter ist als eine Verkaufsveranstaltung von einem Finanzberater oder ein Kurs in Immobilieninvestition? Hat man Ihnen je einen Freifahrtschein zu einer Veranstaltung geboten, bei der es um Time-Sharing-Modelle für Ferienimmobilien ging? Wer auf dieses Angebot reagiert, zeigt damit schon, dass er sich von knallharten Verkaufstechniken überzeugen lässt. Anrufe, die Sie dazu bringen wollen, die Garantie auf Ihren Wagen zu verlängern (Garantieverlängerungen machen finanziell meist keinen Sinn) oder gegen Bares sofort auf die Hand Ihr Haus zu verkaufen (Warum sollten Sie es nicht einfach auf den Markt werfen und dann das beste Gebot akzeptieren?), funktionieren genauso.

Randgruppen werden von kleinen Communities zu Kulten, indem sie ihre Reihen durch die gleichen Auswahlprozesse filtern. Glaubten die Anhänger von Harold Camping, dem christlichen Radiopastor, der das Ende der Welt für 2011 vorhersagte, an die Entrückung, weil er sie von Anfang an darauf einschwor? Wahrscheinlicher ist, dass sie zu den hyperengagierten Hardcore-Anhängern gehörten, weil sie auch noch blieben, als Camping immer verrücktere Dinge von sich gab, bis hin zum exakten Datum, zu dem die Hölle auf Erden ausbrechen sollte. Lehrer lachen über die *Doonesbury*-Folge, in der ein Lehrer verzweifelt, weil die Schüler einfach alles aufschreiben, was er sagt, und sei es noch so sinnlos. Führer von Kulten oder Sekten können diese Comicfolge als Blaupause für den Erfolg nutzen.[317]

Keith Raniere war der Gründer von NXIVM, einem Strukturvertrieb für Kurse zur Persönlichkeitsentwicklung. Berühmt wurde er allerdings, weil er Frauen wie Sklavinnen behandelte und ihre Körper mit einem speziellen Logo brandmarkte. Er behauptete von sich, der klügste Mensch der Welt zu sein. Jeder, der sich zu seiner Anhängerschaft zählte, betrachtete ihn mit höchster Ehrfurcht. Toni Natalie, eine frühere Anhängerin des Raniere-Zirkels, schrieb später: »Jemand, der klug genug war, die Aufmerksamkeit von *Guinness World Records* zu erregen, musste enorme Weisheit besitzen, die er weitergeben konnte – das glaubte ich jedenfalls.« Selbst was von außen wie schlechte Publicity wirkte, war nicht unbedingt schlecht für das Zusammengehörigkeitsgefühl der Gruppe. Die Führer des NXIVM-Strukturmodells benutzten die Fragen, die in negativen Medienberichten auftauchten, sogar dazu, um die Zweifler auszusondern und nur die wirklich Gläubigen zu behalten.[318]

Wenn Sie merken, dass Sie einem Politiker, Experten oder selbsternannten Gedankenpapst immer mehr zustimmen, dann fragen Sie sich, ob diese Person Sie nicht am Gängelband führt, bis Sie auch die extremsten oder unsinnigsten Aussagen glauben. Und: Steigen Sie aus, bevor Sie an diesen Punkt kommen.

Wie Sie betrügerische Auswahlverfahren austricksen

Die Bemühungen, User vor Internetbetrug zu schützen, konzentrieren sich hauptsächlich darauf, per Algorithmus Betrugsmails herauszufiltern und durch Information die Zahl der potenziellen Opfer zu verringern. Aber einige Angriffe überwinden selbst diese Schutzwälle, und dann gibt es immer noch die zahlreichen Internet-Neulinge, die darauf hereinfallen. Betrachtet man die Masche mit dem »nigerianischen Prinzen« aus der Sicht der Betrüger, so Herley, so gibt es einen effektiveren Weg, um zurückzuschlagen: Erhöhen Sie die Anzahl der Leute, die auf diese Betrugsmails antworten, ohne aber Geld zu schicken. So zwingen Sie die Betrüger dazu, Zeit auf unproduktive Interaktionen zu verschwenden, und reduzieren ihre Rendite. Solche »Scam-Baiter« (Scam-Köderer) gibt es bereits: Die Website »419 Eater«, benannt nach dem nigerianischen Gesetz gegen Betrug, bietet (in englischer Sprache) Tipps und Unterstützung. Comedians haben sich mit solchen Scammern unterhalten, um Material für ihre Sendungen zu bekommen. Je mehr Scam-Baiter wir werden, desto niedriger fällt der durchschnittliche Gewinn pro Interaktion für die Betrüger aus. Und umso weniger Anreiz gibt es, den Betrug fortzusetzen.[319]

Wenn wir uns in Situationen befinden, in denen viel auf dem Spiel steht, sollten wir uns daran erinnern, dass Betrüger eine andere Perspektive und andere Ziele haben als wir. Wir konzentrieren uns auf die Information, die wir vor Augen haben, und nicht auf das, was fehlt. Die Betrüger aber haben die *ganze* Information. Wie verlockend das Angebot auch sein mag, wir sollten auf jeden Fall innehalten und uns die drei Fragen stellen, mit denen wir den Beutegreifern entgehen können.

Erstens: »*Warum ich?*« Überlegen Sie, ob Sie wirklich das einzige Zielobjekt von deren Überzeugungsbemühungen sind oder ob Sie nur eine von vielen Personen sind, die von Betrügern ausgesiebt werden, um ihre Ziele zu erreichen.

Zweitens: »*Was mache ich da eigentlich?*« Mit dieser Frage stellen Sie fest, ob Ihr Tun und Urteilen *Ihren* Zielen entspricht und nicht nur denen Ihrer Gesprächspartner. Wie groß ist die Chance, dass das, was man von Ihnen will, auch das ist, was Sie Ihrer Ansicht tun sollten?

Drittens: »*Wie bin ich hierhergekommen?*« Damit prüfen Sie, ob Sie in einer Situation oder an einem Ort sind, wo Täuschung wahrscheinlicher ist. Wenn die Betrüger mit geringem Aufwand viele Menschen wie Sie erreichen können oder wenn das Umfeld voller potenzieller Betrüger ist, sollten Sie vorsichtig sein.

Stellen Sie sich vor, Sie sind auf einer Kreuzfahrt und entdecken an Bord einen Laden mit dem Schild: »Seltene künstlerische Meisterwerke«. Ein Blick in die Auslage zeigt Ihnen, dass man limitierte Auflagen von Giclée-Drucken – hochwertigen Kunstdrucken – bekannter Künstler wie Picasso und Dalí anbietet. Es wäre herrlich, einen Künstler dieses Formats zu Hause an der Wand zu haben. Bevor Sie irgendetwas käuflich erwerben, sollten Sie sich klarmachen: 1) Sie haben diese Kreuzfahrt nicht angetreten, um in Kunst zu investieren. 2) Meisterwerke werden üblicherweise bei Auktionen oder in teuren Galerien verkauft, nicht auf Kreuzfahrtschiffen. Und 3) mittlerweile wissen Sie ja, dass Menschen auf Betrugsmachen hereinfallen, weil Betrüger unter ein paar Tausend Leuten immer einige findet, die man rupfen kann. Wenn ein Angebot nicht richtig erscheint, wenn Ihnen aber auch kein Grund einfällt, warum es dubios sein sollte, dann gehen Sie einfach. Sie müssen sich keine Sorgen machen, dass Sie eine einmalige Gelegenheit verpasst haben.[320]

Wenn Sie im E-Mail-Briefkasten oder im Social-Media-Feed ein Wahnsinnsangebot für eine neue Kryptowährung finden, fragen Sie sich, ob es sich wirklich nur an Sie richtet oder ob nicht unzählige andere Menschen es auch erhalten haben. Dann fragen Sie, was Sie tun würden, wenn Sie der Werbung gehorchen würden. In Ihrem Alter und bei Ihren finanziellen Umständen: Ist es da wirklich sinnvoll, Geld in eine derart riskante Anlageklasse zu investieren? Und zuletzt fragen Sie sich, ob es wirklich der beste Weg ist, gerade in diese Anlageklasse zu investieren. Warum gerade hier, bei einem brandneuen Unternehmen, statt einfach zu einem etablierten und möglicherweise vertrauenswürdigeren Finanzfachmann zu gehen? Diese einfachen Überlegungen hätte sicher viele ganz normale Investoren vor dem Verlust eines Milliardenvermögens bewahren können, als der Kryptomarkt 2022 einbrach und einige dieser todschicken Investmentfirmen von der Bildfläche verschwanden – meist zusammen mit dem Geld ihrer Kunden.

Wenn Sie auf Facebook auf ein Quiz stoßen, in dem steht, dass Ihr Pornostar-Name eine Kombination aus dem Namen Ihres ersten Haustieres ist und der Straße, in der Sie aufgewachsen sind, dann sollten Sie überlegen: Will ich diese Daten wirklich auf einer öffentlich einsehbaren Website eingeben? Will die Person, die danach fragt, wirklich nur ein bisschen Spaß für alle, oder hat sie vielleicht einen anderen Grund? Was kann man mit diesen Namen anstellen? Nun, vielleicht fischt da jemand nach Ihren Antworten im Rahmen einer konzertierten Aktion, die auf mehreren Seiten Personendaten sammelt. Dann liefern Sie diesen Leuten möglicherweise die Antwort auf zwei der häufigsten Fragen, die gestellt werden, wenn Sie ein Passwort falsch eingeben.

Ein Schritt mehr, um nicht auf Betrüger hereinzufallen, ist der sogenannte »Patzer-Check« oder »Blunder-Check«, wie man das im Schach nennt. Schachspieler analysieren meist unzählige Möglichkeiten und durchdenken genauestens Strategien und Taktiken. Und manchmal übersehen sie dabei die offensichtlichsten Fehler. Daher raten Schachlehrer meist, sich nach all dieser Gehirnakrobatik noch eine Minute mehr Zeit zu nehmen und sich zu fragen: »Mache ich da gerade einen ganz simplen Fehler?« Aber diese Frage kann Sie vor einem solchen Patzer bewahren. Und natürlich können Sie sich diese Frage auch stellen, bevor Sie eine wichtige Entscheidung treffen.

Der Entscheidungstheoretiker Gary Klein beschreibt einen ähnlichen Prozess, den er »Pre-Mortem« nennt. Bevor Sie ein Projekt beginnen, einem Deal zustimmen oder eine große Investition tätigen, fragen Sie sich am besten: »Wenn das jetzt total schiefgeht, welche Gründe könnte es dafür geben?« Überlegen Sie, welche Anzeichen es geben könnte, die auf einen möglichen Betrug hindeuten, wenn ein Deal schiefgeht, und dann halten Sie Ausschau nach diesen Anzeichen, bevor Sie einschlagen.[321]

So ein Patzer-Check oder Pre-Mortem fällt meist schwer, wenn wir von der Situation absorbiert sind und nicht mit der Objektivi-

tät eines Außenseiters agieren können. Dann können Sie eine vertrauenswürdige Person bitten, das Ganze unabhängig zu prüfen.
So wie ein »Red Team« bedenkliche Fehler entdeckt, bevor wir sie
machen, kann eine Person, die mit dem Ganzen nichts zu tun hat,
Problembereiche sehen, die wir nicht ernst nehmen oder nicht bemerken. 2016 wurde der Eigentümer eines französischen Weingu-
tes von einer Person kontaktiert, die sich als Jean-Yves Le Drian,
Verteidigungsminister von Frankreich, ausgab. Der Anrufer bat um
300 000 Euro, um Geiseln freizukaufen, die man in Übersee gefangen genommen hatte. Der Eigentümer war drauf und dran zuzu-
stimmen, als ein Freund ins Zimmer kam. Er hörte einige Sätze des
Skype-Gespräches mit an und sagte: »Das ist ein Schwindel.« Dieser eine Kommentar eines Außenstehenden bewahrte den Eigentümer davor, einer von Dutzenden reicher Menschen zu werden, die
90 Millionen an den »falschen Le Drian« verloren.[322]

Damit die Methode »Frag einen Freund« funktioniert, müssen
Sie allerdings bereit sein, Ihre Meinung zu ändern und dessen Rat
anzunehmen. Leslie Wexner, der milliardenschwere Gründer des
Modeunternehmens L-Brands, sagte 2019, dass der Schwindler
und Sexualverbrecher Jeffrey Epstein 46 Millionen Dollar aus seinem Vermögen »veruntreut« habe. (Beobachter denken, dass der
Schaden in Wirklichkeit weit höher war.) Bevor Wexner Epstein
weitreichende Verfügungsgewalt über seine Finanzen gab, warnte ihn der stellvertretende Direktor seines eigenen Unternehmens,
dass Epstein ein Betrüger sei. Aber Wexner traute seinem Bauchgefühl mehr als dem Rat einer Person, die einen objektiven Blick auf
das Geschehen hatte.[323]

Wann Akzeptanz besser ist als Nachhaken

Als Chris das letzte Mal in einem Target-Laden war, einem der größten Einzelhändler in den USA, bot man ihm eine Garantieverlängerung für eine elektrische Wegwerf-Zahnbürste für 8 Dollar an. Was ihn zum Lachen brachte und den Kassierer ebenfalls. Mittlerweile wissen die meisten Menschen, dass Garantieverlängerungen für Kleingeräte ein schlechtes Geschäft sind. So ähnlich sollten wir über Betrugsmanöver denken. Ist die Anstrengung, sich vor Betrügern zu schützen, in Wahrheit schwerer zu stemmen als ein eventueller Verlust?

Viele große Unternehmen kalkulieren die geschätzten Kosten für die Beilegung sogenannter »frivolous lawsuits«, die den Beklagten moralisch in schlechtes Licht rücken sollen, von vornherein ein. Sie betrachten dies als bedauerlichen, aber nötigen Teil des Geschäfts. Wenn sie sich mit dem Kläger außergerichtlich vergleichen, akzeptieren sie zwar, dass sie über den Tisch gezogen wurden. Das mag moralisch verwerflich sein, finanziell ist es aber sinnvoll. Ein Laden, der Ladendiebstahl unmöglich macht, müsste sein ganzes Angebot sichern. Das würde aber mit Sicherheit viele Kunden abstoßen. In beiden Fällen sind die Grenzkosten, um sich vor Betrügern zu schützen, höher als die dadurch erlangten Vorzüge.

Auch Sie sollten sich überlegen, ob es nicht besser für Ihre Brieftasche und für Ihren geistigen Frieden ist, hinzunehmen, dass Sie gelegentlich einem Betrug aufsitzen. Ist es möglich, dass man Ihnen an der Kasse den versprochenen Rabatt nicht gegeben hat? Natürlich. Ist es die Mühe wert, bei jedem Einkauf jeden Posten auf der Rechnung zu prüfen, damit die Preise ja auch auf den Cent stimmen? Möglicherweise nicht.

Viele Organisationen vergleichen die Kosten von Kontrollmechanismen nicht mit dem, was sie unter dem Strich einbringen. Sie
überlegen nicht, ob der Schutz vor Betrug den dadurch erzielten
Gewinn übersteigen könnte. Die Strategien zur Betrugsvermeidung
und deren Umsetzung kosten sie unter Umständen mehr als der
Betrug selbst. Berater, die solche ausgeklügelten Kontrollmechanismen empfehlen, ernten auch Erfolge. Aber diese Erfolge tragen
normalerweise eben nur einen Teil der Kosten und Mühen, die entstehen, wenn man die Absicherungsmethoden umsetzt.

Lange bevor Rod Blagojevich verurteilt wurde, weil er versucht
hatte, den frei werdenden Sitz im Senat des gewählten Präsidenten
Barack Obama zu verkaufen, setzte er als Gouverneur von Illinois
den Illinois State Officials and Employees Ethics Act in Kraft. Das
Gesetz fordert von den etwa 175 000 Staatsbediensteten, sich jedes Jahr eine Stunde lang mit einem Ethikkurs zu befassen, der
alle möglichen ethischen Fragestellungen behandelte: Einstellung
von Personal, Regeln für Einkäufer, Verbot der Lobbyarbeit bei
der Regierung, wenn man ihr einmal angehört hatte, und Stempel-
kartenbetrug. Dieser Ethikkurs hört sich an wie eine gute Idee. Wer
hätte schon etwas dagegen, die Staatsbediensteten einmal pro Jahr
daran zu erinnern, wie sie ihre Arbeit auf ethische Weise verrichten
können? Aber dieser Kurs kostete den Staat jedes Jahr mehrere
Millionen Dollar: angefangen bei der verlorenen Produktivität der
einen Arbeitsstunde über die Entwicklung und Verbreitung des
Kurses bis hin zu den Erinnerungen für die Angestellten, dass sie
ihn absolvieren sollten, bzw. die Konsequenzen, wenn jemand das
nicht tat.[324]

Um zu beurteilen, ob das verpflichtende Ethiktraining finanziell
etwas bringt, müssen wir verschiedene Dinge in Erfahrung bringen.
Erstens: Verhindert Information unbeabsichtigtes Fehlverhalten der

Angestellten? Wenn ja, welche Kosten verursacht dieses Fehlverhalten? Zweitens: Verhindert der Kurs absichtliches Fehlverhalten?
Zum Beispiel, wird jemand, der einen Senatssitz zu verkaufen versucht, dies unterlassen, nachdem er einen einstündigen Kurs absolviert hat, welche Geschenke er von Interessenten annehmen darf
und welche nicht? Drittens: Hat der Staat (finanziell oder anderweitig) etwas davon, dass er alle Angestellten zu einem Ethiktraining verpflichtet? Und schließlich: Würde es mehr bringen, die für
das Training ausgegebenen Summen in andere Maßnahmen zu investieren, zum Beispiel in Untersuchungen und Prüfungen? Wenn
diese Fragen in Illinois je gestellt wurden, wurde dies unsres Wissens nicht publik gemacht. Werden sie jedoch nicht gestellt, wie
soll man dann herausfinden, ob das verpflichtende Ethiktraining
die Mühe wert ist?[325]

Wenn Organisationen Maßnahmen treffen, um Betrüger eher
zu erwischen, dann weisen sie diesen häufig den Weg zum Betrug.
Im März 2022 bekannte sich Jamie Petrone, Finanzchefin der Ab-
teilung für Notfallmedizin am New Haven Hospital, das zur Universität Yale gehört, schuldig, über einen Zeitraum von acht Jahren
mehr als 40 Millionen Dollar unterschlagen zu haben. Die Regelung an der Universität machte es den Angestellten leicht, Material-
käufe bis zu einem Betrag von 10 000 Dollar zu tätigen. Nur bei
höheren Beträgen wurden die Bestellungen überprüft. Petrone bestellte Computer, iPads und anderes technisches Equipment, angeblich für die Medizinstudenten. Sie organisierte die Einkäufe so, dass
sie nie die fragliche Summe überstiegen. Dann schickte sie die be-
stellten Artikel an eine Firma in New York, die sie weiterverkaufte.
Der Erlös der Verkäufe wanderte auf das Konto von Petrones eige-
nem Unternehmen. Yale verließ sich darauf, dass die 10 000-Dol-
lar-Grenze die Universität vor höheren Verlusten schützen würde.

Aber gerade diese ermöglichte es Petrone, Tausende von falschen Bestellungen zu tätigen, ohne Aufsehen zu erregen. Erst als jemand der Universitätsleitung den Tipp gab, dass Petrone Computer und Zubehör in ihr eigenes Auto lud, wurden ihre Ankäufe unter die Lupe genommen.[326]

Aus einem ähnlichen Grund müssen Banken in den Vereinigten Staaten Bareinzahlungen von mehr als 10 000 Dollar an die Regierung melden. Anders als die Universität Yale haben Banken Kontrollmöglichkeiten, wenn jemand solche Einzahlungen in mehrere kleinere Beträge aufteilt. Eine Einzahlung so zu »strukturieren« ist gesetzeswidrig, weil der einzig logische Grund dafür ist, dass die einzelnen Einzahlungen eben bewusst unter dieser Schwelle gehalten werden, um illegale Aktivitäten wie zum Beispiel Geldwäsche zu verbergen.[327]

Den meisten Organisationen aber fehlt es an solchen Mechanismen, die Banken nutzen, um Betrug zu verhindern. Die Universität Yale hätte es sicher vorgezogen, nicht 40 Millionen Dollar an eine Betrügerin zu verlieren. Aber kann sie auch verhindern, dass so etwas wieder passiert? Man könnte die Grenze, bis zu der Einkäufe geprüft werden, auf 1000 Dollar absenken. Dann wäre es schwieriger für jemanden wie Petrone, so viel Geld in vergleichsweise kurzer Zeit abzuzweigen.

Aber das würde natürlich auch heißen, dass mehr Bürokratie nötig wäre. Und die meisten Angestellten betrügen ja nicht unbedingt in einem derart umfänglichen Ausmaß. Wie beim Ethiktraining im Staat Illinois können sich Maßnahmen, die Betrug verhindern sollen, kurz- und auch langfristig nachteilig auf die Effizienz und Moral der Angestellten auswirken. Sozusagen das Erwachsenen-Gegenstück zum Nachsitzen der ganzen Klasse, nur weil ein Spinner sich aufführt.

Wann immer es einen feststehenden Grenzwert gibt, werden Leute versuchen, ihn zu umgehen. Wir haben ja schon gesehen, wie das Benford'sche Gesetz geringfügige Schwindeleien bei der Steuererklärung aufdeckt: Werden mehr Steuern fällig, wenn man bei einem bestimmten Wert über 50 Dollar liegt, geben überdurchschnittlich viele Menschen 49,95 Dollar an, weil sie dadurch ein bisschen Steuern sparen. Auch die CDC wussten mit Sicherheit, dass bei der 15-Minuten-Grenze für die Kontaktnachverfolgung viele Menschen nicht über eine mögliche Ansteckung informiert wurden. Aber man braucht eben einfach solche Grenzwerte, um die Kontaktnachverfolgung überhaupt erst möglich zu machen. Und manche Menschen tricksen ohnehin bei jedem Grenzwert. So kam man beispielsweise dahinter, dass Schulen in Billings, im Staat Montana, die Sitzordnung ihrer Schüler alle 15 Minuten änderten, um sie nicht bei den CDC melden zu müssen. Damit aber erhöhte sich die Ansteckungswahrscheinlichkeit im Klassenzimmer enorm.[328]

Neue Regeln zur Verhinderung von Betrug bringen gewöhnlich nur neue Betrugsmaschen hervor. Profi-Radfahrer wie Lance Armstrong schafften es, sogar bei der Tour de France und anderen Rennen zu betrügen, weil sie wussten, wie sie die damals gültigen Tests umgehen konnten. Sobald es neue Tests gab, die die alten Dopingmittel erkannten, stellten Fahrer, die betrügen wollten, auf neue Mittel um. Wenn sie wussten, wann sie kontrolliert werden sollten, nahmen sie ihr Dopingmittel so ein, dass es ihre Leistung immer noch verbesserte, aber im vorgesehenen Testzeitraum nicht entdeckt werden konnte. Die Fahrer verwendeten auch Dopingmethoden, die mit höheren Dosen körpereigener Substanzen wie Testosteron arbeiteten. Dann musste die durchaus schwierigere Frage geklärt werden, ob die gemessenen Werte weit über den erwartbaren lagen. Es war also ein ständiges Rennen zwischen Dopern und Testern. Dabei wurden auch mehrere Jahre alte Proben noch einmal getestet und als »positiv« eingestuft. Aber es gab immer Möglichkeiten, die Regularien zu umgehen, und vermutlich wird es diese auch immer geben. Der permanente Kreislauf aus neuen Regeln und neuen Methoden, sie auszutricksen, ist eine unvermeidliche Konsequenz der Tatsache, dass sich Betrug nun mal häufig lohnt. Aber dass die Betrugsmaschen immer raffinierter werden, heißt ja nicht, dass Sie darauf hereinfallen müssen.[329]

Niemand ist vollkommen sicher

Zu Beginn dieses Buches haben wir Vertrauen als eine Form der Überzeugung beschrieben – die ungebrochene Annahme, dass eine bestimmte Person oder Gruppe immer die Wahrheit sagt bzw. immer in Ihrem Interesse handelt. Vertrauen ist eine Überzeugung, die durch Vertrautheit oder andere soziale Vektoren gestärkt werden kann.

Wie viel Vertrauen als normal betrachtet wird, hängt von der jeweiligen Industrie, Gesellschaft und Gemeinschaft ab. Manchmal ist das Vertrauen zu hoch, wie es in der psychologischen Wissenschaft bis vor etwa zehn Jahren der Fall war. Das Ergebnis war ein Übermaß an irreführenden, nicht replizierbaren und manchmal betrügerischen Resultaten. Aber das Maß an Vertrauen kann auch zu niedrig ausfallen, wie das bei Gesellschaften der Fall ist, die nur Barzahlung akzeptieren und wo man nirgendwo Geld leihen kann. Das Ergebnis wäre zwar weniger Betrug, aber eben auch weniger Handel, Wachstum und Fortschritt. Wir müssen hier ein sinnvolles Gleichgewicht finden – indem wir die gewinnträchtigsten Betrugsmaschen unmöglich machen, während wir gleichzeitig darauf achten, dass vertrauenswürdige Akteure nur wenig Einschränkungen auf sich nehmen müssen.

Für die Arbeit an diesem Buch haben wir Betrugsfälle und Betrüger aus allen Lebensbereichen studiert. Wir haben Bücher und Zeitschriften gelesen, Dokumentarfilme angesehen, Podcasts gehört, Interviews geführt und Daten analysiert. Und so erkennen wir heute auf Anhieb mehr mögliche Gründe, warum wir auf einen Betrug hereinfallen.

Aber uns ist auch klar, dass dieses intensive Eintauchen in die Welt der Täuschung uns einen Blick auf die menschliche Erfahrung vermittelt hat, der alles andere als repräsentativ ist. Wir alle entwickeln Erwartungen für Basiswerte – für das, was häufig und was selten ist – aufgrund unserer eigenen Erfahrung oder aufgrund von Hörensagen. So hören wir beispielsweise jeden Sommer oft über Haiangriffe, was nicht heißt, dass diese tatsächlich häufig vorkommen.

Nun, da Sie das Buch zu Ende gelesen haben, steht die Möglichkeit, über den Tisch gezogen zu werden, in Ihrem Denken vermutlich im Mittelpunkt. Aber zum Glück begegnen wir im Alltag nur selten Ponzi-Betrügern oder Kunstfälschern. Dass man uns übers Ohr haut, mag schon vorkommen, aber langfristig angelegte Betrugsfälle und Mega-Betrugsmaschen sind eher selten. Denn meistens haben wir es mit ehrlichen Menschen zu tun. Und selbst wenn wir auf einen Betrug hereinfallen, sind die Folgen häufig nicht allzu dramatisch.

Wir haben diese massiven Betrugsmanöver nur deshalb so ausführlich vorgestellt, weil sie sehr schön die kognitiven Mechanismen veranschaulichen, die uns auch im Alltag zu Betrugsopfern werden lassen. Wenn wir verstanden haben, wie diese berüchtigten Gauner sich unsere Gewohnheiten und die Anfälligkeit für Köder zunutze machten, sind wir besser vorbereitet auf die Art von Fällen, denen wir *tatsächlich* begegnen könnten.

Wir hoffen, die Ideen in diesem Buch helfen Ihnen, die »mittleren« Betrugsfälle zu erkennen: jene, die folgenschwer genug sind, um sie besser zu vermeiden, und häufig genug, um in dieser Richtung ein waches Auge zu haben. Für uns Forscher ist das vielleicht ein wissenschaftlicher Mitarbeiter, der Daten fälscht. Für kleine Geschäftsleute mag es ein Angestellter sein, der sich aus der Kasse bedient. Wenn Sie Kunst kaufen, Sportsouvenirs, Designerkleidung oder Antiquitäten, sollten Sie auf deren Authentizität achten. Und falsche Werbung, Fake News oder Politikerlügen gehen uns schließlich alle an.

Würden die Folgen eines möglichen Betruges uns schwer treffen, sollten wir nicht nur mehr und gründlicher nachhaken, sondern auch versuchen, wie die Betrüger zu denken. Bedeutet es für jemanden eine fette Rendite, wenn er uns über den Tisch zieht, gibt er sich vielleicht besonders viel Mühe, uns von seiner Vertrauenswürdigkeit zu überzeugen. Wer Millionen einstreicht, weil er gefälschte Kunstwerke verkauft, gibt viel Geld aus, um deren Provenienz mit gefälschten Dokumenten möglichst lückenlos zu belegen. Wer limitierte Giclée-Kunstdrucke auf einem Kreuzfahrtschiff anbietet, muss sich nicht groß anstrengen. Er kann sich darauf verlassen, Leute zu finden, die bei ihm kaufen, ohne vorher nachzuprüfen.

Können wir Risiken besser einschätzen, können wir vermeiden, Opfer eines Betrügers zu werden, indem wir uns fragen, welche persönlichen und beruflichen Folgen es für uns hätte, betrogen zu werden. Vertrauen wir unsere Ersparnisse einem großen Unternehmen wie Morgan Stanley, Fidelity oder Vanguard an, dann müssen wir wohl kaum viel Zeit investieren, um uns Gewissheit zu verschaffen, dass man uns nicht bestehlen wird. Wollen wir aber in neue, unregulierte Märkte investieren, wie es die Kryptowährungen sind, sollten wir genauer hinsehen. Wenn Sie nicht gerade ein Blockchain-Experte mit einem profunden Verständnis für Mathematik und Computer sind, heißt eine Investition in eine Kryptowährung, dass Sie sich vom Köder »Vertrautheit« beeinflussen lassen in der Hoffnung, dass Sie auf der Straße des Reichtums unterwegs sind, wenn Sie der Masse hinterherlaufen. Wäre es für Sie schlimm, wenn der Kryptomarkt (wieder einmal) einbricht? Gibt es Belege dafür, dass dies nicht noch einmal passiert? Was, wenn das Unternehmen, dem Sie Ihr Geld anvertraut haben, ein Schneeballsystem ist, wie sie sich gerade in unregulierten Finanzsektoren häufig tummeln? Selbst wenn wir Routineentscheidungen treffen, zum Beispiel bei der Frage, ob wir einem kleinen Unternehmen unsere Ersparnisse anvertrauen, dann ist es durchaus sinnvoll, dieses gründlich unter die Lupe zu nehmen und das auch dann regelmäßig zu wiederholen, wenn Sie eine Zeit lang mit dieser Firma zufrieden waren. Die gleiche Logik lässt sich auf jeden anderen Lebensbereich anwenden.

Das bringt uns zurück zur ersten kognitiven Gewohnheit, die wir uns angesehen haben – Fokussierung. Wir haben Betrugsmanöver und unsere Anfälligkeit dafür anhand von zahlreichen historischen Beispielen beschrieben, aber wir haben naturgemäß keine Information über Fälle, die nie entdeckt wurden. Es kann andere, noch ausgeklügeltere Betrugsfälle geben, Maschen, mit denen immer noch gearbeitet wird, die nie verzeichnet wurden oder die man auf anderen Gebieten einsetzte, bevor sie entdeckt werden konnten. Es ist unmöglich herauszufinden, wie groß die eigentliche Anzahl an Betrugsfällen ist, weil wir die erfolgreichsten Betrugsmaschen nicht kennen. Daher haben wir auch kein Handbuch darüber verfasst, wie man Betrügern nicht ins Netz geht, denn solch ein Buch wäre an sich schon betrügerisch!

Wir wissen nicht, ob unentdeckte Betrugsfälle sich von den hier geschilderten unterscheiden. Betrüger ersinnen ständig neue Methoden, um uns über den Tisch zu ziehen, und es gibt Formen des Betrugs, die erst noch aufgedeckt werden müssen. Doch selbst innovative Betrugsmanöver beruhen auf den Prinzipien, die wir hier geschildert haben. Diese kognitiven Tendenzen haben aber auch eine gute Seite: Sie ermöglichen uns, uns effizient und effektiv in der Welt zu bewegen. Ein Betrugsversuch, der sich auch nicht einer dieser Neigungen bedient, um unsere Wachsamkeit einzulullen, hat vermutlich keinen Erfolg. Unsere Hoffnung ist es, dass das Wissen, wie Betrüger aus diesen Tendenzen Kapital schlagen, unser kritisches Urteilsvermögen anspringen lässt, sobald jemand versucht, uns mit einer neuen Betrugsmasche aufs Kreuz zu legen.

Wir haben dieses Buch begonnen mit einem Zitat von James Mattis: »Manchmal lassen wir uns eben alle zum Narren halten.« Damit lag er absolut richtig: Jeder von uns kann einmal hereinfallen. Unter den richtigen Umständen und mit den richtigen Tricks ist jeder von uns anfällig für Betrug. Daher haben wir uns hier auf das »manchmal« konzentriert. Wir haben vier gedankliche Gewohnheiten geschildert, die uns meist gute Dienste leisten, und vier Köder, bei denen wir aus gutem Grund anbeißen. Und wir haben gezeigt, wie Gewohnheiten und Köder gegen uns verwendet werden können. Wir haben Ihnen Strategien vorgestellt, mit denen Sie sich vor Betrug schützen können. Aber wir können eben nicht immer mehr Fragen stellen, tiefer buddeln, erst später urteilen und jeden einzelnen Hinweis bis zu seiner Quelle zurückverfolgen.

Es ist nicht einfach, die richtige Balance zwischen Akzeptanz und Kontrolle zu finden. Dass wir uns nicht zum Narren halten lassen, heißt ja nicht, dass wir *jede* Täuschung verhindern können. Wir hoffen, dass Sie die hier vorgestellten Ideen im Hinterkopf behalten, wenn Sie sich in Ihrer Welt bewegen. Und dass diese Ideen Ihnen helfen, die schlimmsten Fälle von Betrug und deren Konsequenzen zu vermeiden. Aber bitte glauben Sie nicht, dass das Leben so voller Lug und Trug steckt, dass Sie es nicht genießen können. Das wäre nun tatsächlich eine närrische Schlussfolgerung.

DANKSAGUNG

Die ersten Gedanken zu einem Buch über dieses Thema kamen uns schon vor gut zehn Jahren. Seitdem sammeln wir Ideen und Beispiele dafür. Der Großteil verblieb in unseren Notizbüchern und Dateiordnern, zusammen mit Buchideen, von denen unser Literaturagent Jim Levine nicht überzeugt war. Ohne Jims kluge Hinweise hätten wir dieses Buch nie schreiben können. Wir danken ihm sehr herzlich dafür, dass er uns nicht über unsere eigenen Fallstricke stolpern ließ. Und auch dem Rest der Levine Greenberg Rostan Literary Agency gebührt ein dickes Dankeschön. Vor allem Michael Nardullo, der die Rechte international vermarktet hat.

Auch unserem Lektor T. J. Kelleher und unserer Verlegerin Lara Heimert danken wir, weil sie dieses Projekt bei Basic Books angenommen haben und eine Struktur und Organisation vorgeschlagen haben, die unseren Zielen nutzte. Ein besonderes Dankeschön gilt Tisse Takagi, die zwei vorläufige Versionen des Manuskripts bearbeitete und uns ausgezeichnete Ratschläge zu Inhalten und Formulierungen gab. Jordan Simons und Jeffrey Ohl haben das ganze Buch gelesen und dazu detaillierte, kluge und hilfreiche Kommentare verfasst. Sie halfen uns, viele Passagen zu verbessern, die uns völlig klar waren, unsere Leser aber vermutlich verwirrt hätten. Pat Simons hat die beinahe finale Version gelesen, und ihre redaktionellen Tipps haben diese noch deutlich lesbarer gemacht. Und auch Adlerauge Kathy Richards hat beim Korrekturlesen am Ende viele

Tippfehler und unklare Sätze in den Fahnen entdeckt. Wenn Ihnen das Buch gefallen hat, können Sie sich bei all diesen Leuten bedanken. (Wenn nicht, dann tragen wir allein die Schuld.)

Sanga Sung, Tamara Gjorgjieva, Michael Bennett und vor allem Jeffrey Ohl waren uns eine unschätzbare Hilfe bei den Recherchearbeiten. Auch Jonathan Segal und Pronoy Sarkar sind wir für die hilfreichen Diskussionen zu Dank verpflichtet.

Lange bevor wir anfingen, an diesem Buch zu arbeiten, waren wir als Co-Kuratoren für eine Ausstellung am Museum of Old and New Art (MONA) im australischen Hobart tätig. Wir haben zwei Essays für den Ausstellungskatalog verfasst und unsere Diskussionen mit David Walsh, Pippa Mott, Jane Clark, Beth Hall und anderen Mitarbeitern des MONA haben unsere Darstellung zum Thema »Kunstfälschung« in diesem Buch entscheidend mitgeprägt.

Als wir die verschiedenen Ideen für dieses Buch entwickelten, haben wir mit zahlreichen Experten aus allen möglichen Lebensbereichen gesprochen, die uns Einblick in ihr Fachgebiet gaben. Einige führten mit uns inoffizielle Gespräche über Betrugsverdachtsfälle, andere lieferten uns ihre persönliche Sicht auf besser bekannte Fälle. Vieles aus diesen Gesprächen hat unsere Darstellung ausgeformt. Wir danken all diesen Menschen für ihre immens hilfreichen Beiträge.

Während des gesamten Schreibprozesses waren wir in Kontakt mit einer Reihe von Experten, die uns wichtige Informationen lieferten, unsere falschen Vorstellungen korrigierten und so zur Exaktheit unserer Schilderungen beitrugen. Wenn es trotzdem zu Fehlern gekommen ist, dann liegt das allein an uns, weil wir nicht aufmerksam genug zugehört haben. Wir danken (in alphabetischer Ordnung): Max Bazerman, Bill Brewer, Joanne Byars, Susan Clancy, Gary Dell, Daniel Edelman, Shane Frederick, Jennifer Golbeck,

Joshua Hart, Diana Henriques, Joe Hilgard, David Laibson, Bosse Lindquist, Andrew Metrick, Scott Myers, Kenneth Norman, Peter Pagin, Ron Rensink, Katie Rothstein, Jamie Shovlin, Joe Simmons, David Smerdon, Larry Taylor, Åsa Wikforss, Mike Wilkins, Katherine Wood, Rene Zeelenberg und Rolf Zwaan. Nick Brown und Matt Tompkins haben viele Passagen des Buches gelesen und uns eingehendes Feedback gegeben.

Zu guter Letzt wollen wir beide unseren Angehörigen, Freunden und Kollegen danken, die uns während des langen Entstehungsprozesses ihre Unterstützung, Ermutigung und ihr Verständnis zuteilwerden ließen:

Dan dankt insbesondere Kathy Richards, Jordan Simons, Ellix Simons, David Simons, Pat Simons und Paul Simons. Chris dankt im Besonderen Michelle Meyer, Caleb Meyer-Chabris, Daniel Chabris und den Mitgliedern des Knowledge Resistance Project.

Und schließlich danken wir allen Menschen, die uns je über den Tisch gezogen haben: Sie haben unsere Neugier auf dieses Thema geweckt und uns motiviert, während der Arbeit daran bei der Stange zu bleiben.

QUELLEN

Einleitung

1   Zitat von James Mattis aus einem Interview mit Judy Woodruff, auf: *PBS NewsHour*, 2. September 2019, https://www.youtube.com/watch?v=5LZlJmb8cmY.

2   Die folgenden Podcasts über die Theranos-Story und die Verhandlung gegen Elizabeth Holmes enthalten ausführliche Zitate aus den Zeugenaussagen über die Aspekte des Falles, die wir in diesem Buch besprechen werden: *The Dropout*, auf: ABC News, 2021–2022, https://abcaudio.com/podcasts/the-dropout/ Und: *Bad Blood: The Final Chapter*, John Carreyrou, 2021–2022, https://podcasts.apple.com/us/podcast/bad-blood-the-final-chapter/id1575738174. Sie können die Geschichte auch nachlesen in: J. Carreyrou, *Bad Blood: Die wahre Geschichte des größten Betrugs im Silicon Valley*, München 2022. Am Ende der 15-wöchigen Verhandlung zu Beginn des Jahres 2022 wurde die Theranos-Gründerin Elizabeth Holmes in vier Punkten des Investmentbetrugs für schuldig befunden: https://www.justice.gov/usao-ndca/pr/theranos-founder-elizabeth-holmes-found-guilty-investor-fraud. Man verurteilte sie zu 135 Monaten Gefängnis, https://www.justice.gov/usao-ndca/pr/elizabeth-holmes-sentenced-more-11-years-defrauding-theranos-investors-hundreds. Ihr einstiger Partner und leitender Theranos-Geschäftsführer Ramesh Balwani wurde später ebenso für schuldig befunden (in zwölf Punkten). Siehe: https://www.washingtonpost.com/technology/2022/07/07/theranos-trial-verdict/.

3   P. Pagin, »The Indicativity View«, in: *The Oxford Handbook of Assertion*, hrsg. von S. Goldberg, New York 2020. Sowie: D. Sperber, »Epistemic Vigilance«, in: *Mind & Language* 25 (2010), S. 359–393, https://doi.org/10.1111/j.1468-0017.2010.01394.x. Und: T. R. Levine, *Duped: Truth-Default Theory and the Social Science of Lying and Deception*, Tuscaloosa 2020. Über die Probleme, die die Ehrlichkeitsvermutung bzw. die »Leichtgläubigkeit« in ansonsten funktionierenden

kognitiven Systemen anrichten kann: H. Mercier, *Not Born Yesterday: The Science of Who We Trust and What We Believe*, Princeton 2020.

4   Gilbert Chikli und der Präsidenten-Trick werden beschrieben in Evan Ratliffs Podcast: *Persona: The French Deception*, Wondery 2022, https://wondery.com/shows/persona/. Und in: E. Kinetz, T. Goldenberg, D. Estrin, R. Satter, »AP Investigation: How Con Man Used China to Launder Millions«, in: *AP News*, 28. März 2016, https://apnews.com/article/business-middle-east-israel-europe-africa-7500da6eb-1d94e1dbb7e5650d1c20bd6.

5   Autoren wie Maria Konnikova, Dan Davies, George Akerlof, Robert Shiller, Eugene Soltes und Edward Balleisen haben über diese Themen gute Bücher geschrieben. Wir empfehlen: M. Konnikova, *Täuschend echt und glatt gelogen: Die Kunst des Betrugs*, Zürich 2017. D. Davies, *Lying for Money: How Legendary Frauds Reveal the Workings of the World*, New York 2021. G. A. Akerlof, R. J. Shiller, *Phishing for Phools: The Economics of Manipulation and Deception*, Princeton 2015. E. Soltes, *Why They Do It: Inside the Mind of the White-Collar Criminal*, New York 2016. Und: E. J. Balleisen, *Fraud: An American History from Barnum to Madoff*, Princeton 2018.

6   C. F. Chabris, D. J. Simons, *Der unsichtbare Gorilla. Wie unser Gehirn sich täuschen lässt,* München 2011.

7   Betrug ist auf dem Vormarsch: »The True Cost of Fraud Study«, in: LexisNexis 2022, https://risk.lexisnexis.com/insights-resources/research/us-ca-true-cost-of-fraud-study. Und: »Investment Scam Complaints on the Rise – Investor Alert«, von: US Securities and Exchange Commission, 14. Dezember 2020, https://www.investor.gov/introduction-investing/general-resources/news-alerts/alerts-bulletins/investor-alerts/investment-0. Über Insiderhandel: S. Kolhatkar, *Black Edge: Inside Information, Dirty Money, and the Quest to Bring Down the Most Wanted Man on Wall Street*, New York 2018. Über falsche Bewertungen: So stellte sich beispielsweise heraus, dass bei Hotels, die Wettbewerber im unmittelbaren Umfeld haben, im Internet häufig falsche negative Bewertungen auftauchen. Siehe dazu: D. Mayzlin, Y. Dover, J. Chevalier, »Promotional Reviews: An Empirical Investigation of Online Review Manipulation«, in: *American Economic Review* 104 (2014), S. 2421–2455, https://doi.org/10.1257/aer.104.8.2421. Unternehmen, die Studenten beim Betrug helfen: S. Adams, »This $12 Billion Company Is Getting Rich Off Students Cheating Their Way Through Covid«, in: *Forbes* vom 28. Januar 2021, https://www.forbes.com/sites/susanadams/2021/01/28/this-12-billion-company-is-getting-rich-

off-students-cheating-their-way-through-covid/?sh=484e1b2d363. Ein dubioses Unternehmen mit den Namen »Cheat Ninja« oder »Chicken Drumstick« nahm mehr als 76 Millionen US-Dollar ein, indem es betrügerische Hacks für beliebte Online-Videospiele verkaufte. Dazu gehörten z. B. *Call of Duty* und *Overwatch*. Siehe: J. Tidy, »Police Bust ›World's Biggest‹ Video-Game-Cheat Operation«, in: *BBC News* vom 30. März 2021, https://www.bbc.com/news/technology-56579449. Und: L. Franceschi-Bicchierai, »Inside the ›World's Largest‹ Video Game Cheating Empire«, in: *Vice* vom 1. Juni 2021, https://www.vice.com/en/article/93ywj3/inside-the-worlds-largest-video-game-cheating-empire.

8   Zitat von Donald J. Trump aus einem Interview für *Barstool Sports* vom 23. Juli 2020, https://www.youtube.com/watch?v=Hois8NpBiw0.

9   Die ursprüngliche Facebook-Geschichte wird beschrieben und bewertet in: D. Mikkelson, »All 8 Supreme Court Justices Stand in Solidarity Against Trump SCOTUS Pick?«, auf *Snopes.com* vom 27. März 2017, https://www.snopes.com/fact-check/supreme-court-justices-stand/. Factcheck.org überprüfte die Geschichte: C. Wallace, »Justices Didn't Oppose Gorsuch«, auf: *FactCheck.org*, 4. April 2017, https://www.factcheck.org/2017/04/justices-didnt-oppose-gorsuch/.

10 Baruch Spinoza argumentierte schon im 17. Jahrhundert, dass wir eine Aussage oder These nicht verstehen können, ohne sie vorher, zumindest kurzzeitig, für wahr gehalten zu haben. Zwei Jahrhunderte später schrieb der schottische Philosoph Alexander Bain: »Wir machen den ersten Schritt, indem wir zunächst buchstäblich alles für wahr halten.« Im 20. Jahrhundert vertraten hauptsächlich der Psychologe Daniel Gilbert und der Philosoph Eric Mandelbaum das »Spinoza-Modell« des Glaubens. Siehe dazu: B. Spinoza, *The Ethics and Selected Letters*, hrsg. von. S. Feldman, übers. von. S. Shirley, 1677, Neudruck: Indianapolis 1982. Und: A. Bain, *The Emotions and the Will*, London 1859. Sowie: D. T. Gilbert, »How Mental Systems Believe«, in: *American Psychologist* 46 (1991), S. 107–119, https://doi.org/10.1037/0003-066X.46.2.107. E. Mandelbaum, »Thinking Is Believing«, in: *Inquiry: An Interdisciplinary Journal of Philosophy* 57 (2014), S. 55–96, https://doi.org/10.1080/0020174X.2014.858417. Außerdem stellte man in einer Studie fest, dass Leser das Wahrheitsurteil etwa eine halbe Sekunde schneller fällen als das Urteil »falsch« bzw. »ungewiss«. Siehe: S. Harris, S. A. Sheth, M. S. Cohen, »Functional Neuroimaging of Belief, Disbelief, and Uncertainty«, in: *Annals of Neurology* 63 (2008), S. 141–147, https://doi.org/10.1002/ana.21301.

11 C. N. Street, D. C. Richardson, »Descartes Versus Spinoza: Truth, Uncertainty, and Bias«, in: *Social Cognition* 33 (2015), S. 227–239, https://doi.org/10.1521/soco.2015.33.2.2.

12 Das Twitter-Experiment ist Studie Nr. 7 in: G. Pennycook et al., »Shifting Attention to Accuracy Can Reduce Misinformation Online«, in: *Nature* 592 (2021), S. 590–595, https://doi.org/10.1038/s41586-021-03344-2. Pennycooks Team führte von 2017 bis 2020 insgesamt 20 Experimente dieser Art mit über 26 000 Probanden durch. Man stellte dabei fest, dass die Verbreitung falscher Geschichten um ca. 10 Prozent abnahm, wenn man die Empfänger vorher darauf hinwies, dass diese u. U. falsch sein könnten. Siehe: G. Pennycook, D. G. Rand, »Accuracy Prompts Are a Replicable and Generalizable Approach for Reducing the Spread of Misinformation«, in: *Nature Communications* 13 (2022): S. 2333, https://doi.org/10.1038/s41467-022-30073-5.

13 Die IRS-Steuerbehörde nimmt niemanden wegen kleinerer offener Steuerschulden fest. Selbst wenn sie das täte, würde sie nicht mit Polizeibeamten zusammenarbeiten. Einen sehr guten Bericht über einen massiven Callcenter-Betrug, der 2016 zur Festnahme und Anklage von Hunderten Menschen in den USA und in anderen Ländern führte, weil die Betreffenden Millionen von US-Dollar mit solchen Anrufen ergaunert hatten, finden Sie in: »Scam Likely«, Season 4 des Podcasts *Chameleon*, Campside Media 2022, https://www.campsidemedia.com/shows/chameleon-scam-likely. In den USA wurden 61 Einzelpersonen und Organisationen angeklagt. Siehe: https://www.justice.gov/opa/pr/dozens-individuals-indicted-multimillion-dollar-indian-call-center-scam-targeting-us-victims.

14 Zur Affäre Binjamin Wilkomirski: S. Maechler, *The Wilkomirski Affair: A Study in Biographical Truth*, New York 2001. Und: »Fragments of Fraud«, in: *The Guardian*, 14. Oktober 1999, https://www.theguardian.com/theguardian/1999/oct/15/features11.g24. Zu Belle Gibsons Krebsgeschichte: B. Donnelly, N. Toscano, *The Woman Who Fooled the World: Belle Gibson's Cancer Con, and the Darkness at the Heart of the Wellness Industry*, London 2018.

15 Zu Bernie Madoff: Interview mit SEC-Inspektor General David Kotz, im Anhang zum Buch von H. Markopolos, *No One Would Listen: A True Financial Thriller*, New York 2010. Michael Ocrant, zitiert nach Markopolos, S. 82. Madoff-Zitat nach dem Video: »Roundtable Discussion with Bernard Madoff«, 20. Oktober 2007, https://www.youtube.com/watch?v=ab1NTIlO-FM. Mehr über die Wirkung von

Selbstsicherheit finden Sie in Kapitel 3 von *Der unsichtbare Gorilla*, a. a. O.

16   Rick Singer bekannte sich am 12. März 2019 schuldig der Verabredung zur organisierten Kriminalität, der Verabredung zur Geldwäsche, der Verschwörung zum Schaden der Vereinigten Staaten und der Behinderung der Justiz. Er kooperierte umfänglich mit den Ermittlern des Justizministeriums, siehe: https://www.justice.gov/usao-ma/investigations-college-admissions-and-testing-bribery-scheme. Der Skandal um die Universitätszulassungen wird eingehend beschrieben von den Journalisten, die die Geschichte für das *Wall Street Journal* verfolgten: M. Korn und J. Levitz, *Unacceptable: Privilege, Deceit, and the Making of the College Admissions Scandal*, New York 2020. Rick Singer stellte dabei eine Ausnahmeerscheinung in einem ansonsten völlig normalen Geschäftszweig dar: Es gibt Unmengen von Beratern, die Highschool-Absolventen helfen, an guten Universitäten angenommen zu werden – allerdings ohne die Garantien, die Singer gab. Und wenn es sich nicht um den Tod oder die Steuern handelt, sollten Sie immer misstrauisch werden, wenn jemand den Begriff »garantiert« verwendet – in diesem Fall sollten Sie genauer hinschauen.

17   Siehe: *Flawed Science: The Fraudulent Research Practices of Social Psychologist Diederik Stapel*, Gemeinsamer Bericht des Levelt Committee, Noort Committee und des Drenth Committee, die Stapel unter die Lupe nahmen. 28. November 2012, https://www.rug.nl/about-ug/latest-news/news/archief2012/nieuwsberichten/stapel-eindrapport-eng.pdf.

18   Bei einigen der bekanntesten journalistischen Betrugsfälle ging es um mehr als nur die eine oder andere Schönfärberei: Es werden fiktionale Menschen, Orte und Ereignisse beschrieben, die man als real ausgibt. Stephen Glass zum Beispiel brachte in *New Republic* 27 Artikel unter, die er später zurückziehen musste. Er erfand Charaktere und Szenen, wie den 17-jährigen Hacker, der den Managern von »Jukt Microelectronics« gegenübersaß und Cash verlangte, damit er nicht in ihre IT-Systeme eindränge. Wann immer im Hinblick auf Fakten oder Quellen von Glass Zweifel aufkamen, fälschte er Notizen und anderes Material, um seine Geschichte zu stützen. Dabei verließ er sich auf sein Geschick als Faktenchecker und fabrizierte genau die Art Unterlagen, die ein echter Journalist in so einem Fall besitzen würde. Siehe: B. Bissinger, »Shattered Glass«, *Vanity Fair*, 5. September 1998, https://www.vanityfair.com/magazine/1998/09/bissinger199809. Die Zeitschrift der Duke University schildert einen Vortrag von Glass, in dem er darü-

ber sprach, wie er den Zeitschriften, die ihn für seine gefälschten Geschichten bezahlt hatten, ihr Geld zurückgab. Es geht dabei um sein Geständnis und die Reue, die er offensichtlich empfand: A. Ramkumar, »Discredited Journalist Stephen Glass Reveals $200,000 Repayments to 4 Magazines«, in: *Chronicle*, 28. März 2016, https://www.dukechronicle.com/article/2016/03/discredited-journalist-stephen-glass-reveals-200000-repayments-to-4-magazines.

19   Charles Seife, Professor für Wissenschaftsjournalismus an der New York University, ließ für *Wired* eine eigene Untersuchung von Lehrers Blogs anstellen: C. Seife, »Jonah Lehrer's Journalistic Misdeeds at Wired.com«, auf: *Slate*, 31. August 2012, https://slate.com/technology/2012/08/jonah-lehrer-plagiarism-in-wired-com-an-investigation-into-plagiarism-quot+es-and-factual-inaccuracies.html. In einem Editorial gelangte *Wired* zu der Schlussfolgerung, dass Lehrers Blogposts den journalistischen Standards der Computerzeitschrift nicht genügten: E. Hansen, »Violations of Editorial Standards Found in WIRED Writer's Blog«, in: *Wired*, 31. August 2012, https://www.wired.com/2012/08/violations-of-editorial-standards-found-in-wired-writers-blog/. Lehrer hielt einen Vortrag, für den er von der Knight Foundation bezahlt wurde, und entschuldigte sich für einige seiner Fehler. Eine Version dieses Vortrags findet sich auf seiner Website: *Jonah Lehrer*, Februar 2012, http://www.jonahlehrer.com/2013/02/my-apology. Über Lehrers erfundenes Teller-Zitat: S. Myers, »Another False Quotation Found in Jonah Lehrer's ›Imagine‹«, in: *Poynter*, Zeitschrift der Journalistenschule Poynter Institute, 10. August 2012, https://web.archive.org/web/20140722023144/http://www.poynter.org/latest-news/mediawire/184700/another-false-quotation-found-in-jonah-lehrers-imagine-penn-teller/. Lehrers fehlerhafte Darstellung von Festingers Studie erschien in seinem Buch: Jonah Lehrer, *Imagine. Wie das kreative Gehirn funktioniert*, München 2014. Und in einem frühen Blogpost: J. Lehrer, »The Psychology of Conspiracy Theories«, in: *Wired*, 4. August 2010, http://www.wired.com/wiredscience/2010/08/the-psychology-of-conspiracy-theories. Seth Mnookin wies in einem Blogpost darauf hin: S. Mnookin, »Jonah Lehrer's Missing Compass«, in: *Panic Virus*, 3. August 2012, https://web.archive.org/web/20120803193135/http://blogs.plos.org/thepanicvirus/2012/08/03/jonah-lehrers-missing-compass/.

20   Als Jonah Lehrer wegen seiner Erfindungen und Plagiate aufflog, nahm sein Verlag zwei seiner Bücher aus dem Verkauf. Aber zu jener Zeit war Lehrer schon ein bekannter Autor, und so veröffentlicht er heute

noch und profitiert auf diese Weise von seinem einstigen Ansehen. Lehrers Bücher, die er nach dem Plagiatskandal veröffentlichte: S. Benartzi, J. Lehrer, *The Smarter Screen: Surprising Ways to Influence and Improve Online Behavior*, New York 2015. J. Lehrer, *A Book About Love*, New York 2016. J. Lehrer, *Mystery: A Seduction, a Strategy, a Solution*, New York 2021. Ironischerweise gehört einer, der Lehrers letztes Buch *Mystery* über den grünen Klee lobte, selbst zu den Plagiateuren und Zitate-Erfindern: der britische Schriftsteller Johann Hari. Er hält *Mystery* für »präzise«. Und wir haben selbst einige Erfahrungen mit Plagiaten gemacht, nicht nur in unserer Rolle als Universitätsprofessoren. Unser letztes Buch hat sich gut verkauft, mit weit über 2,5 Millionen Exemplaren – wenn man die Teile mitzählt, die in den 2,5 Millionen verkauften Exemplaren von Rolf Dobellis Buch *Die Kunst des klaren Denkens* stecken. Siehe dazu: http://blog.chabris.com/2013/09/similarities-between-rolf-dobellis-book.html. 2013 gestand Dobelli auf seiner Website ein, dass er direkte Zitate aus unserem Buch verwendet hat, ohne diese als solche kenntlich zu machen. Siehe: https://www.dobelli.com/bookcorrections/corrections/.

21   Die FTX-Vertragsvereinbarungen werden hier beschrieben: B. Dale, F. Salmon, »FTX's Terms-of-Service Forbid Trading with Customer Funds«, auf: *Axios*, 13. November 2022, https://www.axios.com/2022/11/12/ftx-terms-service-trading-customer-funds. Wie es zum Zusammenbruch von FTX kam, lesen Sie hier: A. Osipovich et al., »They Lived Together, Worked Together and Lost Billions Together: Inside Sam Bankman-Fried's Doomed FTX Empire«, in: *Wall Street Journal*, 19. November 2022, https://www.wsj.com/articles/sam-bankman-fried-ftx-alameda-bankruptcy-collapse-11668824201.

22   In den Studien über Täuschung stößt man immer wieder auf unfreiwillige Ironie: So bezahlte das bekannte Wirtschaftsprüferunternehmen Ernst & Young eine Strafe von 100 Millionen US-Dollar, weil seine Buchprüfer bei einem Ethiktest geschummelt hatten: K. Gibson, »Ernst & Young Hit with $100 Million Fine After Auditors Cheat on Ethics Exam«, auf: *CBS News*, 28. Juni 2022, https://www.cbsnews.com/news/sec-fines-ernst-young-100-million-auditors-cheat-on-ethics-exam/. Verschiedene Personen mit medialen Fähigkeiten oder Hellseher wurden zu Opfern von Hackern, die ihre Account-Informationen auf Instagram stahlen und dann für gefakte übersinnliche Readings Geld verlangten: A. Merlan, »Psychics and Tarot Readers are Under Siege by Instagram Scammers and Online Fatigue«, auf: *Vice*, 18. June 2022, https://www.vice.com/en/article/n7zb88/psychics-and-tarot-readers-

are-under-siege-by-instagram-scammers-and-online-fatigue. Und auch in Berichten über Plagiate lassen sich Plagiate feststellen: R. A. Posner, *The Little Book of Plagiarism*, New York 2007, S. 8.

Kapitel 1

23 Die Serie *John Edward Cross Country* wurde auf WE-TV von 2006 bis 2008 in drei Staffeln ausgestrahlt: https://www.imdb.com/title/tt0848540/. Chris transkribierte diesen Dialog aus einem Video einer Episode der Sendung.

24 A. Corneau, »Kim Kardashian Realizes Marriage Is over via Psychic Medium John Edward«, in: *US Weekly*, 23. Januar 2012, https://www.usmagazine.com/entertainment/news/kim-kardashian-realizes-mar-riage-is-over-via-psychic-medium-john-edward-2012231/. *South Park* nimmt John Edward in Staffel 6, Episode 15 (2002) auseinander. Die Folge hat es zu einer eigenen Wikipedia-Seite gebracht: https://en.wiki-pedia.org/wiki/The_Biggest_Douche_in_the_Universe.

25 Gedankenleser, Medien und ausgewählte »Opfer« aus dem Publikum: J. Hitt, »Inside the Secret Sting Operations to Expose Celebrity Psy-chics«, in: *New York Times Magazine,* 26. Februar 2019, https://www.nytimes.com/2019/02/26/magazine/psychics-skeptics-facebook.html.

26 Der Trick wurde ersonnen von Harry Hardin und erstmals schrift-lich beschrieben in: T. N. Downs, *The Art of Magic,* hrsg. von J. N. Hilliard, Chicago 1921, S. 80–85, https://archive.org/details/cu31924084451008/page/n87/mode/2up?q=princess+card. Eine Va-riante des Princess Card Trick wurde eingesetzt, um psychotische Erfahrungen besser zu verstehen: T. Ward, P. A. Garety, M. Jackson, E. Peters, »Clinical and Theoretical Relevance of Responses to Ana-logues of Psychotic Experiences in People with Psychotic Experiences with and Without a Need-for-Care: An Experimental Study«, in: *Psy-chological Medicine* 50 (2020), S. 761–770, https://doi.org/10.1017/S0033291719000576.

27 A. Abad-Santos, »This Is What Happens When Talk-Show Psychics Talk About Kidnap Cold Cases«, in: *Atlantic,* 7. Mai 2013, https://www.theatlantic.com/national/archive/2013/05/sylvia-browne-cleve-land-kidnapper/315507/. Und: »Celebrity Psychic Told Berry's Mom Her Daughter Was Dead«, in: *CBS News,* 9. Mai 2013, https://www.cbsnews.com/news/celebrity-psychic-told-berrys-mom-her-daughter-was-dead/. Wenn Medien wie Browne spektakulär scheitern, dann liegt es meist an der Annahme, sie würden mit einer Vorhersage über einen ungelösten Altfall davonkommen – weil ja niemand diese je überprü-

fen kann. Chris pflegte in seinen Seminaren öfter ein Video von Sylvia Browne zu zeigen, die buchstäblich keine einzige richtige Information über den Vater eines Anrufers liefern kann. Als er im Jahr darauf erneut das YouTube-Video dazu aufrufen wollte, war es gelöscht worden.

28   Parkour-Video von Boston Dynamics: »More Parkour Atlas«, 24. September 2019, https://www.youtube.com/watch?v=_sBBaNYex3E.

29   Eine Forschungsarbeit über diese »One Pixel Attacks« auf Deep Neural Networks für die Bilderkennung ist zum Beispiel: J. Su, D. V. Vargas, K. Sakurai, »One Pixel Attack for Fooling Deep Neural Networks«, in: *IEEE Transactions on Evolutionary Computation* 23 (2019), S. 828–841, https://arxiv.org/abs/1710.08864.

30   Theranos Null-Protokoll-Demo: T. De Chant, »Theranos Devices Ran ›Null Protocol‹ to Skip Actual Demo for Investors«, in: *Ars Technica*, 20. Oktober 2021, https://arstechnica.com/tech-policy/2021/10/theranos-devices-ran-demo-apps-that-blocked-error-messages-during-investor-pitches/. Zum Volkswagen-Emissionsskandal: J. Lanchester, »Fraudpocalypse«, in: *London Review of Books*, 4. August 2022, https://www.lrb.co.uk/the-paper/v44/n15/john-lanchester/fraudpocalypse.

31   Wir bringen dieses Beispiel schon seit einem Jahrzehnt in Vorträgen und Seminaren. Es ist mittlerweile zum Twitter-Meme geworden und wurde in verschiedenen populärwissenschaftlichen Büchern beschrieben. Zum Beispiel in Jordan Ellenbergs ausgezeichnetem Buch über statistisches Denken: *How Not to Be Wrong: The Power of Mathematical Thinking*, New York 2014. Die Einzelheiten von Walds Geschichte und das ikonische Flugzeugbild werden gut beschrieben in dem entsprechenden Wikipedia-Artikel über ihn: »Abraham Wald«, https://en.wikipedia.org/wiki/Abraham_Wald. Mehr über den Black Thursday in: »Boeing B-17 Flying Fortress«, Wikipedia, https://en.wikipedia.org/wiki/Boeing_B-17_Flying_Fortress.

32   Dave Rubins Tweet, 12. November 2021, https://twitter.com/RubinReport/status/1459163836905234437.

33   M. Gladwell, *The Tipping Point: How Little Things Can Make a Big Difference*, Boston 2000. Wir begutachten dieses Beispiel ausführlich in *Der unsichtbare Gorilla* (a. a. O.). Duncan Watts analysiert es in seinem Buch: *Alles ist offensichtlich. Wie uns der gesunde Menschenverstand täuscht*, Bern 2013.

34   Mehr über die wenig beachtete Rolle des Glücks beim Erfolg finden Sie hier: N. N. Taleb, *Narren des Zufalls*, München 2018. Und: Frank, R. H., *Ohne Glück kein Erfolg*, München 2018 sowie M. J. Maubous-

sin, *The Success Equation: Untangling Skill and Luck in Business, Sports, and Investing*, Boston 2012..

35   Die Studie über potenzielle Einhörner: G. Lifchits, A. Anderson, D. G. Goldstein, J. M. Hofman, D. J. Watts, »Success Stories Cause False Beliefs About Success«, in: *Judgment & Decision Making* 16 (2021), http://journal.sjdm.org/21/210225/jdm210225.pdf. In dieser Studie ist die geringe Summe, die eine Handvoll von Teilnehmern erhielt (1 Dollar), weniger interessant als die Tatsache, dass sie »incentive compatible« war. Dieser Begriff stammt aus den Wirtschaftswissenschaften und bezeichnet eine Situation, in der die Anreize zu den eigenen Überzeugungen passen. Obwohl der Betrag gering ausfiel, hatten die Teilnehmer keinen Grund, etwas anderes zu tun, als sich für den Gründer zu entscheiden, der es ihrer Ansicht nach schaffen würde. Ohne die »Wetten« und die Auszahlung von Gewinnen würden vielleicht mehr Menschen ihre Antwort dem Zufall überlassen oder einen anderen Mechanismus anwenden.

36   Siehe Abb. 1 in: J. Wai, S. M. Anderson, K. Perina, F. C. Worrell, C. F. Chabris, »The Most Successful and Influential ›Outlier‹ Americans Come from a Surprisingly Narrow Range of Elite Educational Backgrounds«, in: *PLoS ONE* 2022. Eine Liste von »Einhörnern« wurde 2015 veröffentlicht von: Scott Austin, Chris Canipe, Sarah Slobin, »The Billion Dollar Startup Club«, in: *Wall Street Journal*, 18. Februar 2015, https://www.wsj.com/graphics/billion-dollar-club.

37   Die Philosophin Åsa Wikforss unterstreicht dies in ihrem Aufsatz »The Dangers of Disinformation«, in: *The Epistemology of Democracy*, hrsg. von H. Samaržija, Q. Cassam, London 2023.

38   Brownes Verurteilung: J. Nickell, »Psychic Sylvia Browne Once Failed to Foresee Her Own Criminal Conviction«, in: *Skeptical Inquirer*, November/Dezember 2004, https://web.archive.org/web/20050727083155/http://www.findarticles.com/p/articles/mi_m2843/is_6_28/ai_n6361823. Überprüfung der Performance von Medien: R. Saunders, »The Great Australian Psychic Prediction Project«, in: *Skeptic* 41 (2021), S. 20–31, https://www.skeptics.com.au/wp-content/uploads/magazine/The%20Skeptic%20Volume%2041%20(2021)%20No%204%20(Cover).pdf. Und: R. Palmer, »The Great Australian Psychic Prediction Project: Pondering the Published Predictions of Prominent Psychics«, in: *Skeptical Inquirer*, März/April 2022, https://skepticalinquirer.org/2022/02/the-great-australian-psychic-prediction-project-pondering-the-published-predictions-of-prominent-psychics.

39 Diese Logik steckt auch hinter den Erzählungen der populären Finanz-
    literatur, die uns beibringen wollen, wie man Aktien auswählt, deren
    Wert sich um den Faktor 100 steigert (die sogenannten »hundred-bag-
    gers«), was natürlich deutlich besser ist als der Faktor 10 (und die »ten-
    baggers«). Siehe zum Beispiel: C. W. Mayer, *Hundred-Baggers: Stocks
    that Return 100-to-1 and How to Find Them*, Baltimore 2015. Und:
    T. W. Phelps, *100 to 1 in the Stock Market: A Distinguished Security
    Analyst Tells How to Make More of Your Investment Opportunities*,
    New York 1972.

40 Hedgefondsmanager Clifford Asness nennt einen anderen Denkfehler
    in der Auffassung, dass man nur ein »Amazon« finden müsste, um als
    Investor Erfolg zu haben: Du musst auch bei so einem Wert durch-
    gehend dranbleiben und mit hellseherischer Gabe erkennen, dass du
    diesen einen Wert unbedingt halten musst, auch wenn du alles andere
    verkaufst, weil es in 10 Jahren nicht so viel abgeworfen hat: https://
    twitter.com/cliffordasness/status/1529635310677655553?s=21&t=X
    xESK_H6RnNusIgcyn5zQQ.

41 »Great Moments in Intuition: A Timeline«, in: *O: The Oprah Magazi-
    ne*, August 2011, https://www.oprah.com/spirit/a-history-of-intuition-
    intuition-timeline.

42 S. Shane, J. Preston, A. Goldman, »Why Bomb Suspect's Travels Didn't
    Set Off More Scrutiny«, in: *New York Times*, 23. September 2016,
    https://www.nytimes.com/2016/09/24/nyregion/how-ahmad-khan-ra-
    hami-passed-through-a-net-meant-to-thwart-terrorists.html. In diesem
    Artikel geht es um Rahamis Reisen, jedoch wird nicht gesagt, dass sie
    notwendigerweise etwas mit Terrorismus zu tun haben.

43 Wir haben das Beispiel von den Gedanken und den Anrufen in einem
    Aufsatz über das »Gesetz der Anziehung« und seine Verfechter ge-
    bracht: C. F. Chabris, D. J. Simons, »Fight ›The Power‹«, in: *New York
    Times*, 26. September 2010, https://www.nytimes.com/2010/09/26/
    books/review/Chabris-t.html.

44 M. Lindstrom, »You Love Your iPhone. Literally«, in: *New York
    Times*, 30. September 2011, https://www.nytimes.com/2011/10/01/
    opinion/you-love-your-iphone-literally.html. Siehe auch die Antwort
    darauf, unterzeichnet von 45 Neurowissenschaftlern: R. Poldrack,
    »The iPhone and the Brain«, in: *New York Times*, 4. Oktober 2011,
    https://www.nytimes.com/2011/10/05/opinion/the-iphone-and-the-
    brain.html?_r=1.

45 Das Video von Nikola wurde von YouTube entfernt, ist aber im Internet noch
    abrufbar: »Nikola Motor Company–Nikola One Electric Semi Truck in

Motion«, https://web.archive.org/web/20201004133213/https://www.
youtube.com/watch?v=IAToxJ9CGb8, Siehe auch: T. B. Lee, »Nikola
Admits Prototype Was Rolling Downhill in Promotional Video«, in: *Ars
Technica*, 14. September 2020, https://arstechnica.com/cars/2020/09/
nikola-admits-prototype-was-rolling-downhill-in-promotional-video/.
Indem Nikola ein nicht repräsentatives, ja, sogar manipuliertes Beispiel
autonomen Fahrens zeigte und dieses auf proprietäre KI zurückführte,
machte das Unternehmen es den Zuschauern schwer, sich zu fragen,
was an Informationen fehlte. Als Nikolas erstes Produkt im Juli 2021
Marktreife erreichte, wurde Trevor Milton von der US-Regierung des
Betruges angeklagt, hauptsächlich weil er über die Nikola-Produkte
Lügen erzählt hatte, um den Aktienkurs in die Höhe zu treiben, während das Unternehmen an die Börse ging. Er behauptete beispielsweise,
dass Nikola seine Batterien selbst baut, während es diese in Wirklichkeit von anderen Unternehmen bezog. Außerdem hatte er einen ganz
normalen Ford-Lastwagen genommen, ihn mit Nikola-Logos beklebt
und behauptet, das Unternehmen habe diesen Wagen selbst gebaut.
Siehe dazu: https://www.justice.gov/usao-sdny/pr/former-nikola-corpo-
ration-ceo-trevor-milton-charged-securities-fraud-scheme. Milton wurde im Oktober 2022 verurteilt. Siehe: J. Ewing, »Founder of Electric
Truck Maker Is Convicted of Fraud«, in: *New York Times*, 14. Oktober
2022, https://www.nytimes.com/2022/10/14/business/trevor-milton-ni-
kola-fraud.html. Die Börsenaufsicht verklagte die Nikola Corporation
wegen Anlagebetrugs. Das Unternehmen zahlte 125 Millionen US-Dollar, um die Betrugsklage beizulegen. Siehe: https://www.sec.gov/news/
press-release/2021-267. Mehr über Nikola und die Betrugsermittlung
finden Sie in: A. Rice, »Last Sane Man on Wall Street«, in: *New York
Magazine*, 20. Januar 2022, https://nymag.com/intelligencer/2022/01/
nathan-anderson-hindenburg-research-short-selling.html.

46 Selbst wenn es eine plausible Verbindung zwischen dem Engagement
von Larry Taylor und der Verbesserung der Mitarbeiterbindung gibt, ist
dies kein Beleg dafür, dass sein Eingreifen diese verursacht hat. Unter-
nehmenszahlen entspringen keinen randomisierten und kontrollierten
Versuchen, wie man sie anwendet, um medizinische Behandlungen zu
überprüfen. Es gibt keine Kontrollgruppe, die »ein Placebo« erhalten
hätte und an der man den Erfolg von Taylors Engagement hätte messen
können. Natürlich würden Sie solche Daten von Unternehmen, die Sie
zu einem Engagement bewegen wollen, nicht erwarten, aber Sie sollten
im Hinterkopf behalten, dass nur diese Daten tatsächlich belegen, wie
effektiv ein Berater ist.

47 E. Yong, »America Is Zooming Through the Pandemic Panic-Neg-
lect Cycle«, in: *Atlantic*, 17. März 2022, https://www.theatlantic.com/
health/archive/2022/03/congress-covid-spending-bill/627090/.

48 Dan hat in seinem Lebenslauf einen Abschnitt, den er überschreibt mit:
»Not Making Progress«. Dort führt er alle Projekte und Aufsätze auf,
die, aus welchen Gründen auch immer, auf Eis liegen.

49 Das Anti-Portfolio von Bessemer Venture Partners ist auf der Website
des Unternehmens abrufbar (https://www.bvp.com/anti-portfolio) und
wird in allen Einzelheiten hier besprochen: E. Newcomer, »The Anti-
Portfolio«, in: *Newcomer*, 27. Juli 2021, https://www.newcomer.co/p/
the-anti-portfolio. Version One veröffentlicht ebenfalls ein Anti-Portfolio: https://versionone.vc/the-version-one-anti-portfolio-the-oppor-
tunities-we-missed/. Ein Anti-Portfolio mit Investments, die spektakulär schiefgingen, gibt es noch nicht. Aber diese würde man vielleicht
ohnehin nicht so leicht vergessen.

Kapitel 2

50 Siehe dazu: »CBS News Admits Bush Documents Can't Be Verified«,
in: Associated Press, 20. September 2004, https://www.nbcnews.com/
id/wbna6055248. Andrew Heyward, der Präsident von CBS News,
sagte: »Auf der Grundlage unseres heutigen Wissens kann CBS News
nicht beweisen, dass die Dokumente authentisch sind. Und das ist der
einzig akzeptable journalistische Maßstab für ihre Verwendung in diesem Bericht. Wir hätten sie nicht verwenden sollen.« Dan Rather fügte
hinzu: »Hätte ich damals gewusst, was ich heute weiß, hätte ich die
Geschichte nicht in dieser Form gesendet. Und ich hätte die fraglichen
Dokumente ganz sicher nicht benutzt.« Und: »Das war ein Fehler, den
wir zutiefst bedauern.« Siehe: »Dan Rather Statement on Memos«,
in: *CBS News*, 20. September 2004, siehe: https://web.archive.org/
web/20041230094523/http://www.cbsnews.com/stories/2004/09/20/
politics/main644546.shtml. Siehe auch: »Killian Documents Controversy«, auf: Wikipedia, https://en.wikipedia.org/wiki/Killian_docu-
ments_controversy.

51 M. Z. Barabak, »Gov. Bush Denies Illegal Drug Use in Last 25 Years«, in: *Los Angeles Times*, 20. August 1999, https://www.latimes.
com/archives/la-xpm-1999-aug-20-mn-1962-story.htm. In den späten
1990ern gab Bush an, er habe in den letzten 25 Jahren keine Drogen
genommen, obwohl einige Nachrichtenkanäle dies anzweifelten. Seine
Antworten auf Fragen nach Drogen- und Alkoholkonsum waren so

vorsichtig formuliert, dass sie viel Spielraum für Interpretationen boten. Er gab zu, dass er, bevor er 40 wurde, ein starker Trinker war.

52 Tom Phinney, Experte für Schrifttypen und Typografie (siehe: https://
www.thomasphinney.com/about/) schloss daraus, dass die Memos
mit einem modernen Textverarbeitungsprogramm in Microsoft Times
Roman erstellt worden waren. Das australische Magazin *Desktop*
gelangte 2004 zur gleichen Schlussfolgerung. Siehe: »Killian Documents Authenticity Issues«, auf: Wikipedia, https://en.wikipedia.org/
wiki/Killian_documents_authenticity_issues. Über Phinneys Untersuchung: T. Phinney, »Bush Guard Memos Used Times Roman, not
Times New Roman«, in: *Typekit*, 3. August 2006, https://blog.typekit.
com/2006/08/03/bush_guard_memo/. Das Hannity-Interview auf Fox
News: »Killian: CBS Docs Smear My Father«, in: 15. September 2004,
https://www.foxnews.com/transcript/killian-cbs-docs-smear-my-father.

53 Der Thornburgh-Bericht: D. Thornburgh , L. D. Boccardi, *Report of
the Independent Review Panel on the September 8, 2004* 60 Minutes
Wednesday *Segment »For the Record« Concerning President Bush's
Texas Air National Guard Service*, 5. Januar 2005, http://wwwimage.
cbsnews.com/htdocs/pdf/complete_report/CBS_Report.pdf. Der Bericht des Ausschusses nennt viele journalistische Fehler. Die Schlussfolgerung lautet: CBS »gelang es nicht, die Killian-Dokumente eindeutig
zu authentifizieren«. Man habe den Background der Quelle, Bill Burkett, nicht ausreichend untersucht und die erhobenen Behauptungen
nicht bestätigen können. Siehe: S. Kiehl, D. Zurawik, »CBS Fires 4 Exe-
cutives, Producers over Bush–National Guard Report«, in: *Baltimore
Sun*, 11. Januar 2005, https://www.baltimoresun.com/entertainment/
tv/bal-te.to.cbs11jan11-story.html.

54 J. Carreyrou, *Bad Blood: Secrets and Lies in a Silicon Valley Startup*,
New York 2018. Carreyrou erzählt, dass er die Story so schnell wie
möglich habe veröffentlichen wollen, doch sein Herausgeber habe
»zur Geduld gemahnt« mit der Begründung, dass »die Geschichte der
Hammer ist, und wir sicherstellen müssen, dass sie hundertprozentig
stimmt, wenn wir damit in Druck gehen«. (Zitat und Zeitangaben auf
S. 265– 273 des Buches.)

55 H. Arendt, »Lying in Politics: Reflections on the Pentagon Papers«,
in: *New York Review of Books*, 18. November 1971, https://www.
nybooks.com/articles/1971/11/18/lying-in-politics-reflections-on-the-
pentagon-pape/.

56 Die Geschichte und Praxis des Red-Teamings wird beschrieben in:
M. Zenko, *Red Team: How to Succeed by Thinking Like the Enemy*,

New York 2015. Und: B. G. Hoffman, *Red Teaming: How Your Business Can Conquer the Competition by Challenging Everything*, New York 2017. Die Geschichte des Red Teamings bei der Mission Osama bin Laden findet sich in: P. Bergen, *Die Jagd auf Osama bin Laden*, München 2012.

57 C. Ansberry, N. Subbaraman, J. R. Brinson, »Why Cloth Masks Might Not Be Enough as Omicron Spreads«, in: *Wall Street Journal*, 11. Januar 2022, https://www.wsj.com/articles/cloth-face-mask-omicron-11640984082. Die Grafik wurde erstellt von der ACGIH Pandemic Response Task Force (https://www.acgih.org/pandemic-taskforce), einer Organisation, die sich mit Themen der Arbeitsgesundheit beschäftigt. Die Gruppe, die die Richtlinien über »Effectiveness of Face Coverings for Preventing SARS-COV-2 Transmission« entwickelte, besteht aus »einer Gruppe von Freiwilligen, die Infoblätter und andere Ressourcen für Fachleute für Industriehygiene und andere Experten für Arbeitsschutz sowie deren Manager bereitstellt«. Anscheinend hat die Gruppe keinerlei Expertise in Epidemiologie und Infektiologie. Eines der Mitglieder hat einen Master-Abschluss in Industriehygiene, ein anderes ist Industriehygieniker von Beruf und hat einen Bachelorabschluss in Ökologie. Ein drittes Mitglied ist zertifizierter Hygieniker und arbeitet als Berater. Die Infografik über den »stundenlangen Schutz« haben Millionen Menschen gesehen.

58 Die »Schutzwirkung in Stunden« wurden wie folgt berechnet: Wenn zwei Menschen eine non-fit-tested N95-Maske tragen, dann geht man davon aus, dass die Filterrate für jede Maske bei 90 Prozent liegt. 10 Prozent der viralen Partikel gelangen also hindurch. Wenn wir 0,1 mal 0,1 nehmen (für beide Masken), kommen wir auf 0,01. Aus unerfindlichen Gründen wird von dieser Zahl der Kehrwert genommen, was 100 ergibt. Dann wird mit 15 multipliziert und durch 60 (Minuten pro Stunde) dividiert. Resultat: 25 Stunden. Die Berechnung beruht einzig auf einer willkürlich gewählten Grundlage von 15 Minuten und der bekannten Filterrate der Maske.

59 »Scientific Brief: SARS-CoV-2 Transmission«, von: Centers for Disease Control and Prevention, 7. Mai 2021, https://www.cdc.gov/coronavirus/2019-ncov/science/science-briefs/sars-cov-2-transmission.html.

60 Mehr über irreführende Kommunikation wissenschaftlicher Resultate finden Sie in: C. T. Bergstrom, J. D. West, *Calling Bullshit: The Art of Skepticism in a Data-Driven World*, New York 2020.

61 Siehe: D. Kahan, E. Peters, E. Dawson, P. Slovic, »Motivated Numeracy and Enlightened Self-Government«, in: *Behavioural Public*

Policy 1 (2017), S. 54–86, https://www.researchgate.net/publicati-on/317262018_Motivated_numeracy_and_enlightened_self-govern-ment. Kahan und Peters führten eine Replikation dieser Studie mit noch einmal 1600 Personen durch: D. Kahan, E. Peters, »Rumors of the ›Nonreplication‹ of the ›Motivated Numeracy Effect‹ Are Great-ly Exaggerated«, *Yale Law & Economics Research Paper No. 584*, 26. August 2017, http://dx.doi.org/10.2139/ssrn.3026941. Mehr da-rüber, wie Menschen diese »Kontingenztafeln« lesen, finden Sie in: W. C. Ward, H. M. Jenkins, »The Display of Information and the Jud-gment of Contingency«, in: *Canadian Journal of Psychology* 19 (1965), S. 231–241, https://doi.org/10.1037/h0082908. Und in: R. E. Nisbett, L. Ross, *Human Inference: Strategies and Shortcomings of Social Judg-ment*, Englewood Cliffs 1980.

62   Beim Konzept des »motivated reasoning« geht es darum, dass wir nur dann auf Argumente zurückgreifen, wenn wir dafür einen Grund ha-ben – meist um eine unserer vorgefassten Überzeugungen zu verteidi-gen. Dabei bemühen wir uns nicht herauszufinden, was sich aus den vorliegenden Daten tatsächlich folgern lässt. Siehe dazu: Z. Kunda, »The Case for Motivated Reasoning«, in: *Psychological Bulletin* 108 (1990), S. 480–498, https://doi.org/10.1037/0033-2909.108.3.480. Manche Wissenschaftler haben diese Idee noch pointierter formuliert. Sie sagen, dass wir unsere argumentativen Fähigkeiten nur einset-zen, um Auseinandersetzungen zu gewinnen und andere von unserer Meinung zu überzeugen. Die kognitive Fähigkeit zur Logik dient also einem sozialen Zweck. Siehe: H. Mercier, D. Sperber, *The Enigma of Reason*, Cambridge 2017.

63   J. H. Anderson, »Let's Shed the Masks and Mandates – Omicron Stats Show We Can Stop Living in Fear«, in: *New York Post*, 9. Ja-nuar 2022, https://nypost.com/2022/01/09/omicron-stats-show-we-dont-need-mask-mandates-or-vaccine-requirements/. Die Daten in der New-York-Post-Geschichte stammen von: J. H. Anderson, »Do Masks Work? A Review of the Evidence«, in: *City Journal*, 11. August 2021, https://www.city-journal.org/do-masks-work-a-review-of-the-eviden-ce. Die randomisierte Studie über das Maskentragen in Bangladesch: J. Abaluck et al., »Impact of Community Masking on COVID-19: A Cluster-Randomized Trial in Bangladesh«, in: *Science* 375 (2021), S. eabi9069, https://www.science.org/doi/10.1126/science.abi9069.

64   A. Gampa, S. P. Wojcik, M. Motyl, B. A. Nosek, P. H. Ditto, »(Ideo)Lo-gical Reasoning: Ideology Impairs Sound Reasoning«, in: *Social Psy-chological and Personality Science* 10 (2019), S. 1075–1083, https://

doi.org/10.1177/1948550619829059. Die beiden anderen in diesem Aufsatz verwendeten Versuche zeigen, dass das Muster sich wiederholt, wenn man die Sätze nicht formuliert wie Logikrätsel, sondern eher auf natürliche Sprache setzt. Der Beispiel-Syllogismus stammt aus Studie 1, das zugrunde liegende Material wurde auf Open Science Framework veröffentlicht: https://osf.io/a496s/.

65   Das Problem mit dem Excel-Spreadsheet wird hier näher erklärt: J. Cassidy, »The Reinhart and Rogoff Controversy: A Summing Up«, in: *New Yorker*, 26. April 2013, https://www.newyorker.com/news/john-cassidy/the-reinhart-and-rogoff-controversy-a-summing-up. Der Bestseller mit der falschen Analyse: K. Rogoff, C. Reinhart, *Dieses Mal ist alles anders*, München 2020. Der Excel-Fehler wurde, zusammen mit anderen erwartungsbasierten Fehlern in der Reinhart-Rogoff-Analyse, aufgedeckt von: T. Herndon, M. Ash, R. Pollin, »Does High Public Debt Consistently Stifle Economic Growth? A Critique of Reinhart and Rogoff«, in: *Cambridge Journal of Economics* 38 (2014), S. 257–279, https://doi.org/10.1093/cje/bet075. Reinhart und Rogoff gestanden den Excel-Fehler in einem Brief ein, bestritten jedoch weitere Kritik an ihrer Analyse der Daten: M. Gongloff, »Reinhart and Rogoff's Second Response to Critique of Their Research«, in: *Huffington Post*, 17. April 2013, https://www.huffpost.com/entry/reinhart-rogoff-research-response_b_3099185.

66   B. Mellers, R. Hertwig, D. Kahneman, »Do Frequency Representations Eliminate Conjunction Effects? An Exercise in Adversarial Collaboration«, in: *Psychological Science* 12 (2001), S. 269–275, https://doi.org/10.1111/1467-9280.00350.

67   »Driscoll Middle School Trick Play«, auf: YouTube, https://www.youtube.com/watch?v=0UIdI8khMkw. Chris wurde 2010 über das Spiel interviewt von Discovery News: »Driscoll Middle School Trick Play Explained«, auf: YouTube, https://www.youtube.com/watch?v=HAq4yTF7oXE. Diese Verletzungen der Norm sind keine Regelverletzungen, auch wenn manche Profi-Kommentatoren sie nicht besonders schätzen: F. Deford, »Middle School Trick Play Is No Laughing Matter«, *Sports Illustrated*, 17. November 2010, https://www.si.com/more-sports/2010/11/17/driscoll-middleschool. In diesem Fall geht ein Teil der Täuschung auf das Agieren des Trainerassistenten zurück, und die Profis fanden es unsportlich, das sein Trainer ein anderes Mittelschulteam so in die Irre führte.

68   Unser Video *Gorillas in Our Midst* von 1999 ist auf YouTube zu sehen: https://www.youtube.com/watch?v=vJG698U2Mvo. Und Dans Video

Monkey Business Illusion von 2010 ebenfalls: https://www.youtube.
com/watch?v=IGQmdoK_ZfY. Ein weiteres Video zeigt, wie Dan die
Monkey-Business-Illusion beim »Best Illusion of the Year«-Wettbe-
werb von 2010 vorführt (wobei er ein Gorillakostüm trägt): https://
www.youtube.com/watch?v=_oGAzq5wM_Q.

69 Canons Projekt wurde »Decoy« genannt und gehörte zu einer umfas-
senderen Serie mit dem Namen: *The Lab:* https://www.youtube.com/
watch?v=F-TyPfYMDK8.

70 Wie sich herausstellte, beherrschte Montalban das Prinzip auch im
wirklichen Leben. In den 1980ern drehte er mehrere Werbefilme für
Chrysler, in denen er neben anderen Luxusmerkmalen besonders das
»feine korinthische Leder« der Autositze lobte. Doch es gibt gar kein
»korinthisches Leder«. Siehe dazu: »Corinthian Leather« auf Wikipedia, https://en.wikipedia.org/wiki/Corinthian_leather.

71 D. A. Stapel, S. Lindenberg, »Coping with Chaos: How Disorde-
red Contexts Promote Stereotyping and Discrimination«, in: *Science*
332 (2011), S. 251–253, https://www.science.org/doi/10.1126/sci-
ence.1201068. Die Meldung der Zurücknahme: https://www.science.
org/doi/10.1126/science.334.6060.1202-a. Über »verkörperte Meta-
phern«: A. K. Leung et al., »Embodied Metaphors and Creative ›Acts‹«,
in: *Psychological Science* 23 (2012), S. 502–509, https://journals.sag-
epub.com/doi/abs/10.1177/0956797611429801. Und: L. E. Williams,
J. A. Bargh, »Experiencing Physical Warmth Promotes Interpersonal
Warmth«, in: *Science* 322 (2008), S. 606–607, https://psycnet.apa.org/
record/2008-16045-002. Sowie: A. Dijksterhuis, A. Van Knippenberg,
»The Relation between Perception and Behavior, or How to Win a Game
of Trivial Pursuit«, in: *Journal of Personality and Social Psychology*
74 (1998), S. 865–877, https://doi.org/10.1037/0022-3514.74.4.865.
Und: S. W. Lee, N. Schwarz, »Bidirectionality, Mediation, and Modera-
tion of Metaphorical Effects: The Embodiment of Social Suspicion and
Fishy Smells«, in: *Journal of Personality and Social Psychology* 103
(2012), S. 737–749, https://doi.org/10.1037/a0029708.

72 Stapel erhielt von der Society of Experimental Social Psychology den
Career Trajectory Award, der ihm jedoch nach Aufdeckung seiner Betrügereien wieder aberkannt wurde: »Career Trajectory Award Reci-
pients«, Society of Experimental Social Psychology, https://www.sesp.
org/content.asp?admin=Y&contentid=146. Siehe auch den endgültigen Untersuchungsbericht: Levelt Committee, Noort Committee und
Drenth Committee, »Flawed Science: The Fraudulent Research Practices of Social Psychologist Diederik Stapel« vom 28. November 2012,

https://www.rug.nl/about-ug/latest-news/news/archief2012/nieuws
berichten/stapel-eindrapport-eng.pdf. Einen Überblick über den ganzen Fall finden Sie in: Y. Bhattacharjee, »The Mind of a Con Man«,
in: *New York Times Magazine*, 26. April 2013, https://www.nytimes.
com/2013/04/28/magazine/diederik-stapels-audacious-academic-
fraud.html. Der Psychologe Yoel Inbar beschreibt seine Erfahrungen
mit dem Stapel-Fall aus erster Hand in: »The Replication Crisis Gets
Personal«, Podcast *Two Psychologists, Four Beers*, https://www.four-
beers.com/4. Stapels Autobiografie *Faking Science: A True Story of
Academic Fraud* erschien auf Holländisch im Jahr 2012 und wurde
2016 von Nicholas J. L. Brown ins Englische übersetzt: http://nick.
brown.free.fr/stapel/FakingScience-20161115.pdf.

73 Die Wansink-Studie: B. Wansink, D. R. Just, C. R. Payne, »Can Bran-
ding Improve School Lunches?«, in: *Archives of Pediatric and Ado-
lescent Medicine* 166 (2012), S. 967–968, https://doi.org/10.1001/
archpediatrics.2012.999. Die Meldung über die Zurücknahme: *JAMA
Pediatrics* 171 (2017), S. 1230, https://jamanetwork.com/journals/
jamapediatrics/fullarticle/2654849. Die Zurücknahme der LaCour-
Studie: M. McNutt, »Editorial Retraction«, in: *Science* 348 (2015),
S. 1100, https://www.science.org/doi/10.1126/science.aac6638. Die
Zurücknahme der Hauser-Studie: M. D. Hauser, D. Weiss, G. Marcus,
»RETRACTED: Rule Learning by Cotton-Top Tamarins«, *Cognition*
117 (2010), S. 106, https://doi.org/10.1016/j.cognition.2010.08.013.
Siehe auch: »Findings of Research Misconduct«, von: Office of Research Integrity, US Department of Health and Human Services,
10. September 2012, https://grants.nih.gov/grants/guide/notice-files/
not-od-12-149.html.

74 Der Untersuchungsbericht der Universität Harvard und des NIH: »Findings of Scientific Misconduct«, 13. Dezember 2001, »Dr. Ruggiero
engaged in scientific misconduct by fabricating data«, https://grants.
nih.gov/grants/guide/notice-files/not-od-02-020.html. Beispiele für
zurückgezogene Artikel von Ruggiero: K. M. Ruggiero, J. P. Mitchell,
N. Krieger, D. Marx, M. L. Lorenzo, »RETRACTED: Now You See
It, Now You Don't: Explicit Versus Implicit Measures of the Perso-
nal/Group Discrimination Discrepancy«, in: *Psychological Science* 11
(2000), S. 511–514, https://doi.org/10.1111/1467-9280.00298. K. M.
Ruggiero, D. M. Marx, »RETRACTED: Less Pain and More to Gain:
Why High-Status Group Members Blame Their Failure on Discrimi-
nation«, in: *Journal of Personality and Social Psychology* 77 (1999),
S. 774–784, https://doi.org/10.1037/0022-3514.77.4.774.

75   In einem vollkommen anderen Bereich entdeckte die Basketballlegende Kobe Bryant dasselbe Muster, als er 2012 die »Linsanity« beschrieb, den plötzlichen und unerwarteten Aufstieg zu Starruhm des jungen Spielers Jeremy Lin in seiner zweiten Spielzeit in der NBA: »Das heißt nur, dass wir ihn zu wenig beachtet haben. Daher glauben wir, seine Leistungen kämen sozusagen aus dem Nichts. Aber wenn man zurückschaut, dann erkennt man vermutlich, dass seine Fähigkeiten schon vorher da waren. Sie wurden nur nicht bemerkt.« In Lins Fall geht dies unter Umständen darauf zurück, dass er ein asiatischstämmiger Amerikaner ist und Graduierter einer der Elite-Unis der Ivy League, was für einen NBA-Spieler nicht üblich ist. Lins Leistungen während der »Linsanity«-Zeit 2012 werden beschrieben in: K. Peters, »Jeremy Lin Proving That He's the Real NBA Deal«, in: *Palo Alto Online*, 16. Februar 2012, https://www.paloaltoonline.com/news/2012/02/16/jeremy-lin-proving-that-hes-the-real-nba-deal.

76   Siehe: Retraction Watch Leaderboard, https://retractionwatch.com/the-retraction-watch-leaderboard/.

77   L. L. Shu, N. Mazar, F. Gino, D. Ariely, M. H. Bazerman, »Signing at the Beginning Makes Ethics Salient and Decreases Dishonest Self-Reports in Comparison to Signing at the End«, in: *Proceedings of the National Academy of Sciences* 109 (2012), S. 15197–15200, https://doi.org/10.1073/pnas.1209746109. Zurückgenommen am: 13. September 2021, https://doi.org/10.1073/pnas.2115397118.

78   Erklärung wahrheitsgemäßer Angaben: US Form 1040, Formular für die Einkommensteuererklärung 2019. Die Kilometerstandsstudie war klug angelegt, weil die Versicherung nicht Tausende von Autos prüfen musste, um die wahren Zahlen zu prüfen. Man kann davon ausgehen, dass der ethische »Stups«, der darin bestand, die Ehrlichkeitserklärung vor der Zahlenangabe zu platzieren, tatsächlich zu mehr Ehrlichkeit führte.

79   Simmons und seine Kollegen berichteten über die manipulierten Daten in: »Evidence of Fraud in an Influential Field Experiment about Dishonesty« auf ihrem Blog *Data Colada*, 17. August 2021, https://datacolada.org/98. Die Überprüfung der ursprünglichen Daten wurde durchgeführt, weil einige der Erstautoren ihre eigenen Resultate nicht replizieren konnten: A. S. Kristal, A. V. Whillans, M. H. Bazerman, D. Ariely, »Signing at the Beginning versus at the End Does Not Decrease Dishonesty«, in: *Proceedings of the National Academy of Sciences* 117 (2020), S. 7103–7107, https://doi.org/10.1073/pnas.1911695117. Wir beide kennen Dan Ariely persönlich. Chris hat mit Ariely Anfang

der Nullerjahre bei verschiedenen Forschungsprojekten zusammen-
gearbeitet. Ariely schrieb auch einige anerkennende Worte über unser
letztes Buch. Und er stellte uns unserem Literaturagenten vor. Dan hat
mit Ariely mehrfach korrespondiert, bei verschiedenen Studien und
Replikationsversuchen. Wir waren stets beeindruckt von seiner Fähigkeit, die Verhaltenswissenschaft auf den Alltag anzuwenden. Es war
reiner Zufall, dass Dan in anderen Fällen eine gewisse Rolle spielte,
bei denen Forscher ältere Studien von Ariely unter die Lupe nahmen
und ihre Replizierbarkeit bzw. ihre methodischen Details infrage stellten. So war Dan für die Veröffentlichung eines Berichts verantwortlich,
in dem es um die Replikation einer von Arielys bekanntesten Studien
ging: Diese zeigte, dass es zu weniger Betrug führte, wenn man die
Menschen vor ihren kritischen Angaben bittet, die zehn Gebote zu nennen. Als mehrere Forschungseinrichtungen versuchten, diese Resultate mit einem sorgsam überwachten Modus und einer hohen Zahl an
Probanden nachzuvollziehen, konnten sie das Ergebnis nicht wiederholen. Mehr dazu in: S. M. Lee, »A Famous Honesty Researcher Is
Retracting a Study over Fake Data«, in: *BuzzFeed News*, 20. August
2021, https://www.buzzfeednews.com/article/stephaniemlee/dan-arie-
ly-honesty-study-retraction. In seiner Antwort auf die Geschichte vom
Kilometerstandsbetrug erklärte Ariely, er habe die fraglichen Daten direkt von der Versicherung erhalten. Des Weiteren meinte er, er werde
»neue Methoden finden, um sicherzustellen, dass die Datensammlung
und -analyse den höchsten Anforderungen genüge«. Dazu sollte man
vielleicht noch sagen, dass Ehrlichkeits-Nudges im wirklichen Leben
schwer zu überprüfen sind. Einer Forschergruppe aber gelang es jüngst
zu testen, ob die Unterschrift vor der fraglichen Angabe ehrliche Antworten von Versicherungskunden in einem nordischen Land fördern
würde. Anders als in der manipulierten Kilometerstandsstudie fanden
diese Wissenschaftler keinen Hinweis darauf, dass dies der Fall ist: J.
B. Martuza, S. R. Skard, L. Løvlie, H. Thorbjørnsen, »Do Honesty-
Nudges Really Work? A Large-Scale Field Experiment in an Insurance
Context«, in: *Journal of Consumer Behaviour* 21 (2022), S. 927–951,
https://doi.org/10.1002/cb.2049.

80 »An Exact Fishy Test«: https://macartan.shinyapps.io/fish/.

81 Das erinnert stark an die berühmte Liste, die die vielen Ähnlichkei-
ten zwischen den Präsidenten Lincoln und Kennedy angibt: Wenn
Sie sich genügend Spielraum lassen, finden Sie spannende Muster.
Wikipedia fasst das Ganze wunderbar zusammen: »Lincoln–Kenne-

dy Coincidences Urban Legend«, https://en.wikipedia.org/wiki/Lincoln%E2%80%93Kennedy_coincidences_urban_legend.

82   Kartennennung: J. A. Olson, A. A. Amlani, R. A. Rensink, »Perceptual and Cognitive Characteristics of Common Playing Cards«, in: *Perception* 41 (2012), S. 268–286, https://doi.org/10.1068/p7175. Münzwurf: Wenn Sie eine Münze fünf Mal werfen, erhalten Sie in 6 Prozent aller Fälle fünf Mal nacheinander Kopf oder Zahl, aber die meisten Menschen werfen meist einfach keine langen Sequenzen.

83   J. Golbeck, »Benford's Law Applies to Online Social Networks«, in: *PLoS ONE* 10 (2015), e0135169, https://doi.org/10.1371/journal.pone.0135169.

84   J. Golbeck, »Benford's Law Can Detect Malicious Social Bots«, in: *First Monday* 24 (2019), https://doi.org/10.5210/fm.v24i8.10163. Beachten Sie: Ein Bot-Netzwerk so zu konstruieren, dass die Follower dieser Accounts dem Benford'schen Gesetz gehorchen, ist nicht so schwierig. Aber sicherzustellen, dass die Accounts, denen die Bots folgen, ebenso Follower haben, die eine Benford'sche Verteilung zeigen, ist wirklich kompliziert.

85   Diskussion von RadioLab über die fehlerhafte Anwendung des Benford'schen Gesetzes auf die US-Präsidentschaftswahl von 2020: Latif Nasser, »Breaking Benford«, 13. November 2020, https://radiolab.org/episodes/breaking-benford.

86   M. J. Nigrini, *Benford's Law: Applications for Forensic Accounting, Auditing, and Fraud Detection*, Hoboken 2012.

87   Zitat von: J. Levitt, *Contemplating Comedy* (Conrad Press, 2020). Sich nicht von den eigenen Erwartungen täuschen zu lassen, ist entscheidend für die Kunst der Vorhersage künftiger Ereignisse. Siehe: P. E. Tetlock, D. Gardner, *Superforecasting: The Art and Science of Prediction*, New York 2015.

Kapitel 3

88   Über die ursprünglichen Ausstellungen in London und New York von Shovlins Lustfaust-Schöpfung: A. Jones, »It's Only Mock'n' Roll but We Like It«, in: *Independent*, 1. Mai 2006, https://www.independent.co.uk/arts-entertainment/music/features/it-s-only-mock-n-roll-but-we-like-it-6102224.html. Und: »Art in Review; Lustfaust – A Folk Anthology, 1976–1981«, in: *New York Times*, 21. Juli 2006, https://www.nytimes.com/2006/07/21/arts/art-in-review-lustfaust-a-folk-anthology-19761981.html. Shovlin erzählte uns in einem kurzen E-Mail-Interview von den Leuten, die sich erinnerten, Lustfaust in den 1970ern

gehört zu haben. Nach den Ausstellungen von 2006 ließ Shovlin die Band »wiederaufleben« und überzeugte vermutlich noch mehr Menschen davon, dass sie real existierte, lange bevor er sie erfunden hatte.

89 Fiona Broomes ursprüngliche Website zum Mandela-Effekt: https:// mandelaeffect.com/ bzw. hier: https://archive.ph/wQ4Ms.

90 Eine gute Erklärung der Gedächtnismechanismen hinter dem Mandela-Effekt findet sich hier: M. Triffin, »Your Whole Life Is a Lie: It's Berenst Ain Bears, Not BerenstEin Bears«, in: *Yahoo Health*, 13. August 2015, https://www.yahoo.com/lifestyle/your-whole-life-is-a-lie-its-berenstain-bears-126604020432.html. Das Magazin *Good Housekeeping* bringt 50 Beispiele für den »Effekt«: »50 Mandela Effect Examples That Will Make You Question Everything«, 25. Mai 2022, https://www.goodhousekeeping.com/life/entertainment/g28438966/mandela-effect-examples/. Es gibt auch einen Science-Fiction-Film von 2019 mit dem Titel *The Mandela Effect* (Regie: David Guy Levy), dessen Geschichte auf diesem Effekt beruht. Zwei im Selbstverlag erschienene Bücher, die den Effekt als Anzeichen universaler Störungen werten (und nicht als Hinweis auf Erinnerungsverzerrungen): S. Eriksen, *The Mandela Effect: Everything Is Changing*, CreateSpace 2017. Und. T. S. Caladan, *Mandela Effect: Analysis of a Worldwide Phenomenon*, CreateSpace 2019. Eine jüngere Studie zu dem Phänomen: D. Prasad, W. A. Bainbridge, »The Visual Mandela Effect as Evidence for Shared and Specific False Memories Across People«, in: *Psychological Science* (2022), https://journals.sagepub.com/doi/10.1177/09567976221108944.

91 Belege für fehlerhafte Ideen über das Gedächtnis finden Sie hier: D. J. Simons, C. F. Chabris, »Common (Mis)Beliefs About Memory: A Replication and Comparison of Telephone and Mechanical Turk Survey Methods«, in: *PLoS One* 7 (2012), S. e51876, https://doi.org/10.1371/journal.pone.0051876. Umgekehrt führte eine falsche Auffassung vom Gedächtnis (nämlich, dass man etwas nicht getan hat, wenn man sich nicht daran erinnert) zu der Vorstellung, da könnte etwas nicht mit rechten Dingen zugehen. So, als manche Menschen 2020 aus China Pflanzensamen erhielten. Die Leute waren so überrascht, plötzlich Samen im Briefkasten zu haben, dass sie die unterschiedlichsten Erklärungen dafür fanden, von biologischer Kriegsführung bis zu einem Betrug von Amazon.com. Die einfachste Erklärung allerdings wäre, dass sie 1) Samen im Internet bestellt haben, aber 2) nicht gemerkt haben, dass der Lieferant in China sitzt, und 3) die Samen schon wieder vergessen hatten, als sie schließlich ankamen – mit einiger pandemiebedingter Verspätung. Siehe dazu: C. Heath, »The Truth Behind the Amazon My-

stery Seeds«, in: *Atlantic*, 15. Juli 2021, https://www.theatlantic.com/science/archive/2021/07/unsolicited-seeds-china-brushing/619417/.

92   Zur Behauptung, dass es das Mittelalter nie gegeben habe: J. Elledge, »Did the Early Medieval Era Ever Really Take Place?«, auf: *The Newsletter of Not Quite Everything*, vom 4. Juli 2022, https://jonn.substack.com/p/did-the-early-medieval-era-ever-really. Zur Behauptung, dass Wyoming nicht existiert: J. Goodrick, »Growing Online Theory Says Wyoming Doesn't Exist«, auf: AP News, 22. November 2020, https://apnews.com/article/wyoming-coronavirus-pandemic-gillette-d7d2bbf5e2040b4e1e5498c8131bc376. Selbst manche Wissenschaftler argumentieren, dass die Wahrheit über die Welt aufgrund einer unerklärlichen Wirkung mit der Zeit verblasst: J. Lehrer, »The Truth Wears Off«, in: *New Yorker*, 5. Dezember 2010, https://www.newyorker.com/magazine/2010/12/13/the-truth-wears-off. Die Gegenposition finden Sie hier: J. Lehrer, C. F. Chabris, »Jonah Lehrer Interviews Christopher Chabris«, in: *Creativity Post*, 1. August 2012, https://www.creativitypost.com/article/jonah_lehrer_interviews_christopher_chabris.

93   Mehr dazu in diesem YouTube-Video: https://www.youtube.com/watch?v=dQw4w9WgXcQ.

94   Anonymer Kommentar vom 24. Oktober zu diesem Post: S. Alexander, »Kolmogorov Complexity and the Parable of Lightning«, in: *Slate Star Codex*, 23. Oktober 2017, https://slatestarcodex.com/2017/10/23/kolmogorov-complicity-and-the-parable-of-lightning/.

95   M. Heffernan, *Willful Blindness: Why We Ignore the Obvious at Our Peril*, New York 2011.

96   R. Revsbech et al., »Exploring Rationality in Schizophrenia«, in: *BJPsych Open* 1 (2015), S. 98–103, https://pubmed.ncbi.nlm.nih.gov/27703730/. Und: D. Mirian, R. W. Heinrichs, S. M. Vaz, »Exploring Logical Reasoning Abilities in Schizophrenia Patients«, in: *Schizophrenia Research* 127 (2011), S. 178–180, https://doi.org/10.1016/j.schres.2011.01.007.

97   N. Merchant, »US Intel Predicted Russia's Invasion Plans. Did It Matter?«, in: AP News, 24. Februar 2022, https://apnews.com/article/russia-ukraine-vladimir-putin-business-europe-8acc2106b95554429e93d-fee5e253743. Und: »2 in 5 Russians Believe War with Ukraine Likely – Poll«, in: *Moscow Times*, 14. Dezember 2021, https://www.themoscowtimes.com/2021/12/14/2-in-5-russians-believe-war-with-ukraine-likely-poll-a75816. Sowie: M. Mirovalev, »Why Most Ukrainians Don't Believe Biden's Warnings, Distrust West«, in: *Al Jazeera*, 21. Februar 2022, https://www.aljazeera.com/news/2022/2/21/why-

ukrainians-dont-believe-in-war-with-russia-distrust-west. V. Hopkins, N. MacFarquhar, S. Erlanger, M. Levenson, »100 Days of War: Death, Destruction, and Loss«, in: *New York Times*, 3. Juni 2022, https://www.nytimes.com/2022/06/03/world/europe/russia-ukraine-war-100-days.html.

98 Chris untersuchte mithilfe von 27 Fragen, welche Diskontraten Menschen für zukünftige Geldbeträge akzeptieren. Dabei wurden die Probanden nach dem Zufallsprinzip einer von zwei Gruppen zugeteilt, denen man tatsächlich gab, wofür sie sich entschieden hatten, sodass ein Anreiz bestand, die Frage, ob sie lieber weniger Geld gleich oder mehr in der Zukunft haben würden, ehrlich zu beantworten. Diese Studien finden Sie hier: C. F. Chabris, D. I. Laibson, C. L. Morris, J. P. Schuldt, D. Taubinsky, »The Allocation of Time in Decision-Making«, in: *Journal of the European Economic Association* 7 (2009), S. 628–637, https://doi.org/10.1162/JEEA.2009.7.2-3.628. Und: C. F. Chabris, D. I. Laibson, C. L. Morris, J. P. Schuldt, D. Taubinsky, »Individual Laboratory-Measured Discount Rates Predict Field Behavior«, in: *Journal of Risk and Uncertainty* 37 (2008), S. 237–269, https://doi.org/10.1007/s11166-008-9053-x. Diskontraten sind ein sinnvolles Maß, wenn die Menschen glauben, dass das Geld auf ihrem Bankkonto aufscheint, ohne dass sie etwas dafür tun müssen. Die angewandten Diskontraten einzuschätzen, kann sehr viel schwieriger sein, als unser Beispiel zeigt.

99 N. Augenblick, J. M. Cunha, E. D. Bó, J. M. Rao, »The Economics of Faith: Using an Apocalyptic Prophecy to Elicit Religious Belief in the Field«, in: *Journal of Public Economics* 141 (2016), S. 38–49, https://doi.org/10.1016/j.jpubeco.2016.07.004. Augenblick et al. testeten 52 Probanden (23, die an die Prophezeiung glaubten, und 29 einer Gruppierung, die das nicht taten). Normalerweise wäre die Stichprobe zu klein, um daraus belastbare Schlüsse zu ziehen, doch in diesem Fall war der Unterschied zwischen den beiden Gruppen enorm: 22 der 23 Gläubigen lehnten die 500 Dollar ab, die nach der Entrückung ausbezahlt werden sollten. Und 29 von 29 der Gläubigen der anderen Gruppierung entschieden sich für die spätere Zahlung.

100 Pew Research Center, »Jesus Christ's Return to Earth«, 14. Juli 2010, https://www.pewresearch.org/fact-tank/2010/07/14/jesus-christs-return-to-earth/ Cohen-Zitat: D. Cohen, *Waiting for the Apocalypse*, New York 1983, S. 72.

101 P. Johansson, L. Hall, S. Sikström, A. Olsson, »Failure to Detect Mismatches between Intention and Outcome in a Simple Decision

Task«, in: *Science* 310 (2005), S. 116–119, https://doi.org/10.1126/
science.1111709. Die gleiche Wahlblindheit stellt sich bei geschmack-
lichen Vorlieben ein: L. Hall, P. Johansson, B. Tärning, S. Sikström,
T. Deutgen, »Magic at the Marketplace: Choice Blindness for the Taste
of Jam and the Smell of Tea«, in: *Cognition* 117 (2010), S. 54–61,
https://doi.org/10.1016/j.cognition.2010.06.010. In einer anderen Studie über Wahlblindheit sollten Wähler in zwei schwedischen Städten
einschätzen, inwieweit sie mit den Positionen übereinstimmten, die die
wichtigsten politischen Parteien vor einer landesweiten Wahl vertraten. Danach bekamen sie ein Tablet mit der Zusammenfassung ihrer
Antworten. Nur waren diese so abgeändert, als würden sie eher die
gegnerische Auffassung vertreten. 92 Prozent der Befragten akzeptierten diese falsche Zusammenfassung als ihre eigene. Und fast die
Hälfte meinte in der Folge, dass sie sich bei dieser Wahl für die andere
Partei entscheiden würden. Siehe: L. Hall, T. Strandberg, P. Pärnamets,
A. Lind, B. Tärning, P. Johansson, »How the Polls Can Be Both Spot
on and Dead Wrong: Using Choice Blindness to Shift Political Attitu-
des and Voter Intentions«, in: *PLoS One* 8 (2013), S. e60554, https://
doi.org/10.1371/journal.pone.0060554. Wenn Sie nicht fassen können,
dass Wähler sich ihrer inhaltlichen Positionen so wenig sicher sind und
die der Parteien und Kandidaten kaum kennen, dann möchten wir
Ihnen nur sagen: Am Morgen nach der US-Präsidentschaftswahl von
2016 hörten wir beide zwei Arbeiter in einem Sandwich-Shop darüber
debattieren, welche Kandidaten angetreten waren, wer gewonnen hatte
und ob das für sie überhaupt von Belang war.

102 Das zeigt sich auch in Studien über Framing-Effekte bei der Entscheidungsfindung, z. B. bei: P. Slovic, »The Construction of Prefe-
rence«, in: *American Psychologist* 50 (1995), S. 364–371, https://doi.
org/10.1037/0003-066X.50.5.364.

103 E. Trouche, P. Johansson, L. Hall, H. Mercier, »The Selective Laziness
of Reasoning«, in: *Cognitive Science* 40 (2016), S. 2122–2136, https://
doi.org/10.1111/cogs.12303.

104 *The Magic of Consciousness Symposium*, veranstaltet von der Association for the Scientific Study of Consciousness 2007, siehe: https://
web.archive.org/web/20070519203333/http://assc2007.neuralcorre-
late.com/index.php?module=pagemaster&PAGE_user_op=view_pa-
ge&PAGE_id=7.

105 Manche Gauner nutzen diese Tendenz, dass man bei früheren Schlussfolgerungen bleibt, statt sie neu zu überprüfen: Sie lassen Sie mehrmals
Gewinne machen, nur um Sie schließlich im großen Stil abzuzocken.

106 Frank Caseys Geschichte wird erzählt in: J. Campbell, *Madoff Talks: Uncovering the Untold Story behind the Most Notorious Ponzi Scheme in History*, New York 2021, S. 126 ff.

107 Das Gegenteil der »verzerrten Ansicht« ist die kanonische, die uns so viel sehen lässt, dass wir das Objekt mühelos von anderen unterscheiden können. Meist zeigt sie das Objekt in einem 45-Grad-Winkel von der Seite und von oben. Stellen Sie sich vor, Sie sehen ein Auto direkt von vorne und Sie vergleichen diese Ansicht mit einer von rechts oben seitlich. Letztere bietet Ihnen viel mehr Informationen als erstere. Anamorphe Bilder – die nur aus einem bestimmten Blickwinkel wie reale Szenen oder Objekte aussehen – nutzen die gleiche Verzerrung, nur umgekehrt. Wenn wir sie aus dem einen richtigen Blickwinkel sehen, haben wir eigentlich ein verzerrtes Bild vor uns. Wir merken auch gar nicht, wie verzerrt es aus jedem anderen Blickwinkel wäre.

108 J. Kirby, »What to Know About the ›Raw Water‹ Trend«, in: *Vox*, 4. Januar 2018, https://www.vox.com/science-and-health/2018/1/4/ 16846048/raw-water-trend-silicon-valley. Mehr zur Vorliebe für das Natürliche finden Sie bei: A. Levinovitz, *Natural: How Faith in Nature's Goodness Leads to Harmful Fads, Unjust Laws, and Flawed Science*, Boston 2020.

109 Über Paolo Macchiarinis Verurteilung: G. Vogel, »Disgraced Stem Cell Surgeon Convicted of Criminal Harm to Stem Cell Patient«, in: *Science* 376 (2022), S. 1370–1371, https://doi.org/10.1126/science.add6185. Mehr über den Fall finden Sie hier: E. Ward, C. Anderson, »A High-Flying Italian Surgeon's Fall from Grace«, in: *New York Times*, 17. Juni 2022, https://www.nytimes.com/2022/06/17/world/europe/macchiarini-windpipe-surgeon-deaths.html. A. Ciralsky, »The Celebrity Surgeon Who Used Love, Money, and the Pope to Scam an ABC News Producer«, in: *Vanity Fair*, 5. Januar 2016, https://www.vanityfair. com/news/2016/01/celebrity-surgeon-nbc-news-producer-scam. Bosse Lindquists Film über Macchiarini, *Fatal Experiments*, wurde 2016 im schwedischen Fernsehen und auf BBC ausgestrahlt.

110 Das Bullshit-Asymmetrie-Prinzip: Der Pionier und Ökonom Frédéric Bastiat formulierte eine frühe Version schon in seinem 1845 erschienenen Buch *Economic Sophisms*: »Wir müssen uns eingestehen, dass unsere Gegner uns gegenüber im Vorteil sind: Sie können mit wenigen Worten eine Halbwahrheit formulieren, wir aber müssen, wenn wir ihren lückenhaften Charakter belegen wollen, lange und trockene Diskussionen führen.« Und Jonathan Swift schrieb noch früher: »Unwahrheiten haben Flügel, die Wahrheit hinkt immer hinterher. Wenn

die Menschen sich von der Täuschung befreien, ist es zu spät. Der Witz ist vorbei, und das Märchen hat gewonnen«, siehe: Nachwort zum *Examiner,* in: *The Whig examiner* (hrsg. von J. Addison), United Kingdom: ohne Ortsangabe, 1710. Ursprüngliche Studie über die »schwer zu lesende Schrift«: A. L. Alter, D. M. Oppenheimer, N. Epley, N. Eyre, »Overcoming Intuition: Metacognitive Difficulty Activates Analytic Reasoning«, in: *Journal of Experimental Psychology: General* 136 (2007), S. 569–576, https://doi.org/10.1037/0096-3445.136.4.569. Diese Studie wurde wohlwollend zitiert in folgenden Büchern: Malcolm Gladwell, *David und Goliath.* Daniel Kahneman, *Schnelles Denken, Langsames Denken.* Und: A. L. Alter, *Drunk Tank Pink.* Der Versuch der Replikation: A. Meyer et al., »Disfluent Fonts Don't Help People Solve Math Problems«, in: *Journal of Experimental Psychology: General* 144 (2015), S. e16, https://doi.org/10.1037/xge0000049.

111   S. Benartzi, J. Lehrer, *The Smarter Screen: Surprising Ways to Influence and Improve Online Behavior,* New York 2015, S. 127. Die Zeit-zurück-Heuristik wurde in einem Blog-Post von Andrew Gelman vorgeschlagen: »The Time-Reversal Heuristic – a New Way to Think about a Published Finding That Is Followed Up by a Large, Preregistered Replication (in Context of Claims about Power Pose)«, in: *Statistical Modeling, Causal Inference, and Social Science,* 26. Januar 2016, https://statmodeling.stat.columbia.edu/2016/01/26/more-power-posing/.

112   L. Magrath, L. Weld, »Abusive Earnings Management and Early Warning Signs«, in: *CPA Journal,* August 2002, S. 50–54. Kenneth Lays Anklage zeigt, wie manipuliert wurde, um die Erwartungen zu übertreffen: https://www.justice.gov/archive/opa/pr/2004/July/04_crm_470.htm. Er wurde 2006 verurteilt: https://www.justice.gov/archive/opa/pr/2006/May/06_crm_328.html. Börsenaufsicht gegen Coca-Cola: https://www.sec.gov/litigation/admin/33-8569.pdf.

113   Thaddeus' Überprüfung des Columbia Rankings: M. Thaddeus, »An Investigation of the Facts Behind Columbia's U.S. News Ranking«, von: Department of Mathematics, Columbia University, Februar 2022, https://www.math.columbia.edu/~thaddeus/ranking/investigation.html. Reaktion vonseiten der Columbia-Universität: A. Hartocollis, »U.S. News Ranked Columbia No. 2, but a Math Professor Has His Doubts«, in: *New York Times,* 17. März 2022, https://www.nytimes.com/2022/03/17/us/columbia-university-rank.html. Thaddeus überprüfte auch das Ranking der Ingenieurstudiengänge: »The U.S. News Ranking of Columbia's Online Engineering Programs«, von: Department of Mathematics, Columbia University, April 2022, http://www.

math.columbia.edu/~thaddeus/ranking/engineering.html. *U.S. News* über die Änderungen im Ranking und andere falsch dargestellte Daten: R. Morse, »U.S. News Rankings Update: Find Out about the Schools That Misrepresented Data to U.S. News«, 7. Juli 2022, in: https:// www.usnews.com/education/articles/us-news-rankings-updates. Und: A. Hartocollis, »U.S. News Dropped Columbia's Ranking, but Its Own Methods Are Now Questioned«, in: *New York Times*, 12. September 2022, https://www.nytimes.com/2022/09/12/us/columbia-university-us-news-ranking.html. In einem ähnlichen Skandal wurde der Dekan der wirtschaftswissenschaftlichen Fakultät an der Temple University verurteilt, weil er fünf Jahre lang gemeinsam mit anderen Mitarbeitern Daten erfunden hatte, um seine Universität in den Rankings nach vorne zu bringen: A. Lukpat, »Former Temple U. Dean Found Guilty of Faking Data for National Rankings«, in: *New York Times*, 29. November 2021, https://www.nytimes.com/2021/11/29/us/temple-university-moshe-porat-fraud.html. Über den Effekt der optionalen Angaben bei der Zulassung zur Universität: H. Wainer, *Uneducated Guesses: Using Evidence to Uncover Misguided Education Policies*, Princeton 2011, Kapitel 1.

114 B. I. Koerner, »The Cheating Scandal That Ripped the Poker World Apart«, auf: *Wired*, 21. September 2020, https://www.wired.com/story/stones-poker-cheating-scandal/.

115 J. Maysh, »How an Ex-cop Rigged McDonald's Monopoly Game and Stole Millions«, auf: *Daily Beast*, 28. Juli 2018, https://www.thedailybeast.com/how-an-ex-cop-rigged-mcdonalds-monopoly-game-and-stole-millions.

116 Über das Fyre Festival: G. Bluestone, *Hype: How Scammers, Grifters, and Con Artists Are Taking Over the Internet – and Why We're Following*, Toronto 2021. Betrugsfälle von bereits verurteilten Betrügern im Bericht des Office of Justice Programs: »White Collar Crime and Criminal Careers«, 1993, https://www.ojp.gov/ncjrs/virtual-library/abstracts/white-collar-crime-and-criminal-careers. (Ein Link zum PDF des Berichts findet sich auf dieser Website.) Dasselbe Thema auf der Oversight-Website: Nathanael L'Heureux, »The Value of Identifying the Repeat Offender«, 22. März 2021, https://www.oversight.com/blog/the-value-of-identifying-the-repeat-offender. Ein weiteres Beispiel dafür, dass ein bereits verurteilter Straftäter ein neues Betrugsdelikt anzettelte, kaum dass er aus dem Gefängnis entlassen war: J. Bullmore, »Chateau La Thief«, in: *Air Mail*, 14. Mai 2022, https://airmail.news/issues/2022-5-14/chateau-lathief.

117 Die Website zur Basquiat-Ausstellung in Orlando: https://web.archive.
     org/web/20220609201252/https://omart.org/exhibitions/heroes_mons-
     ters_jean_michel_basquiat_the_venice_collection_thaddeaus_mum-
     ford_jr. Über die FBI-Ermittlung: B. Sokol, M. Stevens, »F.B.I. Raids
     Orlando Museum and Removes Basquiat Paintings«, 24. Juni 2022,
     https://www.nytimes.com/2022/06/24/arts/design/fbi-orlando-muse-
     um-basquiat.html. Brett Sokol, Journalist bei der *New York Times* ver-
     öffentlichte zwei längere Artikel über die Fragen rund um die Entde-
     ckung der Bilder: »In Orlando, 25 Mysterious Basquiats Come under
     the Magnifying Glass«, in: *New York Times*, 16. Februar 2022, https://
     www.nytimes.com/2022/02/16/arts/design/basquiat-painting-orlando-
     mumford-museum.html. Und: »F.B.I. Investigates Basquiat Paintings
     Shown at Orlando Museum of Art«, in: *New York Times*, 29. Mai
     2022,   https://www.nytimes.com/2022/05/29/arts/design/fbi-basquiat-
     paintings-orlando-museum.html.
118 J. Settembre, »Forget West Elm Caleb – We Were Duped by ›Psycho‹
     Dating Nightmare Long Island Kevin«, in: *New York Post*, 12. Juli
     2022, https://nypost.com/2022/07/12/singles-warn-long-island-kevin-
     is-worse-than-west-elm-caleb/.

Kapitel 4

119 J. Benjamin, H. Scott, *Winning the World Open: Strategies for Suc-
     cess at America's Most Prestigious Open Chess Tournament*, Alkmaar
     2021.
120 Die Affäre um »John von Neumann« wurde 1993 in mehreren Schach-
     zeitschriften geschildert. Siehe hierzu: J. Watson, »Yermolinsky Wins
     World Open … but von Neumann Steals the Show«, in: *Inside Chess* 6
     (1993), S. 3–10. Und: D. Vigorito, »1993 World Open«, in: *Chess Ho-
     rizons* (September – Oktober 1993, S. 23–24. Und: J. Benjamin, »Yer-
     minator on Top of the World … Open«, in: *Chess Chow* (Juli – August
     1993), S. 5–14. Sowie: M. Shibut, »Macon a Contribution to Chess
     Theory«, in: *Chess Chow* (September – Oktober 1993), S. 3–4. Wir
     haben die Informationen aus diesen Artikeln ergänzt durch Interviews
     mit mehreren Augenzeugen.
121 Chris hat zusammen mit anderen Veranstaltern eine Reihe von Tur-
     nieren zwischen Mensch und Computer organisiert. Sie waren Teil des
     Harvard Cup von 1989 bis 1995. 1992 erreichte das beste von den
     fünf Computerprogrammen im Turnier drei Punkte gegen fünf Groß-
     meister. Wenn von Neumann die Züge eines Computers korrekt emp-
     fangen und ausgeführt hätte, ohne erwischt zu werden, hätte er einen

der höchsten Preise i. H. v. mehreren Tausend Dollar gewinnen können. Diese Turniere werden in einer Reihe von Artikeln beschrieben:
C. F. Chabris, »The Harvard Cup Man-versus-Machine Chess Challenge«, in: *ICCA Journal* 16 (1993), S. 57–61, https://doi.org/10.3233/
ICG-1993-16113. Und: C. F. Chabris, D. Kopec, »The 4th Harvard
Cup Human-versus-Computer Chess Challenge«, in: *ICCA Journal* 16
(1993), S. 232–241, https://doi.org/10.3233/ICG-1993-16410.

122 Von Neumann kehrte am letzten Abend später noch einmal zurück und
bot an, gegen wen auch immer zu spielen, um zu beweisen, dass er kein
Betrüger ist. Macon Shibut, ein örtlicher Meister, der nach dem Turnier
noch anwesend war, wurde für ein schnelles Spiel ausgewählt. Doch
von Neumann versank nach nur drei Zügen in brütendes Nachdenken.
Die Zuschauer verschwanden allmählich, und als Shibut merkte, dass
das Ganze Stunden dauern konnte, stand er ebenfalls auf und ging.

123 Siehe: Guardian Sport, »Chess Grandmaster Admits to Cheating with
Phone on Toilet During Tournament«, in: *Guardian*, 13. Juli 2019,
https://www.theguardian.com/sport/2019/jul/13/igors-rausis-cheating-
phone-tournament-scandal. Das Foto von Rausis auf der Toilette mit
seinem Telefon: S. Dorn, »Chess Grandmaster Allegedly Caught Cheating on Toilet During Tournament«, in: *New York Post*, 13. Juli 2019,
https://nypost.com/2019/07/13/chess-grandmaster-allegedly-caught-
cheating-on-toilet-during-tournament/. Im September 2022 trat erstmals ein Weltmeister von einem Turnier zurück, weil er vermutete,
der Großmeister, gegen den er verloren hatte, hätte betrogen. Siehe:
A. Therrien, »Magnus Carlsen and Hans Niemann: The Cheating Row
That's Blowing Up the Chess World«, in: *BBC News*, 23. September
2022, https://www.bbc.com/news/world-63010107. Magnus Carlsen
gab später auf Twitter ein Statement ab: https://twitter.com/Magnu-
sCarlsen/status/1574482694406565888.

124 Interessanterweise nutzen Betrüger häufig die Toilette als Versteck
bei ihren Tricksereien. Rausis war keineswegs der Erste, der dies im
Schachspiel versuchte. (Tatsächlich ist das recht verbreitet, und obwohl dies bekannt ist, werden die Räume während der Turniere kaum
überwacht. Wir sind sicher, dass viele unserer Studenten während der
Prüfungen dort sogenannte »Spicker« versteckt haben. Eine Frage,
die wir uns stellen können, um solchen Schwindeleien auf die Spur zu
kommen, ist: »Wo würde ich am wenigsten nach belastenden Beweisen
suchen?« (Hätte Virgil Sollozzo sich diese Frage gestellt, bevor er sich
mit Michael Corleone zum Abendessen setzte, hätte es *Der Pate*, Teil II,
erst gar nicht gegeben. Da Badezimmer, Toiletten und Umkleideräume

eine gewisse Privatsphäre garantieren sollen, sind sie für Betrüger ein vergleichsweise sicherer Ort. Das Foto, das Rausis beim Betrügen zeigt, stellt vermutlich eine Verletzung der Privatsphäre dar. Allerdings wurde der Fotograf nicht belangt.

125 X. Gabaix, D. I. Laibson, »Shrouded Attributes, Consumer Myopia, and Information Suppression in Competitive Markets«, in: *Quarterly Journal of Economics*, 121 (2006), S. 505–540, https://doi.org/10.1162/qjec.2006.121.2.505. Die Produktionskosten für Drucker sind seit Mitte der 1980er stetig gefallen. Damals kosteten die ersten Laserdrucker noch zwischen 3000 und 7000 US-Dollar.

126 Kunden bezahlen mehr, wenn die Gebühren nicht offengelegt werden: M. Luca, »The Sinister Logic of Hidden Online Fees«, in: *Wall Street Journal*, 23. November 2022, https://www.wsj.com/articles/the-sinister-logic-of-hidden-online-fees-11669229205.

127 Beispiele für die Werbung für Pennyauktionen: DealDash: https://www.youtube.com/watch?v=DaKsZC0whYc. Und: Quibids: https://www.youtube.com/watch?v=TCowafeg_-U. Das Kleingedruckte bei DealDash enthält auch kaum überprüfbare Statistiken wie: »54 Prozent der Auktionsgewinner sparen 90 Prozent oder mehr im Vergleich zu Normalpreisen.«

128 N. Augenblick, »The Sunk-Cost Fallacy in Penny Auctions«, in: *Review of Economic Studies* 83 (2016), S. 58–86, http://faculty.haas.berkeley.edu/ned/penny_auction.pdf.

129 K. Mrkva, N. A. Posner, C. Reeck, E. J. Johnson, »Do Nudges Reduce Disparities? Choice Architecture Compensates for Low Consumer Knowledge«, in: *Journal of Marketing* 85 (2021), S. 67–84, https://doi.org/10.1177/0022242921993186.

130 Wenn Sie ein Haus kaufen wollen, zögern Sie meist nicht, einen um 10 000 Dollar höheren Preis zu bezahlen, um es zu bekommen, auch wenn 10 000 Dollar eine Summe ist, die Sie sich bei anderen Anschaffungen zwei Mal überlegen würden. Aber die 10 000 Dollar für das Haus sind genauso viel wert wie 10 000 Dollar, die Sie für etwas anderes ausgeben würden. Wenn Sie den Kauf auch noch finanzieren müssen, dann sind die tatsächlichen Kosten noch höher. Wenn wir von einem historisch gerechtfertigten Zinssatz von 5 Prozent ausgehen, haben Sie statt 10 000 Dollar nach 30 Jahren über 19 000 Dollar zurückbezahlt. Hätten Sie die 10 000 Dollar mit einer Rendite von 5 Prozent angelegt, dann besäßen Sie nach 30 Jahren 43 000 Dollar. Wenn Sie also die Opportunitätskosten miteinbeziehen, dann macht das am

Ende der Darlehenslaufzeit für Ihr Vermögen einen Unterschied von 60 000 Dollar.

131 J. Liu, »How a Prolific Art Forger Got a New York Gallery Show«, in: *Hyperallergic*, 11. April 2022, https://hyperallergic.com/723112/how-a-prolific-art-forger-got-a-new-york-gallery-show/.

132 Über den Fall Knoedler berichtete fast die ganze Presse, auch die *New York Times*. Einen guten Überblick gibt: M. H. Miller, »The Big Fake: Behind the Scenes of Knoedler Gallery's Downfall«, in: *ARTnews*, 25. April 2016, https://www.artnews.com/art-news/artists/the-big-fake-behind-the-scenes-of-knoedler-gallerys-downfall-6179/. Unsere Schilderung des Geschehens beruht hauptsächlich auf dem Podcast *Art Fraud* (iHeart Radio 2022) und den beiden Dokumentarfilmen über den Fall: *Made You Look: A True Story about Fake Art*, Regie: Barry Avrich (2020). Und: *Driven to Abstraction*, Regie: Daria Price (2019).

133 Rosales bekannte sich in neun Anklagepunkten für schuldig, https://www.justice.gov/usao-sdny/pr/art-dealer-pleads-guilty-manhattanfederal-court-80-million-fake-art-scammoney. Gegen ihre angeblichen Mitverschwörer wurde eine Anklage in zehn Punkten erhoben, https://www.justice.gov/usao-sdny/pr/three-defendants-charged-manhattanfederal-court-connection-33-million-art-fraud-scheme.

134 Eine ausführlichere Diskussion darüber, wie Fälscher ihre Arbeit im Voraus auf die Meinung von Experten abstellen, damit die Fälschungen überzeugend wirken, und über den Wert des »Bauchgefühls« bei Kunstfälschung, finden Sie in: D. J. Simons, C. F. Chabris, »The Trouble with Intuition«, in: *Chronicle of Higher Education*, 30. Mai 2010, https://www.chronicle.com/article/the-trouble-with-intuition.

135 Die Affäre Myatt/Drewe ist gut dokumentiert in: L. Salisbury, A. Sujo, *Provenance: How a Con Man and a Forger Rewrote the History of Modern Art*, New York 2009. Andere Quellen: »UK Art Fraudster Found Guilty«, in: *BBC News*, 12. Februar 1999, http://news.bbc.co.uk/1/hi/uk/278413.stm. »UK Art Fraudster Jailed«, in: *BBC News*, 15. Februar 1999, http://news.bbc.co.uk/2/hi/uk_news/279937.stm. Wie üblich ist dies nur ein Beispiel unter vielen. So verdächtigte die portugiesische Polizei 2010 ein norwegisches Ehepaar, neue Bilder bekannter Künstler herzustellen und nebenher auch noch die nötigen Dokumente zu fälschen. Siehe: D. Alberge, »An Eclectic Art Fraud in Portugal«, in: *Wall Street Journal*, 24. November 2010, https://www.wsj.com/articles/SB10001424052748704369304575632801638081746.

136 S. Cain, »›Milli Violini‹: I Was a Fake Violinist in a World-Class Miming Orchestra«, in: *Guardian*, 27. Mai 2020, https://www.theguar-

dian.com/books/2020/may/27/milli-violini-fake-violinist-miming-or-
chestra-jessica-chiccehitto-hindman-memoir-sounds-like-titanic. Und:
J. Hindman, *Sounds Like Titanic: A Memoir*, New York 2019.

137 K. Rothstein, »Scam Season Comes for the Orchestra«, auf: *Vulture*,
14. Februar 2019, https://www.vulture.com/2019/02/a-famous-com-
poser-faked-his-way-through-live-performances.html.

138 Ein Beispielvideo von der PBS-Tournee: »Tim Janis, BEAUTIFUL AME-
RICA FULL PBS Special«, https://www.youtube.com/watch?v=Nu_
KwMEl-Kw&t=1460s. Am Ende dieses Videos wird Hindman als eine
der Musikerinnen genannt.

139 R. Catlin, »The Long Musical Arm of Tim Janis«, in: *Hartford Cou-
rant*, 26. November 2001, https://www.courant.com/news/connecticut/
hc-xpm-2001-11-27-0111270707-story.html.

140 »A Fake Orchestra Performance in ›Sounds Like Titanic‹«, auf: NPR.
com, 9. Februar 2019, https://www.npr.org/2019/02/09/692955821/a-
fake-orchestra-performance-in-sounds-like-titanic.

141 Die offiziellen Social-Media-Posts zu einem Artikel, die Suchmaschi-
nenresultate und viele andere Kurz-Zusammenfassungen und Taglines
erreichen eine Anzahl von Menschen, die viel größer ist als jene derer,
die »das Ding ganz gelesen haben«. Und sie werden üblicherweise von
Spezialisten für Onlinewerbung verfasst, die nichts weiter gelesen haben als den Artikel in der Zeitung oder auf der Website.

142 Offizieller Bericht über den Smeesters-Fall: R. A. Zwaan, P. J. F. Groenen, A. J. van der Heijden, R. te Lindert, »Rapport onderzoekscommis-
sie Wetenschappelijke integriteit: Onderzoek naar mogelijke schending
van de wetenschappelijke integriteit« (dt. »Bericht des Untersuchungsausschusses zur wissenschaftlichen Integrität: Untersuchung möglicher
Verstöße«). A. J. van der Heijden, P. J. F. Groenen, R. Zeelenberg, R. te
Lindert, »Folgebericht des Untersuchungsausschusses zum Fall Smeesters«, 27. Januar 2014 (nach der engl. Übersetzung von Renee Zeelenberg, die sie an Dan schickte.) Smeesters wurde zu dem Fall interviewt:
»Smeesters' Side of the Story«, in: *Erasmus Magazine*, 11. September
2012, https://www.erasmusmagazine.nl/en/2012/09/11/smeesters-side-
of-the-story/.

143 J. Liu, D. Smeesters, D. Trampe, »Effects of Messiness on Preferences
for Simplicity«, in: *Journal of Consumer Research* 39 (2012), S. 199–
214, https://doi.org/10.1086/662139 (zurückgezogen).

144 Dass man das eigene Angebot bei Autos schon mal um ein Vielfaches
von 1000 erhöht, das bei T-Shirts aber nur um ein Vielfaches von 5, ist
nicht unbedingt rational. Auch wenn Ihr Angebot den Wert des Gegen-

standes widerspiegelt, ist doch jeder Dollar, den Sie sparen, gleich viel wert, ob der Preis nun bei 33 Dollar liegt oder bei 33 000 Dollar.

145 U. Simonsohn, »Just Post It: The Lesson from Two Cases of Fabricated Data Detected by Statistics Alone«, in: *Psychological Science* 24 (2013), S. 1875–1888, https://doi.org/10.1177/0956797613480366. Die ursprüngliche Studie wurde in den Niederlanden durchgeführt, was heißt, dass die Beträge nicht in Dollar angegeben waren, aber das Prinzip bleibt das Gleiche.

146 M. Enserink, »Rotterdam Marketing Psychologist Resigns After University Investigates His Data«, in: *Science*, 25. Juni 2012, https://www.science.org/content/article/rotterdam-marketing-psychologist-resigns-after-university-investigates-his-data.

147 Simonsohn-Interview: E. Yong, »The Data Detective«, in: *Nature* 487 (2012), S. 18–19, https://doi.org/10.1038/487018a.

148 G. Spier, *The Education of a Value Investor*, New York 2014. Die Geschichte um die Farmer-Mac-Investition findet sich auf den Seiten 53–57. Spier lernte allerdings seine Lektion. Als er später für den von ihm geleiteten Fonds in BYD Auto investieren wollte, eine chinesische Firma, die Autos und Batterien herstellt, nahm er sich ein Jahr Zeit für die Recherchen (siehe Seite 125 ff.).

149 »Short gehen« heißt, dass der Investor sich Anteile ausleiht und diese verkauft, damit er Gewinn macht, wenn er sie später, sobald er sie zurückgeben muss, für einen niedrigeren Preis erwerben kann.

150 Sie können sich diese Geschichte merken mit der hilfreichen Eselsbrücke »Sich eine Meinung erarbeiten«. Wie das geht, wird geschildert in einem Blog: »The Work Required to Have an Opinion«, *Farnam Street* (Blog), https://fs.blog/the-work-required-to-have-an-opinion/.

151 Der Dokumentarfilm *The China Hustle* von 2018 (Regie: Jed Rothstein) schildert diesen Fall und einige ähnliche. Der Bericht der Gruppe über Orient Paper ist online erhältlich: https://www.muddywatersresearch.com/research/orient-paper-inc/initiating-coverage-onp/.

152 M. Levine, »Caesars and the $450M ›And‹«, auf: *Bloomberg*, 13. Mai 2014, https://www.bloomberg.com/opinion/articles/2014-05-13/caesars-and-the-450-million-and. Levine erklärt darin genau, wie das Kleingedruckte bei den Unternehmensanleihen der Muttergesellschaft ermöglichte, sich durch den Verkauf eines kleinen Teils der Aktien der Tochterfirma von einem großen Teil von deren Schulden zu befreien. 2014 sorgte die Mutterfirma Caesars Entertainment Corporation dafür, dass eine der genannten drei Situationen eintrat. Sie verkaufte neue Aktien der Tochterfirma im Wert von 6 Millionen US-Dollar. Die Anleihen-

halter, die nun einen Wertverlust von 450 Millionen Dollar fürchten mussten, hatten allen Grund, das Kleingedruckte zu lesen. Auf Seite 106 stießen sie auf das Wörtchen »und«, was den Schluss nahelegte, dass alle drei Situationen auf einmal eintreten mussten, damit die Garantie sich in Nichts auflöste. Caesars aber behandelte dieses »und« als »alternatives Und«, was bedeutete: A oder B oder C wäre allein schon ausreichend. Der daraus resultierende Rechtsstreit wurde hinfällig, als Caesars im selben Jahr bankrott ging.

153 T. Rogers, M. I. Norton, »The Artful Dodger: Answering the Wrong Question the Right Way«, in: *Journal of Experimental Psychology: Applied* 17 (2011), S. 139–147, https://doi.org/10.1037/a0023439.

154 »Placebo-Information« – der Begriff stammt vom Titel eines berühmten sozialpsychologischen Experiments rund um einen Fotokopierer. Der Autor fragte Leute, die an einem Kopierer standen, ob er ein paar Kopien einschieben könne. Als Grund gab er eine »Placebo-Erklärung« an: Seine vage Erklärung »Ich muss schnell ein paar Kopien machen« erwies sich als ebenso überzeugend wie ein realer Grund: »Ich habe es eilig.« Ob dieses Resultat sich als tragfähig erweist und eine Placebo-Erklärung ebenso wirkungsvoll ist wie eine reale, ist unklar, aber es lohnt sich, das im Hinterkopf zu behalten. Siehe: E. Langer, A. Blank, B. Chanowitz, »The Mindlessness of Ostensibly Thoughtful Action: The Role of ›Placebic‹ Information in Interpersonal Interaction«, in: *Journal of Personality and Social Psychology* 36 (1978), S. 635–642, https://doi.org/10.1037/0022-3514.36.6.635. Ein schönes Beispiel für einen randomisierten klinischen Vesuch, bei dem eine placebisches »weil« keinen Effekt erzielte, ist: M. R. Heino, K. Knittle, A. Haukkala, T. Vasankari, N. Hankonen, »Simple and Rationale-Providing SMS Reminders to Promote Accelerometer Use: A Within-Trial Randomised Trial Comparing Persuasive Messages«, in: *BMC Public Health* 18 (2018), S. 1–16, https://doi.org/10.1186/s12889-018-6121-2. Der Ausdruck »nondenial denial« (eine Verneinung, die bei genauerem Hinsehen kein Dementi ist) wird Ben Bradlee, dem Herausgeber der *Washington Post,* zugeschrieben und soll ihren Ursprung in den Pressekontakten der Nixon-Administration während des Watergate-Skandals haben.

155 L. Gilbert, »Rothko Specialist and Son Testify They Never Authenticated Fake Painting in Knoedler Trial«, in: *Art Newspaper*, 2. Februar 2016, https://www.theartnewspaper.com/2016/02/02/rothko-specialist-and-son-testify-they-never-authenticated-fake-painting-in-knoedler-trial. C. Moynihan, »In Knoedler Art Fraud Trial, Expert Testimo-

ny on Fakes Weighs Heavily«, in: *New York Times*, 1. Februar 2016, https://www.nytimes.com/2016/02/02/arts/in-knoedler-art-fraud-trial-expert-testimony-on-fakes-weighs-heavily.html.

156 Siehe Kapitel 4 von A. Clancy, *Abducted: How People Come to Believe They Were Kidnapped by Aliens*, Cambridge 2005. Begegnungen mit Aliens (keine Entführungen) gab es angeblich schon Jahrhunderte vor 1962. Die Entführungen aber waren ein neues Phänomen, das speziell mit Film und Fernsehen zu tun hatte. Obwohl einige Menschen behaupteten, schon vor 1962 entführt worden zu sein, gibt es entsprechende Berichte erst ab diesem Zeitpunkt.

157 S. Zito, »Who Is Kathy Barnette?«, in: *Washington Examiner*, 11. Mai 2022, https://www.washingtonexaminer.com/opinion/who-is-kathy-barnette.

158 Mehr Beispiele finden Sie in: A. Gawande, *The Checklist Manifesto: How to Get Things Right*, New York 2009.

159 Siehe auch: W. Berger, *The Book of Beautiful Questions*, New York 2018.

160 Die Frage wurde auf Twitter vorgeschlagen von dem Psychologen Geoffrey Miller.

161 D. A. Redelmeier, E. Shafir, P. S. Aujla, »The Beguiling Pursuit of More Information«, in: *Medical Decision Making* 21 (2001), S. 376–381, https://doi.org/10.1177/0272989X0102100504. Der »Blutdruck-Test« wurde entnommen aus: C. F. Chabris, D. J. Simons, »Four Ways That Information Can Lead Us Astray«, in: *American Express*, 18. Mai 2010, https://www.americanexpress.com/en-us/business/trends-and-insights/articles/four-ways-that-information-can-lead-us-astray-christopher-chabris-and-daniel-simons/.

Kapitel 5

162 *United States of America v. Satish Kurjibhai Kumbhani, aka » Vindee« aka » VND« aka »vndbcc«, Defendant:* Klageschrift vom 25. Februar 2022, US District Court: Southern District of California, https://storage.courtlistener.com/recap/gov.uscourts.casd.727918/gov.uscourts.casd.727918.1.0_1.pdf. Pressemeldung: https://www.justice.gov/opa/pr/bitconnect-founder-indicted-global-24-billion-cryptocurrency-scheme. Glenn Arcano bekannte sich schuldig der Beteiligung an der Verabredung zum Betrug an den BitConnect-Investoren: https://www.justice.gov/opa/pr/56-million-seized-cryptocurrency-being-sold-first-step-compensate-victims-bitconnect-fraud.

163 Bitcoin wurde vorgestellt in: S. Nakamoto, *Bitcoin: A Peer-to-Peer Electronic Cash System*, 31. Oktober 2008, https://bitcoin.org/bitcoin. pdf. Siehe auch: F. Schär, A. Berentsen, *Bitcoin, Blockchain, and Cryptoassets: A Comprehensive Introduction*, Cambridge 2020.

164 S. Williams, »The 20 Largest Cryptocurrencies by Market Cap«, in: *The Motley Fool*, 15. Dezember 2017, https://www.fool.com/investing/2017/07/20/the-20-largest-cryptocurrencies-by-market-cap.aspx.

165 T. Frankel, *The Ponzi Scheme Puzzle*, Oxford 2012. Siehe hier speziell Kapitel 1, in dem Ponzis ursprüngliches System beschrieben wird. Eine ausführlichere Darstellung finden Sie in: D. Davies, *Lying for Money: How Legendary Frauds Reveal the Workings of the World*, New York 2021, S. 75–79. Ähnliche Methoden gab es schon vor Ponzi, auch in der fiktionalen Literatur, aber sein System war das umfangreichste: 1920 hatten die Anleger 15 Millionen Dollar einbezahlt, was heute einer Kaufkraft von etwa 220 Millionen Dollar entspricht. Außerdem wurde viel darüber geschrieben, was heißt, dass Ponzis System zur Blaupause für alle ähnlichen Methoden wurde, auch wenn es durchaus Unterschiede gibt.

166 Beim Strukturvertrieb rekrutieren die Verkäufer andere Verkäufer, die für sie tätig werden und denen weiter oben in der Pyramide einen Teil ihrer Einkünfte abgeben – bis hinauf zum Gründer des Strukturvertriebs. Die Gifting Tables waren ein Schenkkreis in Connecticut, der von der US-Regierung untersucht wurde. Es kam zu mehreren Verurteilungen, weil es sich dabei ebenfalls um ein Schneeballsystem handelte. Siehe: https://www.justice.gov/usao-ct/pr/two-guilford-women-sentenced-federal-prison-overseeing-gifting-tables-pyramid-scheme.

167 Mehr Informationen über jüngere Formen dieser Ponzi-Systeme finden Sie (in englischer Sprache) auf: Ponzitracker, https://www.ponzitracker. com/about, und in der Ponzi Scheme Database, https://dachshund-cheetah-cxaa.squarespace.com/ponzi-database/. Zu Celsius: J. Oliver, K. Shubber, »Celsius Chief Feels the Heat after Blocking Withdrawals«, in: *Financial Times*, 18.–19. Juni 2022, https://www.ft.com/content/18b6fb80-44dd-40ed-b5ea-3f3bf2814c7d. Und: H. Lang, »Crypto Lender Celsius Network Reveals $1.19 Bln Hole in Bankruptcy Filing«, auf: *Reuters*, 14. Juli 2022, https://www.reuters.com/business/finance/crypto-lender-celsius-network-reveals-119-billion-hole-bankruptcy-filing-2022-07-14/. In der komplexen Welt der Kryptofinanzen war Celsius nur eines von vielen Unternehmen, die ins Trudeln gerieten, weil es Geschäfte mit Three Arrows Capital machte, einem in Singapur ansässigen Unternehmen, das im Juni 2022 aufgelöst wur-

de, weil es Merkmale eines Schneeballsystems aufwies. Siehe dazu: J. Wieczner, »The Crypto Geniuses Who Vaporized a Trillion Dollars«, in: *New York* Magazine, 15. August 2022, https://nymag.com/intelligencer/article/three-arrows-capital-kyle-davies-su-zhu-crash.html.

168 Auf dem Bankkonto, das Madoff für sein Ponzi-System benutzte, waren am 10. Dezember 2008, dem Tag vor seiner Verhaftung, noch 222 Millionen US-Dollar. Siehe: J. Campbell, *Madoff Talks*, New York 2021, S. 16.

169 Madoffs »Hedgefondsrenditen« beruhen auf den Renditen des Fairfield-Sentry-Hedgefonds von 1991 bis 2007, der sein ganzes Geld bei Madoff anlegte (und nebenbei ordentliche Provisionen für Management und Performance einstrich). Siehe: C. Bernard, P. P. Boyle, »Mr. Madoff's Amazing Returns: An Analysis of the Split-Strike Conversion Strategy«, in: *Journal of Derivatives* 17 (2009), S. 62–76, https://doi.org/10.3905/jod.2009.17.1.062.

170 Diese Vorurteile können massive Auswirkungen entfalten: Shane Frederick stellte fest, das ein Drittel der von ihm befragten Studierenden lieber 500 Dollar sicher hatte, als sie gegen eine 15-prozentige Chance auf den Gewinn von 1 Million einzutauschen – das Ergebnis hat einen Erwartungswert, der 300 Mal so hoch liegt ($0,15 \times 1\,000\,000$ Dollar $= \$150\,000 = 300 \times \$500$). Gleichzeitig steht dem gegenüber eine 85-prozentige Chance, gar nichts zu bekommen, plus der Verlust der sicheren 500 Dollar. Siehe dazu: Abb. 3a auf Seite 34 von: S. Frederick, »Cognitive Reflection and Decision Making«, in: *Journal of Economic Perspectives* 19 (2005), S. 25–42, https://doi.org/10.1257/0895330057 75196732.

171 Harry Markopolos, der den Betrug bei Madoff aufdeckte und darüber ein Buch schrieb (*No One Would Listen*), war anfangs total begeistert, dass sein Buch ins Rumänische und Russische übersetzt werden sollte – bis er entdeckte, dass man es als Handbuch für madoff-ähnliche Betrugsformate benutzte und nicht, um sich vor solchen Betrügereien zu schützen. Siehe dazu das letzte Kapitel von Campbell, *Madoff Talks*, a. a. O.

172 In den fünf Jahren, bis zum 8. Februar 2018, lag die mittlere Differenz zwischen dem Tageshöchst- und -tiefstkurs einer Aktie des S&P 500 bei 1,91 Prozent (der Median lag bei 1,61 Prozent.) Diese Zahlen stammen von C. Nugent, »S&P 500 Stock Data, 2013–18«, in: Investor's Exchange API auf Kaggle, Februar 2018, https://www.kaggle.com/datasets/camnugent/sandp500.

173 Der Graph stammt aus einem Experiment von 2015, bei dem die For-
     scher Finanzlaien fragten, welchen Fonds sie einem Freund empfeh-
     len würden. 68 Prozent entschieden sich für den pseudonymisierten
     Madoff-Fonds mit der unglaubwürdig konstanten Wertentwicklung,
     obwohl im Text zum Graphen darauf hingewiesen wurde, dass der
     Fonds seine Strategie nicht klar schilderte und von einem kleinen, un-
     bekannten Prüfunternehmen geprüft wurde. (Beides sind Alarmsignale,
     die auf möglichen Betrug hindeuten und auf Madoffs Fonds zutrafen
     ebenso wie auf viele Fonds, die das Geld ihrer Kunden in Madoffs
     Hedgefonds investierten.) Als man eine andere Gruppe von Probanden
     vor der eigentlichen Frage darauf hinwies, sie sollten darauf achten, ob
     einer der Fonds verdächtig erschiene, mieden zwar mehr Teilnehmer
     den Madoff-Klon, aber 51 Prozent wählten ihn trotzdem. Siehe dazu:
     T. Zhang, P. O. Fletcher, F. Gino, M. Bazerman, »Reducing Bounded
     Ethicality: How to Help Individuals Notice and Avoid Unethical Beha-
     vior«, in: *Organizational Dynamics* 44 (2015), S. 310–317, https://doi.
     org/10.1016/j.orgdyn.2015.09.009.

174 Leider hat Keynes den folgenden Satz offensichtlich nie gesagt: »Wenn
     die Fakten sich ändern, ändere ich meine Meinung. Was tun Sie, Sir?«
     Siehe: Quote Investigator, 22. Juli 2011, https://quoteinvestigator.
     com/2011/07/22/keynes-change-mind/ (archiviert auf: https://archive.
     ph/wip/5E7jd).

175 Fairplay-Information von »Chess Cheating«, auf: Chess.com, 10. Ok-
     tober 2022, https://www.chess.com/article/view/online-chess-cheating.
     Der bekannteste Fall von Online-Betrug im Schach weist verblüffend
     ähnliche Züge auf wie Chris' Erfahrung mit lazzir: P. Doggers, »Chea-
     ting Controversy Results in Most-Watched Chess Stream in Histo-
     ry«, auf: *Chess.com News*, 23. März 2021, https://www.chess.com/
     news/view/most-watched-chess-stream-in-history-dewa-kipas.   Selbst
     Schachprofis und Großmeister wurden schon beim Schummeln er-
     wischt. Ein Spieler, der in der Online-English-Championship 2021 in
     der höchsten Gruppe antreten sollte, wurde vom Turnier ausgeschlos-
     sen, noch bevor es zu Ende war. Das Team der Armenian Eagles mit
     ihrem Top-Spieler Tigran L. Petrosian wurde disqualifiziert, nachdem
     es online in der 2020 PRO Chess League gewonnen hatte. Siehe dazu:
     L. Barden, »Chess: Keith Arkell Captures Online British Title after Ri-
     val Is Disqualified«, in: *Guardian*, 13. August 2021, https://www.the-
     guardian.com/sport/2021/aug/13/chess-keith-arkell-captures-online-
     british-title-after-rival-is-disqualified. Und: PROChessLeague, »Saint
     Louis Arch Bishops 2020 PRO Chess League Champions; Armenia

Eagles Disqualified«, auf: Chess.com, 1. Oktober 2020, https://www.
chess.com/news/view/saint-louis-arch-bishops-2020-pro-chess-cham-
pions.

176 So können beispielsweise Richter über einen Angeklagten ganz unterschiedlich urteilen, obwohl sie über exakt die gleichen Informationen
in Bezug auf den Fall verfügen. In diesem Fall wird zumindest ein An-
geklagter ungerecht behandelt. Diese Art von Rauschen (im Justizsys-
tem) sollte man natürlich versuchen zu messen und abzumildern. Siehe:
D. Kahneman, O. Sibony, C. Sunstein, *Noise: Was unsere Entscheidungen verzerrt,* München 2021.

177 Die Daten zu Leicester City stammen von: »Performance Record of Clubs
in the Premier League« auf Wikipedia, https://en.wikipedia.org/wiki/
Performance_record_of_clubs_in_the_Premier_League. Und: »Leicester City F.C.« auf Wikipedia, https://en.wikipedia.org/wiki/Leicester_
City_F.C.#Premier_League_champions_(2015%E2%80%9316).

178 Siehe: *Report of JPMorgan Chase & Co. Management Task Force Re-
garding 2012 CIO Losses,* 16. Januar 2013, S. 128f., https://ypfs.som.
yale.edu/node/2821. Und: A. Ahmed, »The Hunch, the Pounce and
the Kill«, in: *New York Times,* 27. Mai 2012, https://www.nytimes.
com/2012/05/27/business/how-boaz-weinstein-and-hedge-funds-outs-
marted-jpmorgan.html. Siehe auch: E. Owles, »Timeline: The London
Whale's Wake«, in: *New York Times,* 27. März 2013, https://archive.
nytimes.com/www.nytimes.com/interactive/2013/03/27/business/deal-
book/20130327-jpmorgan-timeline.html.

179 M. De Vita, »Analysis: Madoff's Returns vs. the Market«, in: *The
Club No One Wanted to Join: Madoff Victims in Their Own Words,*
hrsg. von E. Arvedlund, A. Roth, Alexandra Roth Book Project 2010,
S. 212–219. Wir haben dieselben historischen Performancedaten verwendet, um die jährliche Volatilität (die Standardabweichung der Renditen) für De Vitas 16 Fonds und für den Madoff-Fonds (wie sie für
den Fairfield-Sentry-Fonds von 1991 bis 2007 angegeben wurden) zu
berechnen. Die Sharpe-Ratio (Überrendite pro Risikoeinheit der Volatilität, also im Vergleich zu einer risikolosen Anlage, üblicherweise in
US-Staatsanleihen) lag bei 3,02 bei Madoff, während sie bei den Nicht-
Ponzi-Fonds normalerweise unter 0,5 liegt.

180 Wir haben das Zitat entnommen dem Agassi-Interview für *Unscrip-
ted*: »Andre Agassi Interview | Beat Boris Becker By Observing His
Tongue«, auf: YouTube, https://www.youtube.com/watch?v=ja6HeLB-
3kwY (archiviert auf: https://archive.ph/2yofY). Die Geschichte wird
auch erzählt in: A. Pattle, »Andre Agassi Reveals He Looked at Boris

Becker's Tongue for Serve Clues in Rivals' Clashes«, in: *Independent*, 30. April 2021, https://www.independent.co.uk/sport/tennis/andreagassi-boris-becker-tongue-serve-b1840198.html.

181 Manche Poker-Profis tragen Sonnenbrillen, Hüte und machen den Reißverschluss ihres Hoodies so weit wie möglich zu, um keinen Gesichtsausdruck bzw. kein Atemmuster erkennen zu lassen. Chris Ferguson riet Spielern, sich darin zu üben, bei jeder Entscheidung gleich lange zu überlegen oder zumindest eine Mindestzeit selbst bei trivialen Entscheidungen einzuhalten, um ihren Gegnern keine Timing-Hinweise zu geben. Jonathan Little erklärt in *Secrets of Professional Tournament Poker: The Essential Guide* (D&B Poker, 2021): »Machen Sie überhaupt keine unnötigen Bewegungen.« Hätte Becker gemerkt, wie Agassi zu seinem Wissen gelangte, hätte er dies wiederum verwenden können, um Agassi zu täuschen – zum Beispiel, indem er seine Zunge so herausstreckte, dass dieser einen Aufschlag zur Mitte erwartete, dann aber einen Slice spielte.

182 Es gehört zu den ethischen Regeln des Bridge, dass der Partner keinen Vorteil aus solchen Signalen ziehen darf: »Ethics and Discipline« der American Contract Bridge League, https://acbl.org/ethics/. Sollte dies doch der Fall sein, kann der Gegner einen des Betrugs bezichtigen. Da es schwierig ist zu entscheiden, ob ein Spielerduo Vorteile aus ungerechtfertigter Kommunikation zieht, versucht man bei Bridgeturnieren, dies weitgehend zu unterbinden. So nutzt man beispielsweise »Bidding-Karten«, die der ansagende Spieler auf dem Tisch platzieren muss, da das Aussprechen des Gebots eher zum Betrug einlud. So konnte man beispielsweise sagen »Pik« oder »ein Pik« – und damit schon dem Partner das eigene Blatt signalisieren. Auch der Tonfall ließ verschiedene Deutungen zu.

183 Eine Quelle für Betrugsformen beim Bridge ist beispielsweise der Dokumentarfilm *Dirty Tricks* (2021, Regie: Daniel Sivan). Siehe auch. R. Tenorio, »How a Cheating Scandal Brought Down the Michael Jordan of Bridge«, in: *Guardian*, 5. Mai 2021, https://www.theguardian.com/sport/2021/may/05/lotan-fisher-bridge-cheating-scandal-2015-documentary. Und: D. Owen, »Dirty Hands«, in: *New Yorker*, 28. Februar 2016, https://www.newyorker.com/magazine/2016/03/07/the-cheating-problem-in-professional-bridge. Sowie: J. Colapinto, »Is the Competitive Bridge World Rife with Cheaters?«, in: *Vanity Fair*, 29. Februar 2016, https://www.vanityfair.com/culture/2016/02/competitive-bridge-cheating-scandal. Siehe auch: »Fantoni and Nunes Cheating Scandal«, auf Wikipedia, https://en.wikipedia.org/wiki/Fan-

toni_and_Nunes_cheating_scandal. Und: »Cheating in Bridge«, auf Wikipedia, https://en.wikipedia.org/wiki/Cheating_in_bridge. Und: »Fisher and Schwartz Cheating Scandal«, auf Wikipedia, https://en.wikipedia.org/wiki/Fisher_and_Schwartz_cheating_scandal. Hätten diese betrügerischen Duos besonders raffiniert sein wollen, hätten sie ihren Tell so einsetzen können, dass er bedeutungslos erschien. Auf diese Weise hätten sie ihn maskieren können, sodass er nicht mehr als Regelverstoß erschien.

184 Der Text über Schön und Sakhai wurde in einer ähnlichen Form schon im Katalog einer Ausstellung veröffentlicht, die wir co-kuratierten: D. J. Simons, C. F. Chabris, »Fooling Ourselves Most of the Time«, in: *Gorillas in Our Midst* (Hobart, Australia: Museum of Old and New Art 2019), S. 17–44. Im selben Katalog findet sich ein interessanter Essay der Kuratorin Jane Clark über die Geschichte von Fälschungen in der Kunstwelt.

185 A. Amore, *The Art of the Con*, New York 2015. Eine Diskussion der Frage, warum Menschen Originale so sehr schätzen, selbst wenn es perfekte Kopien gibt, finden Sie in: P. Bloom, *How Pleasure Works: The New Science of Why We Like What We Like*, New York 2010.

186 Ely Sakhai bekannte sich schuldig und wurde zu 41 Monaten Gefängnis verurteilt. Siehe: http://www.justice.gov/usa/nys/pressreleases/July05/sakhaisentence.pdf.

187 L. Cassuto, »Big Trouble in the World of ›Big Physics‹«, in: *Guardian*, 18. September 2002, https://www.theguardian.com/education/2002/sep/18/science.highereducation.

188 Als Reaktion auf den Untersuchungsbericht von Lucent Technologies gab Schön zwar Fehler zu, nicht aber Betrug: »Ich habe zwar Fehler gemacht, doch war es nie meine Absicht, jemanden irrezuführen oder Vertrauen zu missbrauchen. Mir ist klar, dass es mir angesichts dieser Fehler nun an Glaubwürdigkeit mangelt, nichtsdestotrotz glaube ich ernsthaft, dass die berichteten wissenschaftlichen Effekte real, aufregend und der Mühe wert waren.« Siehe: Lucent Technologies, »Report of the Investigation Committee on the Possibility of Scientific Misconduct in the Work of Hendrik Schön and Coauthors«, September 2022, https://media-bell-labs-com.s3.amazonaws.com/pages/20170403_1709/misconduct-revew-report-lucent.pdf.

189 Die ursprüngliche Veröffentlichung von Rensink und Kollegen über das Blinzeln: R. A. Rensink, J. K. O'Regan, J. J. Clark, »To See or Not to See: The Need for Attention to Perceive Changes in Scenes«, in: *Psychological Science* 8 (1997), S. 368–373, https://doi.

org/10.1111/j.1467-9280.1997.tb00427.x. Diese Veränderungsblindheit haben wir auch in Kapitel 2 unseres Buches *Der unsichtbare Gorilla* geschildert. Die Studie zum Erkennen von Gleichheit inmitten von
Veränderung wurde ebenfalls in einem Buch veröffentlicht: R. A. Rensink, »Change Blindness: Implications for the Nature of Visual Attention«, in: *Vision and Attention*, hrsg. von M. Jenkin, L. Harris, New
York 2001, S. 169–188.

190 Es gibt keine harmlose Erklärung dafür, Daten doppelt zu verwenden
und sie gleichzeitig als neu auszugeben. Bilder zu verändern, um andere Daten vorzutäuschen, ist ein bewusster Betrugsversuch – und eindeutig wissenschaftliches Fehlverhalten. Wurden die Bilder nicht manipuliert, sondern nur dupliziert, kann das einfach an Schlampigkeit
liegen. Dan war einmal Co-Autor eines Artikels, in dem versehentlich
die gleiche Grafik zwei Mal abgebildet wurde. Er hatte zwei Mal dasselbe Bild hochgeladen statt zwei verschiedene. Und der Irrtum wurde
vor der Veröffentlichung nicht mehr entdeckt. Aber das war ein klarer
Flüchtigkeitsfehler – die beiden Grafiken sollten aus verschiedenen Versuchen unter unterschiedlichen Bedingungen stammen. Was heißt, dass
die Grafiken ebenfalls verschieden sein müssen. Aber Dan und sein Co-
Autor entdeckten den Fehler nicht, und das galt auch für den Korrektor
der Zeitschrift. Fehler macht jeder einmal. Die wissenschaftliche Literatur hat Methoden, um sie zu korrigieren. Biks Entdeckung der »paper
mill« wird beschrieben in: D. Chawla, »A Single ›Paper Mill‹Appears to
Have Churned Out 400 Papers«, in: *Science*, 27. Februar 2020, https://
doi.org/10.1126/science.abb4930. Siehe auch: E. M. Bik, F. C. Fang,
A. L. Kullas, R. J. Davis, A. Casadevall, »Analysis and Correction of
Inappropriate Image Duplication The Molecular and Cellular Biology
Experience«, in: *Molecular and Cellular Biology* 38 (2018), S. e00309–
e00318, https://doi.org/10.1128/MCB.00309-18.

191 Die Wiederholung der Zahl 770 sowie zwei Artikel, bei denen angeblich verschiedene Probanden an den Versuchen teilnahmen, aber für 17
von 18 Fragen die exakt gleichen Resultate angegeben wurden, stammen aus einem Blogpost von Nick Brown: »Strange Patterns in Some
Results from the Food and Brand Lab«, *Nick Brown's Blog,* http://
steamtraen.blogspot.com/2017/03/strange-patterns-in-some-results-
from.html. Eine subtilere Variante, bei der für verschiedene Studien
gleiche Werte verwendet wurden, ist die »Salamitaktik«, bei der unterschiedliche Ergebnisse einer einzigen Studie für mehrere Artikel verwendet werden. Dies wurde untersucht an Studien, die zu dem Schluss
gelangen, dass Action-Videospiele kognitive Fähigkeiten steigern. Sie-

he: J. Hilgard, G. Sala, W. R. Boot, D. J. Simons, »Overestimation of Action-Game Training Effects: Publication Bias and Salami Slicing«, in: *Collabra: Psychology* 5 (2019), S. 30, https://online.ucpress.edu/collabra/article/5/1/30/113031/Overestimation-of-Action-Game-Training-Effects.

192 Die Cornell University hat die endgültigen Resultate ihrer Untersuchungen noch nicht veröffentlicht, aber der Hochschulleiter hat ein Statement abgegeben: »Statement of Cornell University Provost Michael I. Kotlikoff«, https://statements.cornell.edu/2018/20180920-statement-provost-michael-kotlikoff.cfm. Ein Brief von Michael I. Kotlikoff an Nick Brown und andere, die Wansinks Arbeiten überprüft haben, findet sich hier: https://www.documentcloud.org/documents/5028990-BrownandFellowSignatories-11-05-18.htm. Darin heißt es, die Untersuchung habe »eine Reihe von Fällen wissenschaftlichen Fehlverhaltens aufgedeckt«, u. a. von »Datenfälschung« und »doppelter Publikation«.

193 J. Förster, M. Denzler, »Sense Creative! The Impact of Global and Local Vision, Hearing, Touching, Tasting and Smelling on Creative and Analytic Thought«, in: *Social Psychology and Personality Science* 3 (2012), S. 108–117, https://doi.org/10.1177/1948550611410890.

194 Siehe dazu: »Suspicion of Scientific Misconduct by Dr. Jens Förster«, Retraction Watch, 3. September 2012, http://retractionwatch.files.wordpress.com/2014/04/report_foerster.pdf. Retraction Watch veröffentlicht auch den LOWI-Bericht mit einer Übersetzung ins Englische: »Förster Report Cites ›Unavoidable‹ Conclusion of Data Manipulation«, Retraction Watch, 7. Mai 2014, https://retractionwatch.com/2014/05/07/forster-report-cites-unavoidable-conclusion-of-data-manipulation. Das Zitat stammt aus dieser Übersetzung. Leif Nelson und Uri Simonsohn führten eine Reihe von Simulationen und Analysen durch. Dabei konnten sie zeigen, dass von 100 000 Simulationen keine einzige so lineare Daten hervorbrachte, wie Förster sie veröffentlicht hat. Siehe: »Fake-Data Colada: Excessive Linearity«, auf dem Blog *Data Colada*, 8. Mai 2014, http://datacolada.org/21. Das gleiche verdächtig konstante Muster zeigt sich bei zwei anderen Artikeln.

195 Avenells Entdeckung und die folgende Untersuchung werden beschrieben in: K. Kupferschmidt, »Researcher at the Center of an Epic Fraud Remains an Enigma to Those Who Exposed Him«, in: *Science*, 17. August 2018, https://www.science.org/content/article/researcher-center-epic-fraud-remains-enigma-those-who-exposed-him.

196 Die Vorstellung, dass zufällige Ereignisse sich (vor allem kurzfristig) einpendeln, ist der berühmte »Spieler-Trugschluss«. Die Idee, dass klei-

ne Stichproben dem Pool entsprechen, aus dem sie entnommen werden, ist das illusorische »Gesetz der kleinen Zahlen«, das A. Tversky
und D. Kahneman beschreiben: »Belief in the Law of Small Numbers«, in: *Psychological Bulletin* 76 (1971), S. 105–110, S. https://doi.
org/10.1037/h0031322. Es ist auch ein Trugschluss, dass randomisierte
Experimente wertlos sind, wenn nicht alle Ausgangsunterschiede bei 0
liegen. Aber die Tatsache, dass viele medizinisch tätige Menschen daran
glauben, erklärt vielleicht, warum Betrüger so häufig versuchen, ihre
Resultate so aussehen zu lassen.

197 M. J. Bolland, A. Avenell, G. D. Gamble, A. Grey, »Systematic Review and Statistical Analysis of the Integrity of 33 Randomized Con-
trolled Trials«, in: *Neurology* 87 (2016), S. 2391–2402, https://doi.
org/10.1212/WNL.0000000000003387. In einer Pressemitteilung der
American Academy of Neurology heißt es: »Sato übernahm die volle
Verantwortung. Er gestand, die Neurologie-Artikel gefälscht zu haben,
in denen es um Therapien ging, die Hüftknochenbrüche nach Schlag-
anfällen und bei Parkinson-Patienten reduzieren sollten. Sato gab an,
dass keiner der Co-Autoren an diesem Fehlverhalten beteiligt war, da
sie nur ehrenhalber als Co-Autoren aufgetreten waren. Sato beantragte den Widerruf von drei Studien.« Siehe: »Study Suggests Probable
Scientific Misconduct in Bone Health Studies« vom 9. November 2016,
https://www.aan.com/PressRoom/Home/PressRelease/1501 (archiviert
auf https://archive.ph/wip/Uev5F). In manipulierten Studien passiert
es häufig, dass neben einem verdächtigen Datenmuster noch weitere
auftauchen. In Satos Studien war auch die Anzahl der Teilnehmer zu
ähnlich. Wenn man die Probanden tatsächlich nach dem Zufallsprinzip
verteilt, gibt es meist Unterschiede in der Anzahl der Menschen, die zur
Behandlungs- und zur Kontrollgruppe gehören. Wie wir bereits gesehen haben, gibt es bei 100 Münzwürfen nur wenige Fälle (8 Prozent),
bei denen sich exakt 50 Mal Kopf und 50 Mal Zahl einstellt. Und es
gibt eine erstaunliche hohe Fallzahl (mehr als 5,5 Prozent), in denen Sie
60 Mal oder öfter Kopf bzw. Zahl werfen. Satos »Zufallseinteilung«
aber brachte im Grunde jedes Mal die 50-zu-50-Verteilung hervor. Von
den 30 Sato-Studien, die von Bollands Team untersucht wurden, wiesen vollkommen unwahrscheinliche 27 exakt die gleiche Anzahl Probanden in der Behandlungs- und der Kontrollgruppe auf. Neben dieser
übermäßig konstanten Anzahl der Probanden in den beiden Gruppen
und den zu niedrigen Unterschieden in den Baseline-Parametern zeigte
sich, dass Text und Statistik dupliziert wurden, obwohl angeblich verschiedene Menschen getestet worden waren.

198 Carlisles Untersuchung: J. B. Carlisle, »Data Fabrication and Other
    Reasons for Non-random Sampling in 5087 Randomised, Controlled
    Trials in Anaesthetic and General Medical Journals«, in: *Anaesthesia*
    72 (2017), S. 944–952, https://doi.org/10.1111/anae.13938. Bis zum
    5. September 2022 musste Fujii insgesamt 183 Artikel komplett zu-
    rückziehen. Ihm folgen in der Rückzugsstatistik Joachim Boldt mit
    164 Artikeln und Hironobu Ueshima mit 121. Die beiden sind eben-
    falls Anästhesiologen. Yoshihiro Sato steht mit 110 Artikeln an vierter
    Stelle. Siehe: https://retractionwatch.com/the-retraction-watch-leader-
    board/. Die Tatsache, dass alle vier Top-Rückzieher Anästhesiologen
    sind, heißt nicht, dass dieser Bereich besonders viele Betrüger hervor-
    bringt. Wenn Sie diesen Schluss ziehen, dann sitzen Sie einer Täuschung
    auf, weil Sie nur auf das abzielen, was ins Auge sticht, aber weglassen,
    was fehlt. Es wäre auch möglich, dass durch Carlisles Arbeiten speziell
    in der Anästhesiologieforschung ein alarmierendes Niveau an Betrüge-
    reien aufgedeckt wurde, dieses aber gegen andere Bereiche keine Aus-
    nahme darstellt.

199 Die Hamburger von McDonald's sind von Restaurant zu Restaurant, ja
    selbst von Land zu Land so gleich, dass der *Economist* daraus ein neues
    Maß für die Lebensqualität an bestimmten Orten ableitete, das darauf
    beruht, wie viele Big Macs Sie sich mit einem Durchschnittssalär leisten
    können: https://www.economist.com/big-mac-index.

Kapitel 6

200 Artiles hatte ohnehin eine Vorgeschichte, was fragwürdiges Verhalten
    anging. So schrieb Curt Anderson: »2017 trat er von seinem Sitz als
    Senator des Staates Florida zurück, weil er in einem Gespräch mit zwei
    Schwarzen Abgeordneten in einer Bar in Tallahassee rassistische Be-
    griffe gebrauchte. Danach kam heraus, dass Artiles Geld von seinem
    Ausschuss genommen hatte, um ein ehemaliges Playboy-Modell und
    Hooters-Girl als Beraterin einzustellen.« (Hooters ist eine Restaurant-
    kette, die ihre kurvigen Bedienungen in Hotpants und engen Tops an-
    treten lässt.) Siehe: C. Anderson, »Ex-Florida Senator Charged in Fake
    Candidate Scheme«, von: AP News, 18. März 2021, https://apnews.
    com/article/miami-senate-elections-florida-elections-e8b70ce3270b-
    d170e37a71ca80b5aaae. Weitere Quellen für die Geschichte um den
    Wahlbetrug: D. Kam, »Florida Democrats Call for New State Senate
    Elections Amid Ongoing Campaign Fraud Case«, in: *Orlando Weekly*,
    22. März 2021, https://web.archive.org/web/20210418060352/https://
    www.orlandoweekly.com/Blogs/archives/2021/03/22/florida-demo-

crats-call-for-new-state-senate-elections-amid-ongoing-campaign-fraud-case. Und: K. Shepherd, »Ex-Florida State Senator Paid Bogus Candidate to ›Siphon Votes‹, Police Say, in Race GOP Narrowly Won«, in: *Washington Post*, 19. März 2021, https://www.washingtonpost.com/nation/2021/03/19/florida-fraud-artiles-rodriguez-election/.

201 A. Fins, »Palm Beach County Ghost Candidate Exposes ›Lies‹ behind Florida Election Reform, Voter Groups Say«, in: *Palm Beach Post*, 13. August 2021, https://www.palmbeachpost.com/story/news/politics/2021/08/31/palm-beach-county-ghost-candidate-pleads-guilty-election-case/5593843001/. Und: G. Fox, »Deception and Dark Money: Court Documents Show Scheme of Ghost Candidates in Florida Senate Races«, auf: *WESH*, 5. August 2021, https://www.wesh.com/article/scheme-ghost-candidates-florida-senate-races/37236133.

202 Garcia und A. Martin, »Big Business-Linked Group Gave Over $1 Million to Dark-Money Entity Promoting ›Ghost‹ Candidates«, in: *Orlando Sentinel*, 18. November 2021, https://www.orlandosentinel.com/news/os-ne-lets-preserve-the-american-dream-senate-ghost-candidates-20211118-fhplycqaijcixkrr3nipee5qne-story.html.

203 Siehe N. Cooper, F. Maier, H. Fineman, »LaRouched in Illinois: How to Shred a Ticket«, in: *Newsweek*, 31. März 1986, S. 22. Zum Thema »Ausnutzung von Namensähnlichkeiten« siehe: T. Rische, »What's in a Name? Favoritism, Prejudice«, in: *Los Angeles Times*, 2. April 1986, https://www.latimes.com/archives/la-xpm-1986-04-02-me-2428-story.html.

204 C. S. O'Sullivan, A. Chen, S. Mohapatra, L. Sigelman, E. Lewis, »Voting in Ignorance: The Politics of Smooth-Sounding Names«, in: *Journal of Applied Social Psychology* 18 (1988), S. 1094–1106, https://doi.org/10.1111/j.1559-1816.1988.tb01195.x. Marsha Matson und Terri Susan Fine untersuchten, wie Namen sich auf das Wählerverhalten auswirken, wenn wenig Informationen vorhanden sind, u. a. in einer Wahl (mithilfe von Wahlzetteln) von 1996 im County Miami-Dade in Florida. Vergleichsweise unbekannte Kandidaten bewarben sich um 57 freie Posten in 15 Gemeinden, und zwar in Beratungsgremien und Planfeststellungsbehörden. Unter diesen weitgehend unbekannten und keiner Partei angehörigen Kandidaten erzielten jene bessere Ergebnisse, die mehr Geld ausgaben. Kandidaten mit spanisch klingenden Namen bekamen weniger Stimmen als solche mit nicht spanisch klingenden (wobei dies geschlechterspezifisch unterschiedlich war). Siehe: M. Matson, T. S. Fine, »Gender, Ethnicity, and Ballot Information: Ballot Cues in Low-Information Elections«, in: *State Politics and Policy Quarterly*

6 (2006), S. 49–72, https://doi.org/10.1177/153244000600600103. In einer Wahl in der Schweiz, in der über die Kandidaten ebenfalls keine näheren Informationen bekannt waren, entschieden sich die Wähler ebenfalls eher für Kandidaten mit Schweizer Namen: L. Portmann, N. Stojanović, »Electoral Discrimination against Immigrant-Origin Candidates«, in: *Political Behavior* 41 (2019), S. 105–134, https://doi.org/10.1007/s11109-017-9440-6.

205 Oscar Wilde, *Das Bildnis des Dorian Gray*, Ditzingen 2022, S. 8.

206 L. L. Jacoby, C. Kelley, J. Brown, J. Jasechko, »Becoming Famous Overnight: Limits on the Ability to Avoid Unconscious Influences of the Past«, in: *Journal of Personality and Social Psychology* 56 (1989), S. 326–338, https://doi.org/10.1037/0022-3514.56.3.326.

207 C. D. Kam, E. J. Zechmeister, »Name Recognition and Candidate Support«, in: *American Journal of Political Science* 57 (2013), S. 971–986, https://www.jstor.org/stable/23496668. Auf dem Wahlzettel ganz oben zu stehen, kann sich gerade bei Wahlen, in denen nicht nur bekannte Parteien antreten, als unschätzbarer Vorteil erweisen. In einer Reihe von Wahlen im Bundesstaat Ohio erhielt der erste Listenplatz im Vergleich mit dem letzten 2,33 Prozentpunkte mehr. Allerdings ist nicht klar, unter welchen Umständen sich die Platzierung auf dem Wahlzettel bemerkbar macht, denn bei anderen Wahlen wirken sich andere Faktoren stärker aus. Mehr Daten und eine eingehendere Diskussion dieses Effekts finden Sie in: J. M. Miller, J. A. Krosnick, »The Impact of Candidate Name Order on Election Outcomes«, in: *Public Opinion Quarterly* 62 (1998), S. 291–330, https://doi.org/10.1086/297848.

208 Diese Form der Vertrautheit hat unserer Ansicht nach aber keine weitreichende Wirkung. Schilder in Vorgärten sind nicht so wirkmächtig, und die Wahlentscheidung wird von vielen anderen Faktoren beeinflusst. Dieser doch recht geringfügige Einfluss einer weit verbreiteten Form der Wahlwerbung zeigt, warum wir die realen Effekte von subtilen Priming-Faktoren wie der Namensähnlichkeit nicht überschätzen sollten. Siehe dazu: D. P. Green et al., »The Effects of Lawn Signs on Vote Outcomes: Results from Four Randomized Field Experiments«, in: *Electoral Studies* 41 (2016), S. 143–150.

209 A. R. Pratkanis, A. G. Greenwald, M. R. Leippe, M. H. Baumgardner, »In Search of Reliable Persuasion Effects: III. The Sleeper Effect Is Dead: Long Live the Sleeper Effect«, in: *Journal of Personality and Social Psychology* 54 (1988), S. 203–218, https://doi.org/10.1037/0022-3514.54.2.203. G. T. Kumkale, D. Albarracín, »The Sleeper Effect in

Persuasion: A Meta-analytic Review«, in: *Psychological Bulletin* 130 (2004), S. 143–172, https://doi.org/10.1037/0033-2909.130.1.143.

210 M. Wilson, »Ray's Pizza, ›The‹ Ray's Pizza, Will Close on Sunday«, in: *New York Times*, 24. Oktober 2011, https://cityroom.blogs.nytimes. com/2011/10/24/rays-pizza-the-rays-pizza-will-close-on-sunday/. Und: J. Tierney, »In a Pizza War, It's 3 Rays against the World«, in: *New York Times*, 25. März 1991, https://www.nytimes.com/1991/03/25/nyregi- on/in-a-pizza-war-it-s-3-rays-against-the-rest.html. Die aktuelle Mini- kette von Ray's serviert ausgezeichnete Garlic Knots (Knoblauchbrot).

211 J. Torchinsky, »It's Infiniti's 30th Anniversary So Let's Remember When It Had a Vision«, in: *Jalopnik*, 8. November 2019, https://jalopnik.com/ its-infinitis-30th-anniversary-so-lets-remember-when-it-1839724145. Und: A. Rodriguez, »Why Did a Lumber Company Make the Most Emo- tionally Gripping Ad to Air during Super Bowl 51?«, auf: *Quartz*, 6. Febru- ar 2017, https://qz.com/903902/84-lumbers-super-bowl-51-commerci- al-the-story-behind-the-most-emotionally-gripping-ad-of-the-night. Wir haben die Kosten dieser Werbung von 84 Lumbers geschätzt und dabei die Länge des Spots (90 Sekunden) ebenso berücksichtigt wie allgemeine Angaben zu den Kosten der Werbezeit im Super Bowl im Laufe der Jahre. Siehe: M. Williams, »Super Bowl Commercial Cost in 2022: How Much Money Is an Ad for Super Bowl 56?«, in: *Sporting News*, 13. Februar 2022, https://www.sportingnews.com/us/nfl/news/ super-bowl-commercials-cost-2022/v9ytfqzx74pjrcdvxyhevlzd. Im Profi- Fußball tragen die Spieler Namen und Logos der Werbefirmen auf den Shirts. Darüber hinaus gibt es Fernsehwerbung bei der Übertragung und Bandenwerbung am Spielfeldrand.

212 D. Davies, *Lying for Money: How Legendary Frauds Reveal the Wor- kings of the World*, New York 2021, S. 30. Der Fall von Jho Low und 1MDB wird in der 2019 erschienenen Paperback-Ausgabe des folgen- den Buches genau geschildert: *Billion Dollar Whale: The Man Who Fooled Wall Street, Hollywood, and the World*, New York: 2019 (von Tom Wright und Bradley Hope, die für das *Wall Street Journal* jahre- lang über den Fall berichtet hatten). Wer sich interessehalber mit Fi- nanzbetrug beschäftigt, sollte die Geschichte der beiden Journalisten lesen, denn es geht dabei um einen der größten Diebstahlsfälle aller Zeiten. Jho Low wurde angeklagt, https://www.justice.gov/opa/pr/ malaysian-financier-low-taek-jho-also-known-jho-low-and-former- banker-ng-chong-hwa-also-known. Roger Ng, ehemaliger Investment- banker bei Goldman Sachs, wurde wegen Bestechung und Geldwäsche verurteilt, https://www.justice.gov/opa/pr/former-goldman-sachs-invest

ment-banker-convicted-massive-bribery-and-money-laundering-sche-me. Tim Leissner von Goldman Sachs bekannte sich ebenfalls schuldig wie auch das Unternehmen selbst. Und der Premierminister von Malaysia wurde in Malaysia verurteilt: M. Goldstein, »The Key to a $4 Billion Fraud Case: A Banker Who Says He ›Lied a Lot‹«, in: *New York Times*, 13. März 2022, https://www.nytimes.com/2022/03/13/business/tim-leissner-roger-ng-goldman-sachs.html.

213 N. Lafond, »Ex-Sinclair News Director: Promos ›Equivalent to a Proof-Of-Life Hostage Video‹«, auf: *TPM*, 4. April 2018, https://web.archive.org/web/20220823073109/https://talkingpointsmemo.com/livewire/former-sinclair-news-director-promos-proof-life-hostage-videos.

214 A. Weiss, »Confessions of a Former Sinclair News Director«, in: *Huffington Post*, 3. April 2018, https://www.huffpost.com/entry/opinion-weiss-sinclair-television-propaganda_n_5ac2c6d4e4b09712fec38b95. Und: E. Stewart, »Watch: Dozens of Local TV Anchors Read the Same Anti-›False News‹ Script in Unison«, auf: *Vox*, 2. April 2018, https://www.vox.com/policy-and-politics/2018/4/2/17189302/sinclair-broadcast-fake-news-biased-trump-viral-video.

215 M. Hall, »USA Today Wrapped Its Newspaper with a Fake Cover about ›Hybrid Babies‹ with Antlers to Advertise a New Netflix Show«, auf: *Insider*, 5. Juni 2021, http://archive.today/2021.06.05-022641/https://www.insider.com/usa-today-fake-cover-hybrid-babies-netflix-show-2021-6. Über Mobils Praxis, sich einen Platz auf der Kolumnenseite zu kaufen, wurde von der *New York Times* selbst berichtet: W. D. Smith, »Advertising«, 22. August 1975, https://www.nytimes.com/1975/08/22/archives/advertising-mobil-finds-speaking-out-pays-ftc-fuelclaim-bar.html. Folgende Studie analysiert den Inhalt der Anzeigen von Mobil in der *New York Times* von 1985 bis 2000: C. Brown, W. Waltzer, »Every Thursday: Advertorials by Mobil Oil on the Op-Ed Page of the *New York Times*«, in: *Public Relations Review* 31 (2005), S. 197–208, https://www.sciencedirect.com/science/article/abs/pii/S0363811105000561.

216 D. Henriques, *The Wizard of Lies: Bernie Madoff and the Death of Trust,* New York 2017.

217 Aldous Huxley, *Schöne neue Welt*, Frankfurt a. M. 2013, S. 56.

218 E. L. Henderson, D. J. Simons, D. J. Barr, »The Trajectory of Truth: A Longitudinal Study of the Illusory Truth Effect«, in: *Journal of Cognition* 4 (2021), S. 1–23, https://doi.org/10.5334/joc.161.

219 Je näher der Tag der Entscheidung rückt, umso enervierter ist Redfords Figur von der ewigen Wiederholung, bis er sich immer mehr über seine

eigenen Worte lustig macht, während er von einem Auftritt zum anderen taumelt: »The Candidate 1972 Robert Redford«, YouTube, https://www.youtube.com/watch?v=b0Dvqxmj5Ps. Die erste Untersuchung über den Effekt der illusorischen Wahrheit finden Sie in: L. Hasher, D. Goldstein, T. Toppino, »Frequency and the Conference of Referential Validity«, in: *Journal of Verbal Learning and Verbal Behavior* 16 (1977), S. 107–112, https://doi.org/10.1016/S0022-5371(77)80012-1. Von den 93 Artikeln, die Emma Henderson, Samuel Westwood und Dan in einer systematischen Überblicksstudie von 2020 untersuchten, waren mehr als die Hälfte zwischen 2010 und 2019 entstanden. Siehe: E. L. Henderson, S. J. Westwood, D. J. Simons, »A Reproducible Systematic Map of Research on the Illusory Truth Effect«, in: *Psychonomic Bulletin & Review* 29 (2022), S. 1065–1088, https://doi.org/10.3758/s13423-021-01995-w.

220 V. Bergengruen, »How ›America's Frontline Doctors‹ Sold Access to Bogus COVID-19 Treatments – and Left Patients in the Lurch«, in: *Time*, 26. August 2021, https://time.com/6092368/americas-frontline-doctors-covid-19-misinformation/. Die Ivermectin-Studien wurden im Blog *Astral Codex Ten* analysiert: »Ivermectin: Much More Than You Wanted to Know«, vom 16. November 2021, https://astralcodexten.substack.com/p/ivermectin-much-more-than-you-wanted. Obwohl es keine Echtzeit-Meta-Analysen gibt, untersuchen traditionelle Metastudien alle relevanten Artikel zu einem Fachgebiet, um eine quantitative Einschätzung eines Effekts vornehmen zu können. Wenn alle in die Analyse eingehenden Studien korrekt sind, dann dient eine Meta-Analyse als Basis für die Planung künftiger Forschungsarbeiten. Werden jedoch irreführende oder manipulierte Studien miteinbezogen, so ist die Folge, dass andere Forscher fälschlich annehmen, dass bestimmte Effekte stärker ausfallen, als sie es tatsächlich tun. So dauert der schädliche Einfluss von Satos manipulierten Studien auf die wissenschaftliche Literatur bis heute an: J. Brainard, »›Zombie Papers‹ Just Won't Die: Retracted Papers by Notorious Fraudster Still Cited Years Later«, in: *Science*, 27. Juni 2022, https://www.science.org/content/article/zombie-papers-wont-die-retracted-papers-notorious-fraudster-still-cited-years-later. Eine Meta-Analyse über die Effekte des Nudgings enthielt eine ganze Reihe von Brian Wansinks gefälschten Studien und kam daher zu einer völlig falschen Schlussfolgerung: siehe S. Mertens, M. Herberz, U. J. J. Hahnel, T. Brosch, »The Effectiveness of Nudging: A Meta-analysis of Choice Architecture Interventions across Behavioral Domains«, in: *Proceedings of the National Academy of Sciences 119*

(2022), S. e2107346118, https://doi.org/10.1073/pnas.2107346118. Dieser Artikel hat jedoch seit der ursprünglichen Veröffentlichung einschneidende Korrekturen erfahren.

221 Information über die Besetzung des Vorstands von Theranos finden Sie in: J. Carreyrou, *Bad Blood: Secrets and Lies in a Silicon Valley Startup*, New York 2018. Das Zitat über die Besetzung von Vorständen und Aufsichtsräten fiel bei einer Konferenz vonseiten eines Investors, der sich darauf spezialisiert hat, mit Derivaten auf solche Positionen zu wetten, d. h. auf Aktien, die im Kurs fallen werden, weil ihre Geschäftspraktiken zweifelhaft sind, was sie durch bekannte Persönlichkeiten im Vorstand zu kaschieren suchen. Die wissenschaftliche Studie zum Thema: Z. Li, M. Rainville, »Do Military Independent Directors Improve Firm Performance?«, in: *Finance Research Letters* 43 (2021), S. 101988, https://doi.org/10.1016/j.frl.2021.101988.

222 Erfahrene Autoren wissen, dass diese Empfehlungen mit zum Verlagsgeschäft gehören. Sie geben häufig solche Empfehlungen ab, um sich gegenseitig beim Verkauf bzw. beim Marketing der Bücher zu unterstützen. Das ist ein weiterer Grund, weshalb man sie in ihrer Aussagekraft nicht für bare Münze nehmen sollte.

223 Die Anzahl positiver Bewertungen, Likes und Rankings wird auch von der Reihenfolge beeinflusst, in der sie erfolgen. Ist das erste Rating positiv, dann wirkt sich dies auf die kommenden Bewertungen aus, auch wenn Hunderte neue erfolgen. Und das gilt auch, wenn die erste positive, neutrale oder negative Bewertung rein nach dem Zufallsprinzip erfolgte. Siehe: L. Muchnik, S. Aral, S. J. Taylor, »Social Influence Bias: A Randomized Experiment«, in: *Science* 341 (2013), S. 647–651, https://doi.org/10.1126/science.1240466.

224 K. Grind, T. McGinty, S. Krouse, »The Morningstar Mirage«, in: *Wall Street Journal*, 25. Oktober 2017, https://www.wsj.com/articles/the-morningstar-mirage-1508946687.

225 Akili Interactive erhielt das FDA-Approval für EndeavorRx®, ein therapeutisches Videospiel für Kinder, die unter Aufmerksamkeitsdefizit- bzw. Hyperaktivitätsstörungen (ADHS) leiden. Das Video wurde unmittelbar danach auf der Website des Unternehmens als »FDA cleared« (FDA-geprüft) beworben, siehe: https://web.archive.org/web/20220906030421/https://www.akiliinteractive.com/. Das »Rx« steht für »Rezept«, ruft also ebenfalls den Eindruck hervor, das Videospiel werde wie ein Medikament geprüft, obwohl der Prüfvorgang für so ein Spiel weit weniger streng ist. Das Produkt wurde vor Markteinführung de novo geprüft. Dabei wird untersucht, »ob die Daten und

Informationen, die der FDA vorgelegt wurden, zeigen, dass allgemeine Kontrollen oder allgemeine und besondere Kontrollen ausreichend sind, um eine hinreichende Sicherheit und Effektivität zu gewährleisten, und dass der mögliche Nutzen mögliche Risiken übersteigt.« Siehe: »FDA Permits Marketing of First Game-Based Digital Therapeutic to Improve Attention Function in Children with ADHD«, von US Food and Drug Administration, 15. Juni 2020, https://www.fda.gov/news-events/press-announcements/fda-permits-marketing-first-game-based-digital-therapeutic-improve-attention-function-children-adhd. Bei einem Videospiel gibt es keine schwerwiegenden Risiken (außer den Opportunitätskosten für die Zeit, die man spielt) und die objektiven Belege der Wirksamkeit beziehen sich auf Verbesserungen der Aufmerksamkeit bei einem Labortest, der wiederum bestimmten Elementen des Spiels gleicht. Wenn man eine bestimmte Aufgabe übt, steigert dies gewöhnlich auch die Leistung bei einer ähnlichen Aufgabe, bietet aber unter Umständen wenig, wenn überhaupt, Verbesserungen der Aufmerksamkeit in der realen Welt.

226 T. Abdollah, M. Biesecker, »Hackers Apparently Fooled Clinton Official with Bogus Email«, auf: AP News, 29. Oktober 2016. Die ursprüngliche E-Mail finden Sie auf WikiLeaks: https://web.archive.org/web/20220919052534/https://wikileaks.org/podesta-emails/emailid/34899.

227 Das »ph« anstelle des »f« ist möglicherweise auch eine Anspielung auf das wiederholte »ph« bei einer früheren Form des Hackings namens »phone phreaking«. Siehe das Stichwort »Phishing« auf Wikipedia, https://en.wikipedia.org/wiki/Phishing.

228 S. Cain, »Literary Mystery May Finally Be Solved as Man Arrested for Allegedly Stealing Unpublished Books«, in: *Guardian*, 5. Januar 2022, https://www.theguardian.com/books/2022/jan/06/literary-mystery-may-finally-be-solved-as-man-arrested-for-allegedly-stealing-unpublished-books.

229 Über den »Business email compromise«: Federal Bureau of Investigation, »Business Email Compromise«, https://www.fbi.gov/how-we-can-help-you/safety-resources/scams-and-safety/common-scams-and-crimes/business-email-compromise. Über die E-Mails an die Beschäftigten im Gesundheitswesen: W. J. Gordon et al., »Assessment of Employee Susceptibility to Phishing Attacks at US Health Care Institutions«, in: *JAMA Network Open* 2 (2019), e190393, https://doi.org/10.1001/jamanetworkopen.2019.0393. Siehe auch: A. Baillon, J. de Bruin, A. Emirmahmutoglu, E. van de Veer, B. van Dijk, »Informing, Simula-

ting Experience or Both: A Field Experiment on Phishing Risks«, in: *PLoS ONE* 14 (2019), S. e0224216, https://doi.org/10.1371/journal. pone.0224216. Die Probanden gaben ihr Passwort nicht so leicht weiter, wenn sie schon einmal Opfer einer Phishingattacke waren oder wenn man sie vorher über die Gefahren des Phishings aufgeklärt hatte. Trotzdem fielen viele auf den zweiten Versuch der Forscher herein. Das Internet-Sicherheitsunternehmen DomainTools führte 2017 eine Studie mit US-Konsumenten durch. Fazit: »91 Prozent der Nutzer wissen, dass es manipulierte Webseiten oder E-Mails gibt, die sich als Nachrichten bekannter Marken ausgeben.« Siehe: »Majority of Consumers Aware of Online Phishing Scams, Yet Still May Fall Victim This Cyber Monday«, 8. November 2017, https://www.prnewswire.com/news-releases/majority-of-consumers-aware-of-online-phishing-scams-yet-still-may-fall-victim-this-cyber-monday-300551430.html.

230 Siehe: »Parliament of Suckers«, in: *Spy* Magazine, February 1993, S. 46–47 und 51.

231 A. D. Sokal, »Transgressing the Boundaries: Toward a Transformative Hermeneutics of Quantum Gravity«, in: *Social Text* 46/47 (1996), S. 217–252, https://doi.org/10.2307/466856. Die Google-Scholar-Datenbank gibt (am 12. September 2022) an, dass Sokals Schwindelartikel der am fünfthäufigste zitierte Aufsatz ist, der je in *Social Text* veröffentlicht wurde – mit fast 2000 Zitaten. Siehe auch: A. Sokal, »A Physicist Experiments with Cultural Studies«, in: *Lingua Franca* 6 (1996), S. 62–64.

232 Wir haben den Ern-Malley-Fall im Katalog der Ausstellung *Gorillas in Our Midst* geschildert, die 2019 im Museum of Old and New Art in Hobart, Australien, stattfand. In der Ausstellung gab es auch ein Gemälde von »Malley« zu sehen, das der bekannte australische Künstler Sydney Nolan angefertigt hatte.

233 »›Angry Penguins‹ Will Be Angrier«, in: *Mail* (Adelaide), 24. Juni 1944, https://trove.nla.gov.au/newspaper/article/55882811. Stewart und McAuley meinten auch, dass die Erfindung von Malleys Hintergrund sie mehr Zeit gekostet hätte als die Produktion seiner »Werke«. Sie können Malleys Gedichte im *Jacket* Magazine lesen: http://jacketmagazine.com/17/ern-poems.html.

234 W. James, *The Principles of Psychology*, 1890, Neudruck: Cambridge 1983, S. 1007.

235 Veränderung der Arbeitsumgebung: D. Epstein, »A Technique Championed by Russian Writers (and Fraggles) Can Give You a New Per-

spective«, in: *Range Widely*, 16. November 2021, https://davidepstein.
bulletin.com/308221507559816/.

236 Robertos Diskussion des Falles *Trader Joe's*: »Should America Be Run
by … Trader Joe's?«, im Podcast *Freakonomics,* 28. November 2018,
https://freakonomics.com/podcast/should-america-be-run-by-trader-
joes/. Siehe auch: D. L. Ager, M. A. Roberto, »Trader Joe's«, Fallbeispiel
der Harvard Business School 714–419, September 2013 (überarbeitet:
April 2014).

237 Sie können natürlich auch unabhängige Webseiten konsultieren:
iSideWith, https://www.isidewith.com/political-quiz: Britannica Pro-
Con, https://www.procon.org/. Und den Fragebogen zur politischen Ty-
pologie von Pew Research: https://www.pewresearch.org/politics/quiz/
political-typology/. Auf diese Weise gelangen Sie zu einer vergleichsweise objektiven und datengestützten Einschätzung, welche Kandidaten
oder Parteien zu Ihren Ideen passen. (A. d. Ü.: In Deutschland wird vor
Wahlen von der Bundeszentrale für politische Bildung regelmäßig der
Wahl-O-Mat geschaltet: https://www.bpb.de/themen/wahl-o-mat/).

238 M. Lewis, *Moneyball: The Art of Winning an Unfair Game*, New
York 2003. Andere Beispiele von sportlichen Analysen: Stephen Shea,
»Analytics and Shot Selection«, in: ShotTracker, https://shottracker.
com/articles/analytics-shot-selection. Und: Next Gen Stats Analytics
Team, »Introducing the Next Gen Stats Decision Guide: A New Analytics Tool for Fourth Down, Two-point Conversions«, auf: NFL.com,
7. September 2021, https://www.nfl.com/news/introducing-the-next-
gen-stats-decision-guide-a-new-analytics-tool-for-fourth-do.

Kapitel 7

239 Douglas Adams, *Das Restaurant am Ende des Universums*, Zürich
2017, S. 73.

240 Hier ein Beispiel für die Ivory-Seifenwerbung: »Ivory Soap – 99 44/100
Pure – As Real as Ivory – Commercial – 1988«, auf YouTube, https://
www.youtube.com/watch?v=t5FJfmOy4Ro.

241 A. Orben, A. K. Przybylski, »The Association between Adolescent Well-
Being and Digital Technology Use«, in: *Nature Human Behaviour* 3
(2019), S. 173–182, https://doi.org/10.1038/s41562-018-0506-1. Diese Korrelationen sind eben nicht mehr als – Assoziationen. Daraus
lassen sich keine Kausalschlüsse über die Wirkung der Maßnahmen
ableiten. Vielleicht schlafen die Leute auch besser, weil sie sich wohler
fühlen und nicht umgekehrt. Oder sie fühlen sich wohler *und* schlafen
besser, weil ihre Familie sie unterstützt. Dasselbe gilt auch für die ge-

ringeren Effekte der Nutzung von Technik. Wer glaubt, dass Technik schädlich ist, zieht häufig Kausalschlüsse aus Tatbeständen, die nur assoziativ verknüpft sind.

242 Ob 99,44 Prozent viel oder wenig ist, ist eine gute Frage, aber genauso wichtig wäre die folgende: »99,44 Prozent von was eigentlich?« Was bedeutet »Reinheit« in diesem Kontext? Ist sie wichtig? Weiß ich tatsächlich, dass eine reine Seife eine bessere Seife ist? Präzise Zahlen und Angaben werden häufig dazu gebraucht, um uns von anderen Fragen abzulenken, zum Beispiel der, ob das (angeblich) mit solcher Präzision Gemessene überhaupt das ist, was uns kümmern sollte.

243 Ein Video von Pauls Präsentation: »Viral Moment: Rand Paul Goes Off in EPIC Rant about Government Waste«, auf YouTube, https://www.youtube.com/watch?v=jbUOoMtxX9A&t=140s. Was die wissenschaftliche Begründung für diese Projektförderung angeht, so heißt es, dass die untersuchten japanischen Wachteln idealer Ersatz für Laborratten oder -mäuse sind: »Cocaine and the Sexual Habits of Quai, or, Why Does NIH Fund What It Does?«, in: *The Scicurious Brain – Scientific American*, 28. Dezember 2011, https://blogs.scientificamerican.com/scicurious-brain/cocaine-and-the-sexual-habits-of-quail-or-why-does-nih-fund-what-it-does/.

244 K. Yamagishi, »When a 12.86% Mortality Is More Dangerous Than 21.14%: Implications for Risk Communication«, in: *Applied Cognitive Psychology* 11 (1997), S. 495–506, https://doi.org/10.1002/(SICI)1099-0720(199712)11:6<495::AID-ACP481>3.0.CO;2-J.

245 P. Bump, »The Various Dishonesties in Rand Paul's Cocaine-Quail Presentation«, in: *Washington Post*, 28. Mai 2021, https://www.washingtonpost.com/politics/2021/05/28/various-dishonesties-rand-pauls-cocaine-quail-presentation/. Paul hatte seine Klagen offensichtlich abgeschrieben, und zwar von Senator Tom Coburn, der sich über die Geldverschwendung mokierte, als die Wachtelstudie noch lief. Dabei gab Coburn die Fördersumme 2012 mit 356 933 Dollar an, wobei neben der Summe die Fußnote »140« steht. Paul oder einer seiner Mitarbeiter las dies offensichtlich als Dezimalstelle, als sie Coburns Beispiel für die bei Rands Rede gezeigte Grafik übernahmen. Diese Version findet sich bei 0:45 Sekunden der Aufnahme von Rands Rede am 29. Mai 2021: »Rand Paul's half an hour rant on wasteful government programs«, auf: YouTube, https://www.youtube.com/watch?v=DsNDd29azGU&t=45s. Offensichtlich handelte es sich um die gleiche Version, die schon im Februar 2018 gezeigt wurde.

246 Teile dieses Abschnitts haben wir übernommen und revidiert von:
    C. F. Chabris, D. J. Simons, »Obama and the Oil Spill: In the Abstract«,
    in: *Huffington Post*, 17. November 2011, https://www.huffpost.com/
    entry/obama-and-the-oil-spill-i_b_619595.
247 T. Erikson, *Surrounded by Idiots: The Four Types of Human Beha-
    viour*, London 2019. D. J. Pittenger, »Cautionary Comments Regar-
    ding the Myers-Briggs Type Indicator«, in: *Consulting Psychology
    Journal: Practice and Research* 57 (2005), S. 210–221, https://doi.
    org/10.1037/1065-9293.57.3.210.
248 Studie Nr. 5 in: M. Thomas, D. H. Simon, V. Kadiyali, »The Price
    Precision Effect: Evidence from Laboratory and Market Data«, in:
    Marketing Science 29 (2010), S. 175–190, https://www.jstor.org/sta-
    ble/40608097. Dazu passt auch, dass Menschen, die quantitative Fak-
    ten einschätzen sollen, mit ihrer Schätzung weiter weg vom Anfangs-
    punkt landen, wenn man ihnen einen gerundeten Anfangswert gibt.
    Siehe: C. Janiszewski, D. Uy, »Precision of the Anchor Influences the
    Amount of Adjustment«, in: *Psychological Science* 19 (2008), S. 121–
    127, https://doi.org/10.1111/j.1467-9280.2008.02057.x.
249 Die Geschichte des Röntgen-Höchstwerts: S. Plokhy, *Chernobyl: The
    History of a Nuclear Catastrophe*, New York 2018, S. 107–113. Ein
    Brocken Corium, ein Nebenprodukt der Kernschmelze, das sich aus
    den radioaktiven Abfällen bildet, wuchs innerhalb einer Woche zu ei-
    nem elf Tonnen schweren Klumpen radioaktiven Materials heran, das
    man heute »Elefantenfuß« nennt. Das Material setzte anfangs mehr
    als 10 000 Röntgen pro Stunde frei, was genügt, um einen Menschen
    innerhalb weniger Minuten zu töten. Selbst 15 Jahre später produziert
    es noch mehr als 800 Röntgen pro Stunde. Siehe: D. Goldenberg, »The
    Famous Photo of Chernobyl's Most Dangerous Radioactive Material
    Was a Selfie«, in: *Atlas Obscura*, 24. Januar 2016, https://www.atla-
    sobscura.com/articles/elephants-foot-chernobyl.
250 Dokumentation des Fehlers in Großbritannien: L. Kelion, R. Cuffe,
    »Covid: Test Error ›Should Never Have Happened‹ – Hancock«,
    in: *BBC News*, 5. Oktober 2020, https://www.bbc.com/news/uk-
    54422505. Die Menschen, die getestet worden waren, hatten zwar
    von ihren Resultaten erfahren, doch Zehntausende Kontaktpersonen
    wussten nicht, dass sie sich möglicherweise angesteckt hatten. Diese
    Art von Fehlern kommt häufig vor, wenn ein älteres System verwendet
    wird, das auf höhere Kapazitäten nicht ausgelegt ist oder dessen An-
    passung möglicherweise zu viel gekostet hätte. Das traf zum Beispiel
    auf den Y2K-Bug zu: Software, die nur zweistellige und keine vier-

stelligen Jahresangaben verarbeiten konnten. Es kostete Regierungen und Unternehmen in aller Welt geschätzt 100 Milliarden Dollar, um dies in den Griff zu bekommen. (Ist das nun viel?) Siehe: R. Chandrasekaran, »Y2K Repair Bill: $100 Billion«, in: *Washington Post*, 18. November 1999, https://www.washingtonpost.com/wp-srv/WPcap/1999-11/18/077r-111899-idx.html. Chris Groskopf hat eine wunderbare Anleitung geschrieben, die zeigt, wann Sie mit Daten vorsichtig sein sollten: C. Groskopf, »The Quartz Guide to Bad Data«, in: *Quartz*, 15. Dezember 2015, https://qz.com/572338/the-artz-guide-to-bad-data/. Die neueste Version finden Sie auf: Github, https://github.com/Quartz/bad-data-guide.

251 B. L. Fredrickson, M. F. Losada, »Positive Affect and the Complex Dynamics of Human Flourishing«, in: *American Psychologist* 60 (2005), S. 678–686, https://www.ncbi.nlm.nih.gov/pmc/articles/PMC3126111/. Dieser Artikel zählte am 1. Oktober 2022 3704 Zitate, sagt Google Scholar.

252 Unsere Kalkulation: Wenn Sie 312 104 Erfahrungen haben, von denen 232 104 positiv und 80 000 negativ ausfallen, dann ist das Verhältnis von positiven zu negativen Erlebnissen 2,9013. Wandelt sich eine dieser 80 000 von negativ zu positiv, verändert sich der Quotient zu 2,901349. Das lässt sich abrunden auf: 2,9013. Um also festzustellen, dass der »wahre« Wert des Quotienten 2,9013 ist und nicht 2,9014, müssen Sie Hunderttausende Erfahrungen messen und einschätzen.

253 Musk twitterte am 13. Mai 2022: https://twitter.com/elonmusk/status/1525291586669531137. Siehe auch: »Twitter Announces First Quarter 2022 Results«, 28. April 2022, https://english.news.cn/20220429/75d630d52c4744ec88585982a1aa9e3f/c.html.

254 Es gibt noch mehr Probleme bei Musks Methode zur Einschätzung der Anzahl Bots auf Twitter. Er schlug vor, die Follower auf @twitter zu prüfen, aber diese sind ja nicht unbedingt repräsentativ für alle Twitter-Accounts. Wir zum Beispiel sind nicht auf @twitter unterwegs, und wir wissen nicht, ob Bots mit höherer Wahrscheinlichkeit als Menschen diesen Ansatz wählen. Zweitens schlug er vor, die ersten 1000 Accounts, die @twitter folgen, wegzulassen und danach jeden zehnten zu überprüfen. Selbst wenn man die ersten Tausend weglieẞe, würde seine Stichprobe hauptsächlich frühe Twitternutzer umfassen. Und ein Sampling mit regelmäßigen Abständen folgt nicht dem Zufallsprinzip. Schließlich schlug er vor, dass andere Leute seinen Methoden folgen sollten und dann die Ergebnisse vergleichen. Grundsätzlich ist es gut, wenn unabhängige Untersuchungen zum gleichen Resultat kommen.

Aber wenn man Musks Vorgabe folgt, dann ist das keine unabhängige Untersuchung. Für Musks erklärte Ziele wäre es besser, wenn andere Leute unterschiedliche, aber sinnvolle Methoden entwickelten, statt ihn zu kopieren. Präzision in den Sozialwissenschaften – was Musk versucht, wenn er eine große Gruppe steuern will, die sich wie Menschen verhalten – ist nicht so einfach, wie es mitunter scheint.

255 M. Losada, »The Complex Dynamics of High Performance Teams«, in: *Mathematical and Computer Modelling* 30 (1999), S. 179–192, https://doi.org/10.1016/S0895-7177(99)00189-2. N. J. L. Brown, A. D. Sokal, H. L. Friedman, »The Complex Dynamics of Wishful Thinking: The Critical Positivity Ratio«, in: *American Psychologist* 68 (2013), S. 801–813, https://physics.nyu.edu/sokal/complex_dynamics_final_clean.pdf. In diesem kritischen Aufsatz wird beschrieben, wie Losada die Lorenz-Gleichungen falsch anwendet.

256 Fredericksons Korrekturnotiz wurde 2013 veröffentlicht in: *American Psychologist,* https://doi.org/10.1037/0003-066X.60.7.678. Andere Aspekte des Artikels wurden nicht zurückgezogen oder widerrufen, obwohl die Schlussfolgerung des Abstracts sich auf das fehlerhafte Modell stützt.

257 Das Repräsentativitätsproblem ist dasselbe, vor dem Musk stand, als er Twitter-Bots aufspüren wollte. Aber seine Stichprobe von nur 100 Accounts war viel zu klein, um einen repräsentativen Querschnitt der Nutzer zu bekommen.

258 Meinungsforscher können aus den Daten ein und derselben Umfrage unterschiedliche Schlussfolgerungen ziehen. Websites wie FiveThirty-Eight, die die Vorhersagen einzelner Institute abgleichen, konnten zeigen, dass manche grundsätzlich die Republikaner vorne sehen, andere die Demokraten. Das liegt bei kompetenten Umfrage-Instituten an den Annahmen, die in die Gewichtung der Daten eingehen. Und natürlich können die Institute ihre Gewichtungsalgorithmen ändern und müssen ihr Prozedere nicht öffentlich machen.

259 A. Gelman, S. Goel, D. Rivers, D. Rothschild, »The Mythical Swing Voter«, in: *Quarterly Journal of Political Science* 11 (2016), S. 103–130, https://doi.org/10.1561/100.00015031. Die Kritik der *New York Times* an der Daybreak-Methode: N. Cohn, »How One 19-Year-Old Illinois Man Is Distorting National Polling Averages«, in: *New York Times,* 12. Oktober 2016, https://www.nytimes.com/2016/10/13/upshot/how-one-19-year-old-illinois-man-is-distorting-national-polling-averages.html. Die Antwort der *Los Angeles Times* kommt mit einer kontroversen Schlagzeile daher, bestätigt aber die Fakten mehr oder

weniger: D. Lauter, »No, One 19-Year-Old Trump Supporter Probably Isn't Distorting the Polling Averages All by Himself«, in: *Los Angeles Times*, 13. Oktober 2016, https://www.latimes.com/politics/la-na-pol-daybreak-poll-questions-20161013-snap-story.html.

260 Paradoxerweise lieferte Daybreak insgesamt korrektere Vorhersagen der Prozentzahlen für Trump bzw. Clinton als viele andere Institute. (Eine Uhr, die stehen geblieben ist, ist hochpräzise, aber nur zwei Mal am Tag!) Da die Menschen diese Umfragen studieren, um herauszufinden, welche Gruppen für welchen Kandidaten stimmen, ist Ungenauigkeit tatsächlich ein Thema.

261 Zur Teleskop-Metapher im wissenschaftlichen Kontext: U. Simonsohn, »Small Telescopes: Detectability and the Evaluation of Replication Results«, in: *Psychological Science* 26 (2015), S. 559–569, https://doi.org/10.1177/0956797614567341.

262 J. Simmons, »MTurk vs. the Lab: Either Way We Need Big Samples«, auf: *Data Colada*, 4. April 2014, http://datacolada.org/18.

263 Die Kommentare der Manager erfolgten zum ersten von zwei Spielen am 8. Mai 2022: »Chris Woodward Jabs at Gleyber Torres' Walk-off HR, Calls Yankee Stadium ›A Little League Ballpark‹«, in: ESPN, 9. Mai 2022, https://www.espn.com/mlb/story/_/id/33886269/chris-woodward-jabs-gleyber-torres-walk-hr-calls-yankee-stadium-little-league-ballpark.

264 Wenn Sie die Rundung zulassen, brauchen Sie wenigstens 67 Plätze (66/67 = 0,98507, aufgerundet auf 0,99). Siehe: J. Heathers, »The GRIM Test – A Method for Evaluating Published Research«, in: *Medium*, 23. Mai 2016, https://jamesheathers.medium.com/the-grim-test-a-method-for-evaluating-published-research-9a4e5f05e870. Und: N. J. L. Brown, J. A. J. Heathers, »The GRIM Test: A Simple Technique Detects Numerous Anomalies in the Reporting of Results in Psychology«, in: *Social Psychological and Personality Science* 8 (2017), S. 363–369, https://doi.org/10.1177/1948550616673876.

265 Nick Brown hat uns im persönlichen Gespräch eine allgemeinere Version geliefert: Die Anzahl möglicher zweistelliger Nachkommawerte, die Sie aus einer Stichprobe von weniger als 100 erhalten, entspricht immer der Größe der Stichprobe. Wenn 29 Menschen ihre Glücksgefühle auf einer Skala von 1 bis 7 einschätzen sollen, dann gibt es 29 valide Kombinationen von zwei Nachkommastellen (und 71 ungültige).

266 Der GRIM-Test allein kann nicht belegen, dass ein Forscher bewusst falsche Angaben macht. Doch eine größere Menge an GRIM-Fehlern würde seine Schlussfolgerungen infrage stellen. Wenn sich zeigt, dass

viele Zahlen aufgrund von Schlamperei falsch angegeben werden, haben wir wenig Grund, auf die Sorgfalt der Forscher beim Aufbau der Studie zu vertrauen. So haben Brown und seine Kollegen Tim van der Zee und Jordan Anaya eine ganze Reihe von GRIM-Fehlern in den Aufsätzen von Brian Wansink entdeckt, ehemals Professor an der Cornell University, den wir bereits erwähnt haben. In einer dieser Studien bat Wansink zehn Leute, auf einer Skala von 1 bis 9 einzuschätzen, wie unwohl sie sich nach dem Genuss von drei Stück Pizza fühlten. Er gab an, das Rating habe bei 2,25 gelegen, was auf den ersten Blick ganz vernünftig wirkt (auf zwei Nachkommastellen präzise!) Aber der Durchschnitt von zehn ganzzahligen Ratings muss eine 0 an der zweiten Nachkommastelle aufweisen. Er kann bei 2,20 liegen oder bei 2,30, nicht aber bei 2,25. Die übermäßige Präzision signalisierte, dass der Bericht Wansinks nicht stimmen konnte – wie im Übrigen auch andere Zahlen in diesem Aufsatz. Siehe: T. van der Zee, J. Anaya, N. J. L. Brown, »Statistical Heartburn: An Attempt to Digest Four Pizza Publications from the Cornell Food and Brand Lab«, in: *BMC Nutrition* 3 (2017), S. 54, https://doi.org/10.1186/s40795-017-0167-x. Und: N. Brown, »Strange Patterns in Some Results from the Food and Brand Lab«, in: *Nick Brown's Blog*, 22. März 2017, http://steamtraen.blogspot.com/2017/03/strange-patterns-in-some-results-from.html.

267 US-Verkehrsministerium, »Status of the Nation's Highways, Bridges and Transit: Condition and Performance«. Die Berichte sind online abrufbar: https://www.transit.dot.gov/research-innovation/status-nations-highways-bridges-and-transit-condition-and-performance. Sundquists Analyse: E. Sundquist, »New Travel Demand Projections Are Due from U.S. DOT: Will They be Accurate this Time?«, in: State Smart Transportation Initiative, 16. Dezember 2013, https://ssti.us/2013/12/16/new-travel-demand-projections-are-due-from-u-s-dot-will-they-be-accurate-this-time/. Zusätzliches Material: A. Gelman, »The Commissar for Traffic Presents the Latest Five-Year Plan«, in: *Statistical Modeling, Causal Inference, and Social Science*, 21. Januar 2014, https://statmodeling.stat.columbia.edu/2014/01/21/commissar-traffic-presents-latest-five-year-plan/. Und: C. Williams-Derry, »Traffic Forecast Follies: The US DOT Refuses to Learn from Recent Travel Trends«, von: Sightline Institute, 23. Dezember 2013, https://www.sightline.org/2013/12/23/traffic-forecast-follies.

268 Historische Weltrekorde von Wikipedia: »Women's 100 Metres World Record Progression«, https://en.wikipedia.org/wiki/Women%27s_100_metres_world_record_progression. »Men's 100 Metres

World Record Progression«, https://en.wikipedia.org/wiki/Men%27s_ 100_metres_world_record_progression. Die Verbesserung geht zum einen auf präzisere Messung, zum anderen auf erhöhtes Tempo zurück. Vorhersage der künftigen Zeiten: A. Tatem et al., »Momentous Sprint at the 2156 Olympics?«, in: *Nature* 431 (2004), S. 525, https://doi.org/10.1038/431525a. Der Artikel gibt die Gleichung zur Ausgleichsgeraden, die am besten zu diesen Daten passt, nicht an, doch die durchschnittliche Verbesserung lässt sich aus den vorhergesagten Zeiten ermitteln, die im Aufsatz angegeben werden. Ein Kommentar zum ursprünglichen Artikel zeigt, was passieren würde, wenn man die Gerade fortführt bis zum Jahr 2636. Siehe: K. Rice, »Sprint Research Runs into a Credibility Gap«, *Nature* 432 (2004), S. 147, https://doi.org/10.1038/432147b. Diese Art von Extrapolationsfehler scheint im Sport relativ häufig zu sein. Ein jüngerer Artikel über die Rekordzeiten beim Ironman-Triathlon erstellte ein lineares Modell aus den sieben Rekordzeiten seit 1987. Dann hieß es: Wenn Sie diese Gerade fortführen, werden Sie feststellen, dass 2049 der erste Ironman unter 7 Stunden beendet wird.« Und wenn Sie den Trend weiter fortschreiben, werden Sie feststellen, dass im Jahr 2494 der Sieger den Ironman gewinnt, noch bevor der Startschuss gefallen ist. Siehe: A. Hutchinson, »The Science Says a Sub-Seven-Hour Ironman Is (Sort of) Possible«, in: *Triathlete*, 30. Mai 2022, https://www.triathlete.com/training/the-science-says-a-sub-seven-hour-ironman-is-sort-of-possible/.

269 M. Yglesias, »The Trump Administration's ›Cubic Model‹ of Coronavirus Deaths, Explained«, auf: *Vox*, 8. Mai 2020, https://www.vox.com/2020/5/8/21250641/kevin-hassett-cubic-model-smoothing.

270 Es ist vermutlich kein Zufall, dass Hassett Co-Autor eines Buches war, das 1999 vorhersagte, der Dow-Jones-Industrial-Average würde 2004 bei 36 000 Punkten liegen. Siehe: J. K. Glassman, K. L. Hassett, *Dow 36,000: The New Strategy for Profiting from the Coming Rise in the Stock Market*, New York 1999. Tatsächlich erreichte er diesen Wert 2021 – eine wunderbares Beispiel für eine Vorhersage, die unglaublich präzise war, aber eben gleichzeitig falsch.

271 Die Zahlen stammen von: »Trends in Number of COVID-19 Cases and Deaths in the US Reported to CDC, by State/Territory«, Covid-Tracker der Centers for Disease Control and Prevention, https://covid.cdc.gov/covid-data-tracker/#trends_dailydeaths.

272 Dan verfasste im Herbst 2020 eine detaillierte Analyse der ersten Reaktion der University of Illinois in Urbana-Champaign auf die Pandemie: »Fall 2020 Covid Summary«, auf: dansimons.com, 8. Dezember 2020,

http://dansimons.com/Covid/fall2020summary.html. Immatrikuliert waren zu jener Zeit 33 500 Studenten, aber viele blieben auch zu Hause, weil die meisten Seminare ohnehin online stattfanden. Es waren in diesem Semester etwa 20 000 bis 25 000 Bachelor-Studenten am Campus. Die Diskussion über die Vorhersagen der Universität finden Sie hier: »COVID-19 Briefing Series: Data Modeling«, auf YouTube, https://www.youtube.com/watch?v=VmwK9tyNe8A&t=1734s.

273 Die Modellierer lieferten eine ganze Reihe möglicher Vorhersagen, die von unterschiedlichen Ausgangsparametern wie Einhaltung der Regeln und Verzögerungen beim Testen abhingen. Die Einzelheiten wurden vom Chef-Statistiker der Universität, Nigel Goldenfeld, nur kurz in einem Video-Briefing erwähnt: »COVID-19 Briefing Series: Data Modeling«, auf YouTube, https://www.youtube.com/watch?v=VmwK9ty-Ne8A&t=1840. Die Universität ging weiter nicht mehr darauf ein. Goldenfeld präsentierte einen komplizierten Graphen, der – wenn er denn korrekt gelesen wurde – eine Vorhersage von 700 Fällen traf. Derselbe Graph zeigte, dass eine Verzögerung von einem Tag bei der Mitteilung eines positiven Testresultats zu einer Vorhersage von etwas unter 4000 Krankheitsfällen für das Herbstsemester führen würde. Die Modellierung war also ganz in Ordnung, nur entschied sich die Universität dafür, einen einzigen Sonderfall herauszugreifen und diesen zum schlimmstenfalls zu erwartenden Resultat zu erklären. Dass die tatsächlichen Resultate auch ganz anders ausfallen könnten, ließ man unter den Tisch fallen.

Kapitel 8

274 C. Flanagan, »Caroline Calloway Isn't a Scammer«, in: *Atlantic*, 27. September 2019, https://www.theatlantic.com/ideas/archive/2019/09/i-get-caroline-calloway/598918/. Im Wikipedia-Eintrag zu Calloway finden sich mehr Details über ihre Herkunft und ihre Angebote: »Caroline Calloway«, https://en.wikipedia.org/wiki/Caroline_Calloway. Der englische Begriff »essential oils« bezieht sich nicht auf deren Wirksamkeit, sondern einzig darauf, dass die Pflanzen bei der Ölgewinnung ihre »Essenz«, ihren Duft abgeben. Wir nehmen an, dass dieser Begriffe viele Menschen in die Irre führte, weil er suggeriert, dass die Öle für das menschliche Wohlbefinden eben »essenziell« sind.

275 T. Hsu, »A Century after Phony Flu Ads, Companies Hype Dubious Covid Cures«, in: *New York Times*, 24. Dezember 2020, https://www.nytimes.com/2020/12/24/business/media/dubious-covid-cures.html. Während der Influenza-Pandemie von 1918 wurde für viele sol-

cher Mittel Werbung in Zeitschriften und anderswo gemacht. Siehe: M. M. Phillips, D. Cole, »Coronavirus Advice Is Everywhere. It Was the Same with Spanish Flu«, in: *Wall Street Journal*, 22. Januar 2021, https://www.wsj.com/story/coronavirus-advice-is-everywhere-it-was-the-same-with-the-spanish-flu-6a25d0d4. Selbst heute noch empfehlen angesehene Organisationen oder medizinisch tätige Personen Therapien, für die es keine klare wissenschaftliche Evidenz gibt und keinen vorstellbaren physiologischen Wirkmechanismus.

276 Manche Schlangen, vor allem die Wasserschlangen, die man in China für diese Art Öl benutzte, geben Öle ab, die reich an Omega-3-Fettsäuren sind, was sich positiv auswirken kann. Klapperschlangenöl hingegen weist davon nur geringe Mengen auf. Siehe: R. A. Kunin, »Snake Oil«, in: *Western Journal of Medicine* 151 (1989), S. 208, https://www.ncbi.nlm.nih.gov/pmc/articles/PMC1026931/pdf/westjmed00120-0094a.pdf.

277 Siehe: »Questions and Answers on Dietary Supplements« der US Food and Drug Administration, https://www.fda.gov/food/information-consumers-using-dietary-supplements/questions-and-answers-dietary-supplements. Effektive Lobbyarbeit der Hersteller verhinderte, dass die FDA Nahrungsergänzungsmittel im Dietary Supplement Health and Education Act von 1994 genauso behandelte wie Medikamente. Die Hersteller müssen der FDA also nicht beweisen, dass ihre Produkte sicher sind und wirken, bevor sie diese auf den Markt werfen können.

278 Quellen für Clark Stanleys Geschichte: »Clark Stanley«, Stichpunkt auf Wikipedia, https://en.wikipedia.org/wiki/Clark_Stanley. Und: »Clark Stanley's Snake Oil Liniment«, von der Smithsonian Institution, https://americanhistory.si.edu/collections/search/object/nmah_1298331. Und: L. Gandhi, »A History of ›Snake Oil Salesmen‹«, auf: NPR, 26. August 2013, https://www.npr.org/sections/codeswitch/2013/08/26/215761377/a-history-of-snake-oil-salesmen.

279 Die US Federal Trade Commission belegte Lumos Labs mit Bußgeldern: https://www.ftc.gov/system/files/documents/cases/160105lumoslabsstip.pdf. Und: https://www.ftc.gov/news-events/news/press-releases/2016/01/lumosity-pay-2-million-settle-ftc-deceptive-advertising-charges-its-brain-training-program. Über Carrot Neurotechnology: https://www.ftc.gov/system/files/documents/cases/160223carrotneurodo.pdf. Über LearningRx: https://www.ftc.gov/system/files/documents/cases/160518learningrxorder.pdf. Und: https://www.ftc.gov/system/files/documents/cases/160518learningrxcmpt.pdf. Sowie: https://www.ftc.gov/news-events/news/press-releases/2016/05/marketers-one-one-

brain-training-programs-settle-ftc-charges-claims-about-ability-treat-severe.

280 Viele der Aussagen über wirkmächtige Maßnahmen setzen auf die verbreitete, aber falsche Vorstellung vom nicht genutztem Potenzial. (Siehe: *Der unsichtbare Gorilla*, Kapitel 6). Hierbei geht es um die Idee, dass wir »schnell klüger werden« können, indem wir das ungenutzte Potenzial unseres Geistes anzapfen. Diese Vorstellung wurde populär, als es hieß, dass der Mensch nur 10 Prozent seines Gehirns nutzt. Wenn dies tatsächlich der Fall wäre, stellen Sie sich nur mal vor, was wir alles leisten könnten, wenn wir Zugang zu den restlichen 90 Prozent erhielten. Dieser Mythos erklärt, weshalb so viele Menschen auf die Gehirntrainingswerbung hereinfallen. Er erklärt auch, warum Wissenschaftler glauben, sie hätten einen »Schmetterlingseffekt« entdeckt: Zum Beispiel, dass 10 Minuten Mozart hören den IQ um acht bis neun Punkte hebt (nicht wahr). Oder dass ein paar Minuten »Power-Posing« den Testosteronspiegel steigert und damit »den Lauf Ihres Lebens« (auch nicht wahr). 2016 überprüften wir mit unseren Kollegen alle Studien, die die Gehirntrainingsunternehmen anführten, und entdeckten, dass die meisten davon so mangelhaft waren, dass sie keinen überzeugenden Beweis liefern können. D. J. Simons et al., »Do ›Brain-Training‹Programs Work?«, in: *Psychological Science in the Public Interest* 17 (2016), S. 103–186, https://doi.org/10.1177/1529100616661983.

281 Der Untertitel von Malcolm Gladwells im Jahr 2000 erschienenem Buch *The Tipping Point* (was wohl der ultimative Bestseller über Sozialwissenschaften ist) lautet: »Wie kleine Veränderungen große Unterschiede machen« (Boston 2000).

282 D. Kahneman, *Schnelles Denken, langsames Denken,* München 2012.

283 Über den Lady-Macbeth-Effekt: S. Schnall, J. Benton, S. Harvey, »With a Clean Conscience: Cleanliness Reduces the Severity of Moral Judgments«, in: *Psychological Science* 19 (2008), S. 1219–1222, https://doi.org/10.1111%2Fj.1467-9280.2008.02227.x. Auge im Pausenraum: M. Bateson, D. Nettle, D., G. Roberts, »Cues of Being Watched Enhance Cooperation in a Real-World Setting«, in: *Biology Letters* 2 (2006), S. 412–414, https://doi.org/10.1098/rsbl.2006.0509. Alters-Priming: J. A. Bargh, M. Chen, L. Burrows, »Automaticity of Social Behavior: Direct Effects of Trait Construct and Stereotype Activation on Action«, in: *Journal of Personality and Social Psychology* 71 (1996), S. 230–244, https://doi.org/10.1037/0022-3514.71.2.230.

284 Misslungener Replikationsversuch zum Alters-Priming: S. Doyen, O. Klein, C. L. Pichon, A. Cleeremans, »Behavioral Priming: It's All in

the Mind, but Whose Mind?«, in: *PLoS ONE* 7 (2012), S. e29081, https://doi.org/10.1371/journal.pone.0029081. Kahnemans Brief und Schwarz' Antwort: E. Yong, »Nobel Laureate Challenges Psychologists to Clean Up Their Act«, in: *Nature* 490 (2012), S. 7418, https://doi.org/10.1038/nature.2012.11535.

285 Bargh, John, *Vor dem Denken*, München 2018. Ulrich Schimmack nahm die von Bargh zitierten Studien kritisch unter die Lupe: U. Schimmack, »›Before You Know It‹ by John A. Bargh: A Quantitative Book Review«, auf: Replicability-Index, 28. November 2017, https://replicationindex.com/2017/11/28/bargh-book. Siehe auch: I. Shalev, J. A. Bargh, »Use of Priming-Based Interventions to Facilitate Psychological Health: Commentary on Kazdin and Blase (2011)«, in: *Perspectives on Psychological Science* 6 (2011), S. 488–492, https://doi.org/10.1177/1745691611416993.

286 Kahneman-Zitat: U. Schimmack, M. Heene, K. Kesavan, »Reconstruction of a Train Wreck: How Priming Research Went off the Rails«, auf: Replicability-Index, 2. Februar 2017, https://replicationindex.com/2017/02/02/reconstruction-of-a-train-wreck-how-priming-research-went-of-the-rails/comment-page-1/#comment-1454. Kritik an der Replikation als Methode: J. Mitchell, *On the Evidentiary Emptiness of Failed Replications*, 1. Juli 2014, https://web.archive.org/web/20220415162317/https://jasonmitchell.fas.harvard.edu/Papers/Mitchell_failed_science_2014.pdf. Und: W. Stroebe, F. Strack, »The Alleged Crisis and the Illusion of Exact Replication«, in: *Perspectives on Psychological Science* 9 (2014), S. 59–71, https://doi.org/10.1177/1745691613514450. Dan veröffentlichte seine Antwort auf diese Argumente: D. J. Simons, »The Value of Direct Replication«, in: *Perspectives on Psychological Science* 9 (2014), S. 76–80, https://doi.org/10.1177/1745691613514755.

287 Uns fiel darüber hinaus eine erstaunliche Konstanz der beiden Versuchsreihen zum Alters-Priming auf, die Bargh und Kollegen in ihrem ursprünglichen Aufsatz von 1996 anführen. Die geprimten Teilnehmer brauchten fast durchweg die gleiche Zeit, um sich zum Aufzug zu begeben, wohingegen die nicht geprimten – die also keine Worte gelesen hatten, die Assoziationen zum Alter aufkommen ließen – bei jedem Versuch fast immer exakt 1 Sekunde schneller waren.

288 C. F. Chabris, P. R. Heck, J. Mandart, D. J. Benjamin, D. J. Simons, »No Evidence That Experiencing Physical Warmth Promotes Interpersonal Warmth: Two Failures to Replicate Williams and Bargh (2008)«, in: *Social Psychology* 50 (2019), S. 127–132, https://doi.org/10.1027/1864-

9335/a000361. Ein unabhängiges Team konnte auch die Wärmepack-Studie nicht replizieren: D. Lynott et al., »Replication of ›Experiencing Physical Warmth Promotes Interpersonal Warmth‹ by Williams and Bargh (2008)«, in: *Social Psychology* 45 (2014), S. 216–222, https://psycnet.apa.org/fulltext/2014-20922-012.html.

289 Beispiele von umfassenden Replikationsversuchen, die Dan als Herausgeber betreut hat: M. O'Donnell et al., »Registered Replication Report: Dijksterhuis and van Knippenberg (1998)«, in: *Perspectives on Psychological Science* 13 (2018), S. 268–294, https://pubmed.ncbi.nlm.nih.gov/29463182/. R. J. McCarthy et al., »Registered Replication Report on Srull and Wyer (1979)«, in: *Advances in Methods and Practices in Psychological Science* 1 (2018), S. 321–336, https://psycnet.apa.org/record/2018-67153-003. B. Verschuere et al., »Registered Replication Report on Mazar, Amir, and Ariely (2008)«, in: *Advances in Methods and Practices in Psychological Science* 1 (2018), S. 299–317, https://doi.org/10.1177/2515245918781032. Die Studie von Srull und Wyer: T. K. Srull, R. S. Wyer, »The Role of Category Accessibility in the Interpretation of Information about Persons: Some Determinants and Implications«, in: *Journal of Personality and Social Psychology* 37 (1979), S. 1660–1672, https://doi.org/10.1037/0022-3514.37.10.1660. Dieser Aufsatz gehörte zu den ersten, für den die Priming-Methode mithilfe von Satzbildung angewandt und anschließend überprüft wurde, wie Menschen eine fiktive Person einschätzten. Die Methode wurde in späteren Versuchen zum Standard. Zur Stichprobengröße: J. Simmons, »MTurk vs. the Lab: Either Way We Need Big Samples«, *Data Colada*, 4. April 2014, http://datacolada.org/18. Robert Wyer, der Zweitautor der Studie, teilte Dan mit, dass es möglicherweise bei der Zusammenfassung der ursprünglichen Statistiken einen Fehler gegeben habe, aber welche Art von Fehler einen so unmöglich großen Effekt verursachen könnte, ist nicht klar. Unglücklicherweise merkten auch die Gutachter und Herausgeber des ursprünglichen Artikels (und all die Autoren, die ihn seitdem zitiert haben) nicht, wie wenig plausibel dieser hohe Wert war. Bei einem erneuten Replikationsversuch ergab sich ein Unterschied von 0,08 Punkten, allerdings in die Gegenrichtung.

290 Schimmacks neue Analyse: U. Schimmack, »Reconstruction of a Train Wreck: How Priming Research Went off the Rails«, auf. Replicability-Index, 2. Februar 2017, https://replicationindex.com/2017/02/02/reconstruction-of-a-train-wreck-how-priming-research-went-of-the-rails/. In diesem Forschungsgebiet war es zu jener Zeit (zwischen 1980 und 2010) üblich, dass man nur wenige Probanden testete und die Re-

sultate selektiv oder flexibel analysierte. Die ursprüngliche Studie zum Lady-Macbeth-Effekt: S. Schnall, J. Benton, S. Harvey, »With a Clean Conscience: Cleanliness Reduces the Severity of Moral Judgments«, in: *Psychological Science* 19 (2008), S. 1219–1222, https://www.jstor.org/stable/40064868. Replikation: F. Cheung, M. B. Donnellan, »Does Cleanliness Influence Moral Judgments? A Direct Replication of Schnall, Benton, and Harvey (2008)«, in: *Social Psychology* 45 (2014), S. 209–215, https://doi.org/10.1027/1864-9335/a000186. Die ursprüngliche Studie über die »Zehn Gebote«: N. Mazar, O. Amir, D. Ariely, »The Dishonesty of Honest People: A Theory of Self-Concept Maintenance«, in: *Journal of Marketing Research* 45 (2008), S. 633–644, https://doi.org/10.1509/jmkr.45.6.633. Replikation: B. Verschuere et al., »Registered Replication Report on Mazar, Amir, and Ariely (2008)«, in: *Advances in Methods and Practices in Psychological Science* 1 (2018), S. 299–317, https://doi.org/10.1177/2515245918781032. Ursprüngliche Studie über Geld-Priming: K. D. Vohs, N. L. Mead, M. R. Goode, »The Psychological Consequences of Money«, in: *Science*, 314 (2006), S. 1154–1156, https://doi.org/10.1126/science.1132491. Und: E. M. Caruso, K. D. Vohs, B. Baxter, A. Waytz, »Mere Exposure to Money Increases Endorsement of Free-Market Systems and Social Inequality«, in: *Journal of Experimental Psychology: General* 142 (2013), S. 301–306, https://doi.org/10.1037/a0029288. Replikation, die einer der Mitautoren des ursprünglichen Artikels leitete: E. M. Caruso, O. Shapira, J. F. Landy, »Show Me the Money: A Systematic Exploration of Manipulations, Moderators, and Mechanisms of Priming Effects«, in: *Psychological Science* 28 (2017), S. 1148–1159, https://doi.org/10.1177/0956797617706161.

291 Kahnemans Replik war ein Kommentar zum Replicability-Index, https://replicationindex.com/2017/02/02/reconstruction-of-a-train-wreck-how-priming-research-went-of-the-rails/comment-page-1/#comment-1454. A. Tversky und D. Kahneman, »Belief in the Law of Small Numbers«, in: *Psychological Bulletin* 76 (1971), S. 105–110, https://doi.org/10.1037/h0031322.

292 J. Berger, M. Meredith, S. C. Wheeler, »Contextual Priming: Where People Vote Affects How They Vote«, in: *Proceedings of the National Academy of Sciences* 105 (2008), S. 8846–8849, https://doi.org/10.1073/pnas.0711988105. Dieser Artikel führte an, dass von den Wählern in Arizona, die in einer Schule abstimmten, sich 2 Prozent mehr für eine Finanzspritze für Schulen aussprachen als Wähler, die in einer Kirche gewählt hatten (56 versus 54 Prozent). Bei der Priming-Studie

sah die eine Gruppe Schulfotos, die andere nicht. In einem anschließenden Teil der Studie ließ man sie »wählen«, ob sie für oder gegen ein Referendum für mehr Geld für Schulen waren. Die Zahlen für den Zusammenhang zwischen Wärme-Priming und Wohltätigkeit stammen aus der Untersuchung, bei der ein warmes Objekt in Händen sich auf prosoziales Verhalten in einem zweiten Versuch auswirkt (Korrelation $r = 0{,}28$): L. E. Williams, J. A. Bargh, »Experiencing Physical Warmth Promotes Interpersonal Warmth«, in: *Science* 322 (2008), S. 606–607, https://doi.org/10.1126/science.1162548. Die Beziehung zwischen Einkommen und Spenden für weltliche Wohltätigkeitsorganisationen ($r = 0{,}23$) wurde gemessen in folgender Befragung von 1800 Amerikanern: N. G. Choi, D. M. DiNitto, »Predictors of Time Volunteering, Religious Giving, and Secular Giving: Implications for Nonprofit Organizations«, in: *Journal of Sociology and Social Welfare* 39 (2012), S. 93–120, https://heinonline.org/HOL/LandingPage?handle=hein.journals/jrlsasw39&div=19&id=&page. Setzt man jeden dieser Werte ins Quadrat, um den Prozentsatz der erklärten Varianz zu erhalten [$(.28)^2 = .0784$] und [$(.23)^2 = .0529$], und teilt Resultat A dann durch Resultat B [$.0784/.0529 = 1.482$], erhalten wir eine Differenz von 48,2 Prozent.

293　Anhang A bis C von: D. P. Green, A. S. Gerber, *Get Out the Vote!*, (3. Ausgabe, Washington 2015.

294　C. J. Bryan, G. M. Walton, T. Rogers, C. S. Dweck, »Motivating Voter Turnout by Invoking the Self«, in: *Proceedings of the National Academy of Sciences* 108 (2011), S. 12653–12656, https://doi.org/10.1073/pnas.1103343108.

295　Wer gewählt hatte, wurde mittels der Behördendaten festgestellt, die in den meisten Staaten zwar angeben, wer bei der Wahl war, aber nicht, für welchen Kandidaten sich die Person entschieden hat.

296　A. S. Gerber, G. A. Huber, D. R. Biggers, D. J. Hendry, »A Field Experiment Shows That Subtle Linguistic Cues Might Not Affect Voter Behavior«, in: *Proceedings of the National Academy of Sciences* 113 (2016), S. 7112–7117, https://doi.org/10.1073/pnas.1513727113.

297　Die ursprüngliche Studie zum Verb-Aspekt: W. Hart, D. Albarracín, »Learning about What Others Were Doing: Verb Aspect and Attributions of Mundane and Criminal Intent for Past Actions«, in: *Psychological Science* 22 (2011), S. 261–266, https://doi.org/10.1177/0956797610395393. Die vergebliche Replikation: A. Eerland et al., »Registered Replication Report: Hart and Albarracín (2011)«, in: *Perspectives on Psychological Science* 11 (2016), S. 158–171, https://doi.org/10.1177/1745691615605826. Ein Hinweis: Nur weil ein ursprünglich zu starker Effekt berichtet wurde oder eine Studie nicht replizierbar ist, heißt das noch nicht, dass es sich um wissenschaftliches Fehlverhalten handelt. Da Arbeiten eher veröffentlicht werden, wenn sie bedeutende Resultate oder solche von einer bestimmten Größenordnung zeigen, werden Zufallstreffer in dieser Richtung eher publiziert. Das Gesetz des Zufalls besagt, dass es solche Zufallstreffer auch gibt, wenn der Forscher nichts falsch macht.

298 G. M. Walton, G. L. Cohen, »A Brief Social-Belonging Intervention Improves Academic and Health Outcomes of Minority Students«, in: *Science* 331 (2011), S. 1447–1451, https://doi.org/10.1126/science.1198364. G. D. Borman, J. Pyne, C. S. Rozek, A. Schmidt, »A Replicable Identity-Based Intervention Reduces the Black-White Suspension Gap at Scale«, in: *American Educational Research Journal* 59 (2022), S. 284–314, S. https://doi.org/10.3102/00028312211042251.

299 Würden diese Maßnahmen wirken wie versprochen, würden Schulen nicht ständig die alten ablegen und neue übernehmen, als ginge es dabei um den letzten Schrei in der Mode. Eine Diskussion zu diesen Studien und ihren Problemen finden Sie in: E. Yong, »A Worrying Trend for Psychology's ›Simple Little Tricks‹«, in: *Atlantic*, 9. September 2016, https://www.theatlantic.com/science/archive/2016/09/can-simple-tricks-mobilise-voters-and-help-students/499109.

300 Ursprüngliche Studie: C. Green, D. Bavelier, »Action Video Game Modifies Visual Selective Attention«, in: *Nature* 423 (2003), S. 534–537, https://doi.org/10.1038/nature01647. Der TED-Talk: https://www.ted.com/talks/daphne_bavelier_your_brain_on_video_games. Meta-Analysen zum Thema: G. Sala, K. S. Tatlidil, F. Gobet, »Video Game Training Does Not Enhance Cognitive Ability: A Comprehensive Meta-analytic Investigation«, in: *Psychological Bulletin* 144 (2018), S. 111–139, https://psycnet.apa.org/doi/10.1037/bul0000139. J. Hilgard, G. Sala, W. R. Boot, D. J. Simons, »Overestimation of Action-Game Training Effects: Publication Bias and Salami Slicing«, in: *Collabra: Psychology* 5 (2019), https://doi.org/10.1525/collabra.231.

301 Ursprüngliche Studie: D. R. Carney, A. J. Cuddy, A. J. Yap, »Power Posing: Brief Nonverbal Displays Affect Neuroendocrine Levels and Risk Tolerance«, in: *Psychological Science* 21 (2010), S. 1363–1368. Der TED-Talk: Amy Cuddy, »Your Body Language May Shape Who You Are«, auf: YouTube, 1. Oktober 2012, https://www.ted.com/talks/amy_cuddy_your_body_language_may_shape_who_you_are. Eine misslungene Replikation: E. Ranehill, A. Dreber, M. Johannesson, S. Leiberg, S. Sul, R. A. Weber, »Assessing the Robustness of Power Po-

sing: No Effect on Hormones and Risk Tolerance in a Large Sample of Men and Women«, in: *Psychological Science* 33 (2015), S. 1–4, https://doi.org/10.1177/0956797614553946. Statement von der Erstautorin der Studie: Dana Carney: »My Position on ›Power Poses‹«, https://faculty.haas.berkeley.edu/dana_carney/pdf_my%20position%20on%20power%20poses.pdf.

302 Eine Zusammenfassung früher Arbeiten zum Thema: C. S. Dweck, »Motivational Processes Affecting Learning«, in: *American Psychologist* 41 (1986), S. 1040–1048, https://psycnet.apa.org/record/1987-08696-001. Das Buch: C. S. Dweck, *Mindset: The New Psychology of Success*, New York 2006. (Dt. Carol Dweck, Selbstbild, München 2017). TED-Talk: Carol Dweck, »The Power of Believing That You Can Improve«, auf: YouTube, 17. Dezember 2014, https://www.ted.com/talks/carol_dweck_the_power_of_believing_that_you_can_improve. Stuart Ritchies Arbeiten zum Thema: S. Ritchie, »How Growth Mindset Shrank«, in: *Science Fictions*, 11. Oktober 2022, https://stuartritchie.substack.com/p/growth-mindset-decline. S. Ritchie, *Science Fictions: How Fraud, Bias, Negligence, and Hype Undermine the Search for Truth*, New York 2020. Meta-Analyse: B. N. Macnamara, A. P. Burgoyne, »Do Growth Mindset Interventions Impact Students' Academic Achievement? A Systematic Review and Meta-Analysis with Recommendations for Best Practices«, in: *Psychological Bulletin* (2022), online vorab veröffentlicht: https://doi.org/10.1037/bul0000352.

303 Welchen Unterschied es macht, ob Sie Optionen für sich genommen betrachten oder im Vergleich, erfahren Sie hier: M. H. Bazerman, D. A. Moore, A. E. Tenbrunsel, K. A. Wade-Benzoni, S. Blount, »Explaining How Preferences Change across Joint versus Separate Evaluation«, *Journal of Economic Behavior and Organization* 39 (1999), S. 41–58, https://doi.org/10.1016/s0167-2681(99)00025-6.

304 Wir haben uns in diesem Artikel mit der panischen Angst auseinandergesetzt, dass Computer und Internet unsere kognitiven Fähigkeiten reduzieren: C. F. Chabris, D. J. Simons, »Digital Alarmists Are Wrong«, in: *Los Angeles Times*, 25. Juli 2010, https://www.latimes.com/archives/la-xpm-2010-jul-25-la-oe-chabris-computers-brain-20100725-story.html. Selbst das edle Kreuzworträtsel wurde einst von der *New York Times* geächtet, die 1924 schrieb: »Keine Übung könnte schlechter für den Geist sein als die Arbeit an diesen Rätseln.« Im 21. Jahrhundert aber sind genau solche Wortspiele ein wichtiger Teil ihres Geschäftsmodells. In Platons *Phaidros* kritisiert Sokrates die Auffassung, dass

das Geschriebene besser sei als das Wissen um und die Erinnerung an die gleichen Dinge. Siehe dazu: N. Carr, *The Shallows: What the Internet Is Doing to Our Brains*, New York 2010, S. 54–55. Siehe auch. N. Carr, »Is Google Making Us Stoopid?«, in: *Atlantic*, 1. Juli 2008, https://www.theatlantic.com/magazine/archive/2008/07/is_google_making_us_stupid/306868/. Die Schreibung »stoopid« wurde auf dem Titelblatt der Zeitschrift verwendet.

305 Das Gleiche gilt für Studien über die Vorzüge von »Gehirntraining«. Fast alle diese Studien messen die Leistung mit willkürlichen, computergesteuerten Laboraufgaben. Nur wenige untersuchen diese Leistung an Aufgaben/Kosten in der wirklichen Welt. Siehe dazu: D. J. Simons et al., »Do ›Brain-Training‹ Programs Work?«, in: *Psychological Science in the Public Interest* 17 (2016), S. 103–186, https://doi.org/10.1177%2F1529100616661983.

306 J. Hilgard, »Maximal Positive Controls: A Method for Estimating the Largest Plausible Effect Size«, in: *Journal of Experimental Social Psychology* 93 (2021), S. 104082, https://doi.org/10.1016/j.jesp.2020.104082. Die ursprüngliche Studie, die Hilgard überprüfte: Y. Hasan, L. Bègue, M. Scharkow, B. J. Bushman, »The More You Play, the More Aggressive You Become: A Long-Term Experimental Study of Cumulative Violent Video Game Effects on Hostile Expectations and Aggressive Behavior«, in: *Journal of Experimental Social Psychology* 49 (2013), S. 224–227, https://doi.org/10.1016/j.jesp.2012.10.016. Der Senior-Autor dieses Aufsatzes, Brad Bushman, ist einer der führenden Forscher zum Thema »Aggression«. Der Datenbanak von Retraction Watch zufolge, die wir im September 2022 konsultiert haben, war er ebenfalls Senior-Autor bei drei Artikeln, die seitdem zurückgezogen wurden: einer wegen Doppelveröffentlichung, einer wegen wissenschaftlichen Fehlverhaltens eines Studierenden und einer wegen unklarer Daten und nicht replizierbarer Resultate.

307 Wenn wir die tatsächliche Performance mit der idealen oder maximalen Leistung vergleichen, kann sich ebenfalls eine übermäßige Kohärenz zeigen, eine merkwürdige »Stimmigkeit« von der Sorte, wie wir sie in Kapitel 5 besprochen haben. In einem anderen Aufsatz untersuchte Hilgard eine weitere Studie. Bei dieser wurde die Aggressivität daran gemessen, wie viel Chilisauce sie einem Partner übers Essen kippten. Zuerst spielten die Probanden ein gewaltbetontes Videospiel, danach kippten diejenigen, die im Spiel den Schurken gaben, ihren Partnern deutlich mehr Chilisauce übers Essen als jene, die den Helden spielten. Erstaunlich dabei war nur, dass meist in etwa die gleiche Menge Chili-

sauce auf dem Teller landete. Ohne Pipette aber ist es schwierig, ständig die gleiche Menge Sauce zu erwischen. Hilgard stellte den Versuch nach, ohne seine Probanden vorher ein Videospiel machen zu lassen. Er gab vielmehr eine gewisse Menge Chilisauce ins Essen und schärfte den Probanden ein, dass sie genau so viel würzen sollten wie er. Es war unmöglich. Die Menge an Chilisauce, die seine Versuchspersonen ins Essen gaben, variierte stärker als die in der Aggressionsstudie! Die starken Effekte, die die ursprüngliche Studie angab, waren schon deshalb unmöglich, weil die Mengen zu konstant ausfielen. Siehe: J. Hilgard, »Comment on Yoon and Vargas (2014): An Implausibly Large Effect from Implausibly Invariant Data«, in: *Psychological Science* 30 (2019), S. 1099–1102, https://doi.org/10.1177/0956797618815434.

308 Siehe dazu: »Perceptions of Science in America«, von: American Academy of Arts and Sciences 2018, https://www.amacad.org/sites/default/files/publication/downloads/PFoS-Perceptions-Science-America.pdf. Und: C. Funk, M. Heffernon, B. Kennedy, C. Johnson, »Trust and Mistrust in Americans' Views of Scientific Experts«, von: Pew Research Center, 2. August 2019, https://www.pewresearch.org/science/2019/08/02/trust-and-mistrust-in-americans-views-of-scientific-experts.

Schlusswort

309 Harry Frankfurt, *Bullshit*, Frankfurt a. M. 2006, S. 40.

310 G. Pennycook, J. A. Cheyne, N. Barr, D. J. Koehler, J. A. Fugelsang, »On the Reception and Detection of Pseudo-profound Bullshit«, in: *Judgment and Decision Making* 10 (2015), S. 549–563, http://journal.sjdm.org/15/15923a/jdm15923a.pdf. Der Chopraismen-Generator, der für diese Studie genutzt wurde: »Wisdom of Chopra«, http://wisdomofchopra.com. Und: »New Age Bullshit Generator«, http://sebperarce.com/bullshit.

311 D. J. Simons, C. F. Chabris, »What People Believe About How Memory Works: A Representative Survey of the US Population«, in: *PLoS ONE* 6 (2011), S. e22757, https://doi.org/10.1371/journal.pone.0022757. D. J. Simons, C. F. Chabris, »Common (Mis)beliefs About Memory: A Replication and Comparison of Telephone and Mechanical Turk Survey Methods«, in: *PLoS ONE* 7 (2012), S. e51876, https://doi.org/10.1371/journal.pone.0051876.

312 Fragen über die Wahrhaftigkeit bzw. Vollständigkeit der Geschichte von Doug Bruce werden hier gestellt: D. Segal, »A Trip down Memory Lane: Did Doug Bruce Forget It All, or Just the Boring Truth?«, in:

Washington Post, 22. März 2006, https://www.washingtonpost.com/archive/lifestyle/2006/03/22/a-trip-down-memory-lane-span-class-bankheaddid-doug-bruce-forget-it-all-or-just-the-boring-truthspan/f5b3d8da-7aa3-4f7f-a3a8-3b6077433f7f/. Und: R. Ebert, »Is This Documentary a Fake?«, auf: RogerEbert.com, 19. Februar 2006, https://www.rogerebert.com/roger-ebert/is-this-documentary-a-fake. M. Dargis, »Mysteries, if Not Sunshine, of Another Spotless Mind«, in: *New York Times*, 24. Februar 2006, https://www.nytimes.com/2006/02/24/movies/mysteries-if-not-sunshine-of-another-spotless-mind.html.

313 T. Drew, M. L. H. Võ, J. M. Wolfe, »The Invisible Gorilla Strikes Again: Sustained Inattentional Blindness in Expert Observers«, in: *Psychological Science* 24 (2013), S. 1848–1853, https://doi.org/10.1177%2F0956797613479386.

314 G. Marcus, »Horse Rides Astronaut«, in: *The Road to AI We Can Trust*, 28. Mai 2022, https://garymarcus.substack.com/p/horse-rides-astronaut. Marcus merkt an, dass solche Modelle die Beziehung zwischen einzelnen Objekten nicht wirklich »verstehen«. Daher liefern sie Output, der geradezu idiotisch wirkt, wenn man ihnen Stichworte liefert, die nicht zu ihrem »Lernprogramm« passen. Marcus zeigte, dass das Imagen-Modell ein Bild schafft von einem Astronauten, der ein Pferd reitet, wenn man ihm folgende Worte liefert: »a horse riding an astronaut«. Die »Mann beißt Hund«-Story kommt nicht an, weil so etwas im Trainingsprogramm nicht (oft) vorkam. Die Grenzen der künstlichen Intelligenz und die Kluft zwischen tatsächlicher Leistung und dem damit verbundenen Hype wird (für das Jahr 2019) sehr schön dargelegt in: G. Marcus, E. Davis, *Rebooting AI: Building Artificial Intelligence We Can Trust*, New York 2019, Kapitel 1. Ein repräsentatives Beispiel für den Hype um minimale Verbesserungen bei lexikalisch begrenztem Language Processing ist dieser Bericht über eine Pressemeldung des chinesischen Technologiekonzerns Alibaba: A. Cuthbertson, »Robots Can Now Read Better Than Humans, Putting Millions of Jobs at Risk«, in: *Newsweek*, 15. Januar 2018, https://www.newsweek.com/robots-can-now-read-better-humans-putting-millions-jobs-risk-781393. Eine Diskussion von Blake Lemoines Behauptung, dass LaMDA von Google ein Geschöpf mit Empfindungsvermögen ist: N. Tiku, »The Google Engineer Who Thinks the Company's AI Has Come to Life«, in: *Washington Post*, 11. Juni 2022, https://www.washingtonpost.com/technology/2022/06/11/google-ai-lamda-blake-lemoine/. Gary Marcus antwortet mit einer besseren Beschreibung dessen, was LaMDA tatsächlich tut: »Es versucht einfach, das best-

mögliche Autocomplete-Modell zu sein, indem es Worte vorhersagt, die am besten zum gegebenen Kontext passen.«, siehe: Gary Marcus, »Nonsense on Stilts«, in: *The Road to AI We Can Trust,* https://gary-marcus.substack.com/p/nonsense-on-stilts. Manche Menschen dachten dasselbe über ELIZA, den Chatbot-Pionier aus den 1970ern, der so tat, als wäre er Psychotherapeut und der auf Aussagen wie: »Ich verstehe mich nicht mit meiner Mutter« antwortete: »Erzählen Sie mir mehr über Ihre Mutter.« Joseph Weizenbaum, der Schöpfer von ELIZA, war überrascht, wie ernst die Leute das Geplapper seines Bots nahmen und wie stark sie emotional darauf reagierten: »Mir war nicht klar, dass ein kurzer Kontakt mit einem recht einfachen Computerprogramm ganz normale Menschen so massiv täuschen konnte.« Siehe: J. Weizenbaum, *Die Macht der Computer und die Ohnmacht der Vernunft,* Frankfurt a. M. 2003. Mehr über ELIZA und Screenshots ihrer Gespräche finden Sie auf Wikipedia, Stichwort »ELIZA«, https://en.wikipedia.org/wiki/ELIZA.

315 Über das Opfer von Captain Mbote: M. Zuckoff, »The Perfect Mark«, in: *New Yorker,* 15. Mai 2006, https://www.newyorker.com/magazine/2006/05/15/the-perfect-mark. Zum Vorschussbetrug: »Advance-Fee Fraud Scams Rise Dramatically in 2009«, auf: Ultrascan AGI, https://ultrascan-agi.com/Advance-fee%20Fraud%20Scams%20Rise%20Dramatically%20in%202009.html. Ein jüngerer Bericht geht davon aus, dass mit diesem Betrugsmodell immer noch mehr als 700 000 Dollar pro Jahr gemacht werden: M. Leonhardt, »›Nigerian Prince‹ Email Scams Still Rake in over $700,000 a Year – Here's How to Protect Yourself«, auf: CNBC, 18. April 2019, https://www.cnbc.com/2019/04/18/nigerian-prince-scams-still-rake-in-over-700000-dollars-a-year.html. Wir haben über diese Betrugsmasche einen Artikel geschrieben: C. Chabris, D. Simons, »Why We Should Scam the Scammers«, in: *Wall Street Journal,* 3. August 2012, https://www.wsj.com/articles/SB10000872396390443931404577548813973954518. Die meisten Vorschussbetrüger werden nie gefasst oder gerichtlich verfolgt. Ein Amerikaner, der mit dem »Nigerianischer Prinz»-Manöver Geldwäsche betrieb, wurde 2017 wegen 269 Verstößen gegen die Bundesgesetze verurteilt. Ironischerweise ließ er sich nur deshalb auf die Sache ein, weil echte Betrüger aus Nigeria ihm eine Liebesbeziehung zu einer Nigerianerin vorgaukelten. Er selbst lieh den Betrügern das Geld, um den Betrug erfolgreich durchführen zu können. Siehe dazu: B. Warren, »›Nigerian Prince‹ and Online Romance Scams Raked in at Least $250,000, Slidell Police Say«, auf: NOLA.com, 2. Januar 2018, https://www.nola.com/

news/northshore/article_f7f6f13d-6d5a-55de-99c8-1a3f48b46a40.
html. Siehe auch: C. Caron, »Louisiana Man Charged in ›Nigerian
Prince‹ Scheme«, in: *New York Times*, 31. Dezember 2017, https://
www.nytimes.com/2017/12/31/us/nigerian-prince-fraud.html. L. Vaas,
»Your Nigerian Prince Is a 67 Year Old from Louisiana«, in: *Naked Security*, 3. Januar 2018, https://nakedsecurity.sophos.com/2018/01/03/
your-nigerian-prince-is-a-67-year-old-from-louisiana/. Ein kürzlich er-
folgter Betrugsversuch in den Niederlanden appelliert an das National-
gefühl der Beteiligten: Ist man ein »uneingeschränkter Bürger der Nie-
derlande«, hat die Regierung angeblich 1,5 Millionen Euro für einen
hinterlegt. Um hierzu Zugang zu erhalten, muss man erst mal 100 Euro
bezahlen, um einem Klub beizutreten: A. Kouwenhoven, W. Heck, »Se-
parated from the Netherlands, with 1.5 Million Euros Added«, auf:
NRC, 21. April 2022, https://www.nrc.nl/nieuws/2022/04/21/losge-
maakt-van-nederland-met-15-miljoen-euro-toe-a4116891.

316 C. Herley, »Why Do Nigerian Scammers Say They Are from Nigeria?«,
in: *Proceedings of the Workshop on Information Security*, Berlin, 25.
bis 26. Juni 2012, https://www.microsoft.com/en-us/research/wp-con-
tent/uploads/2016/02/WhyFromNigeria.pdf.

317 G. B. Trudeau, *Doonesbury*, 27. January 1985, https://www.gocomics.
com/doonesbury/1985/01/27.

318 Raniere wurde zu 120 Jahren Gefängnis verurteilt für organisierte Kriminalität, Verabredung zur organisierten Kriminalität, sexuell motivierten Menschenhandel, versuchten sexuell motivierten Menschenhandel,
Verabredung zum sexuell motivierten Menschenhandel, Verabredung
zur Erpressung von Zwangsarbeit und Verabredung zum Datenbetrug.
Siehe: https://www.justice.gov/usao-edny/pr/nxivm-leader-keith-ranie-
re-sentenced-120-years-prison-racketeering-and-sex-trafficking.   Der
Fall NXIVM wird in mehreren Quellen geschildert, zum Beispiel in der
HBO-Dokumentarserie *The Vow* von 2020–2022, https://www.hbo.
com/the-vow. In Season 1 (2018) des investigativen CBC-Podcast *Uncover*, https://www.cbc.ca/radio/uncover. Und in einer Artikelserie der
New York Times, beginnend mit: B. Meier, »Inside a Secretive Group
Where Women Are Branded«, in: *New York Times*, 17. Oktober 2017,
https://www.nytimes.com/2017/10/17/nyregion/nxivm-women-bran-
ded-albany.html. Toni Natalies Erinnerungen an die Mitgliedschaft in
dieser Gruppe (verfasst zusammen mit Chet Hardin): *The Program:
Inside the Mind of Keith Raniere and the Rise of NXIVM*, New York
2019. Ihr Zitat findet sich auf S. 10. Strukturvertriebe werden auch als

»Pyramiden-System« beschrieben und gehen häufig auf betrügerische Praktiken zurück.

319 Ähnliche Taktiken werden angewandt, um die Online-Recruiter von Terrororganisationen schachmatt zu setzen. Vielleicht könnte man die Scam-Köderer durch Bots ersetzen, die von maschinellem Lernen profitieren. Diese würden alle Arbeit erledigen, ohne dass wir menschliche Arbeitszeit dafür aufwenden müssten. Wenn Sie nur von betrügerischen »Erfolgen« hören, die unglaubliche Schwindelmanöver aufziehen, nehmen Sie vielleicht an, dass die Betrüger Genies sind. So hieß es von dem Gauner Gilbert Chikli: Wenn Sie diesem nur ein Telefon in die Hand drücken, kann er jeden Menschen zu allem Möglichen überreden. Doch der eigentlich wichtige, aber selten »gewürdigte« Part dieser Manöver ist die harte Arbeit, die darin besteht, unzählige Opfer zu kontaktieren, um die wenigen herauszufiltern, die dann am Ende tatsächlich Geld schicken. Wenn Sie sich auf diesem Sektor betätigen wollen, aber schon nach fünf oder zehn Anrufen aufgeben oder nachdem 100 mögliche Zielobjekte aufgelegt haben, dann ist der Job nichts für Sie.

320 Dieses hypothetische Szenario beruht auf dem Fall der Firma Fine Art Treasures, die zu Beginn der Nullerjahre jedes Wochenende Kunst auf Satelliten-Fernsehsendern versteigerte. Man hatte sich dort auf Giclée-Drucke spezialisiert: Tintenstrahldrucke mit lichtechten Farben in begrenzter Auflage. Diese verkaufte man als signierte und autorisierte Stücke, auch wenn es sich in Wirklichkeit um Massenware handelte und die Künstler dafür kein Geld erhielten. Ähnliche Betrügereien drehten sich um Werke von Picasso, Dalí und andere Ikonen des 20. Jahrhunderts. Die Bilder wurden auch auf Kreuzfahrtschiffen verkauft, vor allem an reichlich naive Menschen, die sich eine Kunstsammlung aufbauen wollten oder eine eigene Galerie gründen. Der Trick flog bei der nächsten Kreuzfahrt auf, wenn die Käufer die gleichen Bilder erneut im Angebot sahen. Siehe dazu: A. M. Amore, *The Art of the Con*, New York 2015. In diesem Fall bekannten sich drei Personen schuldig und wurden für ihre Vergehen verurteilt: Kristine Eubanks, ihr Ehemann Gerald Sullivan und James Mobley, https://www.justice.gov/archive/usao/cac/Pressroom/pr2010/060.html. Und: https://www.justice.gov/archive/usao/cac/Pressroom/pr2010/158.html.

321 G. Klein, »Performing a Project Premortem«, in: *Harvard Business Review* 85 (9), 2007, S. 18–19.

322 H. Schofield, »The Fake French Minister in a Silicone Mask Who Stole Millions«, auf: BBC News, 19. Juni 2019, https://www.bbc.com/news/

world-europe-48510027. Siehe auch der Podcast *Persona: The French Deception.*

323 D. Mangan, B. Schwartz, »Jeffrey Epstein ›Misappropriated Vast Sums of Money from Me‹, Les Wexner Says«, auf: CNBC, 7. August 2019, https://www.cnbc.com/2019/08/07/jeffrey-epstein-misappropriated-vast-sums-les-wexner-says.html. G. Sherman, »The Mogul and the Monster: Inside Jeffrey Epstein's Decades-Long Relationship with His Biggest Client«, in: *Vanity Fair*, Juli – August 2021, https://www.vanityfair.com/news/2021/06/inside-jeffrey-epsteins-decades-long-relationship-with-his-biggest-client.

324 Blagojevich wurde wegen 18 verschiedener Vergehen zu 14 Jahren Gefängnis verurteilt, https://www.justice.gov/archive/usao/iln/chicago/2011/pr1207_01.pdf. Zu seiner Ethikreform: Illinois State Bar Association, »Ethics Corner: Blagojevich Signs Ethics Reform into Law«, in: *Public Servant*, März 2004. Mehr über dieses Ethikprogramm finden Sie hier: »Services«, Office of Executive Inspector General, Illinois. gov, https://www2.illinois.gov/oeig/ethics/Pages/EthicsTraining.aspx.

325 Die Antwort auf die Frage, ob das Ethikprogramm absichtliches Fehlverhalten reduziert hat, ist offensichtlich Nein, zumindest in Blagojeviches Fall, da er den Kurs absolvierte, als er bereits Gouverneur war: D. Baron, »Did Indicted Illinois Ex-governor Skip the Online Ethics Training That He Mandated for All State Employees?«, in: *The Web of Language*, 10. Dezember 2008, https://blogs.illinois.edu/view/25/5658. Menschen, die das System austricksen wollen, tun das, ob sie nun einen Kurs absolviert haben oder nicht. Und diese »Ungläubigen« sind verantwortlich für die großen, Blagojevich-ähnlichen Fälle unter denen, die den Staat betrügen. Wenn es das Ziel dieser Maßnahme ist, einen geringen Prozentsatz von staatlichen Angestellten dazu zu bringen, nicht um ein paar Minuten mit der Stempelkarte zu betrügen, dann handelt es sich um eine schlechte Investition.

326 Jamie Petrone bekannte sich schuldig und wurde zu neun Jahren Gefängnis verurteilt, https://www.justice.gov/usao-ct/pr/former-yale-med-school-employee-who-stole-40-million-electronics-sentenced-9-years-prison.

327 Die US-Vorschriften zum »Strukturieren«: 4.26.13 Structuring, in: Internal Revenue Service, 10. April 2020, https://www.irs.gov/irm/part4/irm_04-026-013.

328 L. Tompkins, »To Avoid Quarantining Students, a School District Tries Moving Them Around Every 15 Minutes«, in: *New York Times*, 20. Oktober 2020, https://www.nytimes.com/2020/10/20/us/billings-

schools-montana-covid.html. Vielleicht war die Maßnahme ja auch dazu gedacht, dass die Schüler überhaupt nie in Quarantäne mussten.

329 Eine gute Geschichte der Doping- und Untersuchungstechniken findet sich in Wikipedia: »Doping at the Tour de France«, https://en.wikipedia.org/wiki/Doping_at_the_Tour_de_France.

ÜBER DIE AUTOREN

Daniel Simons ist Professor für Psychologie an der University of Illinois. Er leitet das Visual Cognition Laboratory und lebt in Champaign, Illinois.

Christopher Chabris ist Kognitionswissenschaftler und lehrte am Union College und an der Universität Harvard. Er lebt in Lewisburg, Pennsylvania.